[第一辑]

中国古希腊罗马哲学学会 ◎ 主办

# 古希腊罗马哲学研究

## Journal of Ancient Greek and Roman Philosophy

华东师范大学出版社

华东师范大学出版社六点分社　　策划

四川大学公共管理学院哲学系"古希腊哲学课题组"项目支持

主办：中华全国外国哲学史学会
　　　古希腊罗马哲学专业委员会
主编：《古希腊罗马哲学研究》编辑委员会

**编委会成员（按姓氏拼音顺序）：**

曹青云（云南大学）

陈　玮（浙江大学）

梁中和（四川大学）

刘　玮（中国人民大学）

聂敏里（中国人民大学）

宋继杰（清华大学）

吴　飞（北京大学）

吴天岳（北京大学）

先　刚（北京大学）

谢文郁（山东大学）

熊　林（四川大学）

詹文杰（中国社会科学院）

章雪富（浙江大学）

**本辑执行编委：** 陈玮　梁中和

**出版资助：** 四川大学哲学系
**本辑编务：** 浙江大学哲学系
**特别致谢：** 曾怡（四川大学）　葛天勤（浙江大学）

# 发 刊 词

百余年来,经过几代人的不懈努力,古希腊罗马哲学研究在中国学界已经取得了长足的进步,近十几年来发展尤其迅猛。许多古代经典著作和现代研究文献得到了翻译和介绍,许多重要哲学家的学说和哲学经典文本得到了较为系统而全面的研究,一些关键性的哲学问题成为讨论热点并得到切实推进,有志于献身此项事业的专业人才不断涌现。回顾过去,我们对前辈先贤们坚定的探索、厚实的积淀、开阔的眼光和丰硕的成果深感敬佩;展望未来,我们对这一学术领域的进一步繁荣充满信心,也希望做出自己应有的努力。

2009年6月,北京大学哲学系、中国人民大学哲学院、中国社会科学院哲学所的学者们倡议创设了"古希腊哲学论坛",并开始定期活动;2010年8月,中国人民大学哲学院在北京举办了"全国古希腊哲学大会",老中青三代学者共40多人参与了此次盛会;后来北京师范大学哲学系(2013年2月)和山东大学哲学系(2013年4月)也举办了古希腊哲学专题会议;所有这些都体现了学者们的交流日益频繁、合作愈加紧密。另一方面,近年来四川大学、浙江大学、北京大学、山东大学、中国人民大学等高校先后建立了与西方古典哲学相关的专门研究机构,有力地推动了学科发展和人才培养。在这样的背景下,经过学界同仁多方努力,中华全国外国哲学史学会下设的古希腊罗马哲学专业委员会于2013年4月正式成立,这可以被看作中国古希腊罗马哲学研究史上具有里程碑意义的事件。

2014年4月,在浙江大学哲学系的大力支持下,专业委员会在杭州召开了全国性的古希腊罗马哲学研讨会。会议期间,学界同仁酝酿创办一份专业性的学术期刊作为专业委员会的会刊,定名为《古希腊罗马哲学研究》。顾名思义,这份期刊以古希腊罗马哲学为主要关注,但并不排斥与之密切相关的古代希腊罗马科学与宗教等方面的论题。我们希望这份刊物不拘泥于某一种研究进路,不带门户之见,而是集思广益,唯理是从。只要是对古典哲学文本有深入的研究和思考、对古典哲学问题有清晰而全面的理解、对古典哲学中的争论能发他人所未发之见的原创性研究,我们都非常欢迎,同时也欢迎大家发表专业书评,分享国内外最新的研究动态和资讯。

我们希望《古希腊罗马哲学研究》成为集中展现国内学者在西方古代哲学研究方面最新学术成果的良好载体,成为加强同仁学术交流、构建学术共同体的有效渠道,也成为国内学者与国外学者展开积极对话的重要平台。

《古希腊罗马哲学研究》编辑委员会

# 目　录

# Contents

## Articles

# 论　文

# 苏格拉底以前哲学家的
# 本源论—本原论思路探讨①

## ——从φύσις和άρχή的汉译谈起

谢文郁(山东大学犹太教与跨宗教研究中心)

谢一玭(复旦大学哲学学院)

**摘要:** 恩培多克勒残篇8的φύσις这个词在翻译上出现了两种看似毫不相关的翻译,即:"产生"和"本质"。本文希望通过希腊文άρχή的三种中文翻译("始基"、"本源"和"本原")来分析φύσις。我们这里实际上是要处理苏格拉底以前哲学家的两种不同思路,即:本源论思路与本原论思路。前者所理解的άρχή具有时间在先性,而后者的άρχή则指称结构在先的存在。落实到φύσις一词,前面提到的两种译法正好反映了古希腊哲学家对άρχή的这两种不同理解。本文通过追踪这两种思路,一方面呈现中文在φύσις翻译上的复杂性,另一方面则借此梳理早期希腊哲学发展的基本线索。

**关键词:** άρχή  φύσις  始基  本源  本原

恩培多克勒残篇8在中英文的翻译上出现了某种程度的混乱。我们先引用它的原文:

---

① 本文首发于《云南大学学报(社会科学版)》,2015年,第2期。

ἄλλο δέ τοι ἐρέω· φύσις οὐδενός ἐστιν ἁπάντων θνητῶν, οὐδέ
τις οὐλομέν ου θανάτοιο τελευτή, ἀλλὰ μόνον μίξις τε
διάλλαξίς τε μιγέντων ἔστι, φύ σις δ᾽ ἐπὶ τοῖς ὀνομάζεται
ἀνθρώποισιν.

　　《古希腊罗马哲学》①对恩培多克勒残篇 8 的翻译如下:"我还
要告诉你另外一件事:任何变灭的东西都没有真正的产生,在毁灭
性的死亡中也并没有终止。有的只是混合以及混合物的交换:产
生只是人们给这些现象所起的一般名称。"这里出现两处φύσις,上
述译文都译成"产生"。关于这个词,不同的中英文版本的翻译出
现了相当严重的分歧。与上述译文一致,基尔克(G. S. Kirk)等编
译的《前苏格拉底哲学家》在处理残篇 8 时译之为"birth"②。而
《西方哲学原著选读》重译这段残篇时,采用了"本质"一词,并专
门加了一个注释:"柏奈特据亚里士多德《形而上学》V.4,1015a1,
把这里的φύσις解释为οὐσία(本质)。"③显然,"产生"和"本质"在
概念理解上相去甚远。这种翻译上的巨大差异,我们认为,意味着
这些译者在理解和翻译φύσις时遇到了难题。④

---

① 《古希腊罗马哲学》,北京大学哲学系和外国哲学史教研室编译,北京:商务印书
馆,1982 年,第 81 页。

② Geoffrey S. Kirk and John E. Raven, eds., *The Presocratic Philosophers*, Cambridge:
Cambridge University Press, 1988, p.291.

③ 《西方哲学原著选读》,北京大学哲学系外国哲学史教研室编译,北京:商务印书
馆,1982 年,第 42 页。

④ 这个理解困境至今仍然没有得到令人满意的处理。比如,美国学者 Gerard Naddaf
在讨论早期希腊哲学的物性概念时,也处理了恩培多克勒残篇 8 中的译文问题。
他给出的译文,对于第一个φύσις,采用了 Kirk/Raven 的译法"birth",但对于第二个
φύσις,他用的是 nature。见 Gerard Naddaf, *The Greek Concept of Nature*, New York:
State University of New York Press, 2005, p.142. 但是在该书第 21 页,他用 character-
istic(品格,性格)一词来解释这里的φύσις,并强调恩培多克勒的 characteristic 是在
生成过程中形成的,而不是在生成的开始就有的。显然,Naddaf 的处理并没有完全
消除这里的理解困境:为何对同一残篇的同一个字采用两种看似不相　(转下页)

　　这个问题当然不是现代读者才感觉到的。亚里士多德在《论动物的部分》(1.640a18-19)中就发现了这个问题。在亚里士多德看来，生成是因为有本质(οὐσία)或物性，而不是因为生成才有本质或物性。本质或物性是原始的，在动物生成之初就有了。因此，他接着批评恩培多克勒在残篇 8 中否定物性的说法。亚里士多德的批评表明，他在理解恩培多克勒否定φύσις的说法时也遇到了困难。

　　φύσις这个词在翻译上的差别值得我们重视。有一点需要指出的是，就文字本身来说，φύσις是从动词φύω(意思是"成长")转化而来的，"成长"就是指变化或产生。不过，任何成长起来的事物，一旦长成了，就必然有某种物性(因而名词形式用φύσις)，使之区别于其他事物。① 研究和讨论事物的物性是苏格拉底以前哲学家的兴趣所在。从这个角度看，φύσις可以译为"物性"(或"自然"、"本质")。那时的哲学家几乎都以《论自然》或《物性论》为他们的著作命名。不过，就中文而言，"产生"和"物性"(或"本质")在理解上无法统一。我们前面读到，译者对这个词的翻译如此不同，这意味着在文字翻译背后的深层理解上也存在问题。本文希望通过对相关争论进行分析，展示这两种翻译背后的不同思路(本源论思路与本原论思路)，及其对φύσις一词翻译的困扰。

　　这里提到的"本源"和"本原"，指的是对ἀρχή的两种不同理

----

（上接注④）关的翻译？φύσις这个词在中文文献中常译为"自然"、"物性"、"本质"等等。不管是何种翻译，我们认为，如果不能恰当处理其中的思路问题，就会造成理解上的混乱。因此，本文在结束分析讨论之前暂时不给出关于它的确切翻译。

① 参阅《荷马史诗·奥德赛》(10.302-3)：ὥς ἄρα φωνήσας πόρε φάρμακον ἀργεϊφόντης ἐκ γαίης ἐρύσας，καί μοι φύσιν αὐτοῦ ἔδειξε。(译文：就是说，阿耳吉丰忒斯[Argeiphontes，即赫耳墨斯]从地上抓了一把草药，告诉我它的物性。)这是希腊文中最早出现φύσις一词的文本。不难理解，一草药的物性指的是它的特别功用，同时也是它区别于其他草药的性能。

解。我们在阅读早期希腊哲学家的物性论时,发现他们对ἀρχή有两种完全不同的理解（两种思路）。就文字而言,ἀρχή指称"起初"、"开头"、"原始"、"起源"等。在早期希腊哲学家那里,万物的源头和最初原因是主要的关注。因此,ἀρχή是古希腊哲学中非常重要的问题,甚至被后来的研究者称为"第一性"问题①。可见人们已经注意到希腊哲学家关于ἀρχή不同的理解。反映在译文上,我们看到,对这个词的翻译总的来说有三种:始基、本源和本原。② 纯粹从翻译的角度看,选用"始基"的译者企图把"本源"（时间在先）和"本原"（结构在先）都包含其中,认为它较为全面地表达了古希腊哲学家关于ἀρχή的理解。不过,这种看法深受亚里士多德的影响。需要指出的是,用亚里士多德的理解来处理早期哲学家的思路,对一些文本的处理就容易导致混乱。前面谈到的关于φύσις的理解和翻译便是其中一例。为了更好地追踪早期哲学家的物性论,我们建议把始基一分为二,分析为两条思路:"本源论思路"和"本原论思路"。③ 泰勒斯是"本源论思路"的始

---

① 叶秀山:《前苏格拉底哲学研究》,北京:生活·读书·新知三联书店,1982年,第45页。

② 《古希腊罗马哲学》和《前苏格拉底哲学研究》把ἀρχή翻译为"始基"。《希腊哲学史》（第一卷,汪子嵩等,人民出版社,1997年）、《西方哲学史:古代希腊与罗马哲学》（姚介厚著,江苏人民出版社,2005年）、《古希腊哲学探本》（杨适著,商务印书馆,2003年）把ἀρχή翻译为"本原"。谢文郁在《巴门尼德的Εστιν:本源论语境中的"它是"》（《云南大学学报》,2012年第2期）一文中把ἀρχή翻译为"本源"。还有的翻译为"基质",如《古希腊哲学史纲》（策勒尔著,翁绍军译,山东人民出版社,2007年）。也有把"始基"和"本原"混用的,如《西方著名哲学家评传》（第一卷,叶秀山、傅安乐编,山东人民出版社,1984年）。关于这个词的理解和翻译,参见汪子嵩等《希腊哲学史》（第一卷,第152页）的讨论。

③ "本源",源即源头、来源,具有时间上在先性,如水、火、气等被宣告为万物的本源。"本原"则指那些作为结构的基础性组成,如四根、种子、原子等被认为万物的原始存在。关于"本源"和"本原"二词的中文界定,有如下的考虑。"原",会意。小篆字形。象泉水从山崖里涌出来。从厂（hǎn）,象山崖石穴形。从泉。本义:水源,源泉。在《康熙字典》里,原本的意思是根本、来源、起因、起初等;也有　　（转下页）

作俑者。他认为,万物的本源是水。这"水"是在时间上先于万物的存在,因而万物都是由它产生出来的。但是,巴门尼德在论证他的"真理之路"时认为,我们必须对本源这个概念进行界定,发现作为万物之源在概念上必须是不生不灭的。这样一来,本源的时间在先性就被剥夺了。我们注意到,巴门尼德之后,从恩培多克勒开始,人们不再追问具有时间在先性的本源,而是开辟了一种新思路,从结构的角度理解万物的物性。我们称此为"本原论思路"。

正是由于出现了这种语境变化(两种思路),φύσις一词的翻译就变得难以处理。在本源论思路中,译为"物性"(本质)似乎比较合适;相应地,"产生"这种翻译似乎更多地在顾及本原论思路。两种翻译正好表明,人们在阅读古希腊哲学时,注意到了这两种不同的思路。但是,在我们未能对这两种思路做充分讨论之前,无论哪种翻译都容易导致混乱。本文希望通过分析"始基"、"本源"和"本原"三个词(希腊字ἀρχή的不同译法)来展示本源论思路与本原论思路,并通过追踪这两种思路来呈现φύσις的中文翻译困境。我们认为,深入了解这个困境可以帮助我们切实地把握早期希腊哲学的发展线索。

# 一、始　　基

就词源而言,使用ἀρχή来指称最原始的存在这个做法最早出

---

(上接注③)原样、老样,未经加工的意思,"原"是"源"的古字。中文译者多把ἀρχή翻译为"本原"也正是出于"原"字本身含义的考虑。"源"字产生于"原",指水源,源头。"源"字更强调起初、开头、起源,其中有时间性意味;"原"字更强调原本、原型、原样等等,更多地具有结构性的意思。在此,本文对"源"和"原"进行如此区分是要表达"本源论思路"和"本原论思路"是对ἀρχή的两种不同理解。

现在阿那克西曼德的著作残篇中①,但最早对古希腊哲学家使用的άρχή这个词进行理解的是亚里士多德;后人对άρχή的理解也多是建立在亚里士多德的理解的基础上。我们先来分析亚里士多德在《形而上学》第一卷第三章中的一段话。在论述了四种原因后,他接着说:

> 那些最初从事哲学思考的人,大多数只把物质性的东西当作万物唯一的άρχή。万物都由它构成,开始由它产生,最后又化为它(本体常存不变,只是变换它的属性),他们认为这就是万物的元素,也就是万物的άρχή。他们认为,既然有一种实体是常存的,也就没有什么东西产生和消灭了;比如,我们说,当苏格拉底有了神采和文才的时候,他并不是绝对的产生了;当他丧失了这些特色的时候,他也不是绝对的消灭了,因为基质苏格拉底本身是一直在那里的。所以他们说,没有什么东西是产生和消灭的,因为总有某种本体存在,它可能是一个或者不止一个,别的东西都是从它产生出来的,而它则是常存的。至于άρχή的数目有多少,性质是什么,他们的意见并不一致。这一派哲学的创始人泰勒斯认为水是άρχή,所以他宣称地浮在水上……②

对上述文本中出现的άρχή,不同人有不同的翻译。许多英译本翻译为"beginning",在《前苏格拉底哲学家》(*The Presocratic Philosophers*)一书中,基尔克等人把άρχή翻译为"principle"③,吴寿

---

① 辛普里丘:《物理学》,第150章,残篇29;出自:《古希腊罗马哲学》,北京大学哲学系和外国哲学史教研室编译,北京:商务印书馆,1982年,第8页。
② 亚里士多德:《形而上学》,吴寿彭译,北京:商务印书馆,1981年,第4页。
③ Geoffrey S. Kirk and John E. Raven, eds., *The Presocratic Philosophers*, p.89.

彭翻译的《形而上学》把ἀρχή译为"原理"①,而《古希腊罗马哲学》把ἀρχή翻译为"始基"②。

　　ἀρχή最初的含义是起点和出发点③,指的是时间上的开始、起源。把ἀρχή翻译为 beginning 或者"开端"是没有问题的,但 principle("原理")是指事物的内在根据,也即亚里士多德谈论的那个"形式因"。亚里士多德显然认为ἀρχή具有这两种含义。但是,ἀρχή是如何从一个时间性概念变成一个非时间性的概念呢?——纯粹从汉译的角度看,"始基"这种措辞企图包含上述两种含义:"始"是开始,是时间性的概念;"基"是基础,是事物是其所是的东西;"始基"既有时间性的开端又有事物内在根据的意思。这一翻译对于亚里士多德的文字来说,应该还是恰当的。

　　亚里士多德对于从泰勒斯到柏拉图的哲学家们所使用的ἀρχή是有感觉的。他试图追踪他们对这个词的使用,因而上述文字呈现了这个时期的不同哲学家对ἀρχή的理解。我们先来深入分析亚里士多德的理解,结合相关哲学家的残篇,对他们关于这个词的理解进行分析,展示他们在使用这个词时的不同理解,帮助我们较好地理解并处理ἀρχή这个词。

　　首先,亚里士多德总结出米利都学派把物质性的东西当作万物唯一的ἀρχή,或者是他所认为的"质料因",这是合理的。但是,他认为ἀρχή是本体不变、只是变换属性这一观点却很难得到早期残篇的支持。在米利都学派那里,这个原始存在便是ἀρχή。它存在于万物之先,从而能够产生万物。如果它不在时间上先于万物,它就无法产生万物。"产生"一词指称的是一个时间过程。因此,

---

①　亚里士多德:《形而上学》,吴寿彭译,北京:商务印书馆,1981 年,第 7 页。
②　《古希腊罗马哲学》,北京大学哲学系和外国哲学史教研室编译,北京:商务印书馆,1982 年,第 7 页。
③　《希英大辞典》,第 252 页。

它是一个时间性的概念。后来的哲学家在这个思路上相继提出水、气、火自身作为源头，这些存在也都在时间上先于万物并产生万物；而万物产生出来之后，最终又复归于它们。它们本身是能动的、变化的。

比较亚里士多德的观察："万物都由它构成，开始由它产生，最后又化为它（本体常存不变，只是变换它的属性），他们认为这就是万物的元素，也就是万物的ἀρχή。"米利都学派在讨论ἀρχή时似乎并没有"构成"这一层意思。而且，我们也看不到他们对本体和属性进行分别，以及他们关于本体不变、只有属性变化这种存在状态的说法。早期哲学家关于原始存在的理解在这方面和亚里士多德的理解并不一致。不过，他们在谈论ἀρχή时，涉及到了它的时间在先性。

其次，我们认为，米利都学派的ἀρχή不是一种"元素"。就概念而言，元素指的是构成万物的基本要素，是一种在结构意义上的原始存在。当我们在结构中谈论某种基础性的存在时，比如积木，其原始状态和它在一定结构中的存在状态是不同的。原始状态中的元素构成了一种在结构中的存在（万物）。拿掉结构之后，元素复归于原始状态。因此，元素可以有两种存在状态：无结构和在结构中。我们在恩培多克勒的思想中读到这种想法（稍后还要展开分析）。元素这种想法是从恩培多克勒开始的。

亚里士多德似乎把米利都学派的ἀρχή观，和后来四根说—种子论—原子论关于ἀρχή的想法混淆在一起了。

而且，他还忽略了毕达哥拉斯学派的"数"的概念。"数"是从事物的形式结构、内在本性、内在根据来解释万物的本性，他们的本原一般称为"原则"或"原理"，并不是物质性的元素概念，而是一种形式结构。毕达哥拉斯的数论对于人们形成结构概念具有十分重要的作用。

就亚里士多德关于ἀρχή的界定来看，它既指称物质性的时间上在先的水、气、火，同时也包含了作为结构上在先的元素的含义；既指称着万物从中而来又复归于它的存在，同时也在本体和属性之区分的意义上谈论它的存在。因此，亚里士多德理解的ἀρχή，不仅包含了米利都学派的观点，也包含了巴门尼德之后人们关于ἀρχή的讨论，是一个综合性的界定。

然而，在米利都学派那里，ἀρχή的时间在先性乃是它能够产生万物的前提。水（泰勒斯）、不定者（阿那克西曼德）、气（阿那克西美尼）作为ἀρχή是物质性的；它们和同样是物质性的万物之间的区别就是由时间先后来划分的。作为原始存在，ἀρχή的时间在先性是它区别于万物的关键点。不然的话，它就不过是万物之一物。亚里士多德在界定ἀρχή时注意到了这一点。但是，他为了界定的完整性，同时把后来的哲学家例如恩培多克勒、德谟克利特等的结构概念，如"元素"、"种子"、"原子"等，不加区分地和巴门尼德之前的关于ἀρχή的理解放在一起来谈论。这样做无助于我们分辨前苏格拉底哲学家对ἀρχή的理解。

在上述文字中，我们发现，亚里士多德理解的ἀρχή其实指称着两种不同的存在：一种是具有时间性的原始存在，是时间在先的万物起源；一种是结构上在先的原始存在。就第一种理解而言，ἀρχή是一种时间在先的存在。亚里士多德说："万物……开始由它产生，最后又化为它。"换言之，当我们对万物进行追根溯源时，往往都是在时间中谈论万物的起点终点。这样的存在可以理解为"始"。

但是，当亚里士多德进而认为"既然有一种实体是常存的，也就没有什么东西产生和消灭了"时，他是在谈论一种结构上在先的原始存在。这种结构上的原始存在有两种存在状态：无结构状态和有结构状态。也就是说，它们可以存在于结构中，作为构成万物的基本元素或原则原理,而构成万物。从结构的角度看,我们会遇到三种存在:构成者、结构、所构成的事物。构成者本身可以是无结构的。它们一旦在某种结构中合在一起,就可以构成一件事物;并且,结构改变后它们又可以形成另一件事物。从这个角度看,构成者虽然不变,构成的事物却可以变来变去。这个构成者可以称为"本体"、"元素"或"根"。恩培多克勒就是这样看世界的(我们在分析"本原"一词时将更详细地讨论这一点)。这是从结构在先的角度来谈论"构成者"(ἀρχή)。这种结构在先的存在自身并没有结构,但可以在一定结构中结合。未结合前称为"根";结合后称为"万物"。它们在结合前后既没有产生也没有消失,因而它们的存在不受时间过程的影响。从中文的角度看,我们可以把这种结构在先的存在理解为"基"。

另外,亚里士多德提到的"本体不变而属性可变",也可以从本质(每一事物都有一种使它之所以为它的因素)意义上去理解。不过,这种理解似乎不存在于苏格拉底以前哲学家的思想之中。

由此看来,跟随亚里士多德的理解,将ἀρχή翻译为"始基"是合适的。不过,"始基"的翻译虽然很全面地表达了亚里士多德关于早期哲学家的想法,但是它在表达上是含混的。ἀρχή是一个历史性概念,随着哲学史的演进,ἀρχή的含义不断发生变化,变得复杂多义。亚里士多德忽视了ἀρχή概念界定的历史性因素,把米利都学派的观点和后来的四根说—种子论—原子论的观点混为一谈;或者说,把时间性的ἀρχή和在结构中的ἀρχή混为一谈。

为了追踪苏格拉底以前哲学思想的发展线索,我们暂时建议把时间性的ἀρχή翻译为"本源",而把结构中的ἀρχή翻译为"本原"。这样做的目的是,我们可以通过这两个译法(关于ἀρχή)来表达两种思路:本源论思路和本原论思路。亚里士多德关于ἀρχή的理解包含了这两条思路。从"始基"分析出"本源论思路"和"本原论思路"，我们就能更好地理解古希腊哲学对ἀρχή的认识演进过程。

## 二、本　源

泰勒斯开始的"本源论思路"可以追溯到希腊神话。赫西奥德的《神谱》提出的"混沌之神"，为后来希腊哲学家们开始寻找本源的思路埋下了种子。赫西奥德在《荷马史诗》的基础上，结合他所收集的其他口头神话，对诸神关系进行了整理，并写成他的《神谱》。他发现在诸神关系中必然要有一个众神始祖，也就是"混沌之神"。这个"混沌之神"是诸神的起源。赫西奥德用Χάος一词来指称这个众神始祖①。这个众神的始祖作为诸神的起源和开端，在它之前没有任何东西存在。因此，它是时间上在先的。这个时间在先的"混沌之神"有以下特征：第一，它是最早的源头，在它之前没有别的神存在；它是最早的、最先的；第二，我们无法对它进行想象和描述。任何想象和描述都只能根据万事万物。万物由诸神管理，但"混沌之神"不管理任何事物。也就是说，我们无法把混沌和万物中的任何一物联系起来。于是，混沌之神无法在经验中呈现，因而无法加以想像。②

诸神—万物都是在时间中一步一步地由混沌产生的。作为诸神的始祖，混沌之神归根到底即是万物本源。换个说法，我们就可以得到："混沌是万物的本源"。"混沌"是诸神始祖，但不可想象和描述。于是，如何理解"混沌"就令希腊思想家感到困惑。希腊

---

① 参阅《神谱》(115-130)"起初是混沌，接着便有了宽阔胸怀的大地作为不朽诸神之永恒基础；"

② 关于混沌之神的讨论，参阅谢文郁：《寻找实在性：古希腊哲学的思维方式问题》，载于《学海杂志》2013年，第5期。

哲学便是在这个困惑中开始的:理解混沌(本源)的存在状态便是主导性思路。①

泰勒斯提出"万物的本源是水",这既有经验观察,又有神话思想的成分。按照亚里士多德的解释,泰勒斯提出万物由水产生,也许是观察到万物都以湿的东西为滋养,以及热本身就是从潮湿中产生,并靠潮湿保持;也许是由于万物的种子就其本性来说是潮湿的,而水是潮湿东西之本性的来源;也可能是来自希腊人的海洋崇拜,即海神夫妇是万物的祖先。② 泰勒斯是从经验的角度对水进行反思:如果没有水,种子不能发芽,万物没有了生命。死的东西都是干燥的,凡是种子都是湿的。万物都是在潮湿的地方生长出来的,并养育万物。所以,万物的本源是水,万物都是从水来的。

泰勒斯面临的希腊式困惑,乃是如何理解混沌的存在状态。如果想象(神话的基本思维方式便是想象)无法解决这个问题,他认为可以采取类比的方式,比如,它像水那样。我们认为,如何在神话思维中理解混沌是当时希腊思想家的困境。泰勒斯的类比思维把思维的出发点转移到经验:尽管我们无法直接对混沌形成经验感觉,但是,我们仍然可以在经验感觉的基础上类比混沌。在文献上,泰勒斯在谈论水作为万物的起源时使用了什么语言,已经无法知道了。但是,他在谈论一种无法成为经验对象的存在(万物的起源)时,显然是从类比思维的角度出发的。不难看到,这只是表达了泰勒斯对"混沌"的理解,即:混沌其实是像水一样的存在。"混沌"是无法在经验中呈现的;我们无法对它加以想象和描述。但是,在泰勒斯看来,水就是像混沌一样的存在;而混沌也就像水

---

① 实际上,混沌的理解问题并没有到泰勒斯为止;在此之后的恩培多克勒、阿那克萨戈拉、柏拉图(《蒂迈欧篇》)都试图给出自己的理解。

② 参阅《古希腊罗马哲学》,北京大学哲学系和外国哲学史教研室编译,北京:商务印书馆,1982 年,第 4 页。

一样。如果我们认识了水,在类比中,我们就认识了混沌;认识了混沌,就认识了"本源"。这是泰勒斯理解"混沌"的类比方式。其实,这也是整个米利都学派认识"本源"的方式。

不过,泰勒斯所说的"水",就其作为万物的起源而言,它和人们在经验中感觉到的水,两者不能等同。类比只是说它们之间有相像的方面,但不是完全一样。作为本源的水是在万物尚未存在之先,并能动地产生万物。本源无法成为我们的经验对象。然而,对于泰勒斯的听众来说,人们很容易从自己的经验出发,把自己观察到的水等同于作为"本源"的水。这种等同在理解上就会引申出一系列问题:"水是万物的本源";水是湿的、冷的;而火是干的、热的,水能灭火,水火不容;那么,作为本源的水怎么能产生火呢?并且,水在产生万物时,如果水是起源,每生产一物,它就失去一部分;随着万物的不断产生,水总有一天会用完的。一旦用完,作为起源的水就丧失了。如果作为起源的水已经丧失,泰勒斯凭什么说本源是水? 这便是所谓的对立面生成问题和万物复归本源问题。

对立面生成和万物复归本源的问题直接冲击了泰勒斯的本源概念。首先,本源生成万物;那么,本源就不能和万物中的任何一物相对立。如果二者相对立,彼此不相容,那就不可能存在产生与被产生的关系。其次,万物由本源产生;生成万物之后,本源因此丧失自己。如果本源会丧失,那么,本源就是一种可有可无的存在。它也就没有必要成为我们的认识对象。这就是说,如果本源概念成立,这个本源必须满足如下两个要求:其一,本源必须无所不包,无所不有。它不仅是某些存在物的起源,而且是所有存在物的起源。如果在它里面有一点点的缺乏,那就说明,它无法产生某物;换句话说,如果万物中至少有一物不是从中产生的,它就无法充当本源。因为,人们可以问,这个"一物"从哪里产生? 这就要求我们在这个"它"之外寻找那"一物"的起源。于是,"它"的本源性就被破坏了。其二,本源如何在产生万物之后仍然能够保持自己？本源丧失意味着万物成了无根的存在。因此,万物产生出来后,如果要保持本源不至于丧失,万物必须回归本源。

这便是泰勒斯的学生阿那克西曼德为老师所做的辩护。阿那克西曼德提出了"万物的ἀρχή是无定者"这一命题。"无定"是指没有固定的性质;一种存在,如果是无定的,那就能够包含所有性质。他强调指出,泰勒斯所说的"水"不是人们在经验基础上观察到的那种水,而是一种包容万物的像水那样的"不定者"。不定者当然可以包容水火。这就解决了对立面生成问题。他还提出了"正义原则"或称"补偿原则"①,来解决本源丧失问题。只要万物最终复归本源,那么,本源就不会因为产生万物而丧失。

阿那克西曼德关于"无定者"的说法,从理解的角度看,是企图放弃泰勒斯的类比思维,企图直接地规定并理解本源。但是,我们指出,泰勒斯提出本源(混沌)像"水"一样这种类比思维,目的就是回应人们在混沌问题上的理解。类比思维属于经验思维。只要在经验中呈现的东西都是可以为人们所认识的。"无定者"是一个思维对象,没有经验观察的支持。这种缺乏经验指称的存在很难为人们所理解。阿那克西美尼(阿那克西曼德的学生)对于这个理解上的困境有自己的体会。他提出了一个新命题:"万物的本源是气"。"气"一方面可以在风吹、呼吸等经验中给出指称,是感觉经验对象;另一方面它又无形无状,可以是湿的、热的、干的或冷的;并且所有对立的事物或性质都可以在气中;因而又是"无定"的。如果"气"包含了一切事物,它就能生成一切事物。因此,

---

① 辛普里丘:《物理学》,第二十四章,§13(德奥弗拉斯特论自然哲学家的意见,残篇2);D9。

"气"是万物的本源。

　　总之,整个米利都学派用物质性的东西来描述"本源",以此来表达对万物的起初或开始的理解。在类比思路中,"本源"是在时间中被谈论的。本源是万物的开端和起源,具有时间上的在先性;并且,本源在生成万物的过程中,还要在时间中维持自己的存在。因此,本源产生万物;万物要复归本源。虽然本源从时间上的在先,演变为时间上的终点,但是,这种谈论方式的重点还是强调作为时间在先的本源。

## 三、本　　原

　　从泰勒斯的"水是本源",阿那克西美尼的"气是本源",以及赫拉克利特的"火是本源"和毕达哥拉斯的"数本源论"①,都是在讲什么是本源。在语言上,大家在谈论本源时,好像已经有了一个共识,即:本源是如此这般。但是,大家都没有直接对本源进行界定。比如,当人们说水是本源,好像本源是什么并不是问题似的。在这种说法中,水是本源和本源是水被当作是等值命题。

　　巴门尼德深刻地认识到了这种语言上的盲点。他提出了一条所谓的真理之路,认为人们在上述盲点中理解本源,结果陷入了思维的混乱状态。因此,他认为,从思维的角度看,首先要做的事,是对本源进行界定。他提出,在真理之路上,本源有三个标志:"它是非生成的且不会消灭";"独一无二且不动";"完满无缺"(参见

---

①　限于篇幅,我们没有追踪赫拉克利特的火本源论和毕达哥拉斯的数本源论。赫拉克利特提出了"尺度"的想法,认为万物是在一定尺度上燃烧的火,企图以此解决对立面产生和本源丧失问题。毕达哥拉斯则认为万物中的每一物都有一个数,希望从数出发认识万物。这两种想法多少超出了时间在先的本源概念。不过,他们的本源论思路仍然是主导性的。

残篇 8)。

我们逐一分析"真理之路"的三个标志。第一,"本源是非生成的且不会消灭"。首先,本源是非生成的。如果本源有一个起源的话,那么本源就不是本源。本源是起点性的,在它之前不可能有别的起源。其次,本源也不能消失。本源消失有两种情况,一是过去曾经消失,二是未来将要消失。过去已经消失的本源,如何再现呢? 它从哪里产生呢? 它自己就是本源,连本源都消失了,它还能产生吗? 或者说它能产生于"无"吗? 在残篇 4 中,巴门尼德谈到"存在物存在,非存在物不存在"。"非存在物"是"无",它是不可界定、无法思想、无法谈论的。① 因此,本源不可能产生于"无"。上述关于起源问题的论证也适用于未来消失问题。所以,本源是不可能消失的。

按照巴门尼德的这个论证,"它"是非产生的,也不会消失,我们可以顺理成章地推导出,本源"没有过去和未来,它整个作为现在,作为完整、统一、联系的东西。"②"产生"和"消失"是在时间里的概念;而本源是"非产生非消失"的,因此不在时间之中(无论在什么时候,它都一样)。只有在时间概念中才有过去和未来,因此,巴门尼德把本源存在归结为"现在"。如果一个事物能保持现在的状态不变,我们就可以称之为永恒了。永恒的东西没有时间性,或者说,"它"存在于任何时间之内。

本源产生万物,在时间上必须是在前的。本源在先,万物在

---

① 关于"它是"涉及到主词界定问题,真理之路的三个标志也即对"它"的界定。但在界定主词中,首先要确定主词的实在性。"它是"就是对主词"它"进行界定,"它不是"是不对"它"进行界定,而我们一旦说"它是",即只要我们在谈论它,它就具有实在性。因此,"它是且它不能不是"。所以,本源只能是"有",而不能是"无"。参阅谢文郁:《巴门尼德的Εστιν:本源论语境中的"它是"》。

② 《古希腊罗马哲学》,北京大学哲学系和外国哲学史教研室编译,北京:商务印书馆,1982 年,第 12 页。

后,万物从本源中来,本源必定有所丧失。因此,从泰勒斯开始,哲学家就对本源如何在生成万物的同时保持自己这一问题争论不休。即使在阿那克西曼德的"正义原则"中万物复归于它,人们还是可以质问,这个本源还是原来的"本源"吗?巴门尼德对本源概念的思考发现,本源必须是"不生不灭"的,必须没有"过去和未来",因而是一个永恒存在。永恒存在的本源不依赖于时间,或者说,存在于任何时间之中。但是,一个没有时间性的本源如何与在时间中的万物发生关系呢?

我们知道,"产生"只能在时间中进行。时间就其秩序而言是有始有终的;"产生"在时间过程中有起点,也有终点。如果说本源产生万物,这就等于把无时间性的本源放在时间中来谈论。因为永恒存在的本源没有时间性,所以,它与万物的关系不能是产生和被产生的关系。巴门尼德之后,恩培多克勒提出"四元素说",阿那克萨哥拉的"种子说",德谟克利特的"原子论",以及柏拉图在《蒂迈欧篇》提出的"载体"和"理型",都试图解决无时间性的 ἀρχή 如何与在时间中的万物建立联系。"元素"、"种子"、"原子"、"理型"作为原始存在,它们在时间上是永存的。它们和万物的关系不是时间中的生成,而是在结构上的组合,即:这些原始存在和万物的区别仅仅在于空间结构。原始存在有两种存在状态。一种是无结构的自在状态;一种是在结构中存在于万物之中。它们作为原始存在是无结构的存在;它们在某种结构中构成某事物时并未消失,而是仍然存在于这个事物中。原始存在与万物之间的区别,不是时间上的在先性,而是结构上的在先性。作为区别,这种结构上在先的存在,我们称之为本原。

我们看到,从恩培多克勒开始到柏拉图,他们放弃了 ἀρχή 的时间在先性(本源)而赋予了 ἀρχή 的结构在先性(本原),通过引入空间结构概念来解决本源与万物因时间性而引起的理解困境。

ἀρχή与万物的关系不再是产生与被产生,而是结构上的聚合分离;ἀρχή与万物的区别不再是时间在先,而是结构在先。巴门尼德之后,古希腊哲学放弃了"本源论思路",走向了"本原论思路"。①

我们来追踪一下这个本原论思路。恩培多克勒提出了"四根说"。在当时的本源论语境中,人们提出了水、气、火、土四种东西作为原始性存在。它们不可能彼此相互产生。恩培多克勒称它们为ριζώματα(根)。四根作为原始存在是不生不灭的。就其原始状态而言,它们在空间上同时存在,彼此独立存在,没有相互作用。不过,恩培多克勒认为,在它们之外还有两种力量,即爱和恨,推动它们运动而导致相互作用。爱使它们相聚,恨使它们分离。它们在爱恨的相互作用中发生不同的结合,形成某种结构。在不同结构中的四根形成了各种事物。也就是说,当四根按一定比例混合在一起时,就产生了各种各样的事物。当一个事物的结构解体之后,它就消亡;同时那些混合在一起的四根便回到原始的无结构状态。在这整个生成过程中,四根自己不生不灭,不损不缺。在这个思路中,恩培多克勒说出了本文一开始引用的那段话:"任何变灭

---

① 我们这里省略了关于赫拉克利特的"逻各斯"和毕达哥拉斯的"数"的讨论。就思想史而言,它们在从本源论到本原论的进程中起了十分重要的作用。"尺度"和"数"都是为了区分万物。特别地,毕达哥拉斯学派把"数"当作万物的物性来研究,企图对具体的事物都作出数的解释和说明。张传开在《古希腊哲学范畴的逻辑发展》(南京大学出版社,1987年,第33页)一书中关于"始基-本原"范畴的处理,把早期希腊哲学中关于始基的含义大体归纳为三种:一是生成宇宙万物的原始物质;二是世界万物的本原;三是构成世界万物的基本元素。他把"数"划到第二种,属于本原性的存在,作为宇宙万物的规律性的东西。张传开对本源论和本原论之间的区别并不敏感。我们认为,"尺度"和"数"倾向于从结构出发处理ἀρχή的思路。这种思路便是本原论思路。这一思路在柏拉图那里得到了充分的发展。柏拉图提出了几何化的"理型"。把"数"看作"原理""原则",同样也是在几何结构中把握的。参阅谢文郁:《蒂迈欧篇》,上海:上海人民出版社,2003年。"尺度"和"数"并非严格意义上的结构概念,或可视之为本原论思路的雏形。

的东西都没有真正的φύσις,在毁灭性的死亡中也并没有终止。有的只是混合以及混合物的交换:φύσις只是人们给这些现象所起的一般名称。"

换句话说,四根与万物的关系已经不再是本源论意义上的生成关系,而是一种结构上的关系。万物不是在时间中产生于四根,而是在空间中由四根在一定结构中构成的。从四根的无结构状态到四根的有结构状态当然需要在时间中完成,但是,在这个生成过程中,时间对万物的生成并非决定性的。这里的关键是结构。亦即,四根作为原始存在,在爱的作用下按照一定的结构混合成万物。万物之间的差异在于四根组合的结构不同;而四根作为万物的组成部分不生不灭,永远保持自己不变。它们存在于万物中,是万物的组成部分,仍然保持着自己的存在。在恨的作用下万物消散,四根分离,恢复其原始的无结构状态。从这个角度看,四根说不是本源论。四根是没有时间性的原始存在(在任何时间内都存在);而万物不过是四根的一种存在方式(在结构中)。从这个意义上看,我们可以称四根为万物的本原,但不是在时间过程中的生成关系。

在本源论思路中,从本源而来的万物都有一个φύσις(物性),比如,石头有自己的物性;枫树有自己的物性;狗有自己的物性等等。这些物性使一类事物以及个别事物彼此区分开来。早期希腊哲学家通常被认为是"自然哲学家",意思就是研究"自然"(φύσις,即物性)的思想家。他们以万物的φύσις(物性、自然)为研究对象,揭示万物的物性。但是,在恩培多克勒看来,万物其实就是由四根组成的,因而在"物性"方面彼此没有区别。也就是说,石头、枫树、狗等等这些事物,归根到底都是由四根组成;它们分解之后,复归于四根。说一事物生成之后有某种物性,考虑到它的构成无非就是四根,那么,这一事物和其他事物有什么区别呢?——所有的事物都是由四根构成的!而且,万物分解之后,复归于四根。它们本来就没有物性,所以,它们的死亡也就不是某种物性的终止。它们的生死不过是四根的不同存在状态而已。既然如此,谈论万物的物性就没有意义了。所以,"任何变灭的东西都没有真正的φύσις,在毁灭性的死亡中也并没有终止。"这里,我们认为,把φύσις翻译为"物性"比较合适。① 这样,我们就可以看得比较清楚,恩培多克勒在这句话中要表达的是,否定万物各有自己的物性(在时间中产生出自己的物性)这种说法。

恩培多克勒认为万物都是四根在一定结构中构成的;就万物归根到底就是四根而言,万物彼此没有区别。但是,人们却又在不断谈论万物的区别。对此,他回答说:"有的只是混合以及混合物的交换:φύσις只是人们给这些现象所起的一般名称。"恩培多克勒完全否定万物的"物性",并把万物之间的区别仅仅归结为人们为它们所起的"名称"。万物毫无例外都是由四根构成的,因而没有区别。但是,四根是在一定结构中构成万物的。这里的"结构"是万物之间区别的关键所在。不过,恩培多克勒对这个关键并不敏感。当他把万物的物性归结为名称时,他关注的是万物归根到底就是四根这一点;对于结构规定万物的物性这一点,他没有展开讨论。

从思想史的角度看,恩培多克勒取消物性的做法乃是对本源论的彻底放弃,即:放弃了本源论从时间在先的角度理解万物物性的做法。既然万物无非是四根构成的,从根源上看万物就不存在任何彼此不同,因而寻找时间在先的本源也就没有必要。但是,把

① "物性"和"本质"这两个词有相通之处,都是指一事物区别于其他事物的根据。不过,物性强调该事物的特别功能或功用,而本质强调事物之间的分别根据。本质和属性(偶性)对应,是亚里士多德的用词。因此,对于亚里士多德以前的哲学文本,我都不主张译为"本质"。

万物区别仅仅归为人为命名,这种说法是缺乏说服力的。人在生活中和万事万物打交道,必须对事物的不同功用有所认识。不然,比如,对食物和毒药不加区分——反正它们都是四根构成;这显然是不能接受的。因此,人们在认识万物这个问题上还是希望能够提供物性上的说明。实际上,恩培多克勒否定万物具有物性的说法并没有得到共鸣①。当然,恩培多克勒的这一否定是带着论证的力量的。无论什么人,要继续谈论物性,就必须避免陷入他的论证所指出的陷阱。

我们指出,恩培多克勒接触到了结构概念,却没有进一步展开。但是,在他之后,人们很快就注意到结构概念的力量。与他同时的阿那克萨戈拉在阅读恩培多克勒的四根说时,就注意到了结构在规定万物物性上的重要性。阿那克萨戈拉认为万物都是由种子构成。他不同意恩培多克勒所说的万物由四种元素构成,认为构成宇宙的元素应有无数种。种子是无限多,具有各种形式、颜色和气味。各种种子是混合在一起,我们只能看到为数众多且靠近表面的种子;还有许多细小的为数不多的种子,虽然我们看不到但是确实存在。例如,我们吃面包就能长身体,是因为面包里面含有人所需要的各种种子,头发吸收头发种子,血液吸收血液种子,骨头吸收骨头种子。可见,我们所吃的面包中并存着各种种子;这些不同种子各自积累而生成相应事物。他说:"一切中包含着一切。……一切分有着一切。"②不过,不同事物中的种子在比例上不同。在一个混合物中,某类种子的数量占优势时,这个混合物就属于这类事物。对于阿那克萨戈拉来说,各类种子的比例决定了一事物成为该事物。换句话说,各类种子在混合物中的比例就是

---

①　亚里士多德在《形而上学》(第一卷)讨论从泰勒斯到德谟克利特的思想时,都称他们为"自然哲学家"(即研究自然【物性】的哲学家)。
②　残篇8。译文采用《古希腊罗马哲学》。

这一事物的物性。

德谟克利特的原子论有很深的种子论痕迹，但在逻辑上大大地推进了物性论研究的结构概念。在德谟克利特看来，"种子论"过分强调了事物之间的类的差别。从结构概念出发，谈论种子之间的区别等于认为种子内部有某种结构。但是，原始存在不允许自身内部存在结构。不然的话，原始存在结构上就丧失了自己的原始性。他进一步认为，我们可以对种子进行划分，不断分解其结构直到没有结构为止。这种不能继续划分的原始存在，德谟克利特称之为"不能划分"（ἄτομος，译为原子）。划分原子的界限便是虚空。虚空使原子和原子区分开来，因为原子内部没有虚空（没有结构）。

我们看到，德谟克利特给出了一个相当完整的结构概念：万物的原始状态是原子和虚空。都是由原子构成；原子本身没有内在结构（没有虚空），但有形状大小的区别。当不同形状大小的原子在一定结构中结合在一起（内部有虚空）时，就形成某种事物。当它们分解时，便回到原子状态。就原子自身而言，它们不生不灭；万物则是它们在聚散运动中的各种表现。

《古希腊罗马哲学》收集了一条材料："恩培多克勒，阿那克萨戈拉，德谟克利特，伊壁鸠鲁以及一切用极细微的物体的结合来构成世界的人，都是讲组合与分离的，但是实际上并不讲产生和消灭；因为产生和消灭并不是凭借变化在质上发生的，而是凭借结合在量上发生的。"①这条材料相当准确地呈现了四根说—种子论—原子论的结构思路。我们称此为本原论思路，把ἀρχή理解为一种结构在先的原始存在，并在这个基础上从结构角度谈论物性。恩培多克勒虽然最先涉及这个思路，但似乎没有想到把物性归为结

---

① 《古希腊罗马哲学》第 76 页。

构。这是他否定物性存在的原因。不过,接下来的本原论者如阿那克萨戈拉和德谟克利特都没有否定物性,反而从结构出发阐述物性。就概念使用而言,恩培多克勒对物性的否定是不成功的。这便是翻译他的φύσις所遇到的困境。

我们回到恩培多克勒的残篇8。鉴于恩培多克勒否定物性的存在,把其中的φύσις译为"物性"在语言和思路上都是通顺的:所有生灭的东西都是没有物性的。但是,人们会觉得很奇怪:事物怎么会没有物性呢? 为了避免这种理解困境,《古希腊罗马哲学》的译者选用这个词的动词含义:"产生"。当然,本源论和本原论关于"产生"的理解并不相同。本源论中的"产生"是从ἀρχή(本源)在时间过程中按固定生成方向产生出来的(因而具有某种物性)。本原论的"产生"则是ἀρχή(本原)在空间中混合构成的(其物性是由结构来规定的)。这两种"产生"观之间的区别不难体会。所以,在这种体会中,《古希腊罗马哲学》的译者引入"真正的"一词,用"真正的产生"来翻译这里的φύσις,以表明这里讲的φύσις是从恩培多克勒思想的角度来看的。但是,原文并没有"真正的"这个形容词。我们认为,这些译者的考虑是,用"真正的"一词来强调,这是另一种意义(本原论)上的"产生"。这种考虑并非完全没有道理。不过,在我们没有对本源论和本原论这两种思路进行分辨之前,我们很难理解恩培多克勒对"物性"的否定。而且,由于恩培多克勒未能用结构的观点来处理本原论意义上的"物性",这就加重了他自己的思想及其表达的混淆性。

我们认为,与其另加"真正的"一词,不如采取加注的方式来翻译残篇8:

　　我再跟你说一件事:所有生灭的事物都是没有[本源论意义上的]物性的。在毁灭的死亡中也并没有终止。有的只是混合,以及混合物间的交换。[本源论意义上的]物性只是人们给出的名称而已。

# 参考文献

1. Geoffrey S. Kirk and John E. Raven, eds., *The Presocratic Philosophers*, Cambridge: Cambridge University Press, 1988.
2. Gerard Naddaf, *The Greek Concept of Nature*, New York: State University of New York Press, 2005.
3. 《古希腊罗马哲学》,北京大学哲学系和外国哲学史教研室编译,北京:商务印书馆,1982 年。
4. 《西方哲学原著选读》,北京大学哲学系外国哲学史教研室编译,北京:商务印书馆,1982 年。
5. 叶秀山:《前苏格拉底哲学研究》,北京:生活・读书・新知三联书店,1982 年。
6. 策勒尔:《古希腊哲学史纲》著,翁绍军译,济南:山东人民出版社,2007 年。
7. 张传开:《古希腊哲学范畴的逻辑发展》,南京:南京大学出版社,1987 年。
8. 亚里士多德:《形而上学》,吴寿彭译,北京:商务印书馆,1981 年。
9. 谢文郁:《寻找实在性:古希腊哲学的思维方式问题》,载于《学海杂志》2013 年,第 5 期。
10. 谢文郁:《巴门尼德的Εστιν:本源论语境中的“它是”》,载于《云南大学学报》,2012 年,第 2 期。
11. 柏拉图:《蒂迈欧篇》,谢文郁译,上海:上海人民出版社,2003 年。

# "为什么自杀是不被允许的?":
# 《斐多》自杀疑难与神话

**摘要:**《斐多》(*Phaedo*)中,关于自杀的讨论似乎并不是主要议题。本文试图通过说明自杀议题是一个贯穿《斐多》全篇的问题从而重新定位自杀议题在《斐多》中的价值。实际上,苏格拉底在整个《斐多》里给予自杀疑难以三个答案,而并非标准解读的那样只是一个答案。对"为什么自杀是不被允许的?"的三个答案分别来自"我们属于神,没有得到神的允许,不能自杀"这个论证,"生死循环"这个论证和篇尾的神话部分。第一个答案是初步的回答,第二个答案是进一步的回答,第三个回答结合前两个答案构成了对"为什么自杀是不被允许的"这个问题的一个全面回答。

**关键词:** 斐多　自杀　神话

## 一、什么是《斐多》里的自杀疑难?

《斐多》中的自杀①讨论其实是由尤艾努斯(Εὔηνος)的询问引

---

① John Cooper 指出:"古希腊语或者拉丁语都没有一个单字可以恰当地翻译'自杀'(suicide),即使大部分的古代城邦认定自杀(self-killing)是有罪的"。　(转下页)

起的。尤艾努斯虽然自己没有出现在斐多提供的拜见苏格拉底的
名单上(59b-c),但是他要科贝斯(Κέβης)替他询问为什么苏格拉
底进了监狱之后就开始写诗(60c-d)。苏格拉底让科贝斯转告尤
艾努斯"如果他聪明,尽快跟随我。看起来,我今天就要离开了,
正如雅典人所要求的那样"(61b-c)。引文中的"离开"(ἄπειμι)
是指苏格拉底马上要被行刑,也就是他要死了。于是苏格拉底要
尤艾努斯跟随他的要求就变得很模糊也很奇怪,因为"跟随"
(διώκειν)①苏格拉底既可以指跟随苏格拉底在狱中做诗,也可以
指跟随苏格拉底去死。对于这个模糊而又奇怪的要求,西米亚斯
(Σιμμίας)的回应也很有趣,他没有询问苏格拉底到底是要求尤
艾努斯去死还是做诗,只是说以他对尤艾努斯的了解,尤艾努斯并
不愿意跟随苏格拉底(61c)。苏格拉底立即反问尤艾努斯是不是
一位哲学家。得到肯定答复后,苏格拉底说:"那么尤艾努斯会愿
意的,就像每一个恰当从事哲学的人一样。也许他不会夺走自己
的生命,因为他们说这样做是不被允许的(οὐ γὰρ φασι θεμιτὸν②
εἶναι)"(61c)。③ 有学者因为原文中的"他们说"(φασι)一词而怀

───────────────

(上接注①) David Bostock 也提到了这一点。柏拉图在《斐多》中使用
"βιάσεται αὐτόν"(61c)/"ἑαυτὸν βιάζεσθαι"(61d)(对自己使用暴力/夺走自己的
生命/自我戕害)。为了方便,本文使用"自杀"这个词来指代相对应的词汇。见
Cooper (1989), p. 10 以及 Bostock (1986), p. 16。古希腊人对"自杀"的一般看法
可参见 Geddes (1863), pp. 195-209。

① 本文引用的希腊文来自 Oxford Classical Texts。中译文均是我自己的翻译,同时参
考了 G. M. A. Grube 的英译文。可参见 Hicken (1995), pp. 88-186 和 Cooper
(1997), pp. 49-100。

② "θεμιτὸν"意为"被法律认可的,合法的"。本文译为"被允许的"。

③ 一个有趣的问题是:《斐多》中的苏格拉底是自杀吗? 他至少两次能免于死刑。一
次是交罚款(Apology),二是在克里同的帮助下逃走(Crito)。如果是这样,那么可
以认定在《斐多》的场景还未开始时,苏格拉底已经做好了自杀的准备。进一步,
Bostock 甚至认为苏格拉底在《斐多》最后饮下毒酒也是一种自杀行为。Bostock
(1986), p. 17。R. G. Frey 同意 Bostock 的看法。他认为苏格拉底明知是毒药还故
意喝下并且由于喝下毒药的这个行为导致了他自己的死亡。Frey (1978),　(转下页)

疑"自杀是不被允许的"这个观点是不是《斐多》中苏格拉底本人的看法。[①] 其实这样的怀疑并无必要,至少可以从以下两个方面考虑:(1)柏拉图的苏格拉底多次在别的对话中假托别人而实际上表达自己的观点和思想,比如在《会饮》中,柏拉图的苏格拉底就假借狄奥提玛(Διοτίμα)之口提出他自己关于爱(Eros)的理论。但是不会因为苏格拉底说该理论是他听从了狄奥提玛的教诲,我们就认为苏格拉底自己并不相信该理论。类似的情况在整个柏拉图对话录中还有很多。(2)再从"自杀是不被许可的"这个观点来考虑。虽然苏格拉底并没有给出理由来支持该观点,甚至假借他人之口提出了该观点,但是在接下来的文本中,他对该结论给予了明确的支持。[②]

　　在得到苏格拉底自信的答复之后,科贝斯接着问道:"为什么夺走自己的生命是不被允许的? 为什么哲学家会愿意跟随一个快死的人呢?"(61d)。在前文中,我们提到苏格拉底给尤艾努斯的建议是很模糊的,不知道他是要求尤艾努斯跟随他死还是要求尤艾努斯开始尝试做诗,现在柏拉图给出了答案。柏拉图很巧妙地利用了苏格拉底模糊的建议,把做诗的讨论过渡到了关于自杀的讨论。苏格拉底显然认为对某些人(哲学家)来说在某些时候死比活好,但是同时又不认为哲学家自杀是正确的方式(62a)。[③]

---

(上接注③)p. 106。R. A. Duff 从动机与意愿的角度分析了该问题,虽然他最终并没有给出明确的结论。他认为苏格拉底喝毒药并不意味着他想死去,并且喝毒药这一行为只是遵从苏格拉底审判的命令,如果没有这一命令,苏格拉底就不会喝毒药。此外他还否认了"所有故意自我戕害都是自杀"的观点。Duff (1982), pp. 35–47。

① 吴飞(2007),第 18 页。

② 当然,这并不意味着苏格拉底毫无保留地赞同"自杀是不被允许的",正如 D. Gallop 提醒的那样:"他对自杀并不持有一个绝对的否决态度"。Gallop (1975), p. 85。

③ 对这段引文有不同的解释,但对本文主题关联不大。参见 Taran (1966), pp. 326–336。

在进一步讨论"为什么自杀是不被容许的?"这个问题及其具体理由之前,这里(62a)出现了一个疑难:如果对某些人(哲学家)①来说在某些时候能够通过自杀的方式快速得到好处的话,那么为什么自杀又是不被允许的呢? 或者按照科贝斯在 62c 处总结的那样,苏格拉底一方面认为哲学家应该意愿去死并且要为死亡做好准备,一方面又认为自杀是不被允许的行为。我们可以简称这个疑难为"自杀疑难"。② 当然,就目前的讨论来看,这个疑难其实还是很模糊的。这可以分为两个方面考虑:(1)如果自杀是一种能让某些人快速获得死亡的方式,那么为什么自杀是不被容许的?③ (2)为什么死亡对于某些人(哲学家)来说在某些时候比活着要好? 都有哪些好处? 如果不自杀,那么死后,哲学家都能得到什么报偿?

对于(1),苏格拉底在"人是神的所属物"和"生死循环"这两个论证中提供了答案。对于(2),苏格拉底在《斐多》中的神话部分,也即是他对于"自杀为什么不被允许"给出的第三个答案,给予了全面的回答。

## 二、对"自杀疑难"的第一个回答: 人是神的所属物

为了回应科贝斯对"自杀不被允许"原因的探究,苏格拉底提及

---

① 或者更准确的说法是由 Charles Kahn 提出的"柏拉图式的哲学家"。Kahn (2009),p. 123。

② 吴飞将这个疑难称为"苏格拉底的两难"。吴飞(2007),第 16 页和第 20 页。Murray Miles 早已经指出"对每一个人来说,死比活好"的观点是不正确的,他认为这样的观点无论是在《斐多》还是在别的对话里都没有出现过。Miles (2001), p. 245。参见 Bostock (1986), pp. 16-17。Elise P. Garrison 关于"自杀疑难"的提法和本文的提法基本一致。Garrison (1991), p. 15。

③ James Warren 在其关于苏格拉底自杀论题的讨论中也问了同样的问题。见 Warren (2001), p. 98。

了奥菲斯的"人是一座监狱"(ὡς ἔν τινι φρουρᾷ ἐσμεν οἱ ἄνθρωποι)的思想,并且他自己又把这个思想改述为"神是我们的守护者,人是他们的所属物之一"(62b)。得到科贝斯肯定地回应之后,苏格拉底给出了对"为什么自杀不被允许?"这个问题的第一个答案。苏格拉底认为,人是神的所属物,而在没有得到主人的指示之前,人不应该自杀。①

> 苏格拉底:"如果你的一个所属物自杀了,当你还没有给予任何你希望它死的信号的时候你不会愤怒吗?并且如果你能给它以惩罚,你会惩罚吗?"
>
> 科贝斯说:"当然。"
>
> 苏格拉底:"也许可以这么说,在神已经指示有必要去死之前,正如这种必要性现在降临在我们身上,一个人不应该自杀,这么说不是没有道理的。"(62c)

这个答案完全建基于前文中"人是一座监狱"的思想,该思想不仅仅指出"人是监狱",而且明确地说"人绝不能自我释放或逃逸"(62b,参 66b-d)。苏格拉底对"人是一座监狱"并没有提出进一步的解释。我们只能猜测其原因在于,奥菲斯②的"人是一座监狱"对于《斐多》对话的主要参与者和毕达哥拉斯学派③有渊源的

---

① Warren 通过分析认为"人是神的所属物"的说法存在问题。他引用了 Damascius 对该论证的评论,指出人是神的所属物已经暗示了神对不听从其指示的人的"惩罚",并且认为惩罚是该论证的主要力量,但是这样也让神作为活人主人的身份丧失了。因为神可以惩罚没得到其指示就自杀的死人,但是他作为活人的主人怎么能惩罚一个死人呢? Warren (2001), p. 98。本文并不讨论苏格拉底的说法是否有效,只讨论该说法对解决自杀疑难的意义。

② Burnet (1911), p. 62.

③ 参见 *Cratylus* 400b 和 Williamson (1904), p. 120。

苏格拉底的对话者科贝斯和西米亚斯来说很熟悉,因而并不需要解释。苏格拉底在 61d 就提到了毕达哥拉斯学派的重要哲学家菲洛劳斯。①

　　在给出了第一个答案之后,科贝斯质疑了苏格拉底对于"自杀为什么不被允许"这个问题给出的第一个答案。他说:"看起来是这样,正如你刚刚说的,哲学家应该愿意去死并且为它做好准备,就有点奇怪了,苏格拉底,如果我们刚刚说的是合理的话,神(τò θεόν)是我们的护卫者,我们是他的所属物"(62c-d)。② 科贝斯质疑该答案的理由是智慧的人不会自杀,因为只有这样他才会尽可能长久地与自己的主人待在一起,而愚蠢的人则正相反。他争辩说:"这是不理智的:最智慧的人不应该抱怨不做这件事③,这样他们就被最好的主人即神管理,因为一个智慧的人不能相信当他自由的时候他能够更好地照顾他自己。一个愚蠢的人很容易这么想:他必须逃离他的主人;他并不会深思,一个人绝不要逃离一个好的主人,而是要和他的主人待得尽可能长,因为逃离是愚蠢的。但是一个理智的人总是和比他更好的人待在一起"(62d-e)。科贝斯得到的结论与苏格拉底给出的答案正相反:智慧的人憎恶死亡,而愚蠢的人喜欢死亡(62e)。有学者认为科贝斯"是完全按照苏格拉底的逻辑推导出这个结论的"。④ 可是在苏格拉底之前

---

① Geddes 总结了《斐多》中涉及的毕达哥拉斯学派的思想:(1)西米亚斯和科贝斯作为对话者以及菲洛劳斯被提及。(2)菲洛劳斯的理论(61d)。(3)轮回转世的思想(metempsychosis)和灵魂是和谐的思想(86d)。(4)对于"数"的探究。Geddes(1863), p. 174。参见 Rowe (1993), p. 128。

② 正如 Bostock 所说,如果"人是神的所属物"这个论证是正确的话,神被刻画为是仁慈的,那么神为什么让我们做的并不总是符合我们最大的利益呢? 比如说,如果有个人生活极其悲惨,那么为什么自杀是不对的,反而要苦苦挣扎等待神的指示后才能自杀呢? Bostock (1986), p. 19。

③ 指自杀这件事。

④ 吴飞(2007),第 20 页。

的说法里,并不能直接推导出科贝斯的结论,而是存在两种理解的
可能性。苏格拉底的想法是:人是神的所属物,于是人不能在没有
得到神的指示之前自杀。在这个说法里,苏格拉底并没有很明确
地说明神和人到底是存在于同一个空间内还是存在于不同的空
间。如果按照希腊传统思想,神居住在奥林匹斯山上,那么人和神
确实存在于一个空间范围内。这个预设在《斐多》后文中也得到
了体现,西米亚斯在科贝斯的质疑之后立即谈及当苏格拉底死亡
的时候,他离开了好的主人们,也即神们(ἄρχοντας ἀγαθούς,
θεούς,63a)。如果人和神存在于一个空间内,神和人的关系就像
古代希腊城邦内主人和奴隶的关系那样,科贝斯的结论确实是从
苏格拉底的逻辑推导出来的,无疑也是正确的。

　　可是如果神和人存在于不同的空间内,比如神居住于冥界
(哈德斯)(69c,68a,108a)或者真正的大陆表面(110a,114c)或者
"真正的哈德斯"(Ἀιδου ὡς ἀληθῶς,80d),①而人存在于希腊城
邦之中,那么苏格拉底的观点无疑是正确的,而科贝斯的结论则是
错误的。因为如果神和人并不在同一空间内,尤其是神存在于只
有灵魂才能到达的空间,也即只有人在死亡后才能到达的空间,那
么智者要想和自己的主人或者比自己更好的人待在一起,他们就
必须向往和选择死亡。同理,如果愚者总是想要逃离自己的主人,
他们就必须想方设法地活得更可能的长,而不是欢迎死亡,因为只
有这样他们的灵魂才不会到达神存在的空间,从而与神或者比自
己更好的人相会。这一结论在63b-c处得到了验证。苏格拉底说

---

①　"哈德斯"与"真正的哈德斯"的区分对于理解柏拉图来说至关重要。这一点将在
　　下文提及理念(型,Forms)和《斐多》中的神话时得到进一步的阐述。柏拉图在《斐
　　多》中只有在80d一处把"真正的"和"哈德斯"连用,但是在《斐多》中,他却在两
　　个意义上(即传统意义上和他自己定义的"真实"涵义上)使用"哈德斯",这给柏拉
　　图的读者理解该词带来了很大的麻烦。

到他将首先去和"别的又智慧又善良的神"(63b)结伴,接着和"比活着的人更好的已经死去的人"(63b)结伴。苏格拉底接着强调,他"将要去神们那里,他们是好的主人"(ὅτι μέντοι παρὰ θεοὺς δεσπότας πάνυ ἀγαθοὺς ἥξειν,63c,参69c)。在这句引文中,ἥξειν是将来时,时态很关键,因为它明确地提示出苏格拉底认为神和人并不处在同一个空间里,而是人在死后才能和神结伴而居。

再从自杀的角度考虑科贝斯的结论。他的结论和他对于死亡的看法是密切联系在一起的。从他对"人是神的所属物,在得到主人的指示前不能自杀"反驳的理由来说,他持有的是希腊传统的思想。神与人处在同一个空间里,神参与人的生活。这样他得出结论:智慧的人(也即是哲学家)憎恶死亡,而愚蠢的人才会喜欢死亡,因为死亡意味着离开神,而不是接近神。于是在他的结论里,他并不反对哲学家不应该自杀,而只是反对苏格拉底关于死亡的结论。于是我们发现,在他质疑的一开始,科贝斯没有再提及自杀,他只是提到了"哲学家意愿去死"这个观点。

针对科贝斯的质疑,苏格拉底认为有必要对其进行一次自我辩护(63b),并且重申了在自己死后,自己会去和神作伴(63b-c),然后他就针对科贝斯的质疑做出回应。由于他和科贝斯之间并不在"自杀是否被允许"这个论点上有分歧,而是在"智慧的人(哲学家)是憎恶死亡还是欢迎死亡"这个论点上有分歧。于是苏格拉底自我辩护的重点似乎就转移到了"哲学家是否欢迎死亡"这个观点上来了(63e-64a),殊不知其实正是在这个辩护过程中,苏格拉底不仅没有放弃他对自杀疑难的第一个答案,相反进一步强调了其中包含的观点。

在苏格拉底自我辩护的一开始,他先讨论了实践哲学就是

"实践死亡"①及其涵义(64b)。② 在这个过程中,苏格拉底强调了身体对灵魂获得知识与真理的阻碍作用以及哲学家要努力摆脱身体对其灵魂寻求真理的羁绊作用(64d-67a)。③ 这一段讨论并不是无的放矢,而主要有两个作用:(1)这段讨论能够牵引出对"自杀疑难"的第二个答案。(2)它直接针对科贝斯的质疑进行了一定程度的解释,主要是说明了为什么哲学家总是处于濒死的状态以及为什么哲学会欢迎死亡的到来。这全部的原因只是一个:身体对灵魂的求知有且仅有阻碍的消极作用。

　　之后,苏格拉底再一次结合了前面身体对于灵魂求知有阻碍作用的解释重述了自己对自杀疑难的第一个答案。他说:"当我们活着的时候,如果我们尽可能地克制与身体的关联并且不在必须的范围之外与身体结合,如果我们并不被它(身体)的本性感染,而是远离它并净化自身直到神自己解放我们,那么我们就会最大程度地接近知识($\tau o\hat{u}$ $\epsilon i\delta\acute{\epsilon}\nu\alpha\iota$)"(67a)。在接下来的讨论中,苏格拉底把我们死后要去并且和神在一起居住的地方称为"地底世界"或者"哈德斯"(68a, 69c, 参 80d)。④ 他强调只有在那里,真正的哲学家才能发现值得的逻各斯($\mu\eta\delta\alpha\mu o\hat{u}$ $\ddot{\alpha}\lambda\lambda o\theta\iota$ $\dot{\epsilon}\nu\tau\epsilon\acute{u}\xi\epsilon$-

---

① "实践死亡"原文是"$\dot{\epsilon}\pi\iota\tau\eta\delta\epsilon\acute{u}o\upsilon\sigma\iota\nu$ $\mathring{\eta}$ $\dot{\alpha}\pi o\theta\nu\acute{\eta}\sigma\kappa\epsilon\iota\nu$ $\tau\epsilon$ $\kappa\alpha\grave{\iota}$ $\tau\epsilon\theta\nu\acute{\alpha}\nu\alpha\iota$"(64a)或"$\dot{\alpha}\pi o\theta\nu\acute{\eta}\sigma\kappa\epsilon\iota\nu$ $\mu\epsilon\lambda\epsilon\tau\hat{\omega}\sigma\iota$"(67e)。"$\dot{\epsilon}\pi\iota\tau\eta\delta\epsilon\acute{u}o\upsilon\sigma\iota\nu$"动词原型是"$\dot{\epsilon}\pi\iota\tau\eta\delta\epsilon\acute{u}\omega$",C. J. Rowe 译为"忙于"(busy with),而 Burnett 译为"实践"(practising),而"$\mu\epsilon\lambda\epsilon\tau\hat{\omega}\sigma\iota$"动词原型是"$\mu\epsilon\lambda\epsilon\tau\acute{\alpha}\omega$",C. J. Rowe 译为"训练/受训"(training)。见 Rowe (1993),pp. 135 &145 以及 Burnet (1911), p. 28。参考 Holmes (2008), p. 50。

② Zhu Rui 提出一个重要观点:《申辩》中的苏格拉底告诉我们应该怎么活,而《斐多》中则告诉我们怎么死。此外,他认为,为了理解《斐多》中的思想,神话、诗学和哲学应该结合起来。我也赞同该观点。Zhu (2005), pp. 456, 460。

③ George Boys-Stones 提醒说:《斐多》里的灵魂学说,尤其是关于灵魂、身体与欲望的学说,并不完全是柏拉图式的,而在某种意义上是"埃利斯的斐多式的"(Phaedo of Elis)。Boys-Stones (2004), p. 15.

④ 也即是"真正的哈德斯"(80d),详见下文。

σθαι αὑτῆ ἀξίως λόγου ἢ ἐν ῞Αιδου,68a-b）。①

　　苏格拉底把以上的回应称为对科贝斯的质疑进行的自我辩护。在他的自我辩护完成后，科贝斯指出，他的辩护能成立的前提是：灵魂在死后能够继续存在，不能毁灭、解体或者像烟或呼吸一样消散（69e-70b）。苏格拉底于是接着这个质疑对灵魂不朽进行进一步的论证。对灵魂不朽的第一个论证来自于"那些拥有反面的东西必然来自于其反面而不是别的地方"（70e）这个论点。在后文中，苏格拉底将这个论点简称为"对立面来自于其对立面"（71a）。需要注意的是，正是在论证这个论点的过程中，苏格拉底提出了对"自杀为什么不被允许"的第二个答案。这个答案是对第一个答案，即"人是神的所属物，在等到主人的指示前不能自戕"的进一步回答。

## 三、对"自杀疑难"的第二个回答：生死循环

　　在"对立面来自于其对立面"（71a）②这个论证的一开始，苏格拉底就试图通过一系列的例证来证明这个论点。他先后使用了"美/丑"（70e）"更大/更小"，"更强/更弱"，"更快/更慢"，"更好/更坏"，"更正义/更不正义"（71a）作为例证。用大和小来说明，如果一个事物变小了，那么它一定来自以前更大的东西，相比较以前那个更大的东西，它是更小了（70e-71a）。苏格拉底进一步指出，其实

---

① "ἀξίως λόγου"很难翻译，G. M. A. Grube 译为"纯粹知识"（pure knowledge），H. Fowler 译为"牢固的信念/意见"（firm belief），E. M. Cope 译为"值得提到的东西"（worth mentioning），Gallop 延续了 Cope 的翻译。本文则采取直译，译为"值得的逻各斯"。Cope（1875），p. 21 以及 Fowler（1914），p. 235 以及 Gallop（1975），p. 13 以及 Grube（1997），p. 59。

② 这个思想早就存在于奥菲斯教义（Orphic doctrine）和赫拉克利特（Heraclitus）那里。Burnet（1911），p. 49。

这样的变化可以被切割为两个过程:"从一个(面)到另一个(面)然后再一次从另一个(面)到最初的(那个面)"(71b)。这两个过程,拿"更大"和"更小"为例,就是增加和减少这两个过程(71b)。其实这个过程就是一个循环的过程。因为"更大"和"更小"只是相对于其一个状态而言的,或者说"更大"和"更小"没有固定的状态,它们总是在变动之中。如果是这样的话,那么大和小就可以看作是一个循环,由于增加和减少的过程,使得大和小形成了一个相互转化的循环过程。罗(C. J. Rowe)指出"对立面来自于对立面"实际上存在两种模式:第一类是一种属性向其对立面转化,比如黑变白;第二类是某物从拥有某种属性向拥有另一种属性转化,比如黑色的桌子变成白色的桌子。① 这两类模式的不同在于是否出现对立面自身发生变化,也即是否对立面变成其对立面。如果我们把罗的观点进一步引申到"对立面相互转化形成循环"这个论点上,就得到两种模式:(1)某种属性自身向其对立面转化,然后其对立面再次向该属性转化形成循环;(2)某物自身向其对立物转化变成其对立物,然后再从其对立物向某物自身转化形成循环。

有了这样的铺垫,苏格拉底开始试图给出对"为什么自杀不被允许"这个问题的第二个答案。这个答案就是"生死循环"。苏格拉底首先指出,生的对立面是死(71c),②而死则是生的对立面。如果是这样的话,那么生和死就符合"对立面来自于其对立面"这

---

① Rowe (1993), p. 155。同时可参见亚里士多德《形而上学》H4。
② "死亡"在《斐多》64c处被定义为"灵魂与身体的分离"。Gill从苏格拉底死亡的症状与古代希腊毒药的性状出发,解释了灵魂离开身体的过程细节。这一点可以被视为是对《斐多》中人的死亡过程在生理学与医学上的一个补充。Gill (1973),pp. 25-28。Gallop对"生死循环"中"死亡"的含义以及其在古希腊文、英文中的歧义做了分析。死亡可以表达三个意思:(1)死亡的过程。(2)终结死亡过程的那个事件。(3)死亡后的状态。同样的困难也存在于汉语中。Gallop (1975),pp. 110-111。

个论点的要求,于是相互转化的循环过程也适用于生和死这对对立面。苏格拉底通过生和死相互转化形成循环作为他论证"灵魂不朽"的第一个论证。他的论证如下:

(1) 去死是活着的对立面;

(2) 它们相互转化;

(3) 死是从生转化而来的;

(4) 生是从死转化而来的;

(5) 活着的生物和事物是从死那里转化来的;①

(6) 我们的灵魂存在于地底世界(哈德斯);②

(7) 生死转化的两个过程,一是去死,二是得生。③

(8) 于是死者的灵魂必定在死后存在于某个地方,因此它们才能再一次回转(71d–72a)。

(9) 苏格拉底接着否定了生和死不构成循环的可能(72b),因为如果不是这种情况,那么所有事物最终将死去(毁灭)并且没有事物能存留。④

"生死循环"这个论证很短,⑤而且从表面看上去并不直接和

_____

① 苏格拉底两次提及生死循环就像醒着和睡着这个循环一样(71d,72b-c)。Tarrant 指出这个说法可以在荷马那里找到,但是在其他古代作家那里并不常见,其他的作家更倾向于使用"去哈德斯的旅程"(the journey to Hades)。苏格拉底在《斐多》中对"死亡"的术语使用和运用隐喻对其进行的各种描述可以参见 Tarrant (1952), pp. 64–66。

② 在《斐多》神话部分,这个论点将会得到进一步的延伸。

③ Williamson 似乎认为"灵魂转生"与"生死是一个循环"是不兼容的。但这肯定是一个误解。Williamson (1904), pp. 140–141。

④ 在 Bostock 的分析之下,这个论证也是有问题的。因为它忽略了一种可能性:新事物生成。比如婴儿的诞生就是精子和卵子结合、生成的结果。Bostock (1986), p. 58。

⑤ 这并不意味着这个"循环论证"(Cyclical Argument)是有效的。但本文并不需要对该论证做仔细分析,而是主要考虑其对自杀与死亡问题的意义,所以在本文中该论证的有效性不会被讨论。参见 Rowe (1993), p. 156 以及 Gallop (1975), p. 105–106 以及 Gerson (2003), p. 64。Bostock 先区分了"属性"(property)与"关系"(relation),然后得出了与 Rowe 一致的结论。Bostock (1986), pp. 43–51。

自杀疑难相关联,而是作为苏格拉底论证"灵魂不朽"的第一个论证而与之联系紧密。实际上并非如此。"生死循环"这个论证是对自杀疑难第一个答案的进一步延伸,从而构成苏格拉底回答"自杀为什么不被允许"这个问题的第二个答案。从"生死循环"这个论证中,我们发现生和死实际上构成了一个圆圈/循环,于是灵魂就是在这个循环之间游荡,生和死的差别只是在于灵魂是否与身体结合。如果灵魂和身体结合,那么就是生的状态,如果灵魂并未与身体结合在一起,那么就是死亡的状态。于是该论证对于自杀的意义就显现出来了:单就生和死是一个循环来说,自杀是毫无意义的,因为一个人选择了自杀,无非就是让自己的灵魂脱去了身体这件外衣而已,并不会产生额外的好处。

当然问题随之而来,苏格拉底在生死循环这个论证之前刚刚用很长的篇幅论述了哲学家就是意愿去死的,加上他还论说了身体对灵魂求知的种种阻碍作用,为什么自杀就变成毫无意义的一件事情了呢? 另外,苏格拉底自己也强调,当他自己的死刑被执行之后,也即当他自己死亡之后,他就可以去和神相伴,去和比自己更好的人一起居住(63b-c)。如果自杀变得毫无意义,那么苏格拉底的这些说法是否还可信? 似乎在苏格拉底对"自杀不被允许"这个问题给予的第二个答案中,问题非但没有得到解答,反而回到了原点。

在第一个答案中,人被说成是神的所属物,没有得到神的指引,人不应该自杀,这个答案虽然并不那么让人信服,①但毕竟给予了一个貌似有理的答案。在古希腊人那里,这样的回答可能还是很可靠的,因为他们确实笃信神的存在。相比较第一个答案,第二个答案,即"生死循环"这个论证似乎往后退了一大步,似乎并

———————
① 这一点从科贝斯的质疑就可以看出来。

未给出让人信服的理由。

其实,"生死循环"这个论证本身确实让自杀变得毫无意义,但是只有把它和在此论证之前苏格拉底强调身体对灵魂认知的阻碍作用和灵魂只有在"地底世界"(哈德斯)才能获得知识这两个观点结合起来看,我们才能理解这第二个答案的全部意义。对身体的阻碍作用的强调其实也就是对死后灵魂在"哈德斯"和"型"(Forms)待在一起从而获得知识的强调。在《斐多》中对"哈德斯"描述最集中的段落是在79d。在那里,苏格拉底将"哈德斯"(或不可见的存在领域,79a)描述成:"但是当灵魂自我独自探究的时候,它就进入了纯粹的、不朽的和不变化的那个领域。凭借和这个领域的亲缘关系,当灵魂自主(而不受身体的干扰)并且它能这么做①的时候,灵魂总是和它(该领域)相伴;当灵魂在这些事物附近,灵魂停止徜徉并且保持同样的状态……"(79d)。这样的一个领域被称为"真正的哈德斯"('Αιδου ὡς ἀληθῶς,80d),②苏格拉底将之描述为"高贵的、纯粹的、不可见的"。必须注意到,在引入型论(理念论或相论,the theory of Forms)③之后,苏格拉底区分出了希腊传统意义上的"哈德斯"和他自己定义的"哈德斯"。前者指幽冥地府,而后者则是指型的(理念的)领域(世界)。④

---

① "这么做"指在该领域停留。

② G. M. A. Grube 译为"实际上的哈德斯"(Hades in fact),H. Fowler 译为"真正的另一个世界"(the other world in truth),Gallop 译为"在这个词真正意义上的'哈德斯'"(to "Hades" in the true sense of the word)。本文译为"真正的哈德斯"——或者更准确也更繁琐地译为"在'不可见'这个词的真正意义上的哈德斯",主要是要强调'Αιδου与αιδῆ在语源学上的关联(参见 Cratylus 404b)。Fowler (1914),p. 281 以及 Gallop (1975),p. 30 以及 Grube (1997),p. 71 以及 Burnet (1911),p. 70。

③ 本文跟随英译(the theory of Forms)译为"型论",传统译为"理念论",而陈康先生译为"相论"。陈康(1982),第 6 页。

④ 这个区分对于理解《斐多》中"死后神话"(the myth in the Phaedo)很重要。我们将在下文讨论该神话时进一步讨论。

　　由这段对非可见领域的描述,结合"生死循环"的论证,在苏格拉底那里,或者对所有哲学家来说,生和死这个循环并非是均衡的,而是有倾向性的,①也即倾向于死亡的那一边。那么即使在"生死循环"那里变得没有意义的自杀行为也显现出了两个意义:第一,苏格拉底只是强调了自杀仅仅是让你的灵魂暂时摆脱了身体,但是终究你的灵魂还是要再次回到身体之中,尽管再次回到的可能并不是你原来的身体,②但是结果还是一样,你又重新回到了自杀前的状态,重新回到了原点。第二,"生死循环"也解释了为什么只有哲学家才适用于讨论自杀以及意愿去死这两个论点。非哲学家的自杀行为如第一个意义所说,只是无聊的循环而已。拿一个婴儿作为例子说明这个问题。根据苏格拉底关于身体是灵魂求知的阻碍的理论,婴儿由于刚刚诞生不久,其灵魂受到的身体污染最少。让我们假定婴儿有自杀的能力,但是自杀并不能保证该婴儿进入那个不可见的"哈德斯"领域,因为只有哲学家的灵魂才能进入到该领域。如果是这样,婴儿的灵魂只是暂时脱离了其身体,而它的灵魂又一次进入生死的循环,等待再一次的与身体的结合。其实苏格拉底的意思很明显,就是要求灵魂与身体结合,然后再努力摆脱身体对灵魂的玷污。只有通过这样的"修行",哲学家,一如苏格拉底自己,才有资格在死后进入那个不可见的"哈德斯"的领域。这样的一种"修行"可以被称为"灵魂修行"(或者按照《斐多》的术语:"实践死亡")。所以在没有完成这种"修行"之前,自杀是毫无意义的。也正是在这种意义上,苏格拉底强调"人没得到神的指示前不能自杀",也许所谓的"神的指示"就是等待

① Geddes 和 Rowe 都持有此结论。Geddes（1863）, pp. 192-193 以及 Rowe（1993）, pp. 157-158。
② 苏格拉底在《斐多》87d 把灵魂与身体/肉体的关系比喻成人和衣服的关系,并且说"每一个灵魂穿破过很多身体"。

"灵魂修行"完成的一种神话式的说法。这样的说法是从消极角度来说明的,从积极的角度来看,哲学家就是其自身一生从事哲学活动/实践死亡/辨证对话的产物(64a-b)。

通过对苏格拉底"自杀疑难"的前两个答案的分析,可见他是完全偏向于死亡后那个不可见的领域。这一点无论是苏格拉底认定神与人并不处在同一个空间,还是在"生死循环"中对于哲学家灵魂"修行"的强调都可以看出。可是,苏格拉底在前两个答案中并没有很清楚地说明为什么死亡对于哲学家来说在某些时候比活着更好、都有哪些好处。进一步说,苏格拉底对"哲学家不能自杀"给予的前两个答案都是从消极方面给出的,还缺少一个正面的从积极角度给出的回答。有没有这样的答案? 如果有正面的回答,那么它是什么? 此外,如果苏格拉底改变了"哈德斯"在希腊传统思想里的含义,那么所谓"真正的哈德斯"到底是怎么样的情景? 哲学家的灵魂在死亡之后到底是去传统意义上的"哈德斯"还是"真正意义上的哈德斯"? 对这些问题的答案可以在苏格拉底对于"自杀为什么不被允许"的第三个答案即"死后神话"(the myth of death)①那里找到。②

---

① The myth of death,本文统称为"死后神话",而不是直译为"死亡神话",以免令读者误以为该神话仅仅与死亡有关。事实上,Julia Annas 和 Diskin Clay 都把本文中的"死后神话"称为"审判神话"(the myth of judgment),当然这是他们对《高尔吉亚》、《斐多》、《理想国》和《斐德罗》中的末世神话(Eschatological Myths)的统称。Annas(1982),pp. 119-143 以及 Clay(2008),pp. 210-236。

② Peter Kingsley 认为《斐多》的"死后神话"的作者并非柏拉图,而是一个奥菲斯教的人,名叫 Zopyrus of Tarentum(或者 Zopyrus of Heraclea,Kingsley 认为这两个人为一个人)。E. E. Pender 并不同意该观点,而是认为该神话就是柏拉图创作的。Kingsley(1995),pp. 143-148 & 159 以及 Pender(2013),p. 3。Sedley 也认同该神话是柏拉图本人的作品。Sedley(2009),pp. 93-95。

## 四、对"自杀疑难"的第三个回答："死后神话"

正如苏格拉底在提出"生死循环"这个论证时再次提及了"人是神的所属物"那个观点,也即他在给予"自杀疑难"第二个答案时再次提及了第一个答案,苏格拉底在给出"自杀疑难"第三个答案,即"死后神话"(107c-114c)的一开始时也再次以隐晦的方式提到了"人是神的所属物"这个观点和"生死循环"这个论证。①这段话其实就是苏格拉底对于"自杀疑难"总的纲领式的回答,值得全部引用:

> 哦,先生们,这么考虑是正确的:如果灵魂真是不朽的,它不仅要求在我们称为活着的时间,而且在所有时间都要求我们的照料。如果某人漠视它,现在看起来是极度危险的。如果死亡是逃离一切,②那么死亡对恶人们摆脱身体和伴随他们灵魂的恶行是一个意外收获。但是因为现在灵魂(οὖσα)看起来是不朽的,对恶人没有别的避难所让他们的恶行安全,除非他们尽可能地变得更好和更智慧。因为灵魂进入哈德斯不携带别的东西除了它(受到的)教育和教养,它们被说成是给死去的人在开始去那边(哈德斯)的路程时带来极大好处或伤害。我们被告知:当每个人死的时候,每一个在此人活着的

---

① C. J. Rowe 则认为"死后神话"的部分功能是返回到了68c-69d 处的论证,也即哲学家不害怕死亡是真正的勇敢,智慧是一种清洁剂或净化剂。其实"死后神话"就是返回到了哲学家不惧死亡这个与自杀疑难密切相关的论证。Rowe(1993),p. 266。

② 需要注意的是希腊文中 τοῦ χρόνου τούτου(107c2-3),τοῦ παντός(107c3-4)和 τοῦ παντός 之间的关联。因此,对比"逃离一切",更准确的翻译似乎是"逃离一切某人在时间里是否照料其灵魂的行为"。

时候被分派的精灵(δαίμων)努力引导他们进入"某个地点"
(τινα τόπον)。当这些人聚集在一起,被审判①之后,和那些
被分派给他们的、引导他们从此世到彼世的引导者们进入哈
德斯"(107c-e)。

在这一大段引文中,苏格拉底强调了"照料灵魂"的重
要性,指出灵魂将带着受到的"教育与教养"去往哈德斯,而根据
灵魂的"教育与教养",每一个死去的人都要受到审判
(διαδικασαμένους),这让恶人们失去了避难所。对"照料灵魂"
的强调,其实就是强调了"灵魂修行/实践死亡"的重要性,这也就
是对"生死循环"的重申,因为如果没有"灵魂修行",那么生和死
无非就是一个循环而已,并不具有意义。此外,该引文同时也再次
隐晦地提及"人是神的所有物"这个论点。苏格拉底指出,人在死
亡之后,会被早在其活着的时候就被分派的"精灵"(δαίμων)引导
走上通往哈德斯的旅程。这里需要注意柏拉图的两个用词:一个
词是"某个地点"(τινα τόπον)。"某个地点"也必须和"哈德斯"
(69c,68a,108a)或者"真正的哈德斯"(80d)区别开来,因为该地
点只是人死后的聚集之处,然后才会进入哈德斯。另一个词是
"精灵"(δαίμων)。"精灵"必须与苏格拉底在 63b 和 63c 使用的
词"神"(θεοὺς)区别开来。苏格拉底并没有明确到底"精灵"是
否就是他在"人是神的所属物"(62c-d)那个论证里提到的"神"。
他只是明确地提到这些精灵早在每个人还活着的时候就被分派给
了每一个人并且在每个人死亡之后负责引导(ἡγεμόνος)他们的
灵魂进入哈德斯。苏格拉底在这里只是强调了这些精灵的引导作
用,而非守护作用("神们是我们的守卫者并且人是他们的所属物

---

① Williamson 对"审判"这个词做了一个有用的分析。Williamson (1904), p. 223.

之一",62b)。加上他使用了 δαίμων(精灵)而非"人是神的所属物"(62c-d)那个论证里使用的 τὸ θεόν(神)。所以这里的"精灵"与"神"是有区别的,这些"精灵"并非苏格拉底希望与之共同生活在一起的"神"。① 尽管如此,这段引文还是再次确认了在苏格拉底那里,"神和人并不处于同一个空间里"这个观点,而正如上文所说,这样一个观点对于理解"人是神的所属物"至关重要。其实这也就是对"自杀疑难"的第一个答案,即"人是神的所属物"的再次重申。

通过以上对 107c-e 的解读可以看到,"死后神话"其实是和"自杀疑难"的前两个答案密切联系在一起的,而它本身实际上也构成了对该疑难的第三个也是最后一个答案。在"死后神话"里,苏格拉底从灵魂的角度仔细描绘了灵魂在人死后踏上通向哈德斯的旅途,同时描绘了他心目中的世界图景,在这样的描述里,同时也回答了"自杀为什么不被允许"和"为什么死亡对于某些人(哲学家)来说在某些时候比活着要好,都有哪些好处"这些与"自杀疑难"勾连在一起的问题。

在上文引述"死后神话"最开始的段落,提到了人在死后会被精灵②引领到"某个地方"(τινα τόπον),在受到审判后继续进入哈德斯的旅程(107d)。③ 智慧的灵魂(或纯洁的灵魂,108c)跟随它的引导者,④然而那些与身体依附很深的灵魂(或不纯洁的灵魂,108b)则会在可见世界(τὸν ὁρατὸν τόπον)流连徘徊很长时间

---

① 基于此点理由,我认为 G. M. A. Grube 把 δαίμων 译为 the guardian spirit(守卫的精灵)是不妥帖的。见 Grube(1997),p. 92。

② C. J. Rowe 认为"精灵应该代表了灵魂在世上的选择"。这也就是说,人在活着的时候过着什么样的生活,死后就由什么样的精灵引导。Rowe(1993),p. 267。

③ 这里的哈德斯是传统意义上的哈德斯,即冥界或者地下世界,而非"真正的哈德斯"。

④ C. J. Rowe 指出这是苏格拉底本人对死亡态度的回声。Rowe(1993),p. 268。

(108a-b)。苏格拉底接着提到:"大陆(τῆς γῆς)上有很多绝妙的地方,它不是我们通常认定的关于大陆那种类型或者大小,正如我被某人说服的(那样)"(108c)。① 他对于大陆真实情景的第一个信念是:"如果大陆(οὖσα)是球形,②位于天空的中心,它并不需要空气或者其他别的力来阻止它坠落"。③

　　他的第二个信念是:"大陆是巨大的……许许多多各式各样各种尺寸的洞穴/窟窿遍布大陆,水、迷雾和空气汇聚其间。并且大陆它自身是纯净的,处于星星在其间的纯净的天空(τῷ οὐρανῷ)中,许多研究这些东西的人通常称其(天空)为'以太'(αἰθέρα)……因此我们生活在这些洞穴之中,并未注意到它(这件事/这个事实),并且(反而)认为我们住在大陆的表面"(109a-c)。苏格拉底为了形象地说明我们居住在洞穴之中却不自

① Burnet 认为此处的"某人"不是阿克劳斯(Archelaus),也不是阿那克西曼德(Anaximander),也不是毕达哥拉斯学派的人(a Pythagorean),但是恩培多克勒(Empedocles)的影响是显然的。Burnet 个人认为这是历史上苏格拉底本人的观点,为柏拉图所继承。见 Burnet (1911), p. 127。E. E. Pender 仔细讨论了恩培多克勒的思想对《斐多》的影响和柏拉图是如何利用恩培多克勒的思想来建构自己思想的。见 Pender (2013), pp. 1-70。

② 柏拉图的"真正的大陆表面"是球形,还是圆盘形(disc-shape)在学者之中有争论。Rosenmeyer 提出圆盘论,William M. Calder III 详细分析了 Rosenmeyer 的观点并反驳了"圆盘论",从而支持球形论。而 J. S. Morrison 则通过巴门尼德的思想与苏格拉底对整个世界图景的描述而坚持"半球形论"(hemispherical)。见 Calder III (1958), pp. 121-125 以及 Morrison (1959), pp. 101-119。

③ J. A. Stewart 提醒说,苏格拉底对于大陆真实情况的地理描述是用来解释柏拉图时代所接受的"科学的"的事实,或者是柏拉图本人接受的事实。他甚至认为,真正的大陆表面就是我们居住的地球某处真实地点。他同时也认为,《斐多》神话的真正目标是道德的和宗教的,而不是科学的。Peter Kingsley 也认为《斐多》神话中对世界地理的描述部分地符合西西里岛的真实地貌环境。我接受 Stewart 的大部分观点,但是不同意他关于真正的大陆表面是地球真实地点的观点。Stewart (1905), pp. 94, 100-101, 107;以及 Kingsley (1995), pp. 71-74, 79-87。

知的状况①使用了一个绝妙的比喻:如果任何人突破了上层空气的限制,那么他就正如"鱼儿跃出海面看到我们的领域"。苏格拉底把那个领域的天空称为"真正的天空"($\acute{o}$ $\mathring{\alpha}\lambda\eta\theta\hat{\omega}\varsigma$ $o\mathring{\upsilon}\rho\alpha\nu\grave{o}\varsigma$),光被称为"真正的光"($\tau\grave{o}$ $\mathring{\alpha}\lambda\eta\theta\iota\nu\grave{o}\nu$ $\phi\hat{\omega}\varsigma$),大陆被称为"真正的大陆"($\mathring{\eta}$ $\acute{\omega}\varsigma$ $\mathring{\alpha}\lambda\eta\theta\hat{\omega}\varsigma$ $\gamma\hat{\eta}$),因而"那个领域('真正的大陆表面',110a,114c)的东西看起来远比我们领域的东西要令人满意得多"。苏格拉底还通过对"真正的大陆表面"上的事物进行描绘来对比说明这些事物远比我们居住的大陆表面的事物更好(110b-111b)。描述完其地理的优越,他马上就谈到了居住在"真正的大陆表面"的人的状况:"我们这里是空气,而那边则是以太。那边的气候四季分明,由此那边的人免于疾病,并且他们活得比生活在这儿(我们的大陆表面)的人要长得多。他们的视力、听力和智力和所有这类的事物都要比我们优越……他们有祭祀的果园和神庙,神们就居住在它们之内"(111b-c)。然后苏格拉底转向大陆里海洋、湖泊、河流、峡谷和海湾等与水有关事物"本性"($\pi\epsilon\phi\upsilon\kappa\acute{o}\tau\omega\nu$)的说明(111c-113d)。在这一大段描述中,唯一需要注意且与本文主题相关的是关于"阿克卢西亚湖"($\tau\grave{\eta}\nu$ $\mathring{A}\chi\epsilon\rho o\upsilon\sigma\iota\acute{\alpha}\delta\alpha$)的描述:"(阿克戎河,113a)到达并进入了阿克卢西亚湖,许多那些死去人们的灵魂到达并停留了一段特定长的时间。这些灵魂有些待的时间长,有些短。它们被再一次送回,作为生物而重生"(113a)。

　　这一段关于整个大陆"本性"($\pi\epsilon\phi\upsilon\kappa\acute{o}\tau\omega\nu$)的描述似乎与灵魂通往哈德斯的旅程关联不大,这些详细的描述看起来只是一段插

---

① Clay 评论说"真正的大陆表面"揭露了"隐藏的显现"(the hidden present,该短语突显了翻译的困难,present 不仅有"出现"的意思,还有"礼物"的含义,暗示了真正的大陆表面是对善良和虔敬之人的报偿,详见下文),这在柏拉图神话中是仅有的一次。见 Clay (2008), pp. 215,227。

话,但是它实际上提供了许多重要信息,而这些重要信息为理解"自杀疑难"及苏格拉底对它的答案有很大帮助。至少有两点值得注意,第一点关于灵魂在"阿克卢西亚湖"的情况(113a),而第二点则是苏格拉底关于"真正的大陆表面"情况的说明(109a-110a)。

先来看看灵魂在"阿克卢西亚湖"的情况。对灵魂在阿克卢西亚湖的描述其实就是对"生死循环"的又一次重复。从苏格拉底的描述中,很容易看出它是针对一般非哲学家的灵魂所说的。那些灵魂"被再一次送回,作为生物而重生"(113a),因为生和死就是一个循环而已。至于灵魂在湖畔待的时间有长有短,则是由灵魂和身体关联的程度决定的。于是,苏格拉底在这里实际上是再一次对自杀作了申明:自杀是毫无意义的。这一点在"生死循环"那个论证里已经很清楚了。

再来看看"真正的大陆表面"的情况。苏格拉底强调我们居住的大陆表面并非是真正的大陆表面,我们只是居住在真正大陆表面上存在的深深的洞穴之中。而真正的大陆表面的事物要比我们大陆的事物好得多、精细得多。生活在真正的大陆表面的人也比我们活得长。他在这里暗示了两点:(1)真正的大陆表面上的事物全是物理性质的(physical)事物而非灵魂性质(psychological)事物。[①] 对比这两个领域的事物,唯一的差别就是精细度上的差别。比如我们这里的是空气,那个领域则是以太。(2)居住在那个领域中的是人,也即拥有身体的灵魂,而非灵魂。居住在那里的人和我们相比,唯一的差别是精细度,所以苏格拉底才说,那些人

---

① David Sedley 认为对苏格拉底关于真正大陆表面情况的描述可以有两个层次的理解。一种是"(基于)岩石不同的材料学的解释"(materialistic explanation of the petrological difference),另一种也是更深层次的是神学的(theological)解释。本文不考虑 Sedley 的神学模型,加上其正确与否还未有定论(C. J. Rowe 就有质疑),所以只考虑这段文本的物理意义。见 Sedley(1990),p. 37 同时参考 Sedley(2009),pp. 93-95。参见 Rowe(1993),p. 276。

比我们在视力、听力和智力上都有优势,并且居住在那个领域的人活得更长久(111b)。这也暗示了其实居住在那里的人是会死亡的。甚至神们(θεῶν, θεοὺς, 111b)也居住在那个表面的果园和神庙之中(111b)。会在死后"和神居住",这是苏格拉底在"人是神的所属物",也即他对"自杀疑难"给出的第一个答案里反复强调的(63b-c,参68a)。现在,很明显,苏格拉底认为在他死后,他就会来到这个真正的大陆表面生活,并且和神还有那些比他好的人居住在一起(63b,111b)。可是这样就产生了一个问题:在63b,苏格拉底强调在他死后,他会和神居住在一起,这也就是说,他的灵魂在其死后必须是要和身体分离的,然而"真正的大陆表面"又是物理性的,而非灵魂性质的,那么这两种说法至少表面上是相互不兼容(简称为P-S不兼容)的。有个方案可以解释这种不兼容:苏格拉底死亡后,其灵魂来到了"真正的大陆表面",并且和相比较他现有的身体更好的另一个身体相结合。为了验证这个方案的正确性,需要考虑"为什么作为人类的我们不能达到真正的大陆表面?"这个问题。苏格拉底在《斐多》109d-110a处很简略地回复了这个问题:"由于虚弱和(速度)慢,我们不能穿越顶层空气(的限制)。于是如果有人通过翅膀或者飞升(πτηνὸς γενόμενος ἀνάπτοιτο)到达了上层空气,他昂起头(ἀνακύψαντα)看见那个领域的事物,正如我们这里鱼儿跃出海面看到我们的领域。如果他的本性适合沉思(那里的事物)/忍受(那里的)光线(ἀνασχέσθαι θεωροῦσα),他将认识到那是真正的天空、真正的光和真正的大陆"。这段引文的关键词是:"翅膀","头"和"沉思"。这些词汇不仅仅指向了灵魂①,而且指向了理性

---

① 参见《斐德罗》:246a,灵魂是带有翅膀的马车;248c,恶行和遗忘让翅膀脱落;249c,哲学家的灵魂应该恢复翅膀。

（reasoning）①。如果这样的解读是正确的话，那么引文中说的"有人"就是指哲学家了。通过对"真正的大陆表面"情况的分析可以看到对 P-S 不兼容的解释方案是合理的，即苏格拉底死亡后，其灵魂②来到了"真正的大陆表面"，并且和相比较他现有的身体更好的另一个身体相结合，也就是说苏格拉底死亡后，其灵魂确实是和他的身体分离的。

为了验证 P-S 不兼容的解释方案的第二部分，我们需要继续分析灵魂通向哈德斯的旅程。其实苏格拉底在开始强调了需要对灵魂的照料以及灵魂在被分派给它们的精灵的指引下走上通往哈德斯之路之后（107c-108c），对该旅程的叙述就中断了，苏格拉底转向对大陆作为一个整体进行描绘（108c-113d）。尽管关于世界图景的描绘对我们理解自杀与死亡问题提供了重要信息，但是毕竟通往哈德斯之旅并不完整，所以苏格拉底在介绍完世界图景之后，继续讲述该旅程（113d）。

苏格拉底重新讲述灵魂在哈德斯的情景是由恶人遭受的惩罚开始的。他对恶人们的罪行作了区分，并根据其罪恶程度的大小而有相应的惩罚。我们并不需要讨论具体的细节，只需要注意到，所有的恶人最终都会回到阿克卢西亚湖（113d,114a）。上文已经谈及，在这片湖泊里，这些灵魂将进入生死循环的轨道（也即"转世"/metempsychosis），周而复始。

再看看对那些活着的时候过着虔敬和善的生活的人的安排。这些虔敬善良的人又被分为两个部分，一部分是普通的善良的人（"那些被认为过着不同的虔敬生活的人们"），另一类是"被哲学

---

① 《斐德罗》：246d，智慧等美德营养了灵魂的翅膀；247e，沉思真正的存在物；249a，选择哲学生活重新获得翅膀。

② J. A. Stewart 称其为"鬼魂旅行者"（ghostly travelers）。他把"真正的大陆表面"称为"陆上天堂"（earthly paradise）。Stewart（1905），p. 95。

充分净化过的人"。前一类人"上升(ἄνω)到一个纯净的地方并居住在(真正的)大陆表面",而后一类人则"没有身体(的羁绊)而生活在将来",并且他们"到达并居住在更美的地方",也即是型的领域(理念世界),也就是"真正的哈德斯"。苏格拉底似乎并没有直接说明,那些善良虔敬的人的灵魂在到达"真正的大陆表面"时会不会被授予一个新的身体,但是他明确说哲学家们将会进入最高领域,在那里过上没有身体的生活。这从侧面告诉我们,生活在真正大陆表面的人还是需要一个身体的。至于这种重生的具体细节,他并没有交代,这正如他同样没有交代一般人的灵魂在生死循环中是如何与身体结合的细节一样。

　　从整个"死后神话",也即是苏格拉底对"自杀疑难"的第三个答案,可以看出它和"人是神的所属物"以及"生死循环"那两个答案紧密相连。在该神话中,我们发现了生死循环①之外的另一个循环,也即是虔敬善良的人在其死后进入真正的大陆表面,与一个新的身体结合,长久地生活在那里。当然由于他们还是物理的生活,即他们还拥有身体,所以死亡对他来说是不可避免的,于是在真正的大陆表面死亡后还会进入哈德斯接受审判,从而进入另一个或者说第二个生死循环。② 尽管这些虔敬善良的人在真正的大陆表面死亡后被判接受惩罚的可能性很小,但是一旦其死亡,是进入第一个生死循环还是进入第二个生死循环则要看他们在真正的大陆表面过的是什么样的生活。此外,我们也看到了哲学家可以真正摆脱身体,进入型的领域。苏格拉底并没有明确到底哲学家

---

① Annas 指出这样的一个循环出现在《斐德罗》中,尽管她并不认为《斐多》的神话中也拥有这样一个循环。本文不同意她的说法,实际上《斐多》不仅提出了该循环,还提出了另一个循环。前一个循环出现在"生死循环"中,而后一个则出现在"死后神话"中。Annas(1982),p. 128。

② 这一点在"P-S 不兼容"的解决方案那里已经得到了说明。

会不会进入生死循环之中,但是通过《美诺》和《斐多》中的"回忆说"(the theory of recollection,《美诺》81c,《斐多》72e)和《理想国》中的"洞喻"(516e),可以猜测哲学家最终还是要回到生死循环之中。

从自杀的角度考虑"死后神话",可以发现该神话实际上重复并强化了苏格拉底对自杀的看法,它进一步深化了苏格拉底对自杀疑难给予的前两个答案。在"人是神的所属物"中,苏格拉底强调自己会在死后和神居住在一起,但是没得到神的允许,不能自杀。在"死后神话"中,他不仅指出了神居住的位置而且还提供了其所在位置的具体情况。他还进一步指出,如果没有在活着的时候过着虔敬善良的生活,那么死后就不可能和神结伴,这样实际上就回答了人为什么不能自杀的问题,同时也把一种神话式的答案转变成了哲学式的答案。在"生死循环"这个论证中,苏格拉底只是简单地指出生死构成了一个循环,至于为什么人不能自杀以及不能自杀和生死循环这个论证的关系都没有提及。在"死后神话"中补充了第二个生死循环,即善良虔敬之人和哲学家的生死循环。这个循环和第一个生死循环是不一样的。第二个生死循环保证了生活在真正的大陆表面的人可以获得报偿,而且还指出哲学家可以摆脱身体的束缚而进入型的领域。这也是再一次强调了"生死循环"论证中的潜台词:过着毫无作为的不虔敬不善良的非哲学生活的人自杀是毫无意义的,而过着善良的虔敬的哲学家式生活的人也不需要自杀,因为他们需要灵魂的修行,要努力践行美德和智慧,这样才能在死后得到更好的报偿。①

---

① James Warren 引用 Ammonius 区分了"自然死亡"(natural/φυσικός)和"选择或蓄意死亡"(chosen or intentional/προαιρετικός)。前者是"单纯的灵魂与身体的分离";后者"为主动尝试分离灵魂与身体的哲学家所追求"。见 Warren (2001),p. 101。

# 五、结　论

　　《斐多》中的自杀疑难来自于一方面苏格拉底作为哲学家欢迎死亡的到来,坚信其死亡后可以带来巨大的好处;另一方面又禁止哲学家自杀。本文论证了苏格拉底对这个疑难给予的三个答案,"人是神的所属物","生死循环"和"死后神话"。这三个答案从希腊的一个传统的带有神话式的回答开始,接着提出了一个标准的哲学论证,最后又重新使用神话来回答"哲学家为什么不被允许自杀"这个问题。这种回答方式反映了柏拉图还没有建立起一套恰当的哲学术语来表述自己的哲学观点,只能借用传统希腊思想中既有的词汇或者通过改造传统词汇来达到自己的目的——这两种方式的典型例证是《斐多》中"哈德斯"的使用。① 这种困难在《斐多》自杀这个论题上尤其突出。因为自杀涉及死亡的问题,而死亡则牵涉到"不可见的领域",即"哈德斯"和"真正的哈德斯"。对于缺少有关看不见的领域的哲学词汇、却拥有众多既有神话、故事和隐喻资源且极具高超写作技巧的柏拉图来说,使用神话来阐述其心中的世界图景和"不可见领域"最为合适。神话不仅没有削弱苏格拉底对于自杀的观点和论证,反而加强了他对自杀的观点和论证,从而支持了他的思想。②

　　从苏格拉底对自杀疑难给出的三个答案可以看出,自杀问题和与其密切相关的死亡论题在《斐多》中并非只是"灵魂不朽"的

---

① 关于神话和哲学术语的缺失/限制的讨论可见 Morgan (2004), pp. 179-184。
② *logos* 和 *mythos* 在柏拉图哲学中的联系,可以参见《高尔吉亚》(*Gorgias*)523a。同时可参见 Partenie (2009), p. Xⅲ以及 Stewart (1905), pp. 1, 21 & 42 以及 Morgan (2004), p. 157。Julia Annas 谈及哲学家忽视柏拉图对话中神话的原因并批评了这种忽视。见 Annas (1982), pp. 119-122。

一个引子,而是贯穿于《斐多》的一个重要议题。如果需要总结
"人是神的所属物"、"生死循环"和"死后神话"这三个"自杀疑
难"的答案,也许苏格拉底在"死后神话"的结尾处所说的就是对
它们最简单也是最精华的总结,在那里,他说道:"但是由于那些
我们已经阐明的东西,西米亚斯,一个人在其生活中必须尽可能使
得分有完美与智慧,因为报偿是好的,希望是巨大的"(114c)。

# 参考文献

1. Annas, J.: "Plato's Myths of Judgement", *Phronesis*, Vol. 27, No. 2, 1982, pp. 119-143.

2. Bostock, D.: *Plato's Phaedo*, Oxford: Clarendon, 1986.

3. Boys-Stones, G.: "Phaedo of Elis and Plato on the Soul", *Phronesis*, Vol. 49, No. 1, 2004, pp. 1-23.

4. Burnet, J.: *Plato: Phaedo*, Oxford: Clarendon Press, 1911.

5. Calder III, W. M.: "The Spherical Earth in Plato's *Phaedo*", *Phronesis*, Vol. 3, No. 2, 1958, pp. 121-125.

6. Clay, D.: "Plato Philomythos", in *The Cambridge Companion to Greek Mythology*, Woodard, R. D. ed. Cambridge: Cambridge University Press, 2008, pp. 210-236.

7. Cooper, J. M. ed.: *Plato: Complete Works*, Indianapolis: Hackett Publishing Company, 1997.

8. ——"Greek Philosophers on Suicide and Euthanasia", in *Suicide and Euthanasia: Historical and Contemporary Themes*, Brody, B. ed. (1989), Dordrecht: Kluwer, 1989, pp. 9-38.

9. Cope, E. M.: *Plato's Phaedo*, Cambridge: Cambridge University Press, 1875.

10. Duff, R. A.: "Socratic Suicide?", *Proceedings of the Aristotelian Society*, New Series, Vol. 83, 1982, pp. 35-47.

11. Fowler, H.: *Plato*, Vol. 1, Cambridge, Mass.: Harvard University Press, 1914.

12. Frey, R. G.: "Did Socrates Commit Suicide?", *Philosophy*, Vol. 53, No.

203（Jan.），1978，pp. 106-108.

13. Gallop, D.: *Plato: Phaedo*, Oxford: Clarendon Press, 1975.

14. Garrison, E. P.: "Attitudes toward Suicide in Ancient Greece", *Transactions of the American Philological Association* (1974- ), Vol.121, 1991, pp. 1-34.

15. Geddes, W. D.: *The Phaedo of Plato*, London: Williams & Norgate, 1863.

16. Gerson, L.: *Knowing Persons: A Study in Plato*, Oxford: Oxford University Press, 2003.

17. Gill, C.: "The Death of Socrates", *The Classical Quarterly*, New Series, Vol. 23, No. 1 (May), 1973, pp. 25-28.

18. Grube, G. M. A.: "*Phaedo*", in Cooper, J. ed. (1997) *Plato: Complete Works*. Indianapolis: Hackett Publishing Company, 1997, pp.49-100.

19. Guthrie, W. K.: *Orpheus and Greek Religion: A Study of the Orphic Movement*, Princeton, N.J.: Princeton University Press, 1993.

20. Hicken, W. F.: "*Phaedo*", in Duke E. A. et al. ed., *Platonis Opera*. Vol. 1. Oxford: Oxford University Press, 1995.

21. Holmes, D.: "Practicing Death in Petronius' *Cena Trimalchionis* and Plato's *Phaedo*", *The Classical Journal*, Vol. 104, No. 1 (Oct. - Nov.), 2008, pp. 43-57.

22. Kahn, C.: "Plato on Recollection", in Benson, H. ed.: *A Companion to Plato*, West Sussex: Blackwell Publishing, 2009, pp. 119-132.

23. Kingsley, P.: *Ancient Philosophy, Mystery, and Magic: Empedocles and Pythagorean Tradition*, Oxford: Clarendon, 1995.

24. Miles, M.: "Plato on Suicide (*Phaedo* 60C-63C)", *Phoenix*, Vol. 55, No. 3/4 (Autumn — Winter), 2001, pp. 244-258.

25. Morgan, K. A.: *Myth and Philosophy from the Presocratics to Plato*, Cambridge: Cambridge University Press, 2004.

26. Morrison, J. S.: "The Shape of the Earth in Plato's *Phaedo*", *Phronesis*, Vol. 4, No. 2, 1959, pp. 101-119.

27. Partenie, G. ed.: *Plato's Myths*, Cambridge: Cambridge University Press, 2009.

28. Pender, E. E.: "'Perforated right through': Why Plato Borrows Empedocles' *klepsydra*", *Leeds International Classical Studies* 11.2, 2013, pp. 1-70.

29. Rowe, C. J.: "Interpreting Plato", in Benson, H. ed. *A Companion to Plato*, West Sussex: Blackwell Publishing, 2009, pp. 13-24.

30. Sedley D.: *Creationism and Its Critics in Antiquity*, Berkeley, Calif.; London: University of California Press, 2009.

31. ——: "Teleology and Myth in the *Phaedo*", *Proceedings of the Boston Area Colloquium in Ancient Philosophy* 5, 1990, pp. 359–383.

32. Stewart, J. A.: *The Myths of Plato*, London: Macmillan, 1905.

33. Taran, L.: "Plato, *Phaedo*, 62 A", *The American Journal of Philology*, Vol. 87, No. 3 (Jul.), 1966, pp. 326–336.

34. Tarrant, D.: "Metaphors of Death in the *Phaedo*", *The Classical Review*, New Series, Vol. 2, No. 2 (Jun.), 1952, pp. 64–66.

35. Vlastos, G.: *Socrates: Ironist and Moral Philosophy*, Cambridge: Cambridge University Press, 1991.

36. Warren, J.: "Socratic Suicide", *The Journal of Hellenic Studies*, Vol. 121, 2001, pp. 91–106.

37. Williamson, H.: *The Phaedo of Plato*, New York: Macmillan And Co, 1904.

38. Zhu, R.: "Myth and Philosophy: From a Problem in *Phaedo*", *Journal of the American Academy of Religion*, Vol. 73, No. 2 (Jun.), 2005, pp. 453–473.

39. 陈康:《巴曼尼得斯篇》,北京:商务印书馆,1982 年。

40. 吴飞:《自杀与美好生活》,上海:上海三联书店,2007 年。

# 家长与国王

## ——亚里士多德君主制理论中的一对矛盾

吴飞（北京大学哲学系）

**摘要：** 亚里士多德关于君主制的观点是《政治学》研究的难点之一。该问题的症结在于《政治学》第一卷已经明确表示文明人的城邦大多并非君主制，而第三卷不仅将君主制视作合法的政体并认为君主制城邦是最好的。如何解释这种表面上的矛盾、给出一个较为融贯的解释，而不是仅仅归诸亚里士多德在不同时期所写作的文本差异甚至错讹，是研究者们长期以来努力的方向。本文试图说明，这个重要问题不仅涉及到亚里士多德对于不同政体的评价，影响到君主制在西方政治思想传统中的位置，而且关系到亚里士多德关于人性和政治的根本问题，是解读亚里士多德政治哲学所无法回避的问题。

**关键词：** 亚里士多德 《政治学》 君主制

亚里士多德究竟如何看待君主制，一向是《政治学》研究中的一个难点。这个问题的症结就在于，亚里士多德在《政治学》第一卷里已经明确说过，文明人的城邦大多不是君主制的；但在同书第三卷讨论君主制政体时，他又不仅把君主制当作合法的政体，而且认为君主制城邦是最好的。在这样明显矛盾的情况下，将不同的文本说成是亚里士多德在不同时期写的,甚至可能有错讹,当然是最省事的处理办法。但许多亚里士多德的研究者还是尝试给出一个较为融贯的解释,从而做出了许多可敬的努力。笔者认为,这是一个至关重要的问题,它不仅涉及到亚里士多德对于不同政体的评价,影响到君主制在西方政治思想传统中的位置,而且关系到亚里士多德关于人性和政治的根本问题,是亚里士多德政治哲学中一个不可不面对的问题。

　　学者们曾尝试从不同的角度来探讨这个问题。比如纽维尔(Newell)是从超级德性的角度入手讨论君主制的;[①]林塞(Lindsay)则从法治与人治的对比看待这个问题;[②]韦尔特(Waerdt)从政治与哲学的关系入手来讨论君主制问题;[③]而贝茨(Bates)则从民主制与君主制的对比来考察究竟什么是亚里士多德笔下的最好政体;[④]等等。这些角度对我们的研究都有非常大的帮助。但笔者打算从另外一个角度来重新思考君主制的问题,那就是家政与政治的对比。这些是任何亚里士多德《政治学》的研究者都不可能忽视的一个问题,而亚里士多德自己在讨论绝对君主制的时候也非常清楚地意识到,绝对君主就是把城邦当作一个大家庭来治理的。从这个角度来理解,核心问题就转化成了:家政与政治究竟有无实质的差别,一个家长能否成为国王? 而这正是《政治学》第一卷主要解决的问题。

① W. R. Newell, "Superlative Virtue: The Problem of Monarchy in Aristotle's Politics," *The Western Political Quarterly*, Vol. 40, No. 1 (Mar., 1987), pp. 159-178.

② Thomas K. Lindsay, "The 'God-Like Man' versus the 'Best Laws': Politics and Religion in Aristotle's *Politics*," *The Review of Politics*, Vol. 53, No. 3 (Summer, 1991), pp. 488-509.

③ P. A. Vander Waerdt, "Kingship and Philosophy in Aristotle's Best Regime," *Phronesis*, Vol. 30, No. 3 (1985), pp. 249-273.

④ Clifford Angell Bates, *Aristotle's "Best Regime": Kingship, Democracy, and the Rule of Law*, Baton Rouge: Louisana State University Press, 2003.

# 一、家 与 城

在《政治学》一开篇,亚里士多德就批评了对家庭和城邦关系的一种理解:

> 有人说,政治家、君王、家长和奴隶人意思相同,这种说法并不正确。主张这种说法的人认为,这类人只是在他们治理的人数多寡上有所不同而已,在性质上并无差别,例如治理少数几个人的就叫做主人,治理较多一些人的就叫做家长,治理很多人的叫做政治家或国王,仿佛一个大家庭与一个小城邦没有什么差别似的。政治家和君王的区别似乎就在于,君王是以一己的权威实行其统治,而依据政治科学的原则轮流统治的便是政治家。这些说法都不正确。(《政治学》1252a7-16)①

认为城邦只不过是个大家庭,家庭只不过是个小城邦,二者仅在人数上有差别,这是亚里士多德的时代通行的一种理解方式。这里说了四种人,但其实质只是一对差别。纽维尔认为,这对差别就是轮流执政与一人专制的差别,因为政治家之外的那三种统治者,只不过是三种不同的一人专制而已。因此,要清楚政治共同体与君主制的差别,就是厘清城邦与家庭的区别,而亚里士多德认为,柏拉图在《理想国》中所犯的一个错误,就是认为城邦和家庭的统治是一样的(1261a10-22)。②

---

① 本文所引用的《政治学》文本,以吴寿彭先生和颜一、秦典华的两个中文版为主,适当参考 Newman 编辑注释的希腊文本校正。以下不再注出。

② W. R. Newell, "Superlative Virtue: The Problem of Monarchy in Aristotle's Politics," *The Western Political Quarterly*, Vol. 40, No. 1 (Mar., 1987), pp. 159-178.

　　《政治学》至关重要的第一卷,主要内容就是要区分家庭和城邦,区分家政学和政治学。关于这个问题,有很多不同的观点,但我还是坚持纽曼(Newman)以来的经典观点:强调城邦的自然性。①

　　亚里士多德说:"正如在其他方式下一样,我们必须将组合物分解为非组合物(它是全体中的最小部分),所以我们必须找出城邦所由以构成的简单要素。"(1252a17-21)后面对城邦形成的考察,就遵循了从简单物来看组合物的模式。

　　亚里士多德关于城邦产生的著名段落不在于描述城邦产生的历史过程,而在于强调城邦构成的独特性。正是为了强调城邦出于自然这个特点,他才梳理了从家庭到城邦的演化。

　　家庭是城邦的构成部分,众多的家庭组合成了城邦;但家庭本身也是组合物,也可以分解为部分,这使得家庭的问题尤为复杂。② 家庭是由夫妻、主奴、父子关系组成的,而所有这些关系都是自然关系。

　　首先,人们为了种族的延续,和所有动物一样,都要有男女的结合,"人们并不是特意如此",而是出于和动物一样的本能欲望,是一种自然的必须。③ 此外还要有"天生的统治者和被统治者为了得以保存而建立了联合体"(1251b30)。适于做体力劳动的人就是天生的奴隶,适于思考的人就是天生的主人。对这个问题,现代人有很多争议,但亚里士多德此处的观点应该是非

---

①　W. L. Newman, *The Politics of Aristotle*, *Vol. 1*, Oxford: Oxford University Press, 2000, p. 25.

②　Judith A. Swanson & C. David Corbin, *Aristotle's Politics: A Reader's Guide*, London: Continuum International Publishing Group, 2009, p. 26.

③　Thomas Pangle, *Aristotle's Teaching in the Politics*, Chicago: The University of Chicago Press, 2013, p. 40.

常明确的。① 夫妻和主奴关系,是最早的家庭关系,都出于纯粹的自然需要。有了这两种自然的关系,也必然会产生第三种家庭关系,即父子关系,这也是一种自然关系。所以他说:"家庭是为了满足人们日常生活需要自然形成的共同体。"(1252b13)

随后是第二个阶段,即由家庭发展为村落。

当多个家庭为着比生活必需品更多的东西而联合起来时村落便产生了。村落最自然的形式是由一个家庭繁衍而来的,其中包括孩子和孩子的孩子,所以有人说他们是同乳所哺。所以希腊人最早的城邦由国王治理,现在一些民族仍然由君主统治。所有的家庭都是由年长者治理,所以在同一家庭繁衍而来的成员的集聚地,情况也是这样,因为他们都属于同一家族。正如荷马所说:"每个人给自己的妻儿立法。"他们居住分散,古代的情况就是这样。所以人们说神也由君主统治,因为现代和古代的人都受君主统治,他们想象不但神的形象和他们一样,生活方式也和他们一样。(1252b15-28)

这个段落非常值得我们玩味。家庭可以满足人们的日常需要,但为了那些非日常的需要,就要有村落了。因此,村落的产生也是由于自然。他也特别谈到,最自然的村落,就是由家庭不断繁衍扩大而形成的血缘共同体,不仅包括夫妻、主奴、父子等关系,而且包括祖孙关系,因为其中有了"孩子的孩子",这就是由若干代的父子关系累加起来的大家族,是聚族而居的村落。如果进一步

---

① Maria Luisa Femenias, "Woman and Natural Hierarchy in Aristotle," *Hypatia*, Vol. 9, No., 1, 1994; Dana Jalbert Stauffer, "Aristotle's Account of the Subjection of Women," *The Journal of Politics*, Vol. 70, No. 4 (Oct., 2008), pp. 929-941.

繁衍,不仅有了孩子的孩子,而且还有下一代和再下一代的孩子,即曾孙和玄孙,这种成百上千人的大家族和村落,不就应该是小城邦吗? 祖父、曾祖、高祖,或其嫡长子,是这个家族的族长,也是村落的村长,甚至是一个小城的国王,此处岂不是又回到亚里士多德所批评的那种观点吗?

正是在这个地方,亚里士多德谈到了国王制度,说:"所以希腊人最早的城邦由国王治理。"他的意思是,最早那些君主制城邦的国王就是家长,而野蛮民族仍然是君主制,甚至希腊人早期的城邦,也是君父合一的制度。这种制度,正是荷马在《奥德赛》中所描述的独眼巨人王朝。他此处没有否认,最初的城邦是由村落进一步发展而来的。而神作为父的观念,也是由此发展而来的。①

在此,亚里士多德是在写城邦的构成及其实质,而不是在认真描写城邦的发展史。但如果将他在这里所透露出来的城邦发展史做一梳理的话,就应该是这样的:家庭通过繁衍,逐渐扩大,成为聚族而居的村落;再繁衍几代,人口进一步增加,就形成了君主制的城邦。早期的希腊城邦、当时野蛮人的王国,都是这样的君主制。君主制下的人们认为,神也应该像他们这样生活,于是就创造出了众神之父的概念。

亚里士多德非常明确地指出,那种由家长式的国王统治的君主制城邦,都是非常原始的城邦形式,文明的希腊城邦即使有君主制,也不再以父君主的模式存在。这种由家庭经由村落繁衍而成的父君主制的城邦,似乎还不是真正意义上的城邦。它必须再演变为文明的城邦。

---

① Judith A. Swanson & C. David Corbin, *Aristotle's Politics: A Reader's Guide*, pp. 18–19.

## 二、城邦的自然

亚里士多德随后描述了村落演化为城邦的历史进程:

> 多个村落最终组合成了城邦,它几乎达到了完全自足的
> 界限。城邦本是人们为了生活而形成的,却为了美好的生活
> 而存在。如果早期的共同体形式是自然的,那么城邦也是自
> 然的,因为这就是它们的目的,事物的自然就是目的;每一个
> 事物是什么,只有当其完全生成时,我们才能说出它们每一个
> 的自然,比如人的、马的以及房屋的本性。终极因和目的因是
> 至善,自足便是目的和至善。由此可见,城邦显然是自然的产
> 物,人天生是一种政治动物,从自然上而非偶然地不生活在城
> 邦中的人,他要么是一位超人,要么是一头野兽。(1252b28-
> 1253a3)

这是讨论城邦构成的最后一段,也是批驳城邦就是大家族的说法
最关键的一段。其基本用意是告诉我们,城邦是自然的,人天生是
一种城邦动物,因而城邦不是习俗或契约可以缔造的。[1] 但城邦
在什么意义上是自然的呢? 是像植物或动物那样,可以自我繁衍
与生长的自然物吗? "就像有生命的有机体,比如橡子或小狗一
样,城邦也有其自然的目的,这个目的,也正如橡子或小狗的目的
一样,就是它最完善的、成熟的、自足的形式。"[2]人类的集体生活
从家庭开始发展,经过村落的阶段,直到最后出现了城邦,才算获

---

[1]　W. L. Newman, *The Politics of Aristotle, Vol.* 1, p. 27.

[2]　Judith A. Swanson & C. David Corbin, *Aristotle's Politics: A Reader's Guide*, p. 6.

得了完美的形式,因而它的自然才得以成全。这个生长过程,就和植物的种子长成大树、动物的幼崽长成成兽、婴儿长大成人一样,因而"城邦显然是自然生长出来的",人只有在城邦中生活才算过上了自然的生活,所以,人天生就是城邦的动物。

相较于家庭与村落中的生活,城邦生活是一种"美好的"生活,而早期共同体中的生活只能算是生活。于是亚里士多德写下了他的名言:"它本是为了生活而形成的,却为了美好的生活而存在。"我们需要看到这句话里的两层含义:第一,城邦之为自然,和家庭、村落之为自然,是不同的;第二,城邦的自然,正是家庭和村落的自然发展的一个结果。

家庭之所以是自然的,是因为它满足了生育的自然欲望,也实现了主奴之间的自然统治,这都是自然的必需所致;村落之所以是自然的,一方面是因为它是家庭自然繁衍形成的,另一方面则是因为它满足了非日常的那些自然需求,比如贸易和战争等①;但城邦之所以是自然的,是因为它是一个自足的共同体,使人们实现了美好的生活。人们在城邦里面实现的,并不是他的自然需求的满足,而是美好生活的完成。城邦是由家庭一步步发展而来的,但城邦之所以是自然的,并非因为它是由自然的家庭发展而来②,虽然最自然的村落之所以最自然是因为它是由家庭繁衍而成的。在此,亚里士多德的"自然"概念呈现出一对张力。如果这些村庄之所以自然是因为它由家庭的繁衍扩大而成,那么,那些由父君主统治的独眼巨人式城邦岂不也是更自然的城邦吗?③ 但他为什么又说"如果早期的共同体形式是自然的,那么城邦也是自然的"呢?

亚里士多德随后对人作为政治的动物有进一步的解说。人之

---

① Thomas Pangle, *Aristotle's Teaching in the Politics*, p. 43.

② W. L. Newman, *The Politics of Aristotle*, Vol. 1, p. 30.

③ Thomas Pangle, *Aristotle's Teaching in the Politics*, p. 43.

所以是政治的动物,并不仅仅在于群居这一点,否则,蚂蚁和蜜蜂
等动物就是更具政治性的动物了。人之所以是政治的动物,是因
为人有语言,具有理性能力,可以判断好坏善恶,"这类事物的共
同体造就了家庭和城邦"(1253a18)。理性和道德能力使人类区
别于其他动物,因而也是人的自然中非常重要的部分。当亚里士
多德说人在城邦中实现了人的自然、过上美好的生活时,他强调的
是,人只有在城邦里才能充分实现理性和道德的自然,否则"就会
堕落成为最恶劣的动物"(1253a32)。说城邦是人的自然的实现,
当然不是指更接近生物性的自然欲望和生殖活动。

　　在第一层含义中,我们看到的是,作为自然欲望的自然和人性
完美实现的自然之间,存在着一定的张力。

　　第二层含义却是对于这对张力的化解,也是他之所以称城邦
为自然的实质原因。生存繁衍这些自然欲望,与城邦中所实现的
人的自然虽然有很大的不同,却仍然有着本质的关联。二者并不
是截然分开的。人们可以凭着自然欲望的满足方式,逐渐过渡到
好的生活,达到自然的充分实现。这就是"生活"与"美好生活"之
间的关联。正是因为有了这种关联,才可以说城邦是个自然物。
它并不是人按照某种外在的或者凭空想象出来的形式造出来的,
而是其形式可以从自然的生长中长出来,因而说"城邦是一种自
然的生长"。亚里士多德在《物理学》中定义自然说:"所谓自然,
就是一种由于自身而不是由于偶性地存在于事物之中的运动和静
止的最初本源和原因。"(192b21-24)人的自然必然要发展出
城邦。

　　另一方面,虽然说生育繁衍等欲望都是自然的,即都指向了生
活的形式,但其自然并没有在家庭中得以成全,而仅仅是指向了成
全的方向和路径。只有到了城邦之中,人的自然才真正成全,家庭
和村落只是人的形式逐渐成全的阶段。因此,在谈到城邦时,先前

谈家庭和村落时的自然概念,已经被彻底成全了。在现在的语境之下,家庭和村落之所以是自然的,乃是因为它们是城邦的组成部分,不是因为它们来自自然的需要。正是出于这样的理由,亚里士多德说:"城邦在自然上先于家庭和个人,因为整体必然优于部分。"(1253a20)

他之所以说城邦和家庭有本质的区别,城邦不是大的家庭,家庭不是小的城邦,并不是因为家庭的统治方式与城邦不同,而是因为,城邦是人的自然的充分成全,家庭只是这种充分成全的阶段。但为什么人的自然的充分实现不能发生在君主制的城邦中呢? 特别是独眼巨人式的父君主制,为什么无论多大都只能算是大的村落,或最原始的城邦呢? 要解决这个问题,我们必须看亚里士多德对家政和政体问题所做的更深入的讨论。

### 三、君主制的辩证法

对各种政体的讨论,是《政治学》随后数卷中最主要的内容。但其中呈现出一对非常耐人寻味的矛盾。一方面,亚里士多德几乎将城邦政治等同于众人统治的共和制:"当执政者是多数人时,我们就给这种为被治理者的利益着想的政体冠以为一切政体所共有的名称,共和制(*politeia*)"(1279a39)[①],另一方面,他又说,由优秀的君主统治的政体是最优秀的政体。(1288a34)[②]如何理解这种明显的矛盾呢?

在亚里士多德看来,城邦的目的是为了人们共同达致有德性

---

① 亚里士多德用 *politeias* 来指众人统治的政体,我们译为共和制;相对而言,民主制是由众多平民统治的制度。

② 关于这个问题的详细讨论,可参考 W. L. Newman, *The Politics of Aristotle, Vol. 1*, p. 218.

的生活。这种共同体为什么就不能是君主制的呢？亚里士多德并没有在理论上否定君主制,相反,他认为,如果能有一种理想的君主制,那就可以使城邦成为最优秀的城邦。

亚里士多德区分了五种不同的君主制,但只着重谈了其中的两种,因为这是居于两端的君主制:斯巴达的君主只是一种统帅的职位,并没有多大的权力;独揽大权的君主则处于另外一端。其他各种形态的君主制,都处于这二者之间。所有问题的焦点,还是集中于这种大权独揽的君主,这是最值得讨论的君主制形态。他自己对这个问题的表述是:"由最优秀的人来统治和由最良好的法律来统治,究竟哪种更为有利?"(1286a9)

亚里士多德列举了支持和反对君主制双方的各种理由。支持者认为,法律只是普遍的规定,会导致墨守成规,而君主有可能达到卓越;反对者认为,法律不会受激情支配,个人难免受到激情的影响(1286a10-20)。支持者认为,在个别情况下,优秀的个人的意见更加妥帖;反对者认为,众人的判断优于一个人(1286a21-31)。支持者认为,人多了就容易结成党派;反对者认为,人多了更不容易腐败(128ba32-1286b7)。

从这些方面来看,法律和多数人的统治有可能更加符合理性,可以使城邦的美好生活得到更大的保障。在亚里士多德看来,城邦不仅要使人们共同生活,而且要让人们一起过高尚而有德性的生活。法律虽然有可能变得墨守成规,却是这种高尚生活的体现。所以他说:"崇尚法治的人可以说是唯独崇尚神和理智的统治的人,而崇尚人治的人则在其中掺入了几分兽性。因为欲望就带有兽性,而生命激情会扭曲统治者的心灵,哪怕是最优秀的人。法律即是弃绝了欲望的理智。"(1287a29-31)从种种制度安排来看,亚里士多德都是倾向于多数人的法制的,因为最优秀的法律比最优秀的人更可靠,可以在最大程度上避免情感的干扰,减少种种不确定因素。

但他又谈到,以上论述只适用于一般情况,并不是任何时候都这样。在极特殊的情况下,"倘若某一家族全体或别的某个人正好才德超群,远在其他所有人之上,那么以这一家族为王族或以这人为君王来统治所有的人,也没有什么不公道的地方。"(1288a16-18)他虽然极其审慎地、仅仅把这种情况限制在非常特殊的情况下,但毕竟还是承认独揽大权的君主制有其合法性。

他强调,这个人不应该是一般的德性超群,而必须是他的能力超过了所有公民的能力的总和①;同样,优秀的贵族制也是这样,少数人的能力超过了城邦内所有其他人的能力的总和,否则就不应该实行(1283b25-28)。因为,如果有这样的一个人或一些人存在:

> 就不能再把这样的人当作城邦的一部分了。若是将他们同其他人平等对待,未免有失公平;他们在政治方面的德性和能力如此之杰出,很可以把他们比做人群中的神。有鉴于此,法律只应该涉及在能力和族类上彼此平等的人,而对于这类超凡绝世之人是没有法律可言的,这些人自己就是法律。谁想要为他们立法就会闹出笑话。(1284a8-10)

亚里士多德说人的自然在城邦里得到了成全,是因为只有在城邦中,人最优秀和高贵的德性才能实现。城邦的法律就是人性的形式;但如果有一个人本身就有最优秀的德性,如同神一样,他

---

① Mulgan 认为,亚里士多德此处所指的不是所有人的能力的总和,而是所有人的能力。见 R. G. Mulgan, "A Note on Aristotle's Absolute Ruler," *Phronesis*, Vol. 19, No. 1 (1974), pp. 66-69. 但如果只是超出所有人,则这样的人就并不是那么难找到。亚里士多德的意思,还应该是超出所有人的总和。

自身就可以代表人性的形式,他自身就是法律,那当然就不再需要法律了。让这样的人来统治,并不是将兽性带入到城邦当中,因为他们就是神和法律。那些崇拜神和理性的人,并没有理由拒绝他们的统治。

在希腊的一些民主制城邦里曾经有一种陶片放逐法。“在这些城邦中,平等被奉为至高无上的原则,所以他们过一定的时期就要放逐一批由于财富或广受爱戴或其他因代表政治势力而显得能力出众的人。”(1284a19-22)阿尔戈斯人放逐赫拉克勒斯(Heracles)就是出于这一理由;希腊很多城邦曾经放逐最杰出的人,而且在许多政体之下都有过这样的事。蜕变了的政体这样做是因为统治者的私利;正确的政体这样做是为了全体公民的共同利益。

城邦的目的是为了德性的生活,而不是平等的生活。为了平等而将德性出众的人放逐,亚里士多德纵然承认陶片放逐法的道理所在,特别是在蜕化的政体中有其正当性,但还是认为这不是好的做法,特别是在最优秀的政体中不该采取这一做法。但如果出现了这种德性超绝的人,那该怎么办呢?

　　我们既不能主张驱逐或流放这类人,又不能将其纳为臣民。后一种做法无异于认为宙斯也可以成为人的臣民,而人却逍遥自在地分任各种官职。剩下的唯一办法就是,顺应自然的意旨,所有人都心悦诚服地服从这类人,从而他们就成为各城邦的终生君主。(1284b29-34)

他正是从这段话进入了对君主制的讨论,在后文又回到了这个主题。他指出,在极少数的情况下,如果出现了如此超群的人才,就既不能杀掉,也不能流放,更不能使他们接受统治,那么剩下的唯一选择就是:“部分超过全体并不是一件自然的事情,但是这种卓越非凡的人正巧做到了这一点，在这种情况下，唯一的办法就是心悦诚服地奉其为主宰，不是在轮流当权的意义上，而是在单纯或无条件的意义上的主宰。"（1288a26-29）

亚里士多德在同一卷中两次谈到他对陶片放逐法的不以为然，以及要让这样杰出的人物成为国王。虽然这种人物出现的几率很低，但亚里士多德绝不是出于不得已才让这样的人做国王。他很明确地说："正确的政体有三类，其中最优秀的政体必定是由最优秀的人来治理的政体，在这样的政体中，某一人或某一家族或许多人在德性方面超过其他所有人，为了最值得选取的升华，一些人能够胜任统治，另一些人能够受治于人。"（1288a33-36）虽然这种情况在现实中很少发生，似乎是一种例外情况，它却是最优秀的政体。

所以他说："在最好的城邦里，好人的德性和好公民的德性一定是一致的，显然，一个人做好人的方式，和他建立贵族制或君主制的方式是一样的，所以，造就一个好人的教育和习俗，也会使他成为一个政治家和国王。"（1288a38-1288b3）这段话也颇值得玩味。在亚里士多德看来，城邦的目的就是使人们过上有德性的生活，城邦的教育不仅可能不断地培养出合格的政治家，而且很有可能造就出德性极为高超的公民，也就是那种足以成为最优秀的君主的公民，从而使这个城邦成为最优秀的城邦。

出于哲学的诚实，亚里士多德无法否认全权君主制的合理性，因为它最完美地体现了建立城邦的目的。但在实践中，不仅这样极为优秀的人很难产生，而且即使有了这样出类拔萃的人做君主，前面所说的那些君主制的缺点，仍然可能暴露出来。① 亚历山大（Alexander）的父亲菲力（Philip）就非常清楚，神一样的国王也只

---

① W. L. Newman, *The Politics of Aristotle, Vol. 1*, p. 273.

是一个人。①

　　亚里士多德此处表现出的,正是这一矛盾态度最理性的形态。他非常清楚,无论是将这样的英雄推举为王,还是将这样的伟人驱逐甚至处死,都有其内在的道理。这个问题的理论根源,正在于亚里士多德对城邦生活的理解:人们在城邦中要实现高尚而有德性的共同生活,这是人的自然,是人类集体生活的最高形式——人们在城邦中,绝对不只是为了形成一个稳定和安全的制度而已。众人的意见、成文的法律都可以代表这种形式,但只有活生生的人的德性,才是美好生活最理想的代表,因此,由一个像神一样的人来代表这种形式,是最好的办法。但可惜的是,人毕竟不是神,还是会有种种难以克服的弱点。由众人轮流执政的制度,可以在比较低的程度上避免一些危险,但也很难使城邦变得真正伟大起来。

## 四、形质论中的家与国

　　形质论是亚里士多德一贯的哲学体系,所有重要的理论问题都必须放在这个框架之下来讨论。在《政治学》中,亚里士多德直接使用形质论术语的地方并不多。② 但他理解政治问题时的形质论色彩仍然是非常明显的。但正因为他很少明确地用形质论概念来分析政治现象,他怎样看待家政和政治中的形式与质料,在研究者当中就会形成相当微妙但影响巨大的不同理解。毕竟,像家庭和城邦这种"物"与一般的物理物是非常不同的,怎样以用于物理物上的概念来诠释这些抽象"物",就成为一个很费思量的问题。

---

①　W. L. Newman, *The Politics of Aristotle, Vol. 1*, pp. 278-279.
②　Mayhew 指出,亚里士多德在《政治学》中除了 1276b7 之外,很少使用这个词,见 Robert Mayhew, "Part and Whole in Aristotle's Political Philosophy," *Journal of Ethics*, Vol. 1, No. 4 (1997), pp. 325-340.

　　施特劳斯非常明确地认为,在古典政治哲学中,国家或人民是质料,政体是形式。① 但这样简单的概括还不足以深入我们最关心的问题。在进入家庭与城邦的分析之前,我们先看一下亚里士多德对于人的理解。各种生物和人的形式和质料,就已经和物理物非常不一样了。亚里士多德在《论灵魂》中说,身体就是质料,灵魂就是形式。这是他对人的形质问题的第一条基本判断,对此没有什么争议。

　　进一步,对于男人和女人的关系,亚里士多德也有很清楚的表述。他在《物理学》中也把质料比作母亲,并明确说,质料渴望形式,就如同女性渴望男性(192a23-24)。在《形而上学》中,他又进一步说:"木料并不自己运动,而是木工运动它,月经和土也不能自己运动,而是精液和种子运动它们。"(1071b33)他认为,灵魂是一种气(pneuma),即生命与运动的原则,被称为第五元素,存在于雄性的精液中(730b20,736a1);而雄雌的区别就在于能否产生精液。雄性因为有更多的热量,所以能够把剩余营养(在有血动物中就是血)烹调而成精液;雌性较少热量,所以无法做到这一点,于是剩余营养在中途就流失了,那就是经血(766b20-25)。因而,男性是更完美的人,女性是不完全的男性,月经就是未纯化的精液(737a29-30)。② 正是基于这样的观念,亚里士多德以形式和质料的关系来解释人的生育。精液包含了人的形式,能够将父亲的生命传递下去。女性的血因为未能转

---

① Leo Strauss, "What is Political Philosophy," in *What is Political Philosophy*, Chicago University Press, 1988, p.36.

② 参考 Devin M. Henry, "How Sexist Is Aristotle's Developmental Biology?" *Phronesis*, Vol. 52, No. 3 (2007), pp. 251-269 以及 Karen M. Nielsen, "The Private Parts of Animals: Aristotle on the Teleology of Sexual Difference," *Phronesis*, Vol. 53, No. 4/5 (2008), pp. 373-405。

化为精液,就只能提供质料。① "雄性提供的是形式和运动的本原,而雌性提供的是肉体和质料。"(729a11)精液作用于月经,才能制造出完整的灵魂。亚里士多德进一步讨论这一过程说:

> 如果我们就两性分别归属的两大种来考察,那么,一方为主动者和运动者,另一方为被动者和被运动者,而被生成之物由它们两者生成就像床由木匠和木料,球由蜡和形式产生那样,具有同等意义。显然,雄性不必提供什么物质,他所提供的,并不是后代出自其中的物质,而是给他以运动和形式,就像医生提供医术那样。(729b12-19)②

这些讨论与《论灵魂》中的说法是可以打通的。由于他相信灵魂来自精液,而月经只提供身体的物质,在动物和人的生育过程中(即人的制造中),父亲提供了形式,母亲提供了质料。当然,这里并没有说女人是质料,男人是形式,但由于他相信女人是失败了的男人,是不完美的人,所以女人的形式有较多欠缺,更接近于质料。对男女关系的这一基本理解,是家庭构成的哲学基础。

　　以上是更加有迹可寻的地方,而对于家庭和城邦的构成,就没有这么直接了。梅修(Mayhew)注意到亚里士多德很少直接使用形式和质料的概念来讨论政治现象,因而也更审慎地以"部分"和

---

① 对亚里士多德性别学说的研究有很多,可参考 Montgomery Furth, *Substance, Form and Psyche: An Aristotelian Metaphysics*, Cambridge:Cambridge University Press, 1988;David Summers, "Form and Gender," *New Literary History*, Vol. 24, No., 2 (Spring, 1993), p.254-255;Marguerite Deslauriers, "Sex and Essence in Aristotle's Metaphysics and Biology," in C. A. Freeland eds, *Feminist Interpretations of Aristotle*, University Park, PA: The Pennsyl- vania State University Press, 1998, pp. 138-167.

② 《动物的生殖》,参考苗力田主编亚里士多德全集本;吴寿彭译,《动物四篇》,北京:商务印书馆,2010 年版。

"全体"来分析一系列问题。即便以部分和全体来看待家国中的
诸问题,这种人造物与物理物的差别也是非常明显的。物的全体
在于实体的连续性,但怎样来谈人类共同体的整体与部分呢？毕
竟每个人都是物理意义上的自足实体。但亚里士多德在《物理
学》中谈到,把物的不同部分整合起来,就是它作为整体的方式
(227a15-16)。梅修将这个观念运用到对人类共同体的理解上,
那么,其中的关键在于,是什么把不同的人聚合到一起。对于家庭
而言,就是一个共同的家长将不同的人整合成一个家庭。在一个
家庭中,奴隶缺乏理性,本身不能作为一个自足的整体,尚未长大
的孩子虽然最终会成为自足的整体,此时却不是。妻子虽然不像
孩子那样明显,但从前面的分析可以看出,她们也是作为不自足的
人存在的。①

　　一个完整的家庭,是以家长为领袖,包括了妻子、儿女、奴隶的
共同体。亚里士多德没有用形式和质料的概念分析过家庭,家庭
自身则作为城邦的部分而存在,相对而言,家庭处于比较尴尬的位
置。个体是由灵魂与身体组成的生物个体;城邦是人的自然的充
分实现,不生活在城邦中的人要么是神,要么是野兽;但家庭仅仅
作为满足人的生活必需的过渡形态而存在,是城邦的部分,本身却
不是由形式与质料组成的真正实体。在亚里士多德看来,人的自
然只有在城邦中才能真正实现,城邦才是人的目的,人只有在城邦
中才能追求有德性的生活,家庭只是城邦形成过程中的一个中间
环节。甚至可以说,完全脱离于城邦之外的个体,其灵魂的特质都
不能得到充分的成全,即,只有城邦中的灵魂,才是人的形式。人
性必须在城邦中才能实现。但为什么这种实现一定要在城邦之

_____

① 可参考 Robert Mayhew,"Part and Whole in Aristotle's Political Philosophy,"pp.325-340.

中,而不能在家庭中完成呢?亚里士多德给出的表面理由是,因为家庭和村落只能满足人的生活必需,但只有在城邦中才能实现美好的生活,而这种美好的生活又是人自然发展而来的。既然如此,为什么人类不能通过自然繁衍,先从家庭发展到城邦,再由城邦繁衍而成绝对君主制的城邦呢?换言之,城邦与家庭的差别究竟在哪里?亚里士多德为什么认为只有在城邦中才能实现好的生活,却又认为绝对君主制可以成为最好的城邦?

纽维尔敏锐地指出,亚里士多德强调,家政不是一种制造的技艺,而是一种行动的技艺,这是解决这个问题的关键。① 家庭是满足日常需要的团体,而要满足日常需要,就要获取各种必需的物品。"正如为了完成工作,专门的技艺必需靠趁手的工具来进行,精通家政的人士也必需有趁手的工具。"(1253b25-26)工具包括无生命的工具和有生命的工具,奴隶就是获取这些必需品时有生命的工具。但这种工具和其他技艺中的工具不同,因为它的目的不是生产,而是使用。正如床作为工具,其目的不是制造而是使用一样,生活不是制造,而是一种行动,因此,奴隶是一种行动的工具,而家政是一种行动的技艺(1254a7)。

随后,亚里士多德花了较大的篇幅来论证自然奴隶的合理性。他指出,主人与奴隶的差别就如同灵魂与身体、人与野兽的差别一样。对于这样极度缺乏理智能力的人来说,被统治是更好的状态,他就是自然上的奴隶,他应该属于另一个人,作为后者的工具而存在(1254b15-23)。

作为主人的家长,其技艺不在于如何获得奴隶,而在于如何使用奴隶,而这种使用奴隶的技艺也没有什么光荣伟大之处,仅仅在

---

① W. R. Newell, "Superlative Virtue: The Problem of Monarchy in Aristotle's Politics," *The Western Political Quarterly*, Vol. 40, No. 1 (Mar., 1987), pp. 159-178.

于很好地命令奴隶去做他应该并且能够做的事。正是因为这种技艺没有什么伟大之处，所以更有智慧的人不屑于从事家政，而是让别人去管理家政，自己则去从事政治与哲学这些更加高尚的技艺（1255b30—37）。

亚里士多德也花了很多篇幅讨论获取财富的技艺，但这些讨论的目的却是为了指出，这种技艺是比家政还低的，因为这些是生产和获得的技艺，而不是行动的技艺。

对于家政中的另外两对关系，即父子与夫妻关系，他比较简略地谈到，夫妻之间类似一种共和关系，但男人有更明确的统治权①；而父子之间的关系，更像君主制的统治。家长与妻子和子女的关系，是自由人之间的关系，但他与奴隶的关系，却是与生活工具的关系，显然有着本质的差别。虽然妻子和子女在家庭中有更高一些的地位，我们却不大能看出，他们在家政的技艺中处在什么位置上。家政似乎是主人使用包括奴隶在内的各种工具的技艺，而妻子和子女既非使用工具的主体，也不是工具，因而其角色和地位就超出了家政本身。亚里士多德也明确指出：

> 至于丈夫和妻子，子女和父亲，以及与此相关的德性，他们彼此的关系当中什么是好的，什么是不好的，怎样追求好的，避免坏的，我们必须在讨论整体的时候谈。因为，由于家庭是城邦的一部分，家庭中的这些事情也是城邦的事情，部分的德性必需从整体的德性的角度来看，对妇女和儿童的教育必需在整体的视野中看待。（1260a8—15）

---

① 应该正是由于夫妻之间和一般的共和关系略有差别，他在《尼各马可伦理学》中谈到同一问题时，又说夫妻之间是贵族制。

这是一段至关重要的话,对于理解亚里士多德的家政观非常关键。严格说来,只有主奴关系才是完全属于家政的。夫妻关系和父子关系,以及对妇女儿童的教育,是城邦政治的一部分,所以他在后文讲最佳政体的时候,花了大量的篇幅来谈教育,因为夫妻和父子关系在本质上是自由人之间的关系。父亲对儿女的统治中本身就包含着很强的教育成份,这只是发生在家庭中的政治关系而已;夫妻关系略有不同,基于亚里士多德对性别差异的理解,这虽然是自由人之间的关系,却有着更加不可改变的统治与被统治的关系。

主奴之间,最像形式与质料的关系,因为奴隶就是主人的工具;夫妻之间很接近形式与质料的关系,因为男人更接近形式,女人更接近质料;父子之间,是成熟的自由人与未成熟的自由人之间的关系,也类似于形式与质料的关系,虽然最终将完全变成平等的自由人之间的关系。可见,家庭中的三种关系都和形式与质料的关系很接近,但严格说来又都不是形式与质料的关系。亚里士多德说家庭是君主制的,因为家长一人是家庭的领袖,但由于家长与其他三种人的关系各不相同,很难在形质论中给家庭关系一个确切的定位。

亚里士多德说家政是一种行动的技艺,但这种技艺的目的却不在家庭之中。人们是不可能仅仅通过家政形成好的家庭的,而必须在城邦中成就好的家庭,从而也成就有德性的自由人。管理家庭财产的目的是让家长们进入城邦,追求公共事务和哲学,如果谁把财产的生产和获得当作目的,他就会不仅在家中聚敛钱财,而且会把整个城邦当作自己的钱财,这就会导致僭主的产生。① 僭主与君主的区别在于,僭主为了自己的利益而统治,君主为了整个

---

① W. R. Newell, "Superlative Virtue: The Problem of Monarchy in Aristotle's Politics," *The Western Political Quarterly*, Vol. 40, No. 1 (Mar., 1987), pp. 159-178.

城邦的利益而统治。这个僭主不仅没有掌握真正的政治技艺，而且连家政的技艺也没有掌握好，因为家政本身就不是以生产和聚敛财货为目的的，僭主却把这种聚敛财货的做法运用到了城邦政治当中。可见，亚里士多德认为，正确的家政既然不以聚敛财货为目的，它就必然会指向家庭之外的生活，那就必然会发展到城邦的阶段，因为只有在城邦当中，家政作为行动的技艺的目的才真正实现。这样我们也就可以理解，虽然女人和儿童都是家庭中的被统治者，但他们的生活也只有对于城邦而言才能得到真正的实现。奴隶的工作也应该以城邦中的美好生活为目的，但他们本身却与这种生活没有关系。因此，只有奴隶被严格地限制在家庭之中，而妇女、儿童乃至家政本身，都不可能以自身为目的，因而不可能是自足的，只能作为城邦的一部分而存在。

亚里士多德在《政治学》第二卷批评了柏拉图的理想国，认为柏拉图将城邦变成了一个大家庭。他在什么意义上这样认为呢？他说："城邦的本质就是许多分子的集合，倘使以'单一'为归趋，即它将先成为一个家庭，继而成为一个个人；就单一论，则显然家庭胜于城邦，个人又胜于家庭。"（1261a16 以下）萨克森豪斯（Saxonhouse）指出，所谓家庭的单一性，恰恰以家庭中的异质性为基础。夫为男，妻为女，夫妻之间永远不会相同，但任何家庭中的夫妻关系都是类似的。因此，苏格拉底所谓的妇女儿童公有，是将所有男人和所有女人之间的关系当成了夫妻关系，所有男人与所有儿童的关系当成了父子关系，在这个意义上，整个城邦成了一个大家庭。① 这样的安排使父母子女之间不能相认，使家庭中的亲情被稀释和取消了，而这是违背自然的（1262a5-10）。由于亲属不

---

① Arlene W. Saxonhouse, "Family, Polity & Unity: Aristotle on Socrates' Community of Wives," *Polity*, Vol. 15, No. 2 (Winter, 1982), pp. 202-219.

能相认,那么他们之间自觉不自觉的伤害和乱伦都会成为不可避免的事,而这是不虔敬的(1262a25-39)。这种安排既会取消家庭中的亲情,也会颠覆伦常,因此是不可取的。

亚里士多德比柏拉图更重视个体家庭中的亲情和伦常[1],因而完全不能同意妇女儿童公有的设想;同时,他也坚持认为,城邦比家庭有更大的复杂性,因而人们不能仅限于家庭中的生活,而必须在城邦中追求美好的生活;但所有这些讨论并没有使他彻底放弃城邦中的君主制,他只是因为德性超群的人很难寻找,才认为绝对君主制不容易实行,因此,他对柏拉图的批评并没有构成对君主制的批评。

在第三卷谈绝对君主制时,亚里士多德又说:"这是一种绝对的君主制,由一个人掌管所有的事务,就像一个民族或城邦掌管所有的事务一样,如同家政的管理一般,这种君主制与家庭中的家长制是一样的,国王把一个或若干个城邦和部落当成家庭来治理。"(1285b29-34)在此处,他似乎不再认为家政和城邦是截然不同的。在这样的语境下,第一卷中所说的那种由大家族繁衍形成的父君主国是完全可能成立的。

细究一步,这种君主制到底应该在哪些方面与家长制类似呢?首先,它不会像《理想国》中那样要求妇女儿童公有,即并非所有臣民之间都是夫妻和亲子的关系,而应该仍然是相当多样化的,人们有着各自的独立家庭。那么,国王本人与作为自由人的臣民之间应该是一种什么关系?既然它是一种正确的政体,国王就不应该只是为了自己的利益来统治,否则就成了僭主制。而且他在前面列举五种君主制类型的时候,在谈到第二种时曾经说过,在一些

---

[1]  Darrell Dobbs, "Family Matters: Aristotle's Appreciation of Women and the Plural Structure of Society," *The American Political Science Review*, Vol. 90, No. 1 (Mar., 1996), pp. 74-89.

野蛮民族当中,由于人民更具有奴性,所以有一种类似僭主制的君主制(1285a20),这句话暗示了,在僭主制中,臣民处在近乎奴隶的处境,因为僭主将人民当成了工具,服务于自己的利益。但在绝对君主制当中,君主是不该以这种方式来对待臣民的。这样,所谓以家政的方式治理城邦,就既不是按照夫妻关系,也不是按照主奴关系。那么,最有可能的就是,以父子关系的方式来建构君臣关系。

亚里士多德在第三卷中还提到,在主奴之间,主人的权力服务于主人的利益;但丈夫和父亲的权力却服务于被统治者的利益,而服务于被统治者的利益(1278b32-40)①正是君主制区别于僭主制的主要特征。这一条也证明了,君主的权力与父亲的权力是更相似的。

当一个人的德性超出城邦中所有人的德性的总和时,就不能再和他讲平等,就像不可能让兔子和雄狮讲平等一样;不能把他再当作城邦的一部分,就像不能让宙斯在城邦中与人们一起轮流执政一样。这个德性超群的人本身就是神和法律,人们自愿地服从他,是最自然的。若与家庭中的三种关系相比,这种关系确实最像父子关系。父子都是理性健全的自由人,但是儿子还没有长大,他的理性还不能得到成熟的运用,或者说,他和父亲之间,在理性的运用上有着巨大的距离,不可能和父亲讲平等。要为了儿子的教育和成长,就必须让父亲像君主一样来统治儿子。同样,在这种君主制度之下,那位德性超群的君主就像父亲一样,靠他的德性来统治整个城邦。既然他的理性超出了全体臣民的总和,那么,臣民加在一起都不可能制定出比他的命令更好的法律,因而他的命令自然就成为了法律。

──────────

① 感谢李涛提醒我注意到这一条。

　　在臣民和儿子之间还有一个不容忽视的差别：孩子处于理智不健全的未成年状态，一旦他长大成人了，就成为和父亲一样的公民了；而君主制下的臣民都是成年人。但人人都有各种缺陷，成年人虽然不再像孩子那样，但他们在运用理性的时候仍然会有各种各样的犯错可能；那个德性超群的君主虽然也会犯错，但因为他是一个近乎完美的人，他的臣民在君主面前，就像永远长不大的孩子，一方面必须接受君主的管理和教育，另一方面又几乎没有可能成长为和君主一样有德性的人。虽然从理论上说，君主自身也会有各种缺陷，发布命令时难免受到情感和个人利益的影响，但因为所有人都是有缺陷的，众人制定出的法律不仅不会等同于神的法，而且必然比这个国王的缺陷更大，所以如果在这种情况下追求平等，那必将是一种平庸的平等。① 这位伟大的君王，应该不只是具有明智的德性，而且具有雍容的最高德性。② 瓦尔特提出，在这种最佳的君主制城邦中，国王过着政治生活，而其他人都可以免于政治生活，从事哲学的思考。③ 但若是这样的城邦，则国王将不折不扣成为所有臣民的公仆，谈不上他比其他人的德性都高，与亚里士多德所谓的类似家长的统治相矛盾。

　　对绝对君主制的分析可以帮助我们回过头来理解家政和政治的技艺。诚然，无论家政还是政治，都不是生产的技艺，因而家长和政治家都不应该以利用别人来完成自己的聚敛财富为目的，他

---

① Thomas K. Lindsay, "The 'God-Like Man' versus the 'Best Laws': Politics and Religion in Aristotle's Politics," *The Review of Politics*, Vol. 53, No. 3 (Summer, 1991), pp. 488-509.

② 参见 Newell 关于明智的讨论（见 Newell 前引文）以及 Bates 对他的批评，Clifford Angell Bates, *Aristotle's "Best Regime": Kingship, Democracy, and the Rule of Law*, Baton Rouge: Louisana State University Press, 2003, p.199.

③ P. A. Vander Waerdt, "Kingship and Philosophy in Aristotle's Best Regime," *Phronesis*, Vol. 30, No. 3 (1985), pp. 249-273.

们的家庭治理和生活，是为了使自己和别人都过上有德性的美好生活。要实现这种生活，就需要政治的技艺，政治的技艺同样是一种行动的技艺，不是制造的技艺。不过，亚里士多德谈所有这些，都是对他的"人天生是城邦的动物"的观念的进一步阐发。人的自然要在城邦当中才能实现，即，人只有在城邦中，才能使自己的理性灵魂得到成全，才能实现有德性的美好生活，这种成全不在于制造或获得什么财富，而在于德性的行动。联系《物理学》和《形而上学》中对自然的讨论，这正是人作为一种自然物的成全。人这种由身体和灵魂组成的理性动物，要生活在家庭中以满足其日常的需求，在村落中满足其非日常的需求，最后在城邦中超越这些需求，以实现美好的德性生活，将他的理性能力充分展现出来。人们只有不停留于对财富的获取，按照自然的目的发展来安排家庭和政治生活，才能充分实现其自然。如果真的出现一个德性超群的人，或是家长同时就是一个德性超群的君主，不仅不妨碍人性自然的充分成全，而且会有助于这种成全，因此君主制可以成为最佳政体。因为这种情况很难出现，找出一群有智慧的人的几率就更大一些，因此贵族制也可以实现绝对君主制的优点，而可操作性又比较大，因而也可以成为最佳政体。

## 五、最佳政体的缺陷

既然君主制和贵族制是最佳政体，亚里士多德又为什么那么偏爱共和制，甚至以对政体的总名来称呼这种政体呢？不管怎么说，这都是亚里士多德心目中最佳的实践目标，但这并不是因为他对人人平等有意识形态般的崇拜。君主制一个最表面的问题是，无法使每个人都成为有德性的公民，甚至除了国王之外就没有公民。但在最根本的人性论上，亚里士多德并不相信人人平等，这从他对奴隶和女人的观念中就看得很清楚。因此这一点还不足以构成对君主制的否定。那么,到底是什么使那种最佳政体存在致命的危险呢?

亚里士多德说得很清楚,真正满足条件的德性超群的人很难找到。这一判断并不只是说,形成最佳的君主制政体的几率很小,而且这种家长式的君主制有着不可化解的问题,因为,首先,作为君主制基础的父子关系存在着重大的隐患。

家庭中的三种关系都具有天然的等级,而主奴关系和夫妻关系都是永远不可改变的等级关系,与形式/灵魂和质料/身体的关系更加密切,父子关系却是最不稳定的,因为在儿子长大成人、可以充分运用自己的理性之后,父亲已经无权再统治他,他们已经成为平等的自由人和公民;可是,父子之间的年龄差异和亲子关系仍然存在,甚至父亲统治儿子的习惯仍然保留着。这二者之间就会出现几乎无法化解的矛盾。

亚里士多德在第一卷说,父君主国是由年龄最长的人统治的君主制,但在第三卷又说,绝对君主制和贵族制的原则都是由德性好的人来统治。年龄最长和德性最高并不是完全重合的。在孩子还是幼儿期的时候,年长者同时也是德性和理性能力更高的人,所以可以领导儿童,自然形成了父君主国的架构;但在儿童长大成人之后,年龄最长就不再意味着德性和理性更高,这就是这些父子冲突的内在原因。

将父子关系变成政治关系,问题也是类似的。前面说了,君主和臣民之间就如同父亲和永远长不大的孩子之间的关系一样。君主的一个重要任务,是帮助臣民实现有德性的美好生活,不断教育他们。如果他的教育非常成功,就有可能出现一个可以和他相媲美的优秀人才,那就像儿子长大成人了一样,他就无法再统治这个人,而要让位给他,不论这个人是自己的儿子还是其他人;但如果他教育不出像他自己一样伟大的人来,则在他之后无人可以接替他的位置,这样一个父君主制的王朝就无法继续下去。如果不考虑德性的因素,而直接按照世袭制父死子继,那么他的直系后代如果不再具有如此高超的德性,他的王朝就会蜕变。君主制的一个巨大问题是王位的继承,这一点,亚里士多德在论述君主制的缺陷时已经谈过。现在,就算那位德性高超的君主不会受到情感和私利的左右,像神一样公正无私,没有一般君主制中任何的缺点,但在继承人这一点上,则无论如何也不可能避免这一问题了。

这个问题的根源,就是亚里士多德的自然概念中的双重含义。一方面,按照人类生育繁衍的自然,家庭、村落和最初的君主国是由家长来统治的;但另一方面,如果按照自然作为目的的角度来理解,则最好的城邦应该实现人的德性,即作为目的的自然。当这两方面重合时,家长也是最有德性的人,那就是最完美的绝对君主制;但由于这两方面往往不能统一,而导致了好的君主制很难实现或维持下去。所以,要实现人的自然,往往必须抛弃最自然的方式,而要靠人为制定的法律。

贝茨谈到,亚里士多德虽然认为君主制和贵族制是理论上的最佳政体,但还是将共和制甚至民主制当作实践中的最好政体,其根本原因在于,人不是完美的。① 这一点是亚里士多德讨论政治问题时一直在考虑的非常重要的因素。

首先,亚里士多德在《尼各马可伦理学》结尾向政治学过渡的时候就一再强调,如果每个人都可以靠着理性的努力来生活,那么仅仅伦理学就够了。之所以还需要政治学,是因为并非每个人都能充分运用理性去追求美好生活,因而必须靠政治和法律的力量

---

① Clifford Angell Bates, *Aristotle's "Best Regime": Kingship, Democracy, and the Rule of Law*, p. 214.

来强迫（1179b7）。所以，正是因为人性有缺陷，才有了政治学的必要。当亚里士多德强调人天生是政治的动物时，他的一个潜在假定是，人天生就是不完美的，完美的神不生活在城邦中。一个人的理性若达到最充分的成全，那他就要成为一个神，从而不再生活在城邦当中。凡是生活在城邦中的人，都有各种各样的缺陷，这也就决定了，他们所制定出来的法律也必然有各种各样的缺陷；但众人一同制定出来的法律，毕竟比单个的个人要完美很多。如果有一个德性超绝的人，他的能力超过了所有人的总和，他的命令就可以成为法律，那么他也就是接近神的完美之人了。这样的城邦当然是最佳的城邦。

但若要绝对君主制维持下去，就必须要永远能找到这样德性超群、接近于神的人，但是在有着固有缺陷的人群当中，这是几乎不可能做到的。因此，绝对君主制即使能存在，也只会维持一两代，而不可能永远以这样完美的方式延续下去。绝对君主制无法确立一个长治久安的王朝，贵族制要比君主制安全很多，因而更有实现的可能，但共和制完全避免了这样的问题；而在僭主制、寡头制、民主制这三种败坏的政体中，民主制成为最不坏的制度，其中一个重要的原因，应该也是民主制比较稳定。

事实上，在亚里士多德比较人治与法治的时候，法治呈现出的一个主要优势，正在于它的稳定和安全。但这样的法律却会变得僵化、死板，缺乏灵活性。所以，后来霍布斯在批评亚里士多德的时候说，在亚里士多德的城邦里，只有法律的统治，而没有人的统治。亚里士多德绝不是没有意识到这个问题，但在比较了各种政治体制之后，他会将贵族制和共和制当作现实政治实践中更可行的选择。人类的政治生活，本来就不可能完美。

## 六、君主制的起源和演变

在《政治学》第一卷里,亚里士多德给出了关于城邦起源最标准的表述。在其中,他将君主制城邦的产生当作相当重要的一部分来描述。但随着论述的展开,由于他对君主制政体看法的复杂性逐渐透露出来,他对城邦起源与演变的描述也越来越不同。在第三卷讨论绝对君主制的段落,他又一次谈到了君主制的起源及政体的演化:

> 古时候很难得发现德性超群之人,特别是人们所住的城邦非常小,所以君主制的起源更为久远;而且,成为君主的人一般都凭借其光辉业绩,而只有善良之人方能做出光辉的业绩。然而随着在德性方面堪与王者相媲美的人不断增多,他们就不再甘居王权之下,转而谋求其他的共同体形式,于是建立了共和政体。但是人们很快就堕落了,开始以公共财产中饱私囊,可以想象,某种这类原因导致了寡头制的兴起;因为财产代表了荣誉。而寡头制又变为僭主制,僭主制又变为平民制。因为当权者贪婪成性,导致权力集团的人数不断减少,相应地扶植了平民的力量,以致最终平民大众推翻了寡头制,民主制就出现了。(1286b9-19)

这里勾勒出了城邦各种政体的演变顺序。其中,君主制和共和制都是所谓正确的政体,而后面三种都是蜕化了的政体。所以此处说君主制时,应该是包括贵族制的。所以,六种政体的演变顺序应该是:君主制(或贵族制)——共和制——寡头制——僭主制——民主制。在这六种政体中,君主制或贵族制是最原始的制度,共和制已经是有所变化之后的形态了;而从共和制开始,城邦就可能变成各种蜕化的政体。

亚里士多德此处所写的君主制的起源,可以和第一卷中所写的君主制起源作对比。他在前面说,君主制是由家庭不断繁衍,经过村落之后,进一步发展而来的,因而人类最早的城邦大多是君主制的;现在又说,君主制是由于最初有德性的人很少,所以一个人(或几个人)在德性上超越所有其他人是很可能发生的。这两处表述的矛盾,正是我们所说的,家长式的君主必然存在的两个矛盾:究竟是根据出身和辈分来确立君主,还是根据德性?按照这里的描述,君主制和贵族制都是相当成功的,因为教育出了越来越多有德性的人,这就导致了君主制和贵族制被共和制所取代。这种取代是如何发生的,亚里士多德并未予以说明。

亚里士多德在第七卷再次谈到了君主制的起源。他在那里说,如果人们之间的差距大得如同神和人之间的差距一般,就要有君主制(1332b16以下)。按照这里的说法,君主制有可能不是人类最初的城邦制度,而是在发展到某个阶段,出现了巨大的差别之后才出现了德性超绝的人,因而可以形成君主制。纽曼指出,亚里士多德在《政治学》中讨论一个问题时,常常并不考虑自己前面的说法。[1] 但关于君主制起源的第二和第三种说法明显是相互呼应的;而且,他在谈到绝对君主制的时候,特别说这种君主与家长的权力是非常接近的。这里的说法就有两种理解的可能:首先,在城邦发展的某个阶段,出现了一个德性超群的人,他成为国王。这个人和其他人不是父子关系,但要按照父子关系的模式来统治他们。但更可能的是,这个人就是最初的独眼巨人式的君主,他既是所有人的族长,又是德性和力量最强大的人,因而既是家长又是国王。

---

[1]　Newman, *The Politics of Aristotle*, vol. 2, p.115, n.20.

关于君主制起源的这三处描述之所以出现不一致的地方，我认为并不是因为亚里士多德忘记了自己以前的说法，而是因为君主制中必然包含的矛盾，即君主一方面要以治理家庭的方式治理城邦，另一方面又要是个德性最高的人。在第一种表述中，亚里士多德强调的是第一个方面，但在第二和第三种表述中，他强调的是第二个方面，所以两处呈现出来的好像是在说不同的君主和不同的演进模式。

亚里士多德关于君主制演进的讨论的这对矛盾，在后来罗马帝国的实践中、中世纪欧洲的君主制中，都非常充分地暴露了出来；而君主制本身的内在矛盾也折射在从君主制向民主制的过渡当中。到了十九世纪后期、英国法学家梅因（H. S.Maine）在《古代法》（Ancient Law）中，对古代西方政体演变的理解深受亚里士多德这一思路的影响。他们都认为，家庭通过繁衍和扩大，发展为氏族、胞族、部落，最后发展到城邦，就是古典城邦产生的大体脉络。所以梅因有这样一段典型的概括：

> 在大多数的希腊城邦中，以及在罗马，长期存在着一系列上升集团的遗迹，而城邦就是从这些集团中产生的。罗马人的家庭（family）、氏族（house）和部落（tribe）都是它们的类型。根据它们被描述的情况，使我们不得不把它们想象为由同一起点逐渐扩大而形成的一整套同心圆，其基本的集团是因共同从属于最高的男性尊属亲而结合在一起的家庭，许多家庭的集合形成氏族（gens or house）；许多氏族的集合形成部落；而许多部落的集合则构成了政治共同体（commonwealth）。①

---

① ［英］梅因:《古代法》,沈景一译,北京:商务印书馆,1996 年,第 73-74 页。译文略有改动。

这个同心圆结构的逐渐扩展,就意味着家长慢慢发展成为国王,所以梅因说:"政治共同体是因为来自一个原始家族祖先的共同血统而结合在一起的许多人的一个集合体"。从目前对古代希腊文献的掌握情况看,我们无法确切地恢复这个历史过程,因而到了今天的希腊研究界,已经很少有人会以这样宏大的方式描述希腊城邦的形成,但在当时的学术界,这却是一个普遍被接受的观念,比如格罗特(G. Grote)的《希腊史》(*A History of Greece*)和库朗热(N. Coulanges)的《古代城邦》(*La Cité antique*)都表达了类似的说法。对古希腊历史的这一重构,更多是受已经修正过的亚里士多德政治学说影响之下的历史推测。

因而,当时对这一学说最主要的批评,并不在于梅因没有确凿的证据,而是在于其说法中的内在矛盾。英国学者麦克伦南(Mclennan)指出,如果说城邦的产生是一个同心圆逐渐扩展的结果,那么,这里为什么会加入到其他的部落,为什么所形成的城邦并不都是同一血统的人呢?[①] 换句话说,梅因最不能解释的地方是,这个家长在什么时候不再只是家长,而成为众多异姓家族共同的国王?在亚里士多德的描述中就是,在村落到城邦的演变中,为什么不再依靠繁衍扩大而形成人类团体,或者说,从家政到城邦政治的转换究竟是怎样发生的?人类究竟怎样从对自然需要的满足,过渡到了追求德性的美好生活,实现了政治生活的自然目的?自然需要与自然目的之间,真的会那么自然吗?

为了解决这一问题,麦克伦南构造出了母系社会的神话,在几十年中风行欧美学术界,但也很快因为找不到坚实的证据而销声匿迹。不过,对这个问题的探索并没有因此而停止。阿特金斯

---

① 参见 John F. McLennan, *Primitive Marriage: an inquiry into the origin of the form of capture in marriage ceremonies*, London: Routledge, 1998.

(Adkins)、弗雷泽(Frazer)、弗洛伊德(Freud)等人又合力创造出了弑父弑君的神话,讲述了从独眼巨人王朝向兄弟民主制的演化。无论在母系社会的版本中,还是在弑父弑君的版本中,人类走上文明的民主制度的路程似乎都不那么自然,而是充满了杀戮与断裂。所有这些尝试,都是对亚里士多德的君主制论述的展开和重述,而其中所呈现出的矛盾,也已经蕴含在亚里士多德的思考当中。

## 参考文献

1. Bates, C. A.: *Aristotle's "Best Regime": Kingship, Democracy, and the Rule of Law*, Baton Rouge: Louisana State University Press, 2003.
2. Deslauriers, M.: "Sex and Essence in Aristotle's *Metaphysics* and Biology", in Freeland, C. A. ed.: *Feminist Interpretations of Aristotle*, University Park, PA: The Pennsylvania State University Press, 1998, pp. 138–167.
3. Dobbs, D.: "Family Matters: Aristotle's Appreciation of Women and the Plural Structure of Society", *The American Political Science Review*, Vol. 90, No. 1 (Mar., 1996), pp. 74–89.
4. Femenias, M. L.: "Woman and Natural Hierarchy in Aristotle", *Hypatia*, Vol. 9, No. 1 (1994), pp. 164–172.
5. Furth, M.: *Substance, Form and Psyche: an Aristotelian Metaphysics*, Cambridge: Cambridge University Press, 1988.
6. Henry, D. M.: "How Sexist Is Aristotle's Developmental Biology?" *Phronesis*, Vol. 52, No. 3 (2007), pp. 251–269.
7. Lindsay, T. K.: "The 'God-Like Man' versus the 'Best Laws': Politics and Religion in Aristotle's *Politics*", *The Review of Politics*, Vol. 53, No. 3 (Summer, 1991), pp. 488–509.
8. Mayhew, R.: "Part and Whole in Aristotle's Political Philosophy", *Journal of Ethics*, Vol. 1, No. 4 (1997), pp.325–340.
9. McLennan, J. F.: *Primitive Marriage: an inquiry into the origin of the form of capture in marriage ceremonies*, London: Routledge, 1998.
10. Mulgan, R. G.: "A Note on Aristotle's Absolute Ruler", *Phronesis*, Vol. 19, No. 1 (1974), pp. 66–69.

11. Newell, W. R.: "Superlative Virtue: The Problem of Monarchy in Aristotle's Politics", *The Western Political Quarterly*, Vol. 40, No. 1 (Mar., 1987), pp. 159-178.

12. Newman, W. L.: *The Politics of Aristotle, Vol. 1*, Oxford: Oxford University Press, 2000.

13. Nielsen, K. M.: "The Private Parts of Animals: Aristotle on the Teleology of Sexual Difference", *Phronesis*, Vol. 53, No. 4/5 (2008), pp. 373-405.

14. Pangle, T.: *Aristotle's Teaching in the Politics*, Chicago: Chicago University Press, 2013.

15. Saxonhouse, A. W.: "Family, Polity &Unity: Aristotle on Socrates' Community of Wives", *Polity*, Vol. 15, No. 2 (Winter, 1982), pp. 202-219.

16. Stauffer, D. J.: "Aristotle's Account of the Subjection of Women", *The Journal of Politics*, Vol. 70, No. 4 (Oct., 2008), pp. 929-941.

17. Strauss, L.: "What is Political Philosophy", in *What is Political Philosophy*, Chicago: Chicago University Press, 1988, pp. 9-56.

18. Summers, D.: "Form and Gender", *New Literary History*, Vol. 24, No. 2 (Spring, 1993), pp. 243-271.

19. Swanson, J. A. & Corbin, C. D.: *Aristotle's Politics: A Reader's Guide*, London: Continuum International Publishing Group, 2009.

20. Vander Waerdt, P. A.: "Kingship and Philosophy in Aristotle's Best Regime", *Phronesis*, Vol. 30, No. 3 (1985), pp. 249-273.

21. 亚里士多德:《动物四篇》,吴寿彭译,北京:商务印书馆,2010 年。

22. [英]梅因:《古代法》,沈景一译,北京:商务印书馆,1996 年。

# 亚里士多德的"最佳政体"①

刘玮(中国人民大学哲学院)

**摘要：**"最佳政体"问题是亚里士多德政治哲学的终极任务,但是亚里士多德并非在一个单一的意义上研究这个问题,而是将其区分为某个政体前提之下的最佳状态、适合某个人群的最佳政体、适合大多数城邦的最佳政体、不管外在条件限制的"依靠祈祷"的最佳政体,以及依赖超凡德性的最佳政体。本文试图从这五个角度论述亚里士多德的最佳政体学说,最终论证他在哲学家应该为王的意义上与柏拉图的亲缘性。

**关键词：**亚里士多德　最佳政体　中道政体　依靠祈祷的政体　哲学家—王

## 一、研究"最佳政体"的多重任务

亚里士多德实践哲学的两个主要分支伦理学和政治学,被他

---

① 本文是中国人民大学科学研究基金暨中央高校基本科研业务费专项资金项目成果(13XNJ045)。本文曾在北京"第六届古希腊哲学论坛"、"中国比较古典学学会"第二届年会和"古希腊罗马哲学会议"上报告过,笔者感谢与会者提出的有益问题。本文原刊于《天府新论》(2014年第3期),这里略有修改。

统一归入"政治学"的范畴(《尼各马可伦理学》[以下简称《伦理学》]I.2.1094b11:伦理学是"某种政治学"[*politikē tis*])。① 或许用亚里士多德在另一个地方的说法,称它们为"人事哲学"(*hē peri ta anthrōpeia philosophia*, X.9.1181b15)的两个分支更为恰当。在完成了对伦理问题的讨论之后,亚里士多德雄心勃勃地转入"人事哲学"另一个尚未被充分讨论的分支——立法和"普遍意义上的政制",并列举了(狭义)政治学研究的三个步骤:第一,考察前人的论述;第二,研究现有的政体,从中发现正面和负面的经验;第三,把握"什么政体是最好的,每种政体如何组织,应该运用何种法律和习惯"(X.9.1181b20)。

前两个步骤是预备性的,亚里士多德在《政治学》第二卷集中完成了第一个步骤;而第二个步骤在他和学园成员历史性地考察158个不同政体的工作中得到了最充分的体现(同时也体现在他在《政治学》中作为例子使用的各种历史和现实政体上)。第三个步骤才是政治学研究的核心任务,而这里面提到的三个方面(即最佳政体、每种政体如何组织、每种政体使用何种法律和习惯),又以对最佳政体的讨论最为重要,正如亚里士多德在《政治学》第二卷开篇所说的:"既然我们决定研究对于**最依靠祈祷的方式**(*malista kat' euchēn*)生活的人来说,所有政治共同体中**最好的**(*kratistē pasōn*),我们就必须要考察其他政体,既包括那些被用在认为治理良好的城邦中的[政体],也包括那些被某些人讨论,并被看作是很好的[政体]"(II.1.1260b27-32)。② 因此我们就无需

① 《尼各马可伦理学》的翻译依据 I. Bywater ed., *Aristotelis Ethica Nicomachea*, Oxford: Oxford University Press, 1894。译文参考了 Terence Irwin trans. *Nicomachean Ethics*, 2nd ed., Indianapolis: Hackett, 1999。

② 《政治学》的翻译依据 W. D. Ross ed., *Aristotelis Politica*, Oxford: Oxford University Press, 1957,译文参考了 C. D. C. Reeve trans., *Aristotle Politics*, Indianapolis: Hackett, 1998。

惊讶,亚里士多德在随后对政体的各种细致讨论(首先区分大类、之后在每种政体内部区分出不同的类型、讨论政体保存和败坏的原因、处理各种制度安排等等)都是以最佳政体作为参照系和归宿的。

但是亚里士多德关于"最佳政体"的看法却并不那么清晰。在亚里士多德那里,从最简单的六种政体的"理想类型"的角度看,最佳政体无疑是王制(《伦理学》VIII.10.1160b7-8;《政治学》IV.2.1289a40);但是他对这个问题的实际讨论却比这个复杂得多,我们可以根据亚里士多德在《政治学》第四卷开头确定的政治学研究的任务,将有关"最佳政体"的讨论区分出以下几个维度:

第一,"最依靠祈祷,没有任何外在限制的政体(*malist' eiē kat' euchēn mēdenos empodizontos tōnektos*)"(IV.1.1288b23-24)。

第二,适合某些人的政体(*tisin harmottousa*),即在给定条件下最好的政体(*tēn ek tōn hupokeimenōn aristēn*),这里面的"给定条件"指的就是对某个人群而言(IV.1.1288b24-27)。

第三,在某种假设之下(*ex hupotheseōs*)的最佳政体,这里面的"假设"指的是给定某种政体形式,比如民主制或寡头制(VI.1.1288b28-33)。

第四,"对大多数城邦而言最适合的政体(*tēn malista pasais tais polesin harmottousan*)"(VI.1.1288b33-35),也就是"什么是对最大多数城邦和最大多数人而言最好的政体(*aristē politeia*)和最好的生活"(VI.11.1295a25-26)。

第五,"根据某种超出常人的德性判断(*pros aretēn sunkrinousi tēn huper tous idiōtas*)"的最佳政体(VI.11.1295a26-27)。

本文尝试从这五个角度论述亚里士多德关于"最佳政体"的学说,下面的讨论大体按照从最低到最高的顺序进行。即按照第三(讨论某种固定政体的优化和保全)、第二(适合某个具体人群的政体类型)、第四(适合大多数城邦的最佳政体)、第一(不管外在条件限制的最佳政体)、第五(在第一种的基础上出现某个拥有超凡德性之人的政体)。

## 二、某种假设之下的最佳政体

在根据统治的目的和统治者的数量这两个标准确定了六种"理想类型"之后,亚里士多德对政体的讨论融入了更多经验性的成分,将城邦中的不同部分,比如农民、商人、手工艺人、军人、富人、穷人、政治家等等,考虑进来,进而讨论了五种王制(III.14)、五种民主制(IV.4)①、四种寡头制(IV.5)、四种贤人制(IV.7)、三种政制(*politeia*, IV.9)和三种僭主制(IV.10)。因此每一种政体也就相应地有了较好和较差的形态。比如同是民主制,根据较低财产限制确定公民身份的形态就好于赋予任何由公民父母所生的男性以公民身份的形态,而后者只要是依法进行统治就好于暴民无法无天的统治。与此类似,同是寡头制,寡头选举某些人担任官职的形态,就好于寡头家族子承父业担任官职的形态,而后者只要依法统治就好于寡头集团完全凭借自己的意愿进行统治。甚至是僭主制也有专制君主、独裁官和严格意义上的僭主制之分,前两者作为服从法律的、人民愿意接受统治的政体,好于完全依赖专断权力的第三种。

因此立法者或政治家就需要在现有政体的框架内,尽可能让某种既有的政体实现其更优良的形态,加强法律的力量,减少人为的因素。这也与保全政体的基本原则一致。要想使一个政体得以保全,立法者或政治家需要维护法律的权威、保持节制和中道而不

---

① 在 IV.6 总结的时候略去了第一种以平等为根据的民主制。

要让统治变得极端、平衡统治者与被统治者等。①

那么这样的政体在什么意义上是"最佳"的呢? 它的"最佳"是在满足了民主或寡头政体基本条件意义上的最佳,温和的民主或寡头政体是"最佳"的民主或寡头政体,因为这样的政体更容易保持政治秩序,避免内乱(stasis)和政体变化(metabolē)。而避免内乱和政体变化是好的,乃是因为严格说来一个城邦的政体就是它的同一性的体现,因为政体相当于城邦的形式(eidos)(《政治学》III.3.1276b1-13),改变现有政体,比如从民主制变成政制,一方面可能是朝向更优的变化,但是在另一个意义上却将现有的城邦变成了另外一个城邦。而这里谈论的"最佳"中最关键因素乃是**对法律的服从**,因为在亚里士多德看来,如果法律得不到服从,就不可能有好的统治(eunomia)(IV.8.1294a3-9)。

## 三、适合某些人的最佳政体

亚里士多德直接回答这个问题的文本不长,但是不大容易理解。他首先提出一个基本原则:"城邦中希望城邦继续存在的部分必须**强于**(kreitton)不希望如此的部分"(《政治学》IV.12.1296b15-16)。他进而将城邦中的部分区别为"质"(poion)和"量"(poson),之后将"质"界定为自由、财富、教育、好出身;而"量"就是数量的多少。之后他说:

> 有可能质属于构成城邦的一个部分,而量属于另一个部分。比如,出身不好的人可能比出身好的人数量更多,或者穷

① 此外还要避免使用欺骗人民的手段、合理利用恐惧的力量、避免某个人权力过大、防止位高权重者的叛乱、对财产资格保持灵活性、通过教育保证喜爱现有政体的人多于反对者等等;参见《政治学》V.8-9。

人比富人更多,但是在量上的优势不如在质上的劣势。因此
我们必须要结合彼此进行判断。穷人的数量如果超出了上面
提到的比例(*analogian*),那么自然就是(*pephuke einai*)民主
制①……而当富有和显赫的人在质上的优势超过了在量上的
劣势,那么寡头制[就是自然的]……(1296b19-34)

亚里士多德在这里似乎赋予城邦中的质和量某种权重。比如某个
城邦中,富有和显赫的人有 100 个,他们每个人在质上的优势是
100,而穷人有 5000 个,他们每个人在量上的优势是 1,那么富人
和显赫者的优势加总是 10000,而穷人的加总是 5000,那么这个城
邦就应该采取寡头制(或贤人制);而如果富人的情况不变,而穷
人的数量增加到 15000,那么穷人的优势加总就变成了 15000,于
是量上的优势就超过了质上的劣势,那么这个政体就应该采取民
主制(或政制)。这就是亚里士多德所谓的"比例",也是亚里士多
德提出的那个选择何种政体的总原则——"城邦中希望城邦继续
存在的部分必须**强于**不希望如此的部分"中"强于"的含义。

　　除了这段明确回答这个问题文本之外,亚里士多德还分别在
第三卷和第七卷的两个地方讨论了何种政体适合何种人群的问
题。如果一群人中"自然地产生了一个在适合政治统治的德性方
面超群的家族",他们就应该采取王制;如果产生了一些人在德性
方面超出常人,那么他们就应该采取贤人制;而如果大多数人都是
战士,他们有能力统治和被统治,并且按照法律的规定分配官职,
那么就应该采用政制(III.17.1288a6-15)。

　　与确定恰当的政体类型有关的另一个因素是亚里士多德对不

---

① 至于是何种民主制,还需要考虑其中是农民还是手工艺人占据主导地位,这是与第
一个意义上的"最佳政体"有关的问题。

同人种的政治人类学或政治地理学考察(VII.7)。在他看来北欧
人充满意气(*thumos*),而在理智和技艺方面不足,因此他们保持着
自由,却是非政治的(*apoliteuta*),并且也不能统治邻邦;而亚洲人
以理智和技艺见长,但是缺少意气,因此他们总是处于被奴役的状
态。而希腊人则是这两者之间的中道,因此可以保持自由、以最好
的方式接受统治也可以统治外邦。亚里士多德同时认为,希腊不
同民族之间也有同样的差别,本性上可能偏向北欧也可能偏向亚
洲。由于气候和地理位置造成的这些差异,也就导致了不同政体
会适合不同的人群,比如对于北欧人(比如色雷斯人、徐西亚人、
凯尔特人)来讲,无政府状态或松散的政体形式(某种类似民主制
的形态)比较适合,而亚洲人(如埃及人和波斯人)则适合世袭君
主制乃至僭主式的统治。鉴于希腊民族内部也有程度不同,我们
可以想见亚里士多德很可能认为不同的希腊民族也会有适合他们
的政体。

## 四、适合大多数城邦的最佳政体: 中道政体(*mesē politeia*)

　　亚里士多德认为如果我们排除掉超出常人的德性和各种只能
依赖运气的因素,而考虑大多数城邦和大多数人可以实现的最佳
政体,那么这种政体只能是中间阶层(*hoi mesoi*)的统治。这里的
"中间"是在财产的意义上界定的,即在富有和贫穷之间。亚里士
多德明确认为这是伦理学的"中道理论"在政治学中的应用,中间
阶层的生活是每个人都可以实现的,也是符合节制的德性的,因此
依赖这个阶层的政体似乎也就成了实践层面最为可行的"最佳政
体"。
　　中间阶层的统治优点很多。首先,他们不像富人那样傲慢和

容易犯下大恶,也不像穷人那样充满恶意和容易犯下小恶(《政治学》IV.11.1295b9-11)。

第二,他们既不会避免统治也不会渴望统治,相比之下,富人不愿被统治却不知如何进行统治;而穷人则因为太过卑微而只懂得以奴隶的方式被统治,也不知道如何统治。这样看来,由极端富有和极端贫穷的人构成的城邦之中,只能存在主奴之间的关系,而没有自由人之间的政治关系,也就最不会形成政治共同体所需要的友爱,而中间阶层的强大则会在城邦中造成一个大体同质和平等的阶层(《政治学》IV.11.1295b12-28)。亚里士多德在这里最为明确地强调了政治上平等的重要意义。

第三,中间阶层在城邦中生存最为容易,因为他们既不觊觎他人的财产,也不容易被他人惦记,因此生活稳妥安定(IV.11.1295b28-34)。

第四,中间阶层的统治能够最好地保持城邦中的平衡,因此这种政体非常稳定,不容易走向极端,能够免除内乱,也能够防止最差的僭主制出现,因为僭主通常都是从极端的民主制或寡头制中产生出来的(IV.11.1295b34-1296a18;IV.12.1296b34-1297a3)。

第五,中间阶层能够统治得最好的一个重要标志是最好的立法者都来自中间阶层,比如梭伦(Solon)、莱科古士(Lycurgus)和卡隆达斯(Charondas)(IV.11.1296a18-21)。亚里士多德的理由大概还是这些人的生活最容易保持节制,同时他们能够体察穷人和富人的生活,制定相对平衡的政策。

第六,中间阶层统治为评判其他政体提供了某种标准,正像我们上面看到的,保全政体,特别是保全那些偏离的政体(*parekbaseis*)的方法就是要让这个政体不那么极端,要让其中**混合**(*mignumi*)贫富两种因素,让这个整体更加接近中道政体(IV.11.1296b7-9,IV.12.1296b2-12,1297a6-7)。

这种政体如此之好，如此适合大多数人群和大多数城邦，但奇怪的是，它却很少出现过。亚里士多德对此的解释是，通行的政体是民主制和寡头制，在这两种政体中，中间阶层的数量通常都比较少。而当两个极端阶层占据了上风，他们也不想建立一个强大的中间阶层，而是要将他们自己的统治最大化。这样看来，**亚里士多德所论述的这种最佳的实用政体并不是在易于实现的意义上的"最佳"，而是在可以不考虑城邦和人民的具体特征，加以判断的最佳政体。**

在结束对中间阶层统治的讨论之前，我们来考虑一个有争议的问题：中道政体与六种基本政体的关系。亚里士多德在讨论了所有政体的各种形态之后，引入中间阶层统治这种适合大多数城邦和大多数人的最佳政体，却从未明确将这种政体等同于六种"理想类型"中的任何一种。这也给解释者造成了一些困难。大多数学者都将这种政体等同于"政制"，而反对者的主要理由是：(1)亚里士多德刚刚在 IV.8-9 讨论完了政制，如果他认为这里讨论的中道政体也是某种类型的政制，不该完全闭口不提，而且亚里士多德毕竟用了一个不同的名字——"中道政体"——来指称这种政体。(2)在 IV.8-9 中他将政制界定为某种民主制和寡头制的混合，而 IV.11-12 讨论的中道政体似乎不是某种混合，而只是由中间阶层进行统治。①

支持将中道政体等同于政制的学者则可以对这两点做出如下反驳：(1)亚里士多德在其他地方并没有将中道政体与其他政体明确区分开，也没有单独列举适合中道政体的政治组织方式。(2)中间阶层可以被看作是穷人与富人的某种"混合"，而且中道

---

① 　参见 C. Johnson, *Aristotle's Theory of the State*, Basingstoke: Macmillan, 1990, ch. 8。他认为这里讨论的中道政体是不同于那六种理想类型的另外一种政体，并将它等同于《政治学》七、八两卷中讨论的"最佳政体"。

政体也并不排斥穷人或富人参与政治权力。① 此外,他们还可以指出如下几点:②(3)亚里士多德在 IV.8-9 建议某种形式的混合政体,而在这里也给大多数城邦推荐中道政体,我们很难想象他在这么短的篇幅里面推荐两种性质不同的基于节制的政体。(4)他在 IV.11 里面说中道政体很少实现,在 IV.9 中说混合政体也很少见到。(5)中道政体不仅是公民意义上的中道,也是寡头和民主政体之间的中道。(6)虽然在 IV.9 中亚里士多德没有提到"中道政体",但是他认为自己提出的混合原则确实可以产生"中道"(1294a41,b2,5),只要是混合两个极端的事物,产生的就是某种中道。(7)每种政体都应该被认为是六种基本政体的一种,那么中道政体只能是政制的一种类型。

在看到了中道政体其实可以是某种"混合"之后(以上第(2)和(6)点,也就是 IV.8-9 中概括的政制的核心特征),我们还可以考察一下亚里士多德对"政制"的另外两个界定,看看中道政体是否与之相合。(8)亚里士多德在 III.7 引入各种政体的定义时,说政制是多数人为了公益进行统治,这非常符合中道政体的特征,亚里士多德确实要求这种政体的中间阶层多于极端富裕和极端贫穷的阶层,至少也要多于任何一方,而亚里士多德认为中间阶层最容易获得德性和进行良好的统治,这也就暗示了这个阶层的统治应该是比较符合公益的。(9)亚里士多德在 III.7 描述政制的时候,说这种政体尤其

---

① 这两点反驳参见 F. D. Miller, *Nature, Justice, and Rights in Aristotle's* Politics, Oxford:Clarendon Press, 1995, p. 263。我想略加补充的是,在 IV.12 后一半亚里士多德讨论立法者应该总是把中间阶层考虑进去的时候,提到了"混合政体"的问题,我认为这里讨论的混合政体就是中道政体,因为这里明确诉诸了中道政体的一个明显优势——当中间阶层强于两个极端或者强于其中一方的时候,这个政体是非常稳定的。

② 这五点均来自 Robinson, *Aristotle Politics III and IV*, Oxford:Clarendon Press, 1995, pp. 100-101。

基于军事德性,也就是拥有武装者的德性。而在 IV.11 讨论的中道政体意味着要对担任公职的财产设定某种限制,而我们可以设想最基本的限定也是公民可以负担自己的武装,而这也和亚里士多德认为公民应该拥有武装的思想相合(IV.13.1297b1-12)。

基于以上考虑,我们可以将这种中道政体等同于某种特殊类型的政制。

## 五、"依靠祈祷"的最佳政体

亚里士多德在《伦理学》中说:"只有一种政体是在任何地方依据自然最好的"(V.7.1135a5),而他在《政治学》七、八两卷中的任务就是研究这个最好的政体,或者说"依靠祈祷的城邦"(VII.4.1325b36)。这两卷表现出来的"理想主义"与《政治学》第四至六卷表现出来的高度"现实主义"倾向之间似乎存在很大的反差,因此耶格尔(Jaeger)基于他著名的亚里士多德发展论,认为第七、八两卷写于亚里士多德生涯的早期,体现出柏拉图主义的强烈影响,而四至六卷则是亚里士多德较晚的作品,表现了他对柏拉图主义的偏离和对经验主义方法的采纳。① 但是鉴于我们在本文开头提到的政治家或立法者的多重任务,耶格尔的看法已经被绝大多数学者否定。②

另一个文本方面的问题关系到《政治学》各卷的顺序,因为在

---

① W. Jaeger, *Aristotle: Fundamentals of the History of His Development*, trans. R. Robinson, 2nd ed., Oxford: Clarendon Press, 1948, ch. 10.

② 近期比较有代表性的讨论可参见 P. Pellegrin, "On the 'Platonic' Part of Aristotle's *Politics*," in W. Wians ed., *Aristotle's Philosophical Development: Problems and Prospects*, Lanham: Rowman& Littlefield Publishers, 1996, pp. 347-358; R. Kraut, *Aristotle: Political Philosophy*, Oxford: Oxford University Press, 2002, pp. 182-187 等。但是耶格尔的论题得到了 E. Schütrumpt 的辩护。

第三卷结尾，亚里士多德说："我们必须要尝试讨论最佳政体，它自然生成的方式，以及如何建立起来"，而第七卷的开头则是"任何想用恰当的方式讨论最佳政体的人都要首先考虑最值得选择的生活"，而且第四至六卷中的一些说法看上去是已经讨论完了最佳政体的问题。① 因此纽曼、辛普森等人遵循文艺复兴学者斯凯诺（Scaino da Salo）的建议，将第七、八卷调整了位置，置于第三卷之后，而让第四至六卷接在未完成的第八卷之后，作为从最佳政体的下降，耶格尔也认为七、八两卷本来意在跟随三、四卷，但是由于各卷写作时间上的差别，我们并不能通过调整顺序得到一部前后一致的《政治学》。但是大多数《政治学》的编辑、译者和研究者还是遵循传统的章节顺序，同时认为现有顺序最好地表现了《政治学》整体从不完美的政体到完美政体的上升运动。②

那么在什么意义上这个政体是最完美的，甚至需要"依靠祈祷"的呢？它在什么意义上比适合大多数城邦的中道政体更好呢？首先是因为这个政体或城邦在存在条件上达到了完美（VII.4.1325b35-36）；但更重要的是，只有在这个"最佳政体"之中，个人的德性才和公民的德性实现了真正意义上的统一，城邦所追求的价值与公民依据自然所应当追求的价值达到了统一。③ 也正是在这两个意义上它好于中道政体，因为中道政体是以政治稳定为主要诉求的，而这里的最佳政体才是以城邦和个人的真正幸福为目

---

① 比如参见 IV.2.1289a30-35；IV.3.1290a1-3；IV.7.1293b1-7。

② 代表性的论证可参见 C. C. Kahn, "The Normative Structure of Aristotle's *Politics*," in G. Patzig ed., *Aristotle's 'Politik'*, Göttingen：Vandenhoeck&Ruprecht, 1990, pp. 369-384; Kraut, *Aristotle: Political Philosophy*, pp. 185-187。

③ 这里不能展开关于"好人"和"好公民"关系的详细讨论，关于两者之间的张力，以及这个张力在最佳政体中的克服，参见《政治学》III.1-5, VII.1-3；另参见 R. Develin, "The Good Man and the Good Citizen in Aristotle's 'Politics'," *Phronesis*, vol. 18 (1973), pp. 71-79。

标的。当然,在拥有了德性、实现了幸福之后,这个城邦中的公民
会很自然地远离内乱,保持政治稳定。

　　这个城邦虽然被称作"依靠祈祷"的,但并不是说整个城邦都
要依靠人们祈求上天或机运的赐予,而是说需要依靠自然提供的
条件——其中的很多并不容易获得(比如地理位置、地形特征、人
口的多寡、人们的气质等),在此基础上更重要的还是要依靠人为
的努力促成,这既符合亚里士多德在《政治学》开篇说的政治乃是
自然与技艺结合的产物:"在每个人那里都自然地(phusei)拥有朝
向这种共同体[指城邦]的冲动(hormē),但第一个建立它的人还
是这种最大的好的原因(aitios)"(I.2.1253a29 - 31),也符合亚里
士多德所说的技艺模仿和辅助自然的整体观点(VII.17.1137a1 -
2)。在接下来的讨论中,亚里士多德首先讨论了如何安排与这个
城邦的生存密切相关的各种条件,之后讨论了塑造公民德性的教
育计划。

　　在关于城邦条件的部分,亚里士多德讨论了城邦的人口(VII.
4,不能太多也不能太少)、领土(VII.5,既能实现自足又能保持节
制)、海上力量(VII.6,与获得必需品和防御密切相关)、城邦中公
民的品性特征(VII.7,应该既有意气又充满理智)、城邦中各种人
群的分工(VII.9)、财产的拥有和使用原则——私有公用(VII.
10)、城邦的位置与健康的关系(VII.11)、城墙的作用(VII.11),以
及城邦中某些重要建筑的安排(VII.12)。

　　这部分讨论中各种人的分工是最重要的内容。亚里士多德将
商人、农民、手工艺人都排除在了公民的范围之外,因为这些人没
有足够的闲暇从事政治活动(VII.9.1328b33 - 1329a2)。而军事和
政治思虑的任务则分配给不同年龄的同一批公民,年轻的时候公
民们拥有良好的身体素质,因此在军队服役,而等年长之后他们在
之前通过习惯培养的伦理德性的基础上拥有了更多的明智或实践

智慧(*phronēsis*),因此被安排从事政治思虑和统治。亚里士多德
正是在这个意义上讨论军事和统治的任务既是分配给同一批人,
又是分配给不同的人。也正是在这个意义上讨论理想城邦中的"轮
流统治"(*kata meros*)(参见 VII. 9. 1329a2 - 17;VII. 14. 1332b32 -
1333a2)。这种"轮流统治"在亚里士多德看来最符合"自然",因
为这样做的根据是自然设定的年龄差别以及年龄与身体—理智不
同要素之间的关系,因此也就是最符合"正义"的安排方式。统治
正是通过被统治学到的,因此年轻人要先接受统治,之后进行统治
(VI.14.1332b25-1333a16)。而最年长的公民则被分配了宗教性
的祭司职务(VII.9.1329a27-34)。①

　　亚里士多德关于理想政体讨论的主要部分被用来讨论教育
(*paideia*),因为正是通过这些,理想城邦塑造了好人/好公民:"立
法者通过习惯化让公民变好,这是每个立法者的想望,如果没有做
好就是错失了他们的目标"(《伦理学》II.1.1103b4-5)。亚里士多
德特别强调,与某些确实由**运气**(*tuchē*)控制的因素不同,使人变
好依靠的是**知识和决定**(*epistēmēs kai prohaireseōs*,《政治学》VII.
13.1332a29-32)。在自然、习惯和理性这三种使人变好的东西中,
自然提供了基础,后两者则是立法和教育的对象,首先应该通过习
惯化教育品格,之后再通过教导提高理性能力(VII.15.1334b12-
28;VIII.4.1338b4-5)。

　　亚里士多德自信地认为,通过由城邦提供的公共性的公民教
育,所有的公民都可以成为称职的统治者,因此这种"最佳政体"

---

① 宗教问题在亚里士多德的理想城邦中远不像在柏拉图的《理想国》或《礼法》中那
　么重要,亚里士多德虽然也偶尔提到某种意义上的公民宗教的重要性,但总是极其
　简略。这或许与亚里士多德将神看作不动的推动者有关,这个神不会参与人间事
　务;同时亚里士多德或许认为在理想城邦中对德性的追求和对幸福的渴望足以给
　公民们提供一条彼此连结的纽带,而无需过多依靠宗教的力量。

不需要"超出常人的德性",也不需要"某种依靠运气的自然和资源才能得到的教育"(VI.11.1295a27-29),而完全可以通过人的技艺得以实现。通过强调城邦的目的和个人属于城邦这两个角度,亚里士多德强调了公共教育的必要性:

> 由于整个城邦有一个单一的目的,因此很显然,教育也必然是对所有人都唯一和相同的,对它的监管也必然是共同的(koinēn),而非私人的(kat' idian)……为了共同事务的训练应该也是共同的。同时,我们不该认为公民仅仅属于他自己,而是所有人都属于城邦,因为每个人都是城邦的一部分。(VIII.1.1337a21-29)①

亚里士多德认为教育必须由城邦统一安排,还因为在他看来所有人的幸福都在于品格和德性的完善,而这些完善在普遍意义上对所有人都是一样的(虽然具体的德性行动需要考虑具体情境),因此也就需要相同的培养和教育。我们需要注意,这里主张的公共教育与亚里士多德在《伦理学》中提到的个人化的教育好于共同教育并不冲突(X.9.1180b7-13),反而构成了亚里士多德教育理念的两个方面,一个是基于城邦的公共教育的整体图景(同时与他认为教育的对象和方法是某种普遍性的技艺或科学有关),另一方面则是关注个体差异的教育策略(与他在伦理学中强调的具体情境有关)。将这两者结合起来才是最好的教育。

在《政治学》VIII.2-3中,亚里士多德重点讨论了教育的目的是教授有用的或者说必要的东西,还是某种更加"超凡的东西"

---

① 在教育的公共性方面,亚里士多德与柏拉图观点相同,柏拉图甚至走得更远,认为女性也要接受同样的教育;参见《礼法》VII.804d-e。

（*peritta*）。他的回答的要点在于，公共教育的目的不是培养有一技之长的手工业者，而是能够享受闲暇的自由人，而在享受闲暇中，就包括了学习一些"超凡的东西"。因此，闲暇以及在闲暇中公民们应该从事的活动就成为了亚里士多德讨论教育问题乃至城邦幸福问题的着眼点，因为闲暇中的活动就是最终构成我们幸福的活动。① 亚里士多德那里的"闲暇"有两层含义，一个是相对于谋求生活必需品的闲暇，在这个意义上政治活动作为有自身价值的严格意义上的实践活动，相对于生产性的活动是闲暇中的活动，并且对应于灵魂实践理性的部分；另一个是相对于政治生活需要各种关切的闲暇，在这个意义上，政治活动是剥夺人们闲暇的（*ascholos*，《伦理学》X.7.1177b8，12），还有外在的目标——城邦的有序与和平，而只有欣赏诗歌、音乐以及进行理论研究、享受沉思生活才是更高层次的闲暇，这些活动更多地对应于理论理性的部分（参见《伦理学》X.7.1177b4-15;《政治学》VII.2-3）。亚里士多德在 VII.8 将奴隶、商人、手工业者排除出公民行列，是要保证公民有第一个层次的闲暇，而在这里讨论广义的文化教育则是希望公民们在一个治理良好的政治共同体中可以享受第二个层次的闲暇。但是，亚里士多德认为第一个层次的闲暇是他的理想城邦中每个人都可以享受的，第二层次中的诗歌和音乐也是所有公民都可以享受的，但是更高的理论研究（比如数学和自然哲学），以及最高的理智活动——以探求世界最高本原为目的的第一哲学活动——却不是所有人都能够享受的。当他对灵魂的不同部分做出区分之后，强调"对每个人来讲最值得选择的总是尽量达到最高"

---

① 关于"闲暇"问题的讨论，可参见 F. Solmsen, "Leisure and Play in Aristotle's Idea State," *Rheinisches Museum für Philologie*, vol. 107 (1964), pp. 193-220; P. Destrée, "Education, Leisure, and Politics," in *Cambridge Companion to Aristotle's Politics*, pp. 301-323。

(《政治学》VII.14.1333a)，这也对应着亚里士多德在《伦理学》中讨论的"完全的幸福"（*hē teleia eudaimonia*，X.7.1177a17，b24）和"第二等的幸福"（*deuterōs ... eudaimonia*，X.8.1178a9）。作为有获得德性的自然能力的人，加上良好的习惯和教养，获得第二等的幸福是可以保证的，但是如果想要实现最高的幸福，则需要"超出常人的德性"，也不需要"某种依靠运气的自然和资源才能得到的教育"。因此当他说闲暇生活需要"哲学"的时候（比如 VII.15.1334a23，32），他的意思并不是每个公民都要成为严格意义上的哲学家，而是包括了下面三层含义：（1）哲学在理想城邦中应该有一席之地；（2）音乐诗歌的教育可以给人们带来一些接近哲学智慧的东西；①（3）亚里士多德想的很可能是包括音乐、诗歌、技艺、科学研究等在内的作为文化活动的广义"哲学"。②

与柏拉图认为身体训练也在很大程度上是对灵魂的训练不同（参见《理想国》III.410a-412b)，亚里士多德似乎将身体训练（具体来说包括两个部分，一个是着眼于身体的良好状态的"体育"[*gymnastikē*]另一个是着眼于专门技能的"训练"[*paidotribikē*]，参见《政治学》VIII.3.1338b6-7)的作用仅仅限定在身体之上。在讨论身体训练的部分，亚里士多德批评了以训练专业运动员为目标的身体锻炼，也批评了斯巴达将公民的身体训练成类似野兽从而培养战争德性的做法，在他看来，真正的勇敢并非来自高强度的残酷训练，而是来自以高贵或美好（*to kalon*）为目标的正确教育和适度的训练（"适度"在这里就是指青春期之前应该接受比较轻的身体训练，之后再增加强度，着眼于战争）（VIII.4)。

---

① 参见《诗学》中的著名论题："诗歌比历史更加哲学和重要，因为诗歌就其本性而言讨论普遍，而历史只讨论个别"（《诗学》9.1451b5-7)。

② 这种宽泛意义上的使用还有如下一些例子：《政治学》VII.11.1331a16；《形而上学》I.2.982b11-19 等处。

　　亚里士多德最后讨论了理想城邦中的文艺教育。[1] 在他看来音乐有三个方面的作用:给我们带来娱乐和放松,促进德性,以及帮助我们很好地度过闲暇并促进智慧。其中第一和第三个作用我们在讨论闲暇的时候已经有所涉及,亚里士多德认为恰当的音乐能够促进德性,首先,因为音乐有直接的教育作用(paideia 或 mathēsis)。在亚里士多德看来,音乐的本质在于"模仿"(mimēsis),人们都会自然地在模仿中学习并体会快乐(《诗学》4.1448b7-18)。在音乐中模仿了很多高贵和低俗的东西,并对这些东西做出判断;同时模仿了人们的各种情感,并教育人们对高贵美丽的东西感到快乐,对低俗丑陋的东西感到痛苦,因此音乐这种可以直接感受的情感表达方式可以对灵魂产生直接的影响。而德性正是要对正确的东西有正确的感受。如果我们在模仿中习惯了对某些东西感到痛苦和快乐,"灵魂被改变",那么遇到真正的对象时我们也会表达出同样的情感。恰当的、和谐的、符合中道的音乐可以帮助人们实现情感的中道,因此亚里士多德要对音乐的曲调和乐器做出严格的规定(《政治学》VIII.5.1340a12-27, 1340a38-b19, VIII.6.1341a17-b8, VIII.7.1342a15-b34)。[2] 其次,一些宗教

---

[1]　关于亚里士多德音乐教育的整体讨论,可参考 D. Depew, "Politics, Music, and Contemplation in Aristotle's Ideal State," in *A Companion to Aristotle's Politics*, pp. 346-380。我们只能猜测假如他完成了《政治学》的第八卷,或许在音乐教育后面还会有更多理论学科的教育问题。

[2]　亚里士多德还认为在其他感觉提供的材料中,几乎没有或只有很少与品格相关的要素,味觉和触觉没有,视觉不多,所以绘画和雕塑在塑造品格的过程中作用不如音乐(《政治学》VIII.5.1340a27-38)。柏拉图也同样认为音乐可以作用于灵魂的欲求部分,但是在他看来这种激荡作用只会产生负面的影响,这也成为他要求将诗人逐出"美丽城"的原因之一;参见《理想国》X.602b-608b。关于"美丽城"是否能够与诗人共存以及在多大程度上可以共存的问题,可参见 S. B. Levin, *The Ancient Quarrel between Poetry and Philosophy Revisited*, Oxford: Oxford University Press, 2001; S. Halliwell, *The Aesthetics of Mimesis*, Princeton: Princeton University Press, 2002, chs. 1 & 3。

性的音乐可以使人达到某种"有神凭附"(*enthousiastikos*)的状态，这种近乎癫狂的状态可以对人的情感起到"净化"(*katharsis*)的作用，给人们带来情感上的平静(《政治学》VIII.5.1340a7-12，VIII.6.1341a23-24，VIII.7.1342a7-11)。第三，悲剧可以产生某种类似宗教净化的效果，通过作用于人的情感，尤其是恐惧与怜悯，让人们的情绪得到疏解，并最终达至中道(*katharsis*，《政治学》VIII.7.1342a11-15①；另参见《诗学》6.1449b26-28)。②

最后，我们再来看一下这个政体是六种理想类型中的哪一种？关于这个问题有四种主要观点：它是一种特殊政体，不能被归入六种基本类型的政体；温和的民主制；某种类型的政制；贤人制。

第一种观点的代表是约翰逊(Johnson)和克劳特(Kraut)。③约翰逊将这里讨论的最佳政体等同于中道政体，认为它们都不是六种基本政体中的一种。但是我们上面已经否定了中道政体可以作为一种"特殊政体"，而且在《政治学》七、八两卷中，亚里士多德从未提到财产可以成为统治的依据，在这个理想政体中只有德性才是统治的依据。此外，在 IV.11 开头的界定中，亚里士多德明确

---

① 这里保留了抄本中的 *kathartika*，而没有遵从罗斯改为 *praktika*。

② 这个主题几乎是关于亚里士多德诗学理论中争论最多的话题。笔者在这里的基本立场是亚里士多德至少讨论了两个意义上的"净化"，一种是悲剧或其他音乐形式对人的情感(尤其是怜悯与同情)施加影响，通过排解，帮助人的情感达到中道和符合德性；而《政治学》中的"净化"更多与宗教意义上的迷狂状态有关(亚里士多德并没有解释其中的机制)。与这里的讨论最相关的可参见：S. Halliwell, *Aristotle's Poetics*, Chicago: University of Chicago Press, 1986, ch. 6 & Appendix 5; R. Janko, "From Carthasis to the Aristotelian Mean," in A. O. Rorty ed., *Essays on Aristotle's Poetics*, Princeton: Princeton University Press, 1992; E. Belfiore, *Tragic Pleasure: Aristotle on Plot and Emotion*, Princeton: Princeton University Press, 1992.

③ Johnson, *Aristotle's Theory of the State*, pp. 158-162; Kraut, *Aristotle: Political Philosophy*, pp. 360-360, 417-424, 此外 G. Huxley, "Aristotle's Best Regime," in P. A. Cartledge and F. D. Harvey eds., *Crux*, London: Duckworth, 1985 也认为亚里士多德的最佳政体是建立在理论和经验双重基础上的特殊政体。

区分了"依靠祈祷"的政体和适用于大多数城邦的政体,而在第七卷开头,他非常明确地说这里讨论的是"依靠祈祷"的政体,因此将它们等同是明显错误的。克劳特认为第三卷中的政体分类着眼于传统的政体类型,并不包括七、八两卷中讨论的全新城邦中的最佳政体,因为这里经过亚里士多德式的特殊教育的"大多数人"并不是第三卷中讨论的那种普通人。但是即便承认在第三卷和第七、八两卷中的政体讨论之间存在一些不一致,我们也无需破坏亚里士多德对六种"理想类型"的划分,另起炉灶。

第二种观点认为这里讨论的最佳政体是温和的民主制,代表是贝茨(Bates)。[①] 贝茨主要基于对《政治学》第三卷的解读,尤其是对法律和大众价值的肯定,认为亚里士多德心目中的最佳政体是依法统治的民主制,而这也是最后两卷中的政体类型。但是亚里士多德明确将"民主制"列入"偏离"政体之中,因此肯定不会是理想政体的一种。这种看上去颇为迎合当代民主社会的理解方式是很难站住脚的。

第三种观点的代表是罗(Rowe),他认为《政治学》七、八卷中的政体是某种德性形式的政制(virtuous form of polity),也就是某种符合对政制的基本描述,但是一般的政制不关注德性,而它关注德性。[②] 他强调在这个最佳政体中公民是"轮流统治与被统治"(尤其是 VII.14.1332b16-27),因此这种政体不是王制或贤人制,因为在他看来这两者都意味着某些人长期统治。不可否认,这个最佳政体确实有政制的味道,但是轮流统治本身并不说明统治者

① C. A. Bates, *Aristotle's "Best Regime": Kingship, Democracy, and the Rule of Law*, Baton Rouge: Louisiana State University Press, 2003.
② C. Rowe, "Aristotelian Constitutions," in Rowe and M. Schofield eds., *The Cambridge History of Greek and Roman Political Thought*, Cambridge: Cambridge University Press, 2000, pp. 386-387.

是大多数人,因为亚里士多德这里所说的"轮流"并不是雅典的五百人议事会(*boulē*)那种意义上的轮流——即每次抽签选出五百个人,一年后重新抽签,而是年轻人和年长者之间轮流,在这个意义上,这是一种相对固定的"轮流",正像罗引用的文本中说的,如果统治者明显胜过被统治者,"那么最好是一劳永逸地让同样的人来统治和被统治"。在某个意义上,这个最佳政体确实是同样的人(年长者)在一劳永逸地统治,而另一些人(年轻人)在一劳永逸地被统治。此外我们还可以补充这个最佳政体中没有提到任何财产上的限制,公民不论贫富都可以参与政治①,因此这个城邦的公民中也就没有代表富人的寡头派和代表穷人的民主派,因此也就不存在政制中典型的"混合"问题。

多数学者持有第四种观点,认为这里讨论的政体是贤人制,因为只有在这里才真正是有德性的人进行统治。② 但问题是贤人制的基本界定是少数卓越者的统治,除非我们说这个政体是"所有公民的贤人制"。③ 对于这个基本的批评,我们还是可以诉诸亚里士多德关于"轮流"的观点加以回应。虽然这个最佳政体中公民的数量相当可观,从而与贤人制要求的少数人统治有些张力,但是如果我们考虑亚里士多德"轮流统治"的政治安排,那么在这个最

---

① 但是亚里士多德也通过土地分配原则和公餐制度保证公民不至于过于贫穷(参见《政治学》VII.10)。

② 比如 P. A. Vander Waerdt, "Kingship and Philosophy in Aristotle's Best Regime," in *Phronesis*, vol. 30 (1985), pp. 249-273; D. Keyt, "Aristotle's Theory of Distributive Justice," in D. Keyt and F. Miller eds., *A Companion to Aristotle's Politics*, Oxford: Blackwell, 1991; W. R. Newell, "Superlative Virtue: The Problem of Monarchy in Aristotle's Politics," in C. Lord and D. K. O'Connor eds., *Essays on the Foundations of Aristotelian Political Science*, Berkeley: University of California Press, 1991, pp. 191-211; Miller, *Nature, Justice, and Rights in Aristotle's Politics*, p. 192 等。

③ 这个说法来自 Kraut, *Aristotle: Political Philosophy*, p. 360。即便是那些认为这个政体是贤人制的学者也大都(在我看来错误地)认为这个城邦中所有的公民都参与统治,比如 Miller, *Nature, Justice, and Rights in Aristotle's Politics*, p. 235。

佳政体中真正拥有统治权力的其实只有年长的、免除了兵役同时
又不是太年长的人,因为只有他们才处于明智的最佳时期,因此才
是真正意义上"最好的人"(*aristoi*),他们必然是公民中的少数人。
那么在这个意义上,这个政体确实堪称真正意义上的贤人制。这
也符合亚里士多德在很多地方将贤人制与君主制并列作为最好的
政体形式。①

　　这样看来,即便承认《政治学》第七、八两卷中描述的最佳政
体有政制和贤人制的要素,如果坚持认为亚里士多德的六种理想
类型穷尽了所有的政体,那么我们还是有足够的理由认为这个政
体是真正的贤人制。

## 六、依赖超凡德性的最佳政体:完全王制(*pambasileia*)

　　亚里士多德在从整体上讨论政体分类的时候,总是毫不犹豫
地将君主制排在贤人制之前,作为最好的政体(《伦理学》VIII.10.
1160a31-b9;《政治学》IV.2.1289a26-b5),这种排序时的最佳政
体,或者"最神圣的政体"(《政治学》IV.2.1289a40)却完全没有出
现在《政治学》七、八两卷对最佳政体的讨论之中。我们讨论的贤
人制虽然已经是"依靠祈祷"的最佳政体,也需要一些偶然的外在
条件才有可能实现,但它毕竟还是依靠人们的"知识和选择",依
靠人们的政治技艺和教育技艺能够实现的,而不是"根据某种超
出常人的德性进行判断"的政体。

　　但是假如城邦中真的出现了这样一个拥有"超出常人的德
性"的人,或者说出现了一个"人中之神"(*theon en anthrōpois*,III.
13.1284a10-11),那么又该如何处理呢? 如果是一个偏离的政体,

---

① 比如《政治学》III.18.1288a40;IV.2.1289a30-35;V.10.1310b3,31-33。

这种人很可能遭到放逐的命运,因为这些偏离的政体都畏惧杰出人士的出现会威胁到原有统治集团的私利;即便在正确的政体之中,放逐也依然可能,因为这些政体需要保持城邦中各部分的恰当比例(III.13.1284a17-25)。但是:

> **就最佳政体**(*aristēs politeias*)**而言**,会有一个很大的难题,不是在其他好的方面胜出,比如权力、财富、朋友众多,而是在**德性**方面与众不同,那么该怎么做呢? 当然不会有人说应该驱逐和排除掉这样的人,他们也不会说应该统治这样的人,那就好像认为可以通过划分官职来统治宙斯。那么剩下的,也就是看起来自然的[方式](*eoike pephykenai*),就是所有人都**心悦诚服地**服从他的统治,因此这样的人在城邦中就应该成为**永远的王**。(III.13.1284a25-34)①

这样的结果对于偏离的或者一般意义上的政体而言都是不能想象的,但是对于最佳政体而言,却是唯一"自然"的,因为这符合分配正义的原则,因为在亚里士多德看来政治权力的合法性依据就是德性(*aretē*)和价值(*axia*)(III.9;III.17.1288a19-29)。因为最佳政体(也就是上面提到的那个贤人制)中的公民都经过了长久的德性培养和教育,他们能够判断什么人在德性上超出常人,也清楚地知道德性就是政治权力的基础,因此他们会"心悦诚服"地服从这个人的统治。但是鉴于这样的超凡之人总是可遇不可求,而且他成为统治者还必须在"最佳政体"中才有可能,那么亚里士多德不在由"人的知识和选择"构建的最佳政体中讲这种完全王制

---

① 服从一个拥有超凡德性的人的统治在第七卷中也有所体现:"如果某个其他人在德性和做最好的事情的能力上都强于他,那么跟随他就是高贵的,服从他就是正义的(VII.3.1325b10-11)。

(*pambasileia*,或"绝对君主制")也就完全可以理解了。

亚里士多德在《政治学》七、八两卷中描绘的最佳政体是贤人制,在很多其他地方又说最佳政体是君主制,亚里士多德是否有前后矛盾之处呢? 并非如此,我们已经看到,亚里士多德其实经常将王制与贤人制并列,作为最佳政体,他们在本质上都是最卓越的人进行统治,只是统治者人数的多寡有所差异,以及出现一个或若干这种超凡之人可能性的差异而已。纽曼给出了对这个问题的经典回答:"关于最佳政体的回答假设了或者是绝对君主制或者是卓越者之间更加平等的贤人制,视情况而定。如果城邦中有一个人或一个家庭拥有超凡的德性,就是前者;如果一群能够着眼于最可欲的生活而能够统治和被统治的公民拥有这种超凡的德性,就是后者。"①凯特(Keyt)甚至说,王制和贤人制是同一个属(最佳政体)下面的两个种(species)。②

但是这种最"自然"的政体,却引发了很多重大的难题:(1)如果明智只有通过实践政治权威才能获得,那么完全王制下的公民是否还有机会获得明智这种对于他们的幸福来说必不可少的德性? (2)亚里士多德对法律的统治赞赏有加,对人的统治则非常保留,那么看上去一人统治的完全王制是否真的好于法治呢? (3)亚里士多德曾经严格区分家政的统治方式与政治的统治方式,并且将完全王制的统治方式等同于家政,那么采取完全王制的城邦还是不是"政治性的"? (4)这个完全的王和柏拉图在《理想国》中讨论的哲学家-王是否有共同之处?

---

① W. L. Newman, *The Politics of Aristotle*, 4 vols., Oxford: Clarendon Press, 1887 - 1902, vol. 1, p.291.

② Keyt, "Aristotle's Theory of Distributive Justice," p. 257, n.43,这两种政体可以被看作是同一个属下面的种是因为它们都按照政治正义的原则,让最好的人进行统治。

## (1) 明智、幸福与政治权力

明智(*phronēsis*)是一个人获得真正的伦理德性和幸福必不可少的要素,因为明智思虑"哪些东西促进整体意义上的好生活(*eu zēn holōs*)"(《伦理学》VI.5.1140a27-28)。而在《政治学》中,亚里士多德明确将明智与统治联系起来:"一个卓越的统治者是好的和拥有明智的,而公民则不需要拥有明智"(《政治学》III.4.1277a14-16);"明智是唯一专属于统治者的德性,而其他的德性看起来必然是统治者与被统治者共同的。不管怎样,明智不是被统治者的德性,而真意见才是"(III.4.1277b25-29)。而在完全的王制之下,其他人似乎没有机会参与统治,这样他们似乎也就没有机会发展和运用明智,他们的本性就不能得到成全,因此也就得不到幸福。[①]

范德瓦尔特认为《政治学》描绘的幸福生活实际上并不需要政治参与,而是完全依赖闲暇的"哲学"活动。[②] 在这个意义上王制免除了其他公民参与政治的繁重义务,使他们可以实现更高意义上的幸福,而他们的明智也被用于实现这种更高的幸福。这种解释固然可以得到《伦理学》X.7-8 的支持,即沉思生活是"最高的幸福"(*eudaimonetatos*),而符合其他德性的活动只是"次级幸福"(*deuterōs*)。但是这种解释的最大问题在于,这个完全的君王被亚里士多德看作"人间的神",绝对自足、在所有的好上面超出常人,而根据这种解释,这个王却过着还不如城邦中其他成员幸福

---

① 这个批评参见 A. W. H. Adkins, "The Connection between Aristotle's Ethics and Politics," in Keyt and Miller eds., *A Companion to Aristotle's Politics*, p. 90; Kahn, "The Normative Structure of Aristotle's 'Politics'," pp. 380-381。

② V. Waerdt (见"Kingship and Philosophy in Aristotle's Best Regime")将这里的"哲学"理解得非常宽泛,包括了文艺和科学在内的一切闲暇活动。

的生活,因为他最多只能享受"次级幸福"。米勒持一种温和的理智主义,将伦理德性与政治参与区分开来。亚里士多德要求实践政治德性的人必然首先拥有完全的伦理德性,却没有要求只有实践政治德性才拥有伦理德性,因此不能参与政治或者说作为"私人"(*idiotēs*)并不妨碍一个人拥有完全的伦理德性——因此也就包括了明智,同时也就可以实现幸福。①

我认为米勒的观点大体上是正确的,但是我们可以沿着这条路走得更远一些。纵观亚里士多德的学说,我们没有足够的证据认为,在他看来参与政治是获得明智的必要条件;相反,拥有明智是可以进行统治的必要条件。亚里士多德认为"政治学和明智是同一种状态,但它们的所是不同"(《伦理学》VI.8.1141b23-24)。他进而区分了四种明智,第一种是支配性的立法学,第二种是关乎个别事物的狭义的"政治学",涉及政治事务中某个具体情况下的思虑和行动;第三种是处理家庭管理和财产的家政学;第四种是人们最经常说到的明智,也就是关于个人整体好生活的理智德性(VI.8.1141b24-33)。但是不管是哪种明智,其实都与政治有关,因此"政治学和明智是同一种状态"。即便是关注个人幸福的明智,也需要着眼于城邦和政治生活,因为亚里士多德非常清楚,人是政治的动物,人的幸福必然要在城邦这个政治环境中才能实现,"一个人自己的好不能没有家政和政制"(VI.8.1142a9-10)。因此即便是一个个体,如果想在城邦中获得幸福,也必然需要与政治有关的明智,而这是完全可能的。一方面他提到了一种和明智非常类似的理智能力,理解(*sunesis*)或好的理解(*eusunesia*),这种理智状态与明智的差别仅仅在于明智是规范性的,实际做出我们必须

---

① Miller, *Nature, Justice, and Rights in Aristotle's* Politics, pp. 237-239,他特别引用《伦理学》X.8.1179a3-9 作为证据。

如此的决策,而理解仅仅是对与明智有关的事情做出判断(《伦理学》VI.10)。另一方面,亚里士多德这样的哲学家给我们提供了不用实际参与政治就可以拥有明智的最好例子,他虽然从未实际参与统治,但是他却拥有最高水平的明智——立法的知识,从而在他的"人事哲学"中对立法的问题作系统的讨论。

上面引用的《政治学》III.14 的两段话其实并没有将**明智的获得**与实际进行统治联系起来。那里的"公民"和"被统治者"指的是那些没有能力——也就是没有明智的德性——来进行统治的人。但是根据亚里士多德对"公民"的严格界定,公民是"在这个城邦中**有资格**(*exousia*)共同参与思虑和审判官职的人"(III.1. 1275b18-20)。亚里士多德强调的是"资格",而非实际参与统治。那么在贤人制这种最佳政体中,年长者有足够的明智进行统治,如果出现一个拥有超群德性的人,公民们将这个城邦的统治权交给他,但是这并不妨碍其他人依然拥有明智的德性,也可以**胜任**统治的任务。而这个完全的王因为将城邦的幸福——也就是每个公民(或臣民)的幸福,当作自己的目标,他也一定会在这个城邦中培养明智的德性,因为只有拥有了明智,城邦中的公民(或臣民)才能通过自己的思虑真正实现自己的幸福。此外,我们下面也会看到,这个城邦中的公民(或臣民)恐怕也并不是完全没有机会参与政治。

## (2) 法治与人治

整体而言,亚里士多德主张法治胜过人治,他说:"让法律统治似乎就是只让神和理智来统治,而让人统治就加上了野兽。欲望(*epithumia*)就是这样的东西,意气(*thumos*)让统治者和最好的人变坏。因此法律是没有欲求的理性"(《政治学》III.16.1287a28- 30)。法治胜过人治的第二个重要方面就是法律具有无偏性或平等性,他说,"很显然,人们追求正义就是追求无偏性( to meson),因为法律就是无偏的"(《政治学》III.16.1287b3-5;另参见《修辞学》I.1.1354a4-b11)。这种无偏性也使得法律的权威更容易被人们在情感上接受,因为"人们对反对他们冲动的个人怀有敌意,即便反对他们是正确的;而法律对于公道( to epieikes)的规定则不是那么大的负担"(《伦理学》X.9.1180a22-24)。第三,法治无疑提供了比人治更大的稳定性和更高的效率。

与法治的理性、无偏性和稳定性相反,"人治"的典型方式是通过敕令( epitagma,适用于僭主)或法令( psēphisma,适用于公民大会)进行,也就是统治者根据一时一地的情况颁布的命令,这都是极端政体的典型特征。不管是敕令还是法令都会经常发生改变,经常受制于当下统治者的当下激情。因此与法律提供的稳定秩序形成了显明的对照。① 在亚里士多德看来,依靠敕令和法令进行统治是一个政体败坏的标志,甚至使得一个政治制度不成其为严格意义上的政体,因为"法律不统治的地方就不是政体"(参见《政治学》IV.4.1292a4-37)。

而我们现在看到的完全王制似乎就是一个不依靠法律进行统治的政体。

> 立法必然是关乎那些在出身和权力上平等的人的,对于其他人[指拥有超群德性的人]则没有法律,因为他们本身就是法律。任何人想要为他们立法都是荒谬的,因为他们的回应大概会用安提斯提尼说的当狮子听到兔子想当民众领袖,要求所有人都平等时的回应那样。(《政治学》III.13.1284a11-17)

① 关于法律与敕令/法令区别的更详细讨论,参见 D. McDowell, *The Law in Classical Athens*, Ithaca: Cornell University Press, 1986, pp. 43-46。

　　在我看来,分析完全王制的特殊性,应该时刻记住它出现的特殊条件,那是在作为贤人制的最佳政体之中出现的情况,否则即便是一个拥有超凡德性的人出现,他也会由于现有政体寻求既有利益和力量之间的平衡,而被放逐。而只有当能够认清统治的合法性基础在于德性和明智的最佳政体之中,他才能理所当然地成为统治者。亚里士多德似乎用这种方式解决了柏拉图在《理想国》中关于哲学家如何成为王的难题,因为不管是航船的比喻(《理想国》VI.488a-489c)还是洞穴的比喻(VII.514a-521b),似乎都表明即便是一个应该成为王的哲学家出现在城邦之中,他也不会得到人们的认可,成为实际的统治者。亚里士多德认为如果具有超凡德性的人出现在一个并非最佳的政体之中,他很可能会遭遇航船和洞穴比喻中的智慧者的命运,但是如果他生活在一个本来已经治理良好的最佳城邦,那么当其他人认识到他的超凡德性,便一定会"心悦诚服地"接受他的统治。

　　我们在《政治学》七、八卷中看到,那个最佳政体是依靠良好的法律运转的,法律规定了城邦的人口、土地的分配、官员的任免、教育的安排等诸多方面。现在假如有一个拥有超凡德性的人出现在这个城邦之中,并成为了统治者,我们没有理由认为他要废黜一切法律,一切按照他自己的意志来行动,因为法律毕竟拥有上面提到的三个重要优点,此外亚里士多德也从来没有说过完全王制中没有法律。确实如亚里士多德所说,由于他在德性方面的超群,**为他立法**是荒谬的,因为他就是法律,但是这并不妨碍他为其他人订立法律,就像上面的引文中提到的,兔子给狮子立法建议实行民主制无疑是荒谬的,但是这并不妨碍狮子给兔子立法实行绝对的君主制。

　　这个完全的王还可以通过在现有良好法律的基础上做出修补,从而让法律更适合变化的情境,因为在亚里士多德看来,法律总是会存在缺陷的。他在《修辞学》中谈到了立法者的两方面错误,一种是"不自愿的"(*ta akontōn*),或者说不在立法者意图之内的错误;另一种是"自愿的"(*ta hekontōn*),或者说是既内在于法律的本质,也在立法者意图之中的错误。前者是由于立法者的疏漏,没有注意到某些东西,这些是可能避免的错误;而后者是因为立法者不可能精确界定与法律有关的所有细节,而只能用普遍的方式订立法律,因此是不可避免的。①

由于法律必然用普遍的方式订立,因此不能根据当下的情况及时做出调整,也必然不能涉及很多细节,需要法官根据具体情况进行应用和解释,这是与人类事务的本质紧密联系在一起的。当这个问题出现,我们就需要一种特殊的德性来加以应对,这就是"公道"(*epieikeia*,或衡平),一个公道的人可以以自然正义或自然法作为更高的依据,领会立法者的意图而非拘泥于法律的字句,根据具体情况来应用、解释和修订法律:

> 当法律给出了普遍的[规则],而某个具体情况与普遍的[规则]相反,这时立法者就有了疏漏,由于制订了无条件的[规则]而犯了错误,那么修正这个疏漏就是正确的,[修正的依据就是]假如立法者本人在场的话,这是他本来会说的;假如立法者知道[这个情况],这是他本来会规定的。这就是为什么说公道是正义,但是好于某种意义上的正义,并非好于**无条件的正义**,而是好于在条件上犯了错误的正义。这就是公道者的本质:当法律因普遍性导致疏漏时修正它。(《伦理学》V.10.1137b19–27)

---

① 《修辞学》I.13.1374a26–33;另参见《伦理学》V.10.1137b13–23;《政治学》III.11.1282b2–6。

这里提到的"无条件的正义"就是自然正义,正是这种普遍意义上的正义,为公道者修正法律提供了依据,因此公道在一个意义上是正义——自然正义,而在另一个意义上超越了正义——法律正义。而公道者也就是那些在自然的意义上正义或有德性的人,而不是仅仅在"合法"的意义上践行"完全德性"的人,他们关心的是立法者的真正意图或法律的真正精神——促进政治共同体的公益。①这个拥有超凡德性的君王必然是深谙自然正义之道的人,他的出现也就最好地弥补了法律过于普遍的缺憾,实现了法治与人治最好的统一。

根据具体情境修订法律是法治中人的重要性的体现,人的重要性还体现在如果没有人保证实施,法律本身作为条文是没有任何强制力量的,因此需要一些官员来作为"法律的护卫者和助手",并在法律的教育下懂得如何判断具体事务,从而保障法律的贯彻和执行(《政治学》III.16.1287a21-27)。这样的话,在完全王制中除了这个绝对的君王行使统治权之外,就还需要一些官员参与政治,作为法律的护卫者和助手,同时大概也需要一些负责教育、财务、军事等方面的官员,管理城邦的日常事务。

## (3) 家政与政治

柏拉图认为政治家、君主、家政管理者和奴隶主有着相同的统治方式,只是统治人数不同②,亚里士多德则坚决反对这种观点,认为它们有各自不同的统治方式和统治目的:"主人的统治不同

---

① 关于公道的详细讨论,参见 J. Brunschwig, "Rule and Exception: On the Aristotelian Theory of Equity," in M.Frede and G. Striker eds., *Rationality in Greek Thought*, Oxford: Clarendon Press, 1996, pp. 115-156。

② 参见柏拉图:《政治家》258e;《理想国》457c-466d,590c-d;《礼法》739c-e。亚里士多德对柏拉图的批评参见《政治学》I.1.1252a7-16; I.7; II.1-5。

于政治的统治,其他种类的统治也彼此不同,虽然有些人说它们是相同的。因为政治统治是对依据自然自由者的统治,而主人的统治是对奴隶的统治,家政管理是君主式的,因为家庭只有一个统治者,而政治的统治是对自由和平等者的统治"(《政治学》I.7.1255b16-20)。亚里士多德认为城邦乃是人类最高级的政治共同体,是由自由和平等者组成的,因此理应采取政治的统治方式。但是他又认为对于一个理想城邦而言,最完美、最自然的统治方式是完全王制(如果确实存在这样一个人的话),并将完全王制的统治方式等同于家政统治:"它[指完全王制]按照家政的方式组织。因为就像家政管理是某种对家庭的王制,这种王制也是对一个或多个城邦或民族的家政管理"(《政治学》III.14.1285b31-33)。

有学者将这个问题看作边缘性的问题,因为毕竟这样的完全王制在亚里士多德的《政治学》中只是如同昙花一现。① 但是既然完全王制被亚里士多德当作"最佳中的最佳",也就构成了政治学中的最高标准(其地位类似于形而上学中不动的推动者和伦理学中的沉思生活),那么我们就不应该如此简单地打发这个问题。

就像家政管理必然诉诸一家之主的权威,完全王制也是一个人拥有完全的政治权威。这确实是完全王制和家政的相似之处。但是它们的差别也很明显,家政管理以获得和使用财富,保证生活必需品的供应为目的,并且主要是涉及公民"私人"的一面;而政治统治则是以好生活和德性的培养为目的,涉及的是公民"公共"的一面。政治的最高目的不会因为城邦采取的是贤人制还是王制就有所变化。最佳政体(贤人制)中的公民本来是平等而自由的,如果出现一个具有超凡德性的人,他会被公民们自发地拥立为统

---

① R. Mayhew, "Rulers and Ruled," in G. Anagnostopoulos ed., *A Companion to Aristotle*, Malden: Blackwell, 2007, pp. 536-538.

治者,但是他成为统治者并不会剥夺和限制其他人的自由和平等,
也不会妨碍他们在公共空间中去讨论政治事务;反而可能为他们
提供更好的训练和教育以及更多的闲暇去发展他们的德性。因此
这种家政式的统治与政治统治所要实现的目的没有任何矛盾。此
外,上面论证过绝对王制与法治并不矛盾,这也为这种政治形式与
家政的区别提供了进一步的支持,在良好的政治共同体里面,政治
活动是通过法律形式固定下来的,而家庭的管理不大可能以这种
方式进行,必然是依靠一家之主的权威和决定。这样看来,当亚里
士多德说王制类似家政统治时,他并不是将这两种统治方式等同
起来,而只是强调它们的相似性。

## (4) 哲学家—王

大多数学者都认为,亚里士多德在完全王制中讨论的这个拥
有超凡德性的王并非哲学家,而是拥有超群的实践智慧和政治德
性的人,甚至正是以此反对柏拉图的哲学家—王的观念。但是根
据我的理解,在亚里士多德看来,哲学家拥有包括明智在内的全部
德性(各种技艺除外),他心目中完全王制的"王"正是这个集全部
德性于一身的哲学家。[①]

在亚里士多德看来,明智是智慧的必要条件,想要追求智慧的
人必然需要拥有明智来规划自己的生活,比如要如何给自己赢得
沉思生活所需要的闲暇、如何坚持研究、如何与他人相处、如何处
理与理智探求无关的事物,等等。正如《大伦理学》中那个著名比
喻所说:"明智像智慧的某种管家( *epitropos … tis* )"( I. 35,

---

① 关于这个问题的更详细讨论,参见拙文《明智与智慧:从亚里士多德笔下的泰勒斯
和阿那克萨戈拉说起》,载《哲学门》第 26 辑,北京:北京大学出版社,2012。下面
的文字对该文中的一些内容作了修改。

1198b17-18)。① 但是有了这些明智的规划之后,一个人能否享受
沉思生活并最终拥有哲学智慧,当然还需要看他是否拥有那种理
智才能,以及能否按照明智的要求严格执行。但是既然明智是理
智的**必要条件**,那么如果我们看到一个人真正拥有哲学智慧,也就
可以大胆地确定这个人必然同时拥有了明智这种作为手段的德
性。因此在亚里士多德看来,哲学家必然拥有明智这种带有很强
政治意味的德性。

　　我们还可以进一步问:哲学家的哲学智慧能给他在政治事务
中带来什么与一般意义上的政治家不同的东西呢? 一方面,正如
柏拉图的哲学家最好地认识善的理念,从而最好地认识了一切事
物的秩序和好,亚里士多德的哲学家也最好地认识了万物的本质,
认识了一切知识的第一原理(即便不是所有知识的每个细节),这
些知识无疑会为他们的思虑或由明智进行的实践推理提供很多重
要的前提。另一方面,他还最清楚地认识和体会了人类最高级的
活动——沉思,这也是最好的利用闲暇的活动,因此只有他能够最
好地安排共同体的生活,使之朝向闲暇,并最恰当地利用闲暇。

　　如果哲学家确实既拥有与伦理政治实践有关的明智和伦理德
性,也拥有人类所能追求的最高的卓越——哲学智慧,那么毫无疑
问他是一个最具德性的人。这也就将我们引向了亚里士多德对
"神圣德性"(*theia aretē*)的界定。亚里士多德在《伦理学》VII.1 提

---

① 《大伦理学》的文本依据 F. Susemihl ed., *Aristotelis Magna Moralia*, Leipzig: Teub-
　ner, 1883,参考了巴恩斯主编的《亚里士多德全集》中的英译文。关于《大伦理学》
　的真伪和在亚里士多德著作中的地位,可参见 J. M. Cooper, "*Magna Moralia and
　Aristotle's Moral Philosophy*," *American Journal of Philology*, vol. 94 (1973), pp. 327
　-349; C. Rowe, "A Reply to John Cooper on *Magna Moralia*," *American Journal of
　Philology*, vol. 96 (1975), pp. 160-172. 笔者倾向于前者的观点,认为至少《大伦
　理学》的主体部分是亚里士多德的作品,并且对于理解他的伦理学有着重要的意
　义。

到了某种"超越我们(*hyper hēmas*)的德性,某种英雄性的和神圣的德性",他说,"如果像他们说的那样,**人因为超凡的德性而成为神**(*ginontai theoi di'aretēs hyperbolēn*)",随后又补充说"成为神圣的人是极其稀少的(*spanion*)"(1145a19-28)。在亚里士多德看来,哲学家无疑最有资格获得"神圣德性"的头衔,一方面是因为他们拥有所有的德性,因而最为幸福,而神必然是最幸福的;另一方面也因为他们的沉思生活是最接近神的,他们最好地运用了灵魂中最高的和最神圣的部分——理智,他们在进行沉思(*theōrein*)的时候就是在过神的生活①,他们与神的差别就在于不可能永远处于沉思活动之中,还是要回到人的生活状态之中。

而亚里士多德在讨论完全王制时也提到了这个人是"人中之神",他不仅最接近法律所能够达到的那种"没有激情的理智"的状态,而且还能妥善利用自己的明智补充法律的不足。在这个哲学家身上,人治与法治达到了统一,因为哲学家正是理性的化身,而根据亚里士多德的说法,他们也是法律本身。

此外,亚里士多德在证成这种人应该进行统治时,也就是提到"人中之神"的语境下,提到了其他人和这种人在德性和政治权力上**无法比较**(*mē sumblētēn*, III.13.1284a5-6)。我们当然可以仅仅从"量"的意义上来理解"无法比较",但是如果从"质"上来理解,似乎更能够体现这个超凡之人的特殊之处。亚里士多德也在另一处谈到了统治者与被统治者应该有"种类"或"质"上的不同(I.13.1260a36-38)。我们知道,哲学家的智慧这种德性确实与其他伦理德性和明智在"质"上非常不同,因此这似乎最能够解释"无法比较"的含义。

最后,我们还可以补充一个旁证,亚里士多德虽然在《政治

---

① 参见《伦理学》X.7.1177a14-16, 1177b26-1178a2, X.8.1178b7-32;《论灵魂》III.5。

学》第二卷中对柏拉图在《理想国》中的政治构想提出了很多批判,但是却对哲学家做王的问题保持了沉默。这个沉默在我看来意味深长。因为在《理想国》中,柏拉图在构建"美丽城"的时候,提出了三个构想或"浪潮"——男女平等、共产共妻共子和哲学家—王。亚里士多德在《政治学》中对前两个"浪潮"都提出了明确的反对(参见《政治学》I.12-13;II.1-5),唯独对最后一个也是最大的"浪潮"保持沉默,而这最后一个"浪潮"在柏拉图看来正是前两个"浪潮"得以实现的保证。

在看到亚里士多德与柏拉图在这个观念上的相似之处的同时,我们也应该明确,亚里士多德这里的哲学家—王与柏拉图的哲学家王至少在一个至关重要的意义上非常不同,柏拉图心目中的王是一个航船上的"观星者",是一个将认识善的理念作为最高任务的理智思考者,是一个一度脱离了政治性的洞穴、舒服的"自由人"。而亚里士多德明确批评了将普遍性的善的理念作为伦理—政治研究目标的做法(《伦理学》I.6),他心目中的哲学家—王必然是一个深谙人类不可或缺的政治本性,与其他公民共同生活在政治社会之中,并且将哲学理念与经验事实、将理论智慧和实践智慧最好地结合起来的哲学家。

## 参考文献

1. Bates, C. A.: *Aristotle's "Best Regime": Kingship, Democracy, and the Rule of Law*, Baton Rouge: Louisiana State University Press, 2003.
2. Belfiore, E.: *Tragic Pleasure: Aristotle on Plot and Emotion*, Princeton: Princeton University Press, 1992.
3. Brunschwig, J.: "Rule and Exception: On the Aristotelian Theory of Equity", in Frede, M. and Striker, G. eds.: *Rationality in Greek Thought*, Oxford: Clarendon Press, 1996, pp. 115-156.
4. Bywater, I. ed.: *Aristotelis Ethica Nicomachea*, Oxford: Oxford University

Press, 1894.

5. Cooper, J. M.: "*Magna Moralia* and Aristotle's Moral Philosophy", in *American Journal of Philology*, vol. 94 (1973), pp. 327-349.

6. Depew, D.: "Politics, Music, and Contemplation in Aristotle's Ideal State", in *A Companion to Aristotle's Politics*, pp. 346-380。

7. Destrée, P.: "Education, Leisure, and Politics", in *Cambridge Companion to Aristotle's Politics*, pp. 301-323.

8. Develin, R.: "The Good Man and the Good Citizen in Aristotle's 'Politics'", *Phronesis*, vol. 18 (1973), pp.71-79.

9. Halliwell, S.: *The Aesthetics of Mimesis*, Princeton: Princeton University Press, 2002.

10. —— *Aristotle's Poetics*, Chicago: University of Chicago Press, 1986.

11. Huxley, G.: "Aristotle's Best Regime", in Cartledge, P. A. and Harvey, F. D., eds.: *Crux*, London: Duckworth, 1985.

12. Irwin, T. trans.: *Aristotle: Nicomachean Ethics*, 2$^{nd}$ ed., Indianapolis: Hackett, 1999.

13. Jaeger, W.: *Aristotle: Fundamentals of the History of His Development*, trans. Richard Robinson, 2$^{nd}$ ed., Oxford: Clarendon Press, 1948.

14. Janko, R.: "From Carthasis to the Aristotelian Mean", in Rorty, A. O., ed.: *Essays on Aristotle's Poetics*, Princeton: Princeton University Press, 1992.

15. Johnson, C.: *Aristotle's Theory of the State*, Basingstoke: Macmillan, 1990.

16. Kahn, C. C.: "The Normative Structure of Aristotle's *Politics*", in Patzig, G., ed.: *Aristotle's 'Politik'*, Göttingen: Vandenhoeck & Ruprecht, 1990, pp. 369-384.

17. Keyt, D.: "Aristotle's Theory of Distributive Justice", in Keyt, D. and Miller, M. eds.: *A Companion to Aristotle's Politics*, Oxford: Blackwell, 1991.

18. Kraut, R.: *Aristotle: Political Philosophy*, Oxford: Oxford University Press, 2002.

19. Levin, S. B.: *The Ancient Quarrel between Poetry and Philosophy Revisited*, Oxford: Oxford University Press, 2001.

20. Mayhew, R.: "Rulers and Ruled", in Anagnostopoulos, G.: ed.,*A Companion to Aristotle*, Malden: Blackwell, 2007, pp. 536-538.

21. McDowell, D.: *The Law in Classical Athens*, Ithaca: Cornell University Press, 1986, pp. 43-46.

22. Miller, F. D.: *Nature, Justice, and Rights in Aristotle's Politics*, Oxford: Clarendon Press, 1995.

23. Newell, W. R.: "Superlative Virtue: The Problem of Monarchy in Aristotle's Politics", in Lord, C. and O'Connor, D. K. eds.: *Essays on the Foundations of Aristotelian Political Science*, Berkeley: University of California Press, 1991, pp. 191–211.

24. Newman, W. L.: *The Politics of Aristotle*, 4 vols., Oxford: Clarendon Press, 1887–1902.

25. Pellegrin, P.: "On the 'Platonic' Part of Aristotle's *Politics*", in Wians, W., ed.: *Aristotle's Philosophical Development: Problems and Prospects*, Lanham: Rowman & Littlefield Publishers, 1996, pp. 347–358.

26. Reeve, C. D. C. trans.: *Aristotle Politics*, Indianapolis: Hackett, 1998.

27. Robinson: *Aristotle Politics III and IV*, Oxford: Clarendon Press, 1995.

28. Ross, W. D. ed.: *Aristotelis Politica*, Oxford: Oxford University Press, 1957.

29. Rowe, C.: "Aristotelian Constitutions", in Rowe and Schofield, M. eds.: *The Cambridge History of Greek and Roman Political Thought*, Cambridge: Cambridge University Press, 2000, pp. 386–387.

30. —— "A Reply to John Cooper on *Magna Moralia*", in *American Journal of Philology*, vol. 96 (1975), pp. 160–172.

31. Solmsen, F.: "Leisure and Play in Aristotle's Idea State", *Rheinisches Museum für Philologie*, vol. 107 (1964), pp. 193–220.

32. Vander Waerdt, P. A.: "Kingship and Philosophy in Aristotle's Best Regime", *Phronesis*, vol. 30 (1985), pp. 249–273.

33. 刘玮:《明智与智慧:从亚里士多德笔下的泰勒斯和阿那克萨戈拉说起》,载于《哲学门》第 26 辑, 北京:北京大学出版社, 2012, 第 39–60 页。

# 亚里士多德"四因说"与哲学的"第二次启航"[①]

王玉峰(北京市社科院哲学所)

**摘要:** 亚里士多德的"四因说"改变了希腊早期自然哲学对自然的基本理解。"形式"取代了"质料"而成为首要意义上的自然。这种转变带来了一系列重要的理论后果。

**关键词:** 四因　质料　形式　基质

　　亚里士多德的"四因说"是哲学史上的"老生常谈"。但是"老生常谈"并不意味着充分的理解。事实上,"四因说"仍然是西方思想史上值得我们认真思考的重要理论。亚里士多德的"四因说"并非是对早期自然哲学的一种简单总结,它完全是革命性的。正是通过"四因说","形式"取代了"质料"成为了首要意义上的"自然"。质料和形式地位的这种变化,不可避免地带来了一系列重要的理论后果。可以说,亚里士多德的"四因说"决定性地改变了西方思想的命运,它不仅颠覆了苏格拉底以前的自然哲学对"自然"和"存在"的基本理解,也在很大程度上决定了亚里士多德之后西方哲学理解"自然"和"存在"的基本方式。

---

①　本文原刊于《自然辩证法通讯》,2015年,第4期。

# 一、自然：质料与形式

在《物理学》的开篇，亚里士多德规定了任何一门科学（因此也包括物理学）的研究对象。在他看来，我们只有认识了一个事物的"本原、原因和元素"，才能理解这一事物。因此，对于"物理学"（science of nature）的研究，首要的课题就是要确定其"本原"。①

在这里，亚里士多德似乎在如下两个密切相关的方面和早期的自然哲学家们保持了一种思想上的一致性。首先，亚里士多德把"本原"（archē），"原因"（aitia）和"元素"（stocheion）并称。② 在《形而上学》中，亚里士多德明确地说："原因的意思和本原一样多，因为一切原因都是本原。"③在这方面，亚里士多德和早期的自然哲学家似乎没有什么不同。只不过早期的自然哲学家往往把各种"元素"看作"本原"或"原因"。④ 其次，亚里士多德和早期的自然哲学家一样，认为只有把握了万事万物的"本原"（archē）才能真正理解什么是"自然"（physis）。⑤

"本原"这个概念对于希腊哲学家们而言意味着什么呢？根

---

① 亚里士多德：《物理学》，北京：商务印书馆，2009 年，184a10-16。中译本还参照了苗力田主编的《亚里士多德全集》。英文本参照 Jonathan Barnes 主编的《亚里士多德全集》牛津修订版，普林斯顿大学出版社，1984 年，R.P. Hardie and R.K. Gaye 译本。希腊文参照 W.D. Ross 牛津修订本和《洛布古典丛书》。下同。

② 根据 Richard Sorabji，古典的亚里士多德注释家们，比如 Simplicius（6,31-7,19 以及 10,7-12,3），根本不认同"本原"、"原因"和"元素"可以互换。参见 Simplicius, *On Aristotle Physics 1.5-9*, "Introduction", Bristol Classical Press, 2012, p.1。

③ 亚里士多德，《形而上学》，苗力田译，中国人民大学出版社，1997 年，1013a16-17。英文本参照 Jonathan Barnes 主编的《亚里士多德全集》。希腊文参照《洛布古典丛书》。下同。

④ 参见亚里士多德，《物理学》，188b27-29。

⑤ 参见亚里士多德，《物理学》，184a15-16，193a20-25。

据海德格尔的见解,这个概念同时意味着"开端和支配"。① 它既是一个事物的"起点",也是支配这个事物的"原理"。亚里士多德和他的思想前辈们一样,都是从"本原"出发来理解"自然"的,这构成了整个希腊哲学的一种内在一致性。亚里士多德正是从"本原"出发区分了"自然事物"和"不是由自然构成的事物"。在他看来,"自然的事物"在自身中必然地具有一种运动和静止的"本原"②,从而与那些因为"其他原因"而存在的事物区别了开来,比如床是由"技艺"造成的,发现了一个宝藏是因为"运气",军事公职是出于"选择"。③ 而在自身中具有这种"本原"的自然事物也必然地是一个"实体"(ousia)或"基质"(hypokeimenon, underlying subject)。

> 具有自然的事物就拥有这种本原。它们每一个都是一个实体(ousia);因为它是一个基质(hypokeimenon),而自然总是在一个基质中。④

因此"本原"不是一般意义上的"存在"。存在有多种涵义,本原指的是存在的核心涵义"实体"(ousia)或者"基质"(hypokeimenon)。亚里士多德说:"本原不应该谓述任何一个基质/主体(hypokeimenon)。否则就会有一个本原的本原了;因为基质/主体就是一种本原,而且它应该先于那些谓述它的东西。"⑤

---

① 参见海德格尔,"论自然的本质和概念",《路标》,孙周兴译,商务印书馆,2001 年,第 285–286 页。

② 参见亚里士多德,《物理学》,192b14–16,23–24,33–34。

③ 参见 Themistius, *On Aristotle, Physics 1–3*, Translated by Robert B. Todd, Bristol Classical Press, 2012, 35,3–6.

④ 亚里士多德,《物理学》,192b33–34。

⑤ 参见亚里士多德,《物理学》,189a30–32,192b32–34。

　　但是在如何理解自然的"本原"或"基质"(*hypokeimenon*)这个问题上,亚里士多德追随他的老师柏拉图的思想道路,决定性地颠覆了早期自然哲学对于"自然"的理解。

　　在《物理学》的第1卷第4节中,亚里士多德在回顾以前"自然哲学家们"关于"存在"的各种不同意见时也提到了柏拉图的观点,而且认为柏拉图哲学和自然哲学家们的意见在至关重要的一点上正好相反。

> 　　另一方面,自然哲学家们有两种解释方式。第一种主张基质是一——或者是三者中的一种或者是一种别的东西,它比火更密比气更轻——任何别的东西都由它产生,并且通过密集和稀散的作用达到多。(这些对立它们可以被一般地看作过量与不足。相较于柏拉图的"大和小"——不过他把它们看作质料,而一是形式,但别人却以作为质料的基质为一,以对立为差异,也就是形式。①

柏拉图把对立"大和小"看作质料,而把"一"看作形式。但是自然哲学家们则把对立看作"形式",而认为质料才是"基质"和"一"。因此柏拉图哲学和早期的自然哲学在理解事物的"基质"(*hypokeimenon*, underlying subject)这个问题就"正好相反"。而且柏拉图把"一"看作主动者,把"二"看作被动者,但早前的学者们则把"一"看作被动者,把"二"看作主动者。②

---

① 亚里士多德,《物理学》,187a12-20。
② 参见亚里士多德,《物理学》,189b14-16。在这段话中,亚里士多德虽然没有提柏拉图的名字,只是说"近来一些学者",但是古代的亚里士多德注疏家 Themistius 认为这里说的就是柏拉图。参见 Themistius, *On Aristotle Physics 1-3*, translated by Robert B. Todd, Bristol Classical Press, 2012, 22, 10-15。

　　亚里士多德在这里提到的柏拉图关于"一"与"不定之二"(indefinite dyad)的思想在历史上也被看作属于柏拉图"未成文学说"(unwritten doctrine)的内容而得到广泛的讨论①。抛开围绕着"一"是如何与"不定之二"相结合而产生万事万物的各种争论,足够清楚地是亚里士多德这里为我们呈现了一个思想史上的重大转变:柏拉图颠覆了早期自然哲学家们对于自然的"本原"或"基质"的理解,"形式"(eidos)而非"质料"(hylē)成为了"基质"。我们必须足够重视柏拉图哲学的这种转变,否则就不可能真正理解亚里士多德的"四因说"。

　　在《物理学》的第 2 卷中,在把"自然"(physis)规定为"本原"和"实体"或"基质"后,亚里士多德接下来具体地谈到了两种不同的对"自然"的理解方式。他说:

　　　　有些人把自然或一个自然物的实体等同于构成该事物自身的尚未成形的直接材料,比如,木头是床的自然,铜是雕像的自然。②

持这种观点的主要是早期的自然哲学家。亚里士多德说:"如果

---

① 很多古代的亚里士多德注疏家都提到过柏拉图"一"与"不定之二"的学说。Simplicius 在 On Aristotle, Physics (453,25-455,14)中提到柏拉图在对"善"的讨论中详细地解释了"一"与"不定之二"的理论,并且他明确地把亚里士多德《物理学》209b14 提到的未成文学说等同于论"善"的讲座。在 Simplicius 之前,Alexander of Aphrodisias 以及 Porphyry 也都提到过柏拉图对"善"的讨论中关于"一"与"不定之二"的思想。至于"一"是如何与"不定之二"相结合而产生"理念数"(ideal numbers)和万物的,则引起了广泛的讨论。David Ross 不同意 Taylor,Robin,Becker 以及 Stenzel 等人的解释,而认为 Van der Wielen 的解释可能是最合理的。参见 David Ross, Plato's Theory of Ideas, Oxford: Clarendon Press, 1951, pp.148, 176-205。
② 亚里士多德,《物理学》,193a10-11。

我们看一下古人,自然科学似乎只关注质料"。① "质料"(*hylē*)是亚里士多德首先使用的一个哲学概念,它的基本含义就是构成事物的直接材料。在亚里士多德的"四因说"中,也只有"质料因"是"构成性的"。② 在亚里士多德看来,早期的自然哲学家所谓的各种"元素"其实仅仅是事物的"质料因"。而他们之所以把自然理解为"质料",是因为这些元素乃是"永恒的",其他的东西则不停地生灭变化。

> 所以有些人主张存在物的自然是土、有人主张是火,有人主张是气,有人主张是水,有人主张是其中的几个,有人主张是这四元素的全部。他们无论把哪一个或哪些个元素理解为这样的东西,他们都主张这个或这些元素就是实体的全部,而别的一切都只不过是它们的影响、状况或者排列而已;他们还主张它们都是永恒的(因为它们不会变成别的东西),而事物则无休止地产生和灭亡。以上是关于自然的一种解释,自然被解释为每一个自身内具有运动变化本原的事物所具有的原初基础质料(primary underlying matter)。③

在早期的自然哲学家们看来,"质料"乃是一个事物的"基质"(*hypokeimenon*),它是在一个事物的"下面"起支撑作用的存在,只有它才是运动中保持不动的东西,其他的各种东西,比如"形式"等等仅仅是一种"偶性",它们是可以不断生灭变化的,因此不可能是一个事物的"自然"或"基质"。智者安提丰(Antiphon)也持

---

① 亚里士多德,《物理学》,194a19-20。
② 参见 Alexander of Aphrodisias, *On Aristotle's Metaphysics 5*, translated by William E. Dooley, Ithaca, New York: Cornell University Press, 1994, 348, 13-20。
③ 亚里士多德,《物理学》,193a21-31。

这样的看法,他说:

> 如果种下一张床,腐烂的木头能发出幼芽来的话,结果长出来的不是一张床而会是一棵树。——他这话的用意是要说明,根据技术规则形成的结构仅属于偶性,而实体则是别的东西,它在这个过程中始终持续地存在。[①]

因此,根据这种对"自然"的理解,"质料"毫无疑问地比"形式"更加根本,只有质料才是事物的"实体"或"基质",而"形式"仅仅是附着在"质料"之上的某种"偶性"。

然而,还有另外一种对自然的理解,"形式"以某种方式取得了决定性的地位:

> 另一种解释说:自然是事物的定义(*kata ton logon*)所规定的它的形状(*morphē*)或形式(*eidos*)。因为"自然"这个词用于按照自然或自然的事物,就像"技艺"这个词用于按照技艺的事物或技艺的产品一样。对于后者,如果一个事物仅仅潜在地是一张床,还没有床的形式,我们就不会说这事物有什么是按照技艺的,也不会说它是技艺的产品。自然产物的道理同样如此。还只是潜在地是肉或骨的东西,在获得定义所规定的形式以前——我们用它来称谓所界定的骨或肉是什么,我们不能说它是具有自然,或由于自然而存在的。因此,根据对自然的第二种解释,它应该是自身内具有运动本原的事物的形状或形式(除了在定义/逻各斯中,它不是可分

---

① 亚里士多德,《物理学》,193a13—16。

离的）。①

根据这种解释，由"逻各斯"所规定的"形式"（*eidos kata ton logon*）
而非"质料"，在对自然的理解中取得了一种支配性地位。从这点
来看，亚里士多德和他的老师柏拉图一样，在理解"自然"上都和
早期的自然哲学家正好相反。需要思考的是由"逻各斯"所规定
的"形式"（*eidos kata ton logon*）是如何取代"质料"而成为"自然"
的首要意义的？在这里，亚里士多德的"四因说"似乎是对柏拉图
哲学"第二次启航"②的一种激进推进。

---

① 亚里士多德，《物理学》，193a31–193b6。
② "探究原因的第二次启航"是柏拉图《斐洞篇》（*Phaedo*, 99d）中的一个说法。近世
　西方学者们对什么才是"第二次启航"以及与之相应的"第一次启航"具有非常不
　同的看法。John Burnet（1911，p.99）和 W.J. Goodrich（1903，pp.381–382）认为
　"第二次启航"不过是一种"反讽的"说法，苏格拉底不可能把接下来谈到的哲学方
　法仅仅看做某种权宜之计。但 N.R. Murphy（1936，pp.41–42）和 R. Hackforh
　（1972，p.137）则认为苏格拉底在这里是"严肃的"，并不是"反讽的"，"第二次启
　航"的确意味着一种"次好的"（second-best）方法。R. Hackforh 认为它之所以是
　"次好的"是因为它用逻各斯间接的方法来通达存在，而不是用"直接的""感觉
　的"方法。物理学家们之所以失败是因为他们用"感觉"直接地去把握存在。K.M.
　W. Shipton（1979，pp.39–40）也认为"第一次启航"是用感觉来直接地把握存在，而
　第二次启航则是用逻各斯或论证来间接地把握存在。包括 R.D. Arche-Hind
　（1894，pp.92–93），Murphy（1936，pp.40–44），W.J. Goodrich（1903，pp.381–383），
　Paul Shorey（1933，p.534），Richard Robinson（1941，pp.148–150），Lynn E. Rose
　（1966，p.467–468），Vlastos（1969，pp.297–298）等绝大多数学者们都认为"第二
　次启航"是相对于"对原因目的论的解释"的"第一次启航"而言的。但是 K.M.W.
　Shipton（1979，p.33）和 Donald L. Ross（1982，pp.23–25）等人对此提出了有力的批
　评。我们认为，苏格拉底的"第二次启航"指的是一种用"逻各斯"间接地把握存在
　的哲学方法，也就是从逻各斯的一些假设，亦即 *eidos* 出发，来通达存在的方法。第
　一次启航指的是一种试图用"努斯"直接地把握"善"的方法。早期的自然哲学家
　的错误在于他们没能区分开"真正的原因"与"条件"。从第一次启航到第二次启
　航之间的变化并非是从"感性认识"到"理性认识"的转变，而是从"努斯"直接地
　把握存在到用"逻各斯"间接地把握存在的转变。近来西方相关研究文献包括：R.
　D. Arche-Hind, ed., The "*Phaedo*" of Plato, London, 1894；W.J. Goodrich, "On Pha-
　edo 96A-

（转下页）

对于亚里士多德而言,"由逻各斯所规定的形式"不仅仅是理解"自然"的一种方式,而且是一种比"质料"更好的方式。为什么"形式"(eidos)比"质料"(hylē)更加是"自然"呢? 亚里士多德给出的最重要的一个理由是,相比较而言"质料"仅仅是一种"潜能",而"形式"则是一种"现实"。

　　形式确实比质料更加是自然;因为一个事物,当它现实地存在,而非潜在地存在时,才更恰当地被称为是什么。①

在亚里士多德看来,"现实(energeia)既在定义上也在实体上(kai logō kai tē ousia)优先于每一种潜能。"②而现实在定义上优先于潜能是很清楚的,"因为在首要的意义上潜能之所以是潜能,是因为它可能变成现实。"③"现实"在"实体"上优先于"潜能"是因为:"首先,在变化中后出现的事物在形式和实体上是优先的,例如人优先于孩子,人优先于种子。因为一个已经具有了形式,另一个则

(上接注②)102A and on the deuteros plous 99D", *The Classical Review*, Vol.17, No. 8 (Nov., 1903); *Plato's Phaedo*, edited with introduction and notes by John Burnet, Oxford: at the Clarendon Press, First Edition 1911, Reprinted 1924, 1930, 1937, 1949, 1953; Paul Shorey, *What Plato Said*, Chicago, 1933; N.R. Murphy, "The deuteros plous in the Phaedo", *The Classical Quarterly*, Vol.30, No.2 (Apr., 1936); Richard Robinson, *Plato's Earlier Dialectic*, Ithaca, 1941; Lynn E. Rose, "The Deuteros Plous in Plato's 'Phaedo'", *The Monist*, Vol.50, No.3, *Philosophy of Plato*(July, 1966).Gregory Vlastos, "Reason and Causes in the 'Phaedo'", *Philosophical Review*, vol.78, no.3,1969; *Plato's Phaedo*, Translated with an Introduction and Commentary by R. Hackforth, Cambridge University Press, 1972; K.M.W. Shipton, "A Good Second-Best: 'Phaedo' 99bff.", *Phronesis*, Vol.24, No.1, 1979; Donald L. Ross, "The Deuteros Plous, Simmias' Speech, and Socrates' Answer to Cebes in Plato's 'Phaedo'", *Hermes*, 110.Bd.,H.1,1982;等等。
① 亚里士多德,《物理学》,193ab7-8。
② 亚里士多德,《形而上学》,1049b10-11。
③ 同上,1049b13-14。

没有。其次,因为所有事物都朝向一个本原,也就是目的运动。因为一个事物它的为了什么,也就是它的本原,并且运动是为了目的的。并且现实就是目的,正是为此才有潜能。……还有,质料处于潜能状态,正是因为它可以获得其形式;而当它已经现实地存在时,它就在其形式中了。"①

可以看到,对于亚里士多德而言,"现实"之所以在"实体"上优先于"潜能",最重要的根据是因为"现实"就是"目的"(*telos*)。就像有些学者指出的那样,"实现"也就相当于"达到了目的"(*entelecheia*)。② 因此,我们只能从这种自然"目的论"出发来理解"潜能"与"现实"之间的关系。有必要指出,亚里士多德哲学中"潜能"和"现实"之间的关系绝非现代逻辑学中的"可能性"和"现实性"之间的关系。因为一方面,"可能性"在"逻辑"上优先于"现实性",一个事物只有首先是可能的,它才有可能会是"现实的"。但亚里士多德说无论在"逻各斯"还是"实体"上,现实都优先于潜能。③ 另一方面,在现代逻辑学中"可能性"和"现实性"之间仅仅是一种"可能的"关系,"现实性"并非意味着它就是"可能性"的"目的"。但是在亚里士多德这里,"现实"乃是"潜能"的"目的",它们之间的关系乃是本质性的。

"形式"既然是一种"实现",那么它也就是事物的"目的"。在亚里士多德的"四因说"中,他正是把"形式"和"目的"看作同一的,从而把"四因"归结为"质料因"和"形式因"。

---

① 亚里士多德,《形而上学》,1050a4-10,15-16。

② 参见汪子嵩,范明生,陈村富,姚介厚:《希腊哲学史》第 3 卷,人民出版社,2003 年,第 811 页。

③ 参见海德格尔,"论自然的本质和概念",《路标》,孙周兴译,商务印书馆,2001 年,第 333 页。

　　　　但是后三者常常可以合而为一,因为形式和目的是同一
的,而运动变化的本原又和这两者是同种的(例如人生人),
一般地说,凡自身运动而引起别的事物运动者皆如此。①

自然既然包含"质料"和"形式"这两种含义,如果形式就是实现或
目的,那么"质料"就被看作是为了这个目的而存在的"潜能"。

　　　　既然自然有两种涵义,一为质料,一为形式;后者是目的;
其余一切都是为了目的,那么形式就该是这个目的因了。②

正是通过"形式因"和"目的因"的同一性,亚里士多德确立了"形
式"之于"质料"在"存在论"上的优先性。对于亚里士多德而言,
"形式"就是一个事物的"实现"或"目的",它不仅仅在"逻各斯"
(logos,formula/definition)上,而且在"实体"(ousia)上优先于"潜
能"或"质料"。至此,"形式"不仅仅在"逻辑学"上,而且在"存在
论"上比"质料"更加是"自然"。

　　　但是,当"形式"等同于一个事物的"目的"时,探究原因的第
二次启航似乎就改变了哲学的目标,它不再仅仅是一种哲学方法
论上的改变。亚里士多德的"四因说"既确立了"形式"之于"质
料"在"逻各斯"上的优先性,也确定了在"实体"上的优先性。而

---

① 亚里士多德,《物理学》,198a25—27。在 Simplicius 看来,动力因与形式因和目的因
　合一,仅仅指"近因"(proximate cause),太阳产生万物,但是万物在"种类"(forms)
　上与太阳并不同。参见 Simplicius, *On Aristotle, Physics 2*, trans. by Barrie Fleet,
　Ithaca, New York: Cornell University Press, 1997, 364, 32—365, 2. 在 Thomas Aquinas
　看来,这三个原因之所以"常常"可以合而为一是因为它主要针对的是"单义的动
　作者"(uivocal agents),而对于"非单义的动作者"(non-unicocal agents)则不是这
　样,比如太阳之于它产生的事物。参见 Thomas Aquinas, *Commentary on Aristotle's
　Physics*, trans. by Richard J. Blackwell, Notre Dame, Indiana, 1999, p.121。
② 亚里士多德,《物理学》,199a32—33。

这对于早期的自然哲学而言完全是颠覆性的。为了正确地理解亚里士多德"四因说"对于早期自然哲学的颠覆性意义,我们必须首先从两个方面清除海德格尔带来的彻底误解。

首先,对于苏格拉底以前的早期自然哲学而言,存在或自然并不具有任何"现象学"上的意义。因为早期自然哲学主要是从"质料"出发来理解"自然",自然并不是显现出来的某种"外观"(*morphē*)或"形式"(*eidos*),而是隐藏在事物下面的"基质"(*hypokeimenon*)。就算"真理"(*aletheia*)原初地意味着"去蔽",但这恰恰是因为"自然喜欢隐藏"(赫拉克利特语)。柏拉图的"善的理念"决定性地改变了希腊哲学对"存在"和"自然"的理解。因为柏拉图把"善"(*agathon*)也称为"存在的显现"(*tou ontos to phanotaton*)。① 所以,自然或存在的首要意义才变成了一个事物显现出来的"外观"(*morphē*)或"形式"(*eidos*)。海德格尔虽然注意到了柏拉图哲学的这个特点,但他的解释完全是"张冠李戴"的。② 当海德格尔把存在之"真理"直接理解成"去蔽"的时候,他也就表明了自己是在西方形而上学的历史范围内最肆无忌惮的柏拉图主义者。非常反讽的是,他以柏拉图哲学来批评柏拉图本人,并且对早期的自然哲学作了一种非常柏拉图主义的理解。但是我们还必须指出,海德格尔对柏拉图和亚里士多德所做的解释具有非希腊哲学、甚至是反希腊哲学的性质。

其次,做出上述论断的原因在于,当亚里士多德把"形式"看作"实现",把"质料"看作"潜能"时绝不意味着亚里士多德在对自然或存在的理解中引入了某种"时间性"。对于亚里士多德而言,质料和形式之间虽然具有一种"潜能"和"实现"的关系,但这

---

① 柏拉图,《理想国》,518C。
② 海德格尔,"柏拉图的真理学说",《路标》,孙周兴译,商务印书馆,2001 年,第 262 页。

并不意味着"时间"就是"存在的意义"。因为在亚里士多德看来，"时间"仅仅是存在的一种偶性，它是运动的一种计数。而"运动"（kinēsis）则依赖于一个"不动的推动者"。① 自然和存在的首要意义被理解为"形式"或"实现"，而完全意义上的实现本身是不运动的。运动仅仅是一种不完全的实现。② 亚里士多德认为"实现"在实体上就是优先于"潜能"的，而"运动"依赖于一个不运动的推动者，这突出地表明了亚里士多德并没有把"时间"看作存在的意义，甚至正好相反，我们对时间的理解依赖于运动，而我们对运动的理解依赖于"不动的推动者"或完全意义上的"实现"。

## 二、"四因说"导致的理论后果

亚里士多德的"四因说"直接带来了两个密切相关的理论后果，一个是关于"形式"的，一个是关于"质料"的。

在早期自然哲学家甚至还有智者安提丰看来，"形式"仅仅是"偶性"，比如我们可以把木头做成一张床，这张床的"形式"对于"木头"而言并非本质性的，因为我们可以同样把这块木头做成桌子，椅子等其他各种"形式"。在这个过程中，保持不变的是"木头"或者是组成木头的各种"元素"，只有这些"元素"才是永恒的，才是事物的"自然"或"基质"。③

而根据柏拉图和亚里士多德的另一种对自然的理解，"外形"（morphē）或"形式"（eidos）则成为了本质性的。因为如果我们要

---

① 参见亚里士多德，《物理学》，259a8-16 等。

② 亚里士多德，《物理学》，201a11，20-30，201b31-202a3。Themistius, *On Aristotle, Physics 1-3*, translated by Robert B. Todd, Bristol Classical Press, 2012, 69, 5；73，20；74，11。

③ 参见亚里士多德，《物理学》，193a10-29。

回答一个事物它"是什么"或者确定它的"定义",就只能通过一个事物的"形式"。而且"形式"作为一个事物的"目的"或"实现",它不仅仅在"逻各斯"上优先于质料,而且在"实体"上也优先于质料。"形式"就取代了"质料"成为了一个事物首要意义上的"自然"。这样,"形式"也就比"质料"更加是"实体"或"基质"(*hypokeimenon*)。

> 基质是别的东西都谓述它,而它本身不谓述任何别的东西的。所以我们必须首先确定它的本性。因为首先在一个事物底下的东西,是在最真实的意义上被认作它的实体的。在一种意义上质料被说成是基质的本质,另外一种是形式,第三种是二者的复合。质料我是说,例如,青铜,而外形是它所设计的形式,它们的复合物(具体事物)则是指雕像。因此如果形式是优先于质料的,并且是更真实的,它也就以同样的理由优先于复合物。①

按照亚里士多德这种新的对自然和存在的理解,一个事物表面的"形式"(*morphē*, *eidos*)反而成为了一个事物"在底下的东西"——"基质"(*hypokeimenon*)。或者说一个事物表面的东西也就是它本质性的东西。

亚里士多德的"四因说"带来的另外一个后果是"质料"地位的改变,以及它和形式关系的变化。在早期的自然哲学家(也包括智者安提丰)那里,"质料"是一个事物的"自然"或"基质",形式不过是一些偶性。而在亚里士多德的"四因说"中,"形式"不再是事物的一个偶性,而是成为了它的"本质",质料和形式的关系

---

① 亚里士多德,《形而上学》,1028b35-1029a7。

变成了一种"潜能"和"现实"的关系。① 因此，质料一方面就由"基质"(hypokeimenon)成为了"潜能"(dunamis)，另一方面它和形式的关系就不再是偶然的，而是本质性的。

20 世纪的一些学者们注意到了亚里士多德哲学中"质料"概念的这种歧义性。基尔(M.L. Gill)指出:"质料概念似乎是同两个明显不同和各自独立的成问题的观念联系在一起的——原始质料概念既是终极的、无特征的主体/载体，属性偶然地属于它，它是一个不同于所有范畴存在的存在，持存于元素变化过程的始终;它又在本质上是潜能，孕含着存在，由现实性或形式来决定它是什么。"而"阿克利(J.L. Ackrill)则提请注意在这两种质料概念之间的张力和它同形式的关系。依据第一种概念，形式和质料的关系是偶然的，依据第二种概念，形式和质料的关系是本质的。"②

古代的亚里士多德哲学注疏家也注意到了这个问题，并且从两个方面来理解 hylē 作为"基质"(hypokeimenon)和"潜能"(dunamis)的区别。

在忒米斯提乌斯(Themistius)看来，hylē 的这种歧义性是与一个问题或困惑密切相关的，那就是 hylē 在自身之中是否包含了一种"缺失"(privation)?

前述已经足够充分，质料任何情况下都需要缺失才会产生变化，因为如果没有缺失和它联系在一起，它是如何能够变成别的东西的呢? 它从自身吗? 不，因为那样它就会提前是它所要变成的东西。然而，它所需要的是一个对它而言偶然的性质，如果不是在实存上(subsistence)至少是在定义上，因

---

① 参见亚里士多德,《物理学》,193a31-193b8。
② 以上参见基尔,"亚里士多德《形而上学》再思",《20 世纪亚里士多德研究文选》,聂敏里选译,华东师范大学出版社,2010 年,第 472-500 页。

为如果它在自己的实体中就已经包含了缺失,它的存在就包含了缺失状态,那么当它变成一种形式后它也就不再存在了。但我们说质料存在于潜能中,潜能明显地包含了缺失,如果缺失不是永远地伴随着它,那潜能也就会不存在了。所以在这里这个困惑令人不安。①

按照《物理学》第一卷中运动是由"基质"(*hypokeimenon*)加一对"对立",或"缺失"与"形式"②构成的"三本原"理论,质料或"基质"乃是运动中保持不变的存在,运动只是从一个对立状态到另外一个对立状态,或者是从"缺失"到"形式"。③ 这里的困惑在于,一方面 *hylē* 作为运动的"基质"乃是始终保持不变的存在,因此它不可能在自身中必然地拥有"缺失",否则那会导致它的不存在。另一方面,如果质料不和缺失结合,那么它就不会有变化,而且质料存在于潜能中,潜能是必然地包含了某种缺失的。

在忒米斯提乌斯看来,如果要解决这个困惑,必须区分 *hylē* 的两种含义,一种是就其自身而言的,一种是相对于别的东西而言的。

---

① Themistius, *On Aristotle*, *Physics 1-3*, Translated by Robert B. Todd, Bristol Classical Press, 2012, 25, 24-35.

② 根据 Alexander of Aphrodisias, Themistius 以及 Simplicius 等古代亚里士多德注疏家们的看法,亚里士多德是在一种非常宽泛的意义上把"缺失"和"形式"看作一种"对立"的。因为"缺失"表示的仅仅是一种"不在场"(*ap-ousia*),它并不和"存在"构成对立。"而且对立的一方可以影响另一方(Aristotle, *GC*1.7),但是质料作为从缺失到形式运动的基质,使二者之间没有相互作用。"参见 Themistius, *On Aristotle*, *Physics 1-3*, translated by Robert B. Todd, Bristol Classical Press, 2012, 29, 3-6;以及译者 Todd 的注释 350, 351, 第 135 页。Themistius, *On Aristotle*, *Physics 5-8*, Translated by Robert B. Todd, Duckworth, 2008, 169, 29-170, 7. 亚里士多德在《物理学》第 5 卷(225b10)中明确地说:"实体没有运动,因为没有任何与实体对立的存在。"

③ 参见亚里士多德,《物理学》,189a35-189b2,,190a14-21,190b11-191a20 等。

　　一般而言,质料有自身的存在,而潜能的事物是相对于其他的事物而言的。质料显然不包含相对于质料的潜能(质料将不会作为质料而存在!),而是它自身就是某种优先的存在,并且在现实中存在,而且它明显地是具体事物的质料,并拥有相对于它们的潜能。……有两个名字可以用于 *hylē*,一个是"基质"一个是"质料"。第一个被认为是更接近于根据自身而言的存在,第二个应用于它相对于其他事物而言的状态。①

也就是说,"质料"(*hylē*)作为事物的"基质"(*hypokeimenon*)是"就其自身而言的",而它作为与"形式"相对的"质料"或"潜能"则是"相对而言的"。*hylē* 作为某物的"质料"会伴随着缺失和潜能,而当它作为"基质"(*hypokeimenon*)时,它根本不具有"缺失"。② 辛普里丘(Simplicius)在对亚里士多德《物理学》的注疏中也引用亚历山大(Alexander of Aphrodisias)的话来说明 *hylē* 概念的这种双重性:

　　亚历山大说:"当[*hylē*]等同于事物的质料时,它伴有缺失;但当它作为基质本身时,它并不伴有缺失。"③

既然 *hylē* 作为"基质"(*hypokeimenon*)已经是一种现实的存在了,而它作为一个事物的"质料"乃处于某种"潜能"状态,所以 *hylē* 概

---

① Themistius, *On Aristotle, Physics 1-3*, Translated by Robert B. Todd, Bristol Classical Press, 2012,26,1-6,9-12.

② Ibid.,13-15.

③ *Simplicius: On Aristotle, Physics 1.7-9*, translated by Ian Mueller, Bristol Classical Press,2012,211,13-16.

念的这两种不同涵义还具有一种时态的差异。

　　当形式存在于其中时不会妨碍它成为一个基质(an underlying subject),但当它不再是潜能时,它又如何会是与之相对的这个[形式]的质料呢?所以你可以说,青铜当它未成形(unstructured)时,它是雕像的质料,但是当它被一个形式所限定后,它就不再是质料而是一个基质。一个标识是这块青铜本身,就其作为基质而言是持存的,可以在不同的时间以不同的方式成为质料,它确如波爱图斯(Boethus)所言:在具有性质的事物中质料不再是质料(因为如果它是质料,那么它自身是没有外形和形式的),而是根据事实(ipso facto)转变为一个基质,因为后者既伴有一个形式也伴有一个边界(limit),它也是形式和边界的基质。质料明显地与将会是什么(what will be)有关而被命名,而基质则是与在其中它已经是什么(what is already in it)相关而被命名。此事我们会说,质料将会是一个基质,对这个基质而言它有能力接受对立,这在它的本性中是偶然的,因为它可以同样好地接受缺失作为形式。①

也就是说,"基质"(hypokeimenon)在时间上是一种已经完成的状态,而事物的"质料"作为一种"潜能"在时间上则是一种将要完成、还未完成的状态。当一个事物完成以后,hylē 就不再是"潜能"或"质料",而成为一个事物的"基质"。

　　我们可以看到,在这里"潜能"和"现实"时态上的差异依赖于

---

① Themistius, *On Aristotle, Physics 1-3*, Translated by Robert B. Todd, Bristol Classical Press, 2012, 26, 15-26. Themistius 在这里所引用的 Boethus 这段话的具体出处现已不明,但是同样的内容我们也可以在 Simplicius 的 *On Aristotle, Physics* (211, 16-18)中找到, Simplicius 同样引用了 Boethus 这段话。

"*hylē*""就其自身而言"和"相对于别的东西而言"这个更根本的划分。*hylē*"就其自身而言"是一种"**基质**",它是运动变化中始终保持不变的存在,因此始终是一种现实的东西。而相对于一个别的东西即"形式"而言,*hylē* 就是一个事物的"质料",它作为"潜能"必然地包含了某种"缺失",因此处于一种还未完成的状态。

在这里,值得特别注意的是,能够作为一个事物"基质"的是 *hylē*,而不是"形式"。因为 *hylē* 或"原初基质"( *to proton hypokeinenon*, first underlying subject)的本性是不包含任何形式,但可以接受任何形式的。①

正是由于以上原因,我们最好把忒米斯提乌斯等人的这个解释仅仅看作是对亚里士多德"三本原"的一个解释。而"三本原"最好被解读为亚里士多德对早期自然哲学的某种总结,或者他自己某种更"合理的"建议。

我们似乎可以区分两个不同版本的"三本原",一个是早期自然哲学的,一个是亚里士多德的。早期自然哲学版本的"三本原"是指一个"基质"加一对"对立";亚里士多德的"三本原"是指一个"基质"加"缺失"和"形式"。它们的区别在于,"对立"仅仅是偶性,但"形式"则是实体。所以,"缺失"和"形式"并不是严格意义上的"对立"。根据忒米斯提乌斯、德克西普斯(Dexippus)、辛普里丘等后来学者们的解释,亚里士多德在《物理学》第一卷中之所以把"缺失"和"形式"看作"对立",那是因为他是在一种"习俗

---

① 参见 Themistius, *On Aristotle, Physics 1-3*, translated by Robert B. Todd, Bristol Classical Press, 2012, 27, 3-12."原初基质"( *to proton hypokeinenon*, first underlying subject)是亚里士多德《物理学》(192a31)提到的一个概念。Themistius 把被一个具体形式所限定的 *hylē* 称为"第二基质"( the second underlying subject),"第一基质"与"第二基质"的区别不同于"基质"和潜能意义上的"质料"的区别。无论"第一基质"还是"第二基质"都是现实的,而"潜能"意义上的"质料"则是"未实现的"。

的"或者"非常宽泛"的意义上来使用"对立"这个概念。① 因为实体并没有"对立",只有"性质"才有对立。

这样,基于早期自然哲学意义上的"三本原",运动就是从一个"对立"到另一个"对立"偶性的变化。而在亚里士多德的"三本原"中,运动就是从"缺失"到"形式",或者从"潜能"到"实现"的过渡。

"四因说"对早期自然哲学意义上的"三本原"(基质,一对"对立")的颠覆是显而易见的,但是在很大程度上却可以和亚里士多德意义上的"三本原"(基质,缺失,形式)相一致。但是,我们仍然可以看到它们在如下几个方面有着很重要的区别。

首先,在"三本原"中,作为"基质"的是 *hylē*,而在"四因说"中"形式"(*morphē, eidos*)则成为了首要意义上的"基质"或"实体"。亚里士多德的"四因说"颠覆了早期自然哲学对"自然"的理解,一个在表面的形式,成为了事物在底下起支撑作用的"基质"。哪怕是亚里士多德意义上的"三本原",只要 *hylē*,而非形式被看作"基质",它就仍然停留在早期自然哲学的思想框架之内。

其次,在早期自然哲学或"三本原"的思想框架中,*hylē* 可以被看作某种"潜能",但这仅仅是就 *hylē* 这个概念"与别的东西相对而言",而非"就其自身而言"。因此,*hylē* 被看作某种潜能意义上的"质料",这对于作为"基质"的 *hylē* 本身而言并非本质性的。正是因为如此,哪怕是在亚里士多德意义上的"三本原"中,"基质"作为可以接受任何"形式"的东西,它和"形式"之间并不具有本质

① Themistius, *On Aristotle, Physics 1-3*, translated by Robert B. Todd, Bristol Classical Press, 2012, 29, 3-6; Dexippus, *On Aristotle Categories*, translated by John Dillon, Ithaca and New York: Cornell University Press, 1990, 52, 18-53, 4. Simplicius, *On Aristotle Categories 5*, translated by Frans A. J.de Haas, Duckworth, 2001, 107, 31-108, 4.

性的关系。但是在"四因说"中,情况则发生了根本的变化。

在"四因说"中,"潜能"与"实现"的区分,其根据不再是 $hyl\bar{e}$ 的这两种不同含义( $hyl\bar{e}$ 就其自身而言是一个永远现实的"基质",就其与别的东西——形式而言,它是一种包含了某种潜能的质料),而是对应于 $hyl\bar{e}$ 和"形式"之间的差异。亚里士多德说,自然就是一个事物由"逻各斯"所规定的形状或形式,而这种"形式"乃是一种"实现",质料相对而言仅仅是一种"潜能"。所以,形式比质料更加是"自然"。①

我们可以看到,正是由于亚里士多德的"四因说"才导致了对"质料"和"形式"关系的重新理解。在早期自然哲学的思想框架内, $hyl\bar{e}$ 具有两种不同含义:"基质"( $hypokeimenon$ )和作为某种"潜能"意义上的"质料",前者毫无疑问地比后者更根本。甚至在一些早期自然哲学家和智者安提丰看来,"形式"或"对立"相对于作为"基质"的 $hyl\bar{e}$ 而言只不过是一些"偶性"。

但是,在亚里士多德的"四因说"中,形式成为了比 $hyl\bar{e}$ 更加是自然或是"基质"的存在, $hyl\bar{e}$ 就由"基质"成为了相对于"形式"的某种"潜能"。而且,由于"现实"无论在"逻各斯"上还是在"实体"上都优先于潜能,所以形式和质料之间并非是偶然的关系,事实上,作为潜能的"质料"受到了作为现实的"形式"的某种本质性的规定。至此,我们才可以说 $hyl\bar{e}$ 的地位以及与"形式"的关系都发生了一种重要的改变。而 $hyl\bar{e}$ 地位的改变,以及它与"形式"之间的关系的这种变化,其根本原因在于亚里士多德改变了早期自然哲学对于"自然"和"基质"的基本理解: $eidos$ 取代了 $hyl\bar{e}$ 成为一个事物首要意义上的"自然"或"基质"。

---

① 参见亚里士多德,《物理学》,193a31-193b8。

# 三、亚里士多德的"四因说"与哲学的"第二次启航"

　　由此我们可以看到,亚里士多德的"四因说"并非是对早期自然哲学的一种简单总结,而是包含了非常具有革命性的内容,它可以看作是对柏拉图哲学第二次启航的一种激进推进。如何理解和评价哲学的第二次启航仍然是西方哲学本身最重要的课题之一。

　　近代以来,柏拉图的"理念论"遭到了尼采和海德格尔的激烈批判。尼采在《超善恶》的"前言"中批评柏拉图的哲学就是独断论,认为柏拉图发明的"善本身"和"纯粹的心灵"这两个错误是一切独断论中"最糟糕的,最长期的和最危险的错误。"在尼采看来,柏拉图发明了一个超越的、纯粹的理念世界,从而否定了现实的流变的世界,因此造成了历史上的"虚无主义"。他的哲学也直接导致了"民众的柏拉图主义"。海德格尔则认为柏拉图乃是西方"形而上学"的始作俑者,他的"理念论"把一个最高的"存在者"看作了"存在"本身,因而存在本身的意义就被遮蔽了。而且,无论是海德格尔还是尼采,都毫无节制地赞扬苏格拉底之前的早期自然哲学,而把西方哲学最严重的罪名归之于柏拉图。

　　在我们看来,这种批评在某种意义上对于柏拉图而言无疑是非常不公正的。其实,在苏格拉底、柏拉图和亚里士多德看来,早期的自然哲学是一场很快就失败了的哲学运动,它远没有尼采和海德格尔所想象的那样成功和伟大。在这个问题上色诺芬也可以作证,在色诺芬看来,早期的那些自然哲学家在"本原"问题上搞得水火不容,他们简直都疯了。① 在《斐洞篇》中,苏格拉底告诉我

---

① Xenophon, *Recollections of Socrates*, translated , with an introduction, by Anna S. Benjamin, *The Library of Liberal Arts*, Published by The Bobbs-Merrill Company, INC., 1965, Book 1, Chap.1,11~13,16.

们,早期自然哲学没能区分"真正的原因"和"条件"。所以他才接受了阿那克萨戈拉的理论,把"善"看作是事物真正的"原因"。可是与冒险的"第一次启航",也就是用"努斯"直接地把握"善"和"存在"(*ta onta*)不同,苏格拉底采取了一种更安全的方法,也就是从"逻各斯"的一些"假设"出发来理解"存在",而"*eidos*"仅仅是"逻各斯"的一种"假设"(*hypothesis*)。① 因此,"由逻各斯规定的形式"(*eidos kata ton logon*)不能直接等于"存在本身",它更像是低于"存在本身"的"影子"。② 哲学的第二次启航,作为一种更审慎的哲学尝试,同时也仅仅是一种"次好的"(second-best)哲学方法。③

哲学被看作是一种辩证法,它首先从这些逻各斯的假设出发开始上升,一直上升到不再是假设的"本原"。因此,"独断论"这个标签或许更适合苏格拉底以前的早期自然哲学,而柏拉图的"理念论"更像是一种审慎的"实验哲学"。

但我们必须承认,哲学的第二次启航本身似乎发生了某种变化,它似乎不仅仅降低了哲学的起点,也改变了哲学的终点。"由逻各斯所规定的 *eidos*"(*eidos kata ton logon*)最终成为了自然的"目的"或"实现"。

---

① 柏拉图,《裴洞篇》,99D-100C。希腊文参照 Plato, *Platonis Opera*, ed. John Burnet, Oxford University Press, 1903。英文翻译参照 B.Jowett 译本,以及 Plato, *Plato in Twelve Volumes*, Vol. 1, translated by Harold North Fowler; Introduction by W. R. M. Lamb., Cambridge, MA: Harvard University Press, London, William Heinemann Ltd. 1966. 中文翻译参照王太庆先生《柏拉图对话集》,北京:商务印书馆,2004 年版。

② 柏拉图,《裴洞篇》,100A。

③ 这种探讨原因的第二次航行(*deuteros plous*),也就是一种"次好"(second-best)方法。这个短语的原意是指当风阻止船使用帆的时候,就改用桨,它暗示着与自然学家们草率的教条主义相比,苏格拉底的"次好"的方法尽管更缓慢和更艰难,但是它不会导致更坏的结果。见 A.E. Taylor, *Plato: The Man and His Works*, The Dial Rress, 1929, p.201。

如果我们从哲学第二次启航的视角出发来审视亚里士多德的"四因说",就可以把它看作是一种激进的柏拉图主义。正是通过亚里士多德的"四因说",由逻各斯所规定的 *eidos* 就成为了一个事物本质的"实现"或者"目的"(*telos*),这种激进的柏拉图主义彻底颠覆了早期自然哲学对于自然或存在的基本理解,*eidos* 取代了 *hylē* 成为了真正首要意义上的"自然"或"基质",*hylē* 的地位也就相应地发生了某种变化,它由一个事物的"基质"而成为了相对于"形式"或"实现"的某种"潜能",而且这种"潜能"和"实现"之间具有某种本质性的关系。

亚里士多德的"四因说"似乎把柏拉图开始的哲学的"第二次启航"由一种审慎的实验哲学变成了一种"形而上学"。因为 *eidos* 不仅仅表示一个事物的"定义"(*logos*),它还同时是一个事物的本质之"实现"。*Eidos* 无论是从"逻各斯"上还是从"实体"上都优先于 *hylē*。从这个角度来看,早期的自然哲学把 *hylē* 理解为"自然"或"基质",这要么是一种错误的哲学,要么是一种"未完成的"哲学。亚里士多德哲学似乎既是对早期自然哲学的一种彻底颠覆,又是它的完全的"实现"。

如果我们把哲学的"第二次启航"看作一场哲学的"奥德赛",那么仍然值得思考的是:谁才是返回哲学故乡的"奥德修斯"?柏拉图和亚里士多德是否被"心灵"(*nous*)女妖的"外形"所蛊惑,而把一个事物最表面的东西(*morphē*, *eidos*)看作了一个事物最本质性的东西。哲学的第二次启航是否不过是在"水中捞月",从而最终导致了存在本身的遗忘?无论如何,把一个事物"表面的东西"(*morphē/eidos*)看作一个事物"在底下的东西"(*hypokeimenon*),这都是对"自然"一种非常"不自然"的理解。

为了理解"自然",我们或许需要"从头再来"。

# 参考文献

1. Aristotle：*The Complete Works of Aristotle*，The revised Oxford Translation，edited by Barnes. J.，New York：Princeton University Press，1984.

2. Aristotle：*Aristotle's Physics*，A revised text with introduction and commentary by Ross，W. D.，Oxford：Clarendon Press，1998.

3. Aristotle：*Aristotle's Metaphysics*，A revised text with introduction and commentary by Ross，W. D.，Oxford：Clarendon Press，1924.

4. Alexander of Aphrodisias：*On Aristotle's Metaphysics 5*，translated by Dooley，W. E.，Ithaca，New York：Cornell University Press，1994.

5. Simplicius：*On Aristotle Physics 1.7-9*，trans. by Mueller，I.，London：Bristol Classical Press，2012.

6. Themistius：*On Aristotle Physics 1-3*，trans. by Todd，R.B.，London：Bristol Classical Press，2012.

7. Themistius：*On Aristotle Physics 5-8*，trans. by Todd，R.B.，London：Duckworth，2008.

8. 柏拉图：《柏拉图对话集》，王太庆译，北京：商务印书馆，2004 年。

9. 柏拉图：《理想国》，郭斌和，张竹明译，北京：商务印书馆，1997 年。

10. 海德格尔：《路标》，孙周兴译，北京：商务印书馆，2001 年。

11. 亚里士多德：《物理学》，北京：商务印书馆，2009 年。

12. 亚里士多德：《形而上学》，苗力田译，北京：中国人民大学出版社，1997 年。

13. 姚介厚："亚里士多德"，《希腊哲学史》第 3 卷，北京：人民出版社，2003 年。

14. 《20 世纪亚里士多德研究文选》，聂敏里选译，上海：华东师范大学出版社，2010 年。

# 论无敌大卫对亚里士多德的诠释[①]

## ——以古亚美尼亚文《〈前分析篇〉评注》为例

何博超（中国社会科学院哲学研究所）

**摘要：** 无敌大卫是古亚美尼亚著名学者、基督教神学家和新柏拉图主义者，曾对亚里士多德的逻辑学著作进行评注，这些作品原为古希腊文，后被译为古亚美尼亚文，保存至今。《〈前分析篇〉评注》是其中重要的一种，希腊原本已散佚。无敌大卫在其中详尽阐述了亚里士多德的逻辑学理论。借助这些珍贵的古代阐释，人们能更充分地理解亚里士多德的哲学和逻辑学著作，也可以了解古希腊哲学思想对外的传播情况。

**关键词：** 无敌大卫　亚里士多德　《前分析篇》　新柏拉图主义　古亚美尼亚　是

　　无敌大卫（Դավիթ Անհաղթ，盛年公元 6 世纪）[②]是古亚美尼

① 本文原刊于《世界哲学》2013 年第 5 期，略有改动。限于篇幅和意图，本文不能做详细论证，具体的理论分析均见拙著《无敌大卫及其古亚美尼亚文〈亚里士多德前分析篇评注〉研究》，华东师范大学出版社，2015 年。
② 大卫一直受到亚美尼亚和西方学者重视。21 世纪，J.巴恩斯（J.Barnes）和 V.卡尔佐拉里（V.Calzolari）出版了研究大卫的文集 *L'œuvre de David l'Invincible et la transmission de la pensée grecque dans la tradition arménienne et syriaque*，Brill，2009（简称 *L'œuvre*）；两人开展了"亚里士多德的亚美尼亚文评注：大卫著作集"项　（转下页）

亚学者,属亚美尼亚的希腊化学派(Յունաբան Դպրng)①,是新柏拉图主义者和基督徒②;他深受希腊思想影响,秉承亚历山大里亚学派传统③,留下了几部阐释亚里士多德的作品④。这些作品以古

---

（上接注②）目。全部项目一共五卷,第一卷即上述文集;第二卷《哲学序言》;第三卷《波菲里〈导论〉评注》;第四卷《〈范畴篇〉评注》;第五卷《〈前分析篇〉评注》。

① Յունաբան指生活或思想方式宗法希腊,希腊化。关于这个学派,见 V. Calzolari: "L'école hellénisante", *Age et usage de la langue arménienne*, Editions Entente, 1989, pp.110-130。这个学派翻译和创作的大量古亚美尼亚文作品都保存在了今亚美尼亚首都埃里温(Yerevan)。其储存之地即玛特纳达兰(Մատենադարան, Matenadaran),亚美尼亚语意为抄本之库,总计有 17000 多种抄本,涉及科学和人文学科的方方面面。

② 古亚美尼亚是世界上第一个奉基督教为国教的国家。公元 387 年开始,亚美尼亚被拜占庭帝国(西)和波斯萨珊帝国(东)瓜分,前者占据之地为小亚美尼亚;后者的占据地为大亚美尼亚。大亚美尼亚贵族和民众反抗波斯人,因此国家获得了相对的自治,基督教信仰也得以维持。小亚美尼亚则彻底成为了拜占庭帝国的一个省。相关历史见 S.Payaslian: *The History of Armenia*, Palgrave Macmillan, 2007, pp. 32-44。

③ 大卫生平散见于希腊文和亚美尼亚文古文献中。一方面他被描述为亚历山大里亚学派奥林匹奥多罗斯(Ὀλύμπιόδωρος,公元 495-570 年)的学生,一方面又被认为和雅典学派有关,又是基督教神学家。他得名"无敌",或因其在神学大会争论中,无人能驳倒他;或因其学识渊博,无所不通。各种说法见 V. Calzolari, 'David et la tradition arménienne', *L'œuvre*。

④ 学界公认的可归于大卫名下的著作有四部:1)《哲学序言》,2)《波菲里〈导论〉评注》,3)《亚里士多德〈范畴篇〉评注》,4)《亚里士多德〈前分析篇〉评注》,只有古亚美尼亚文本。其中,有些学者认为后两部为大卫同时代人艾利阿斯(Ἠλίας)所做。学界一般看法是,承认第三部有艾利阿斯的创作成分;第四部几乎完全为大卫所做。这方面的争议,见 V. Calzolari: "David et la tradition arménienne"; M. Shirinian: "The Armenian Version of David the Invincible's Commentary on Aristotle's Categories"; M. Papazian: "The Authorship of an Armenian Commentary on Aristotle's Prior Analytics"; A.Topchyan: "Remarks on David the Invincible's Commentary on Aristotle's Prior Analytics"; C. Sweeting: "The Relationship between the Armenian Translation of the Commentary on Aristotle's Analytics of David and the Greek Text of the Commentary on Aristotle's Analytics of Elias",均收入 *L'œuvre*。大卫的亚美尼亚文的作品,既有可能是他本人所作,也可能是后人从希腊文译出。这些译本从术语的界定到语法句式的安排都严格对应了希腊文,非常精到。

希腊文写成,后被译为古亚美尼亚文①;其中相当重要的《〈前分析篇〉评注》(简称《分注》)仅存古亚美尼亚文本。这部评注是讲稿,从篇章安排到阐释模式都遵循了亚历山大里亚学派的教学宗旨。本文试图分析《分注》的诠释法,以大卫为例探明新柏拉图主义对亚里士多德逻辑哲学的论述;本文旨在揭示古代亚里士多德评注中的一般思想路数和理论体系。这个过程既着眼方法,也关注其中的哲学思想。第一节将概述《〈前分析篇〉评注》的性质、价值和整体结构,表明大卫的写作意图;后面各节选取几个彼此相关的重点内容来分析大卫的哲学和阐释理路。

## 一、《〈前分析篇〉评注》的性质和结构

在亚里士多德的古代阐释中,评注《前分析篇》(简称《前分》)的作品数量不少,除大卫的之外,其中保存下来、较为系统的有五部,都是希腊文:

(1)阿弗萝蒂西阿斯的亚历山大(Ἀλέξανδρος ὁ Ἀφροδισιεύς,盛年公元 3 世纪)评注过第一卷;(2)特密斯提欧斯(Θεμίστιος,公元 317-约 390 年),评注过第一卷;(3)普洛克罗的学生、赫尔米阿斯之子阿姆莫尼尤斯(Ἀμμώνιος ὁ Ἑρμείου,公元 440 - 520 年)评注到第一卷第二章的开头;(4)阿姆莫尼尤斯的学生约翰·斐洛珀诺斯(Ἰωάννης ὁ Φιλόπονος,公元 490-570 年)评注了全书;(5)艾利阿斯的评注,只剩残篇。②

---

① 古亚美尼亚字母由该国基督教徒梅斯洛布·玛什托奇(Mesrob Maštoc',公元 361/362-440 年)于公元 406 年按希腊文字创立,目的是翻译《圣经》,推动基督教的发展;亚美尼亚学者后来也用它译介希腊文著作,形成颇有影响的翻译运动。这条路线与叙利亚文翻译运动构成了两条重要的希腊思想东传路线。

② 前四部收入德国出版的 *Commentaria in Aristotelem Graeca*,本文参考的希腊文均来自于此;第五部见 L.G. Westerink ed.: "Elias' Commentary on Aristotle's 　(转下页)

　　包括大卫在内的四代新柏拉图主义学者,其评注作为讲稿代代相传和转抄。在第一代学生抄录的讲稿上,后人不断添加并汇集其他师生的看法。[①] 古代阐释不重视所谓"原创出新",而是不断打磨圣贤文本,直至被遗忘的真理之光再次显现。[②]

　　概言之,《分注》具有如下特点:(1)由于是面向学生的讲稿,故《分注》不求玄奥,而求清晰,不图全面,只求重点(只评注了前两章)。(2)有明确的问题意识,不是语文学注释,而是义理阐发。(3)重视概念梳理,阐释体系符合教学应用。它的体系处于疏解和教导、传统和现代(相对于柏拉图和亚里士多德)之间。(4)其中有大卫的观点,也有亚历山大里亚学派传承的学说(这两部分很难也没必要厘清)。研究《分注》就是在研究整个学派乃至古代阐释的普遍特征。(5)《分注》的哲学和逻辑学有着不同于现代的"知识型(épistémè)",它重视的不是用一个普遍体系涵盖古代学说的特殊性,而是从古代的特殊性中反思出一个普遍性。(6)评注奉柏拉图观点为圭臬,以此来评述亚里士多德。

　　鉴于上述,研究《分注》极有必要:(1)能更贴近地疏解柏拉图和亚里士多德学说并探究其分歧。(2)对现代哲学阐释方法、古代哲学史研究和哲学教育均有启示。(3)亚美尼亚是希腊思想东传的关键之地,古亚美尼亚翻译家对希腊哲学的译介是古代哲学史的重要事件。对大卫的研究有助于了解亚美尼亚文化、把握基督教和希腊文化的关联,进而有助于探究整个希腊化时期希腊思想的流布、接受和赓续。

---

（上接注②）*Prior Analytics*", *Mnemosyne* 14, 1961, pp.126-139。

① 见 V.Calzolari: "David et la tradition arménienne", p.31,自扬布里科到波菲利以来,学者就喜欢不断插入与正文内容相关的其他评注。类似中国古代的"汇注"。

② 如巴恩斯所言,在古代阐释中,创新性并不重要。学者乐于继承,学说各代相续,很多学者甚至逐句逐段抄录前人,这是古代哲学活动的基本特点。见 Barnes: "David and the Greek tradition", pp.10-11, *L'œuvre*。

对《分注》的研究最终要将四代人的评注全部联系起来,才能统观亚历山大里亚学派的整体思想。但限于篇幅和研究次序,本文先集中于大卫《分注》本身的思想结构,以此为起点,力求在将来的处理中全面辐射其他古代阐释。

《分注》①共分十四讲②:前四讲是导论,其中前两讲对《前分》提出六个问题:

(1)目标(դիտաւորութիւն, σκοπός);(2)用途;(3)亚氏著作次序;(4)《分析篇》书名的成因;(5)章节的划分;(6)书的真伪。③第一讲谈目标;第二讲谈后面五个问题。

第三讲和第四讲涉及了重要的问题,即"逻辑学是不是哲学工具",这也是亚历山大里亚学派的一直讨论的问题。

从第五讲开始,评注《前分》,从第一句入手,分析了逻辑学的任务和环节。第六讲和第七讲,论述"前提"(առաջարկութիւն, πρότασις和πρόβλημα)。第八讲:论"词项"(սահման, ὅρος)。第九讲和第十讲:论"推论(三段论)"(հաւբրումն、հաւաբարանութիւն, συλλογισμός)。第十一讲:论完全(աւարտուն, τέλειος)和不完全(անաւարտ, ἀτελής)推论。第十二讲:论归谬法(բացածութիւն իյանկարելի)。第十三讲和第十四讲:论"换位法"(հակադարձումն, ἀντιστροφή)。

---

① 本文所参《分注》古亚美尼亚文来自 A.托普齐扬(A.Topchyan)的校勘本,其中也有译注和研究,即 *David the Invincible: Commentary on Aristotle's Prior Analytics*, Brill, 2010. 本文所列讲座和小节号均按该本,编号如 I.1,即第一讲、第 1 节。《前分》希腊文参 D.罗斯(D.Ross)校勘本 *Aristotle's Prior and Posterior Analytics*, Oxford Clarendon Press, 2000。

② "讲",古亚美尼亚文为 պրակ(prak),来自希腊文的πρᾶξις,即行动。每一讲就是一次"行动"。

③ 导论明确提出问题,是古注的特点,提纲挈领,用于教学。阿姆莫尼尤斯(Ammonius)、辛普利丘(Simplicius 公元 490—560 年)、斐洛珀诺斯(Philoponus)以及大卫本人(《波菲里〈导论〉评注》)都曾提过数量不同但内容相近的问题。

这些讲座里,比较重要的是第一、三、四、八、九、十讲,均涉及了《前分》的核心问题:(1)《前分》的定位和推论的层级;(2)逻辑学和哲学的关系;(3)"是/存在"问题;(4)推论的类型。前两个问题反映了大卫和新柏拉图主义者用柏拉图规定亚里士多德的诠释思想;后两个问题则具体反映了他们对逻辑学核心问题的看法。借此,大卫把自己的思想融入到了对亚氏的阐释中。

## 二、推论的种类和层级

众所周知,《前分》要探求一般推论, 由此通向证明( ական քնյg①, ἀπόδειξις)。这种推论和论辩术推论的必然效果一样,但对前提的要求多有不同。亚氏将之确立为"分析过程",通过它,人们谓述词项,使之必然地得出结论。② 它区别于亚氏在《论题篇》和《修辞术》中定义的特殊推论。这是一种自足而不会受到外部材料影响的推论。通过它, 亚氏发展出了证明和科学论证。因此,在第一讲,大卫开宗明义:"在《分析篇》中,亚里士多德的目标是从一般的推论( պարզ հաւարմանե)③入手。"而且,"这个目标也涉及了证明"。

关于一般推论和证明的关系,大卫以砍树和建船为例说明,前者是后者的目的。因此《分析篇》的目标在于证明,《前分》的目标

---

① 对应希腊文ἀπόδειξις。Ապա 是前缀,即向下向后; քնյg,揭示证明,动词为քնιցանել,对应动词δείκνυμι。

② I. Düring: *Aristoteles: Darsellung und Interpretation seines Denkens*, Winter Universitätsverlag, 2005, pp.87-88.

③ "一般推论"不会受限于某种题材。形容词պարզ体现了这一点。它对应希腊文副词ἁπλῶς;《前分》41a5,亚氏用了συλλογισμός ἁπλῶς。在亚氏的用法中,它有三种主要含义:简单地(相对复杂)、绝对地(无条件,相对具体)和普遍一般地(相对特殊),应取最后一种;大卫有时也使用形容词ընդհանուր。

是一般推论,后者是前者的手段和用途,前者是属,后者是最佳种。之所以是最佳,是因为其他种类的推论:证明性的、论辩术的(տրամաբանական)、修辞术的(ճարտասանական)、智术的(իմաստական)和诗术的(թերթողական)均不如它保真。它们对真的确定性逐次递减。

此处,大卫的看法和亚氏多有不同。在《前分》68b10-11中,亚氏指出了推论有论辩术的、证明性的和修辞术的三种。从《前分》、《论题篇》到《修辞术》,亚氏只认为这三种是正推论。① 而在《修辞术》中,智术推论是诡辩,属于负面推论。但大卫把智术列入其中,认为它的假多于真,未否定它;还把诗术推论也算在内,这符合新柏拉图主义的传统,中世纪阿拉伯学者如阿威罗伊(Averroes)也如此处理。再有,论辩术和修辞术可以统一(这来自亚氏的看法),诗术和智术统一,因为前提来源相似,故有人也将五种推论化约为三种。②

大卫描述的五种推论(I.3-5)③,本文试用下表总结:

| 名称 | 领域 | 前提真假 | 所处理的对象的性质 | 前提的来源 | 等级 |
|------|------|----------|---------------------|-----------|------|
| 证明性 | 科学 | 完全真 | 普遍一般,高于原因 | 思想 | 最高 |
| 论辩术 | 对谈 | 真多于假 | 普遍一般,针对原因 | 意见 | 次高 |
| 修辞术 | 演说 | 真假对等 | 普遍一般,对原因无知 | 意见 | 中 |
| 智术 | 诡辩 | 真少于假 | 特殊具体 | 感觉和想象 | 低 |
| 诗术 | 戏剧 | 完全假 | 特殊具体 | 感觉和想象 | 最低 |

① 见 F. Solmsen: *Die Entwicklung der Aristotelischen Logik und Rhetorik*, Wiedmann, 1929,第一部分第二章 A-C 三节论述了这个发展脉络。
② 这是斐洛珀诺斯和阿姆莫尼尤斯的看法。
③ 一般推论有完全和不完全之分;特殊推论中,证明性推论完全必然,但其余几种都不是绝对必然的。

　　大卫认为人有五种能力:努斯( վնար, νοῦς)、思想( տրամախոհութիւն, διάνοια )、意见( կարծիք, δόξα)、想象( երեակայութիւն, φαντασία)、感觉( qգայութիւն, αἴσθησις)。努斯自己就能看到所有事物,故不假推论;意见只能知道结论;感觉和想象只认识特殊事物;只有思想能推论,以原因为基础。它采用的前提不同,推论类型就有别。

　　大卫似乎暗示这五种能力和五种推论有相似之处。我们可以设想,证明性推论好比努斯,形成封闭的逻辑系统,完全为真。论辩术推论寻求原因,可比思想;修辞术对应意见,因为它只是用结论说服。这三种推论每一种都为上一级推论提供了更普遍的前提,努斯不但能把握原因,而且超越了因果性。智术和诗术都不追求普遍,仅仅诉诸感觉和想象。

　　综上,大卫要将《分析篇》定位为最高的科学著作,因为在推论等级中,证明是最普遍和自足的。虽然他认为证明性推论是特殊推论,但这个种会在功能上超越总属(一般推论),因为前者最普遍,后者只是前者的途径。《前分》为《后分析篇》做准备,后者才是最终目的。①《论题篇》、《修辞术》、《论智术式反驳》(《辩谬篇》)、《诗学》则再按等级由高向低排列。余下《范畴篇》和《解释篇》为推论提供必需元素,如简单词、动词名词、词的综合即命题。

　　这就是新柏拉图主义的思想体系,最普遍完整自足的推论和能力处于至高位置,越向下,特殊的成分越多,真理的比重越小。这明显带有柏拉图理念论的色彩。甚至在大卫看来,亚氏的证明就是从柏拉图知识论中分有而来。而且柏氏才智之高,无需亚氏

---

① 大卫把《前分》24a10-24b18 作为单独一部分,认为它是"序言",见 IX.1,这是亚氏逻辑学的序言,其位置高于《范畴篇》和《解释篇》。

的"证明性推论",这就好比荷马无需亚氏的《诗学》,但亚氏需要荷马(IV.5)。

大卫由此合理地将《前分》和一般推论确立为通向《后分析篇》和"证明"的道路。

## 三、逻辑学和哲学之关系

既然《分析篇》致力于最高级推论或逻辑学的最高理想,它能完全为真,而且哲学的最终目的就是真,那么逻辑学和哲学的关系是什么呢,它是哲学的一个部分(մասն)呢,还是一个子部分(մասնիկ)呢? 大卫必须解答这个问题,否则《分析篇》的意义就难以明确。这个答案当然来自柏拉图主义。

该问题重要而且传统,亚历山大、斯多业派、阿姆莫尼尤斯、斐洛珀诺斯、奥林匹奥多罗斯都论述过。大卫概括了三种解释(III-IV):(1)斯多亚派认为逻辑学(推论)只是哲学的一部分;(2)亚里士多德学派(逍遥学派)认为它只是哲学工具;(3)柏拉图主义者认为两者兼有。

斯多亚派的理由有,第一:若一种技艺(արուեստ)或科学(մակացութիւն)使用的东西不是其他技艺或科学的一部分,则它们就是前一种技艺或科学的一部分或子部分。而只有哲学使用推论,且推论不是其他技艺或科学的一部分,则它要么是哲学的一部分,要么就是子部分。又因为子部分要和整体的材料或目的相同,而推论的材料是语词,其目的是证明,这和哲学的两个部分①都不同,故推论不是哲学的子部分,只能是哲学的一部分,与思辨和实

---

① 斯多亚派认为哲学有思辨和实践两部分。思辨哲学的材料是所有事物,目的是真;实践哲学的材料是人类灵魂,目的是善。

践两部分并列。

　　大卫的反驳是,除了证明推论不是子部分之外,还应该证明它是不是工具。如手术刀也不属于其他技艺,但它只是工具,而不是医术的一部分。

　　第二,既然哲学产生推论,故推论是哲学的一部分。大卫反驳说,很多技艺都产生了不属于自身的东西,如木匠制作尺子,它只是工具,不是木工的一部分。

　　亚里士多德学派的论证也有两个(IV.1-4),第一:哲学创造了逻辑学,其他技艺都用它,但如果它是哲学的一部分,那哲学本身就沦为工具,也就没有地位了;如制作马缰的技艺,只是为马术师造缰绳。所以逻辑学只是工具,不是哲学的一部分。大卫的反驳用了一个比喻:上帝的灵魂创造了人的身体,而人的灵魂也用它,但上帝的灵魂并没有因此而丧失地位。因为上帝的灵魂也造了其他的东西,不只是人的身体;而作马缰的技艺只是制作缰绳。第二,若整体的部分没了,整体也就没了,但哲学去掉逻辑学仍然存在。

　　柏拉图主义(大卫的立场)认同逍遥学派的工具说,但试图证明逻辑学是哲学的一部分。(IV.4-6)其论证为:推论是关于万事万物的知识,因此就是哲学的一部分。推论或证明有两种功能:一是陈述整体事实本身的本性(þþnιþɫɯն);二是作为标尺或准则(κανών)。按大卫的说法,柏拉图认为亚里士多德着力于后者,故让哲学成为了浅薄琐屑的技艺。

　　在柏拉图主义者看来,逻辑学如同手,既是身体的一部分又是工具;对于哲学,当它用来"证明"事物本性时,它是哲学的一部分;当它作为标尺,就是工具。亚氏一派想要寻找普适标准,故发展"证明性推论",但反而让哲学工具化,这吊诡地归因于他们仅仅把逻辑学当作工具。而柏拉图主义者希望逻辑学紧密结合事物本性,它终究是考察事物的哲学,这又并不取消逻辑学的工具性。因此,柏氏的"辩证法"高于亚氏的"证明性推论",他称之为"压顶石"①。而在亚氏这里,"辩证法"仅仅作为"论辩术"处于第二位。经新柏拉图主义的阐释,辩证法提升了"证明性推论",而不追求亚氏的一劳永逸的标准。

结合第二节,新柏拉图主义用柏拉图对逻辑学的定位来处理亚里士多德,他们既明确了逻辑学的崇高地位,同时又没有将之形式化,而是牢牢地在哲学内部确立它的位置。只有这样,证明性推论才具有总领一切科学的能力。

## 四、"是/存在"

如果前两节是从逻辑学一般问题入手的话,那么本节和下一节就关涉逻辑学具体问题。这里选择相对重要的"是/存在"和推论类型的问题加以讨论。

《前分》中,亚里士多德在讨论词项时说:"我称词项是[这样的东西],前提被分析为它,如,[被分析]为谓语和被谓述语(即主语)②,而'是(εἶναι)或不是'被添加或省略。"

大卫对词项问题的评注就从这里开始(VIII.1),他认为除了主语和谓语之外,其余的都是连接词。其中,"是(էրն)"③有两

---

① 见柏拉图《理想国》534e,"在你看来,辩证法(ἡ διαλεκτικὴ)是不是在我们所有知识之上(τοῖς μαθήμασιν)呢,恰如压顶石(θριγκός);没有什么知识能放在比它更高的位置了?"μαθήματα在学院派那里往往表示数学,此处指各种知识和研究。

② 见《前分》24b16－17;原文为 Ὅρον δὲ καλῶ εἰς ὃν διαλύεται ἡ πρότασις, οἷον τό τε κατηγορούμενον καὶ τὸ καθ᾽ οὗ κατηγορεῖται。 亚美尼亚文为 Սահման կոչեմ, զոր վերլուծանի նախադասութիւն իսսորողաւն և յերրականին。

③ 来自动词էղանիլ(系动词是、成为),不定过去时第三人称单数。古亚美尼亚文一般用եմ(我是)、է(他是)作为常用系动词,另外还有ըլլալ、գոնումիլ和մնալ;名词为գոն。

个功能:衡量(չափել)量(քանակ)和质(որակ),质即方式(եղանակ)。"是"如果没有,前提仍然存在,因为只要有主语和谓语即可。大卫引亚氏①的看法,"是/不是"按照(1)附加或省略;(2)分离(տրամատութեան)和综合(շարադրութեան,σύνθεσις)这四种情况,则有八种可能。每种都标明了"是"和前提的关系。

大卫秉承了亚氏的观点,"是"不是主语和谓语,是附加成分。但它也有实际功能。大卫认为"是/存在"有两种配合谓语的使用方式,即潜在(զօրութեամբ)和现实(ներգործութեամբ):(1)潜在性,例如,"每个人也许都会躺下(Ամենայն մարդ ենթակայցէ)"②。(2)现实性,如,"上帝是/存在(Աստուած է)、苏格拉底是/存在(Սոկրատէս է)";此时也往往加上分词զսլով。大卫进一步分析这两种情况(VIII.3):

> 正如我们已经说过和指明的,"是"是动词,因为所有前提,无论是什么类型,都有"是"在谓词旁边,或潜在地,或现实地。"潜在地"即,"每个人躺下",它作为谓词被说出。[之所以这样说],因为,虽然有些词"现实地"有"是",如,"上帝是","苏格拉底是",但是他们都有"是着""潜在地"在谓词旁边,因为每个动词也许都可以被分析为它的分词,例如,"苏格拉底是"——"苏格拉底是'是着'";"上帝是"——"上帝是'是着'"。

---

① 见《解释篇》19b,
② 这句用了不定过去时虚拟式,句尾的"է"就是"是",被添加在单词旁,中文已经看不出它;g 是虚拟式标志。这种构词方式来自希腊文。

Որպէս ասացաք և ցուցաք, այս բայ՝ է. քանզի
ընդհանուր առաջարկութիւնք, որպիսի ինչ և է, կամ
զօրութեամբ ունին զէն առ ստորոգելով կամ ներգոր
ծութեամբ: Զօրութեամբ՝ որպէս Ամենայն մարդ
ենթակայցէ և ասի՝ ստորոգիլոյ: Քանզիթէպէտն
ումանք ի դոցանէ ներգործութեամբ ունին զէն, որպէս՝
Աստուած է, Սոկրատէս է, այլ զոյն առ ստորոգելով
զօրութեամբ ունին, վասն զի ամենայն բայ լիր
ընդունելյութիւն վերլուծանելով. որգոն՝ Սոկրատէս
է, Սոկրատէս զոլով է, Աստուած է, Աստուած զոլով է.

大卫指出，所有前提的谓词都有一个"是"在旁边，或潜在，或现实。潜在就是隐藏着，通过句式转换使之出现；现实就是已经显现出来，作为语法成分发挥作用[1]：(1)潜在地：比如，Σωκράτης ἔστι（Սոկրատէս է），中文译为，苏格拉底存在、苏格拉底是、有苏格拉底。这句其实隐藏了一个"第三词项"或"附加谓词"的"是/存在"，因此改写为 Σωκράτης ἔστι ὤν（或 ὄν）（Սոկրատէս զոլով է）。(2)现实地：比如，ἄνθρωπος ἐστι λευκὸν 之类的句子。这样来看，"是/存在"成为了一个普遍的词项，只要是前提或主谓句，那么"是/存在"就先行成为了句子中最关键的部分，没有它，范畴、种属、偶性、固有属性都无法谓述个体，甚至说个体本身都不可能存在。

此外，按照大卫一派的观点，存在（եթէ զի՞նչ է, τὸ εἰ ἔστι）[2]先于

---

① 这样理解有助于正确区分主词和谓词，尤其是及物动词作为谓词的时候，反例见 XIV.2。

② 即，它存不存在。

本质(IX.4)。总要先确定事物的存在,才能对之定义。① 所以大卫不会将"是"和"存在"纠缠在一起,而是先论述"何以是",再讨论"是什么"。因此,大卫将"是"功能化和方式化,"是/存在"不意指任何含义,却是命题获得内容的关键,如前面大卫使用了 չափել(衡量)这个动词,它表明了"是"不是单纯连接量和质,而是在规定它们。因此当句子没有它的时候,这仅仅是省略,而不是不需要它。

## 五、推论类型

第九讲和第十讲,大卫论"推论(三段论)"。这里关注他对推论类型的划分。在 IX.2,他谈到亚氏定义了两种推论:范畴性(ստորոգական, κατηγορικός)推论和假言性(ստորադրական, ὑποθετικός)②推论。大卫着眼于"前提(命题)③是一个句子,能对某事物[主语]肯定或否定某事物[谓语]"这句话。④

对这个定义,按学派传统,亚历山大早已在其《分注》11.17–11.19 指出亚氏没有谈到假言性推论:"这些词项不属于所有的前提,而是属于一般的(ἁπλῆς)和所谓的范畴性前提。如某事物谓述某事物(τὸ τι κατά τινος ἔχειν),[包括]整体或部分或不定(ἀδιόριστον),都专属于这个前提。""针对推论的前提应该被把握

---

① 新柏拉图主义的构思方式,如论述哲学,先分析哲学是否存在,再讨论它是什么。

② 希腊文-ικός这个后缀表示"相关"或"能力",此处也可以理解为命题或推论能够谓述范畴和假言。

③ 命题(կանխադասութիւն)和前提(առաջարկութիւն)对应的希腊文都是πρότασις,但亚美尼亚文有意识地区分开了两者。以下对于前提的界定也适用于命题,都是相对于推论而言。

④ 见《前分》24a16–17,原文为 Πρότασις μὲν οὖν ἐστι λόγος καταφατικὸς ἢ ἀποφατικός τινος κατά τινος。

为范畴性的"。42.27-31,"[亚里士多德] 只是相关于范畴性推论做了论述,因为他认为只有这些才是首要意义上(κυρίως)的推论……这里所论的推论没有来自假言的"。

大卫没有拘泥传统,他认为(VI.1)前提必定有假言性的。虽然亚氏说①,前提用某事谓述某事,这表明前提是"范畴性的"。但这并不排除假言性前提。因为亚氏说,命题能显明真假值,即,命题能肯定(καταφατικός)或否定(ἀποφατικός)事物,这也适合假言性前提。如果某条件是什么,它就指明情况是什么,反之亦然;可简要归纳如下:

| 范畴性前提 | 用谓语 A 谓述主语 B | 包含各种范畴,时间、地点等等 |
|---|---|---|
| 1)针对质 | | 肯定:A 谓述 B |
| | | 否定:A 不谓述 B |
| 2)针对量 | | 普遍(整休),全称 |
| | | 特殊(部分),特称 |
| | | 不定,单称 |

假言性前提    肯定:如果是 A,则是 B    否定:如果不是 A,则不是 B

亚里士多德没说过"假言性前提"②,他常把"取消性(στερητικός)的"和"范畴性的"相对。前者同"否定性",后者同"肯定性"。③ 亚氏没有将肯定或否定与范畴的谓述分离,因此表示谓述的命题也就表示肯定。而大卫进一步把假言性前提作为扩展范畴性前提的必要途径。大卫的这种思路来自普洛克罗(Proclus)④,他说:"我们会使用假言性的推理(λογισμός)……我们也会使用范畴性的推理。""我们推导命题,不以范畴性方式,而是以

---

① 除了上面的引用,也见《解释篇》17a25-26。
② 托普齐扬指出《前分》40b23-29 和 41a38 等处,提过来自假言的证明和推论。但这不同于假言性推论。
③ 见《前分》25a6、26a18 等处。
④ 见《〈巴门尼德〉评注》1007.27-33 和《〈阿尔基比亚德〉评注》167.7。

假言性方式。"

另外,亚氏三段论原本的结构,就是一个εἰ引导的条件从句,大前提和小前提用καί连接,作为从句,主句是结论;这就是一个假言性前提。后来的阐释者都处理为三个范畴性前提的并列,这不合亚氏的看法。① 普洛克罗和大卫都遵循了亚氏本来的意思,而且把这个结构做了概念化处理。

大卫认为从亚氏对推论的定义"推论是论证,在其中,当某些内容被设定,有些不同于被设定之事的内容能必然由于[那些被设定的]内容而得出"②中,也能看出亚氏没有说推论只是范畴性的(Ⅸ.6)。"某些内容被设定"③既包括被认为成立的范畴前提,也含有其他附带条件和假设(假设性前提)。而且亚氏使用了复数,这暗示至少要有两个前提(Ⅸ.10);希腊文"推论"的前缀"συλ-"也表明了集合,指多个前提的连接。④

引入假言性前提的意义在于:(1)比较范畴性推论"所有人是不朽的;苏格拉底是人;故苏格拉底是不朽的"和假言性推论"如果所有人是不朽的,且苏格拉底是人,则苏格拉底是不朽的"能看出,前者不关涉前提的真假,而后者却留出了真假的余地。(2)假言性推论限定了范畴性推论的真假值。(3)假言性推论和模态逻辑有紧密的关系,这结合了"是/存在"的潜在性和现实性两分。

限于篇幅,本文仅扼要讨论了大卫评注中的四个问题。他推

---

① G. Patzig: *Aristotle's Theory of the Syllogism: A Logico-Philogical Study of Book A of the Prior Analytics*, translated by J. Barnes, Springer, 1968, pp.2–4.

② 见《前分》24b18,原文为συλλογισμὸς δέ ἐστι λόγος ἐν ᾧ τεθέντων τινῶν ἕτερόν τι τῶν κειμένων ἐξ ἀνάγκης συμβαίνει τῷ ταῦτα εἶναι。《分注》译文为: Հшишрырышпиши է рши, յпрпии пьрхьсьпд ишиша̀пп, h̅цς шпкишдь-цеорь h hшркь hшьпhширь դцпսьи дпг.

③ 这句使用了不定过去时分词,表示既定现实,不是祈愿或命令,这也是大卫的理由之一(Ⅸ.7)。

④ 也见阿姆莫尼尤斯对《前分》的评注26.2–8。

崇证明性推论的至高地位,主张逻辑学是哲学的一部分,同时又具有工具性;他着眼"是"的模态性和推论的假言性;这些都是评注体现的独特之处。总体上,大卫的评注秉承了新柏拉图主义的传统,以柏拉图阐释亚里士多德,同时又有所发挥;通过这种阐释,古代文本的思想之光(至少在大卫看来)得以显现。

## 参考文献

1. Calzolari, V.: "L'école hellénisante", *Age et usage de la langue arménienne*, Editions Entente, 1989.
2. *David the Invincible: Commentary on Aristotle's Prior Analytics*, Brill, 2010.
3. Düring, I.: *Aristoteles: Darsellung und Interpretation seines Denkens*, Winter Universitätsverlag, 2005.
4. Patzig, G.: *Aristotle's Theory of the Syllogism: A Logico Philogical Study of Book A of the Prior Analytics*, translated by J. Barnes, Springer, 1968.
5. Payaslian, S.: *The History of Armenia*, Palgrave Macmillan, 2007.
6. Ross, W. D.: *Aristotle's Prior and Posterior Analytics*, Oxford Clarendon Press, 2000.
7. Solmsen, F.: *Die Entwicklung der Aristotelischen Logik und Rhetorik*, Wiedmann, 1929.
8. Westerink, L. G., ed.: "Elias' Commentary on Aristotle's *Prior Analytics*", *Mnemosyne* 14, 1961, pp.126-139.

# 亚里士多德的灵魂观与当代功能主义

## ——兼容抑或冲突?①

曹青云(云南大学哲学系)

**摘要**：在当代心灵哲学的研究中,亚里士多德的灵魂学说被许多人解释为当代功能主义的先驱。他们认为亚里士多德既不赞同柏拉图的灵魂与身体的二元论,也不同意德谟克利特的物理还原论,他的灵魂观与当代功能主义共享深层的理论预设。本文剖析了功能主义者在解释亚里士多德的灵魂观时涉及到的三个主要观点：反物理还原论、心灵状态的"物理构成的可塑性",以及心灵与身体的"随附性"关系,并从这三个方面出发,评价了亚里士多德的灵魂观与当代功能主义的关系。本文指出亚里士多德的本质主义、自然目的论和形式在本体论上优先于质料的基本立场使得他的灵魂观与当代功能主义在根本上是不兼容的。亚里士多德的灵魂观应当称为"质料—形式主义的"。

**关键词**：亚里士多德　功能主义　灵魂　身体　心灵

## 一、亚里士多德是一个功能主义者吗?

亚里士多德的灵魂学说在当代心灵哲学的研究中受到越来越

---

① 本文原刊于《世界哲学》,2015 年,第 2 期。

多的关注。尤其是在心灵与身体的关系问题上,有些研究者把亚里士多德的学说解释为物理主义或物质主义的(physicalism or materialism),[①]有些研究者认为他是二元论者(dualist),[②]还有一些研究者认为亚里士多德的心灵哲学是功能主义的(functionalism),希尔兹(C. Shields)甚至宣称"亚里士多德是第一个功能主义者"。[③] 我们知道亚里士多德把灵魂定义为有机体的形式,而形式似乎又等同于功能,因此乍看起来在名称上"功能主义"似乎是对这一学说的直接而恰当的概括。

当代功能主义的一个重要观点是拒绝将心灵活动等同于或还原到物理构成上,同时又拒绝认为心灵与物理是相互分离的实在(即心灵与物理是二元实在),因此在身心问题上,功能主义者寻求的是一条"中间路线"——它既保存了心灵的某种独立性又维持了心灵与物理构成的某种统一性。亚里士多德的学说似乎也具有这种"中间路线"的特征,因为他既不赞同柏拉图的二元论身心观,也不同意诸如德谟克利特的物质主义的灵魂观。因此,亚里士多德的心灵哲学对当代功能主义者具有极大的吸引力,正如巴恩

---

① Thomas Slakey 和 Wallace Maston 等人是物理主义解释的代表,他们认为亚里士多德所说的灵魂和灵魂的活动等同于物理构成和生理活动。当然物理主义的解释中也有许多差异。参看 T. Slakey, "Aristotle on Sense Perception," *The Philosophical Review* 70.4 (1961), pp. 470-484. 以及 W. I. Matson, "Why Isn't The Mind-Body Problem Ancient?" in Feyerabend and Maxwell eds. *Mind, Matter and Method: Essays in Philosophy and Science in Honor of Heibert Feigl*, Minneapolis: University of Minnesota Press, 1966, pp. 92-102。

② Friedrich Solmsen 和 H. M. Robinson 等人是二元论解释的代表,他们认为亚里士多德所说的灵魂与身体的关系应当被描述为二元论的。当然二元论解释中也有许多差异。参看 F. Solmsen, "Greek Philosophy and the Discovery of the Nerves," *Mffuseum Helveticum* 18.4 (1961), p. 170. 以及 H. M. Robinson, "Mind and Body in Aristotle," *The Classical Quarterly*, Vol. 28, No. 1 (1978), pp. 105-124。

③ C. Shields, "The First Functionalist," in J. C. Smith ed., *Historical Foundations of Cognitive Science*, Dordrecht: Kluwer Academic Publishers, 1991, pp. 19-33.

斯(Jonathan Barnes)所说:"几个世纪以来心灵哲学在笛卡尔的卡律布狄斯水怪和科学的斯库拉水怪之间来回周旋:亚里士多德是通过海峡的奥德修斯。"[1]

亚里士多德的心灵哲学是功能主义的么? 当代许多功能主义者的回答是肯定的。例如,希尔兹认为亚里士多德与当代功能主义一样享有相同的"深层的理论预设",他说:"我们发现亚里士多德持有这样的观点:(1)心灵状态的实现方式是多重的,即实现心灵状态的东西在构成上具有可塑性,(2)一个心灵状态可以由输入数据、输出数据和别的心灵状态来定义。"[2]这些观点也是当代功能主义的主要观点。普特南(H. Putnam)和努斯鲍姆(M. Nussbaum)也认为亚里士多德的质料-形式学说及其心灵哲学与当代功能主义有着很多相同的地方。[3] 他们指出,首先,当代心灵哲学中的身心问题的起点是如何解释意识以及与之有关的心灵活动,功能主义的一个主要观点是意识和心灵活动不能还原为物质构成或物质变化,而亚里士多德也持有一种反物质还原论的观点,即他认为对一个对象的形式方面的解释比质料方面的解释更基础和更普遍,并且形式的特征是无法用质料的特征来解释的,因此前者不能还原为后者。其次,当代功能主义者不接受笛卡尔的心物二元论,他们认为心灵活动能够"实现在"物理活动之中或者说物理活动(在一个较低的层次上)"构成"了心灵活动,在他们看来亚里士多德也持有同样的观点——即亚里士多德认为灵魂的活动,例如

---

[1]  J. Barnes, "Aristotle's Concept of Mind," *Proceedings of the Aristotelian Society*, Vol.72 (1971), pp. 101–114. 这里的意思指的是心灵哲学在笛卡尔代表的二元论与自然科学代表的物理主义之间来回周旋。

[2]  C. Shields, "The First Functionalist," p. 20.

[3]  M. C. Nussbaum and H. Putnam, "Changing Aristotle's Mind," in A. O. Rorty and M. C. Nussbaum eds., *Essays on Aristotle's De Anima*, Oxford: Clarendon Press, 1992, p. 30.

感知、欲望、想象等是实现在质料之中的或者是由质料构成的，灵魂的活动是属于某些质料的；"因此，亚里士多德的形式和质料之关系是某种构成或实现的关系，不是等同或简单的关联关系。"①

从当代功能主义对物理主义和二元论的批评来看，亚里士多德的观点似乎能够被称为"功能主义的"，因为他明确地拒绝了把灵魂等同于身体或物质构成，也否认了把灵魂看作与身体相分离的不同实体。亚里士多德对这两种观点的反驳在这里不能备述，我只举出这些反驳论证中最重要的两个。在《论灵魂》第一卷第3章和第 4 章中亚里士多德证明了灵魂自身是不能运动的（406a1），因此它是不同于身体的非物质性实体，即形式。② 他指出灵魂是一个物体拥有生命的原因，它是引起生命体的运动和感知等活动的原因，但灵魂并不像德谟克利特所认为的那样可以直接推动物体的运动，因为任何能够运动或被别的东西推动的东西都是物质性的（corporeal）并且拥有一定的"量"，但灵魂并不拥有任何"量"（407a3），它不是物质（例如像德谟克利特说的精细的火原子），也不是物质的某种结构或特征（例如和谐）。在反驳了灵魂等同于某种物质或者可以还原为物质构成之后，亚里士多德指出，尽管灵魂是不同于身体的非物质性实体，但它并非与身体相分离。在给出了灵魂的定义之后，亚里士多德说我们甚至没有必要询问灵魂与身体是否统一，"这就好像在问石蜡和它的形状是否为一，或者一般地说一个物体的质料和拥有这个质料的物体是否为一。"（412b5-7）显然，他认为灵魂的定义已经向我们清楚地表

① M. C. Nussbaum and H. Putnam, "Changing Aristotle's Mind," pp. 35-36.
② Robert Heinaman 对灵魂不动的观点有着细致的分析，并认为亚里士多德的心灵哲学应当被描述为"弱的二元论"，或者"溢出的二元论"（emergent dualist）。参看 R. Heinaman, "Aristotle and the Mind-Body Problem," *Phronesis*, Vol. 35 (1990), pp. 83-102。

明灵魂与拥有它的身体是不可分离的,甚至询问它们是否为"一"的问题都是不必要的,因为它们在某种意义上是一个统一的实体。

在抛弃了物理主义和二元论的解释之后,我们能否确信亚里士多德的灵魂学说就是功能主义呢? 或者亚里士多德的观点既不能解释为物理主义和二元论,也不是功能主义的。① 伯尼耶特(M. F. Burnyeat)对以普特南和努斯鲍姆为代表的功能主义解释提出了反驳。他从分析感知活动出发来解释亚里士多德所说的灵魂与身体的关系,他指出感知活动不是一种物质或生理变化,也不伴随着任何物质或生理变化。从潜在的知觉到现实的知觉的转化就是对知觉对象的"意识",在这个过程中感觉器官并没有发生任何变化。因此,灵魂活动(例如感知)并不"实现在"物理活动中,或者说灵魂活动并不需要任何物理活动作为奠基者。因此,伯尼耶特指出索拉布其(R. Sorabji)对亚里士多德的感知活动的解释是错误的,②并且功能主义的整个解释是不成立的。亚里士多德的"质料"能够直接实施心灵活动,但当代功能主义依赖于后笛卡尔时代的"物质"概念——他们认为形式或灵魂能够偶然地实现在质料之中,质料的构成决定并产生了灵魂的活动;这种观点其实是与"自下而上"的物理还原主义兼容的,而与亚里士多德的"自上而下"的非物质还原论是不相容的。因此伯尼耶特认为不但功能主

---

① R. Sorabji 对感知活动的解释虽然可以支持功能主义的解释,但是他后来认为亚里士多德的心灵哲学是"独特的",无法适用于当代的任何解释模式。参看 R. Sorabji, "Body and Soul in Aristotle," *Philosophy*, Vol. 49 (1974), pp. 63-89. 此外,Fred D. Miller Jr.反对功能主义的解释,并认为亚里士多德的心灵哲学更接近于"epigenesist"的解释模型,参看 F. D. Miller Jr., "Aristotle's Philosophy of Soul," *The Review of Metaphysics*, Vol. 53, No. 2 (1999), pp. 309-337。

② R. Sorabji 认为感知活动中包含着物质的和生理的变化,知觉或意识是实现在感官的生理变化之中的,例如"看见红色"这个感知活动包含了"眼睛变红"这个生理变化。参看 R. Sorabji, "Intentionality and Physiological Processes: Aristotle's Theory of Sense-Perception," in *Essays on Aristotle's De Anima*, pp. 194-227。

义的解释无法接受,而且亚里士多德的心灵哲学在当代也不再可信,他说:"当亚里士多德以最概括的方式说心灵或灵魂是动物的身体的一组功能性的能力时,他对身心问题的解释听起来是吸引人的。当我们发现这个解释是从他的物理学的许多假设得来的并且无法脱离这些假设而被理解时,它就不那么吸引人了,因为我们不再相信这些假设,相反我们无法想象如果严肃地对待这些假设会是什么样子。亚里士多德的心灵哲学不再可信,因为亚里士多德的物理学不再可信,而他的物理学不再可信这个事实与我们今天面临的身心问题有着极大的关系。"①

伯尼耶特对功能主义之解释的否定激发了许多争论,有人沿着他的思路批评了功能主义的解释,②也有人从其它的角度否定了亚里士多德的心灵哲学是功能主义的。③ 普特南和努斯鲍姆回应了伯尼耶特的批评,他们认为这些批评并没有击中要害,更无法使人们抹杀亚里士多德心灵哲学在当代的意义,因为伯尼耶特错误地理解了功能主义的反物质还原论,而且他对感知活动是"接

---

① M. F. Burnyeat, "Is an Aristotelian Philosophy of Mind Still Credible?" in *Essays on Aristotle's De Anima*, p. 19.

② Alan Code 和 Julius Moravcsik 对功能主义之批评的主要方面也是从亚里士多德的"质料"概念与功能主义的解释不相容出发的,参看 A. Code & J. Moravcsik, "Explaining Various Forms of Living," in *Essays on Aristotle's De Anima*, pp. 138–141. 另外 M. Frede 指出亚里士多德的"质料"或"物理"概念与笛卡尔和后笛卡尔时代的"物理"概念的差异使得我们不能把他的心灵哲学理解为二元论的或者功能主义的,尽管他没有明确地提及对功能主义的批评,但是他的观点意味着功能主义的解释与亚里士多德的观点是不相容的。当然,我们不能忽视的是 Frede 的观点与 M. F. Burnyeat 的观点有着很多不同。参看 M. Frede, "On Aristotle's Conception of the Soul," in *Essays on Aristotle's De Anima*, pp. 96–109。

③ 参看 S. Marc Cohen 和 Thomas M. Olshewsky 对功能主义的批评。S. M. Cohen, "Hylomorphism and Functionalism," in *Essays on Aristotle's De Anima*, pp. 61–77; T. M. Olshewsky, "Functionalism Old and New," *History of Philosophy Quarterly*, Vol. 9, No. 3 (1992), pp. 265–286。

受形式而不接受质料"的解释也是错误的。①

那么,亚里士多德的灵魂观究竟是不是功能主义的呢？或者,在一种弱的意义上,当代功能主义是否与亚里士多德的心灵哲学兼容？澄清当代功能主义关于亚里士多德心灵哲学的主要观点,将有助于我们回答上述问题。

## 二、当代功能主义之解释

当代功能主义是在行为主义面临的尖锐批评中和人工智能发展的刺激下产生的理论,其理论出发点并不是心灵与身体的关系问题,但这个问题却是它最终面临的重要问题之一。② 心灵哲学中的功能主义的主要观点是：某种确定类型的心灵状态是什么并不取决于它的内部构造,而是取决于它实施功能的方式或者它作为一个认知系统中的部分所起到的作用。③ 因此,一种心灵状态是通过其与环境刺激,输出行为和其它心灵状态的因果关系而得到定义的。例如,"疼痛"可以被定义为这样一种状态:它是由身体的伤害引起的,并产生了某种东西是对身体有害的信念,并产生出想要脱离那种状态的欲望或焦虑以及产生了畏缩和呻吟的行为,等等。

当代功能主义在发展中可以细分为诸多不同的流派,我们在这里只讨论那些把亚里士多德的心灵哲学看作功能主义的主要观点。普特南、努斯鲍姆和希尔兹等人在解释亚里士多德的功能主

① M. C. Nussbaum and H. Putnam, "Changing Aristotle's Mind," pp. 36-44.
② 参看 Thomas M. Olshewsky 对这个问题的评论, Olshewsky, "Functionalism Old and New," pp. 265-286.
③ 参看斯坦福哲学百科中对"功能主义"之涵义的一般性解释。J.Levin, "Functionalism," Edward N. Zalta ed., *The Stanford Encyclopedia of Philosophy* (Fall 2013 Edition), URL = <http://plato.stanford.edu/archives/fall2013/entries/functionalism/>.

义时涉及到的观点主要有三个：一是对心灵活动或心灵状态的反物质还原论解释，二是心灵活动或心灵状态在物质构成中的多种实现方式，即物理构成的可塑性（compositional plasticity），三是心灵活动或心灵状态是随附在生理活动或物理状态上的，即心灵与物理的随附性关系（supervenience）。下面我们将对这三个观点逐一加以分析。

首先来看功能主义者对心灵活动或心灵状态的反物质还原论解释。功能主义者的一个基本共识是：心灵活动或心灵状态不等同于生理活动或物理构成，也不能还原为后者，而是由它在一个理论系统中的功能或作用来定义的——而它的功能或作用又可以翻译为其与环境刺激、输出行为和其它心灵状态的原因关系。例如"疼痛"这种心灵状态并不等于大脑的一种状态也不是大脑状态的某种特征或产物，"而是整个有机体的一种功能状态"。① 在功能主义发展的早期，普特南用"图灵机"的模型来比拟一个有机体的心灵状态。② 图灵曾提出这样一个思想实验：试想一名测试者在看不见他的测试对象的情景下提出许多问题，测试对象很好地回答了这些问题，因而测试者认为这是一个有理智的人；但是这个测试对象其实是一台拥有有限数据状态的计算机，人们给它输入一些指令和程序，它就能输出相应的数据——即回答我们的各个问题。这个思想实验提出了一个问题：图灵机能思考吗？或者说计算机能够拥有思想这种心灵状态吗？如果我们把心灵状态理解为连接"输入指令"和"输出数据"之间的状态，那么图灵机就能够

---

① 参看 H. Putnam 对"疼痛是不是大脑的一种状态"的讨论，H. Putnam, "The Nature of Mental States," in David M. Rosenthal ed., *Materialism and the Mind-Body Problem*, Cambridge: Hackett Publishing, 2000, p. 154。

② Putnam 在后期对功能主义的图灵机模型做出了批评，但我们在这里集中于讨论图灵机模型所代表的功能主义。

被认为是拥有思想这种心灵状态的。因此,图灵实验告诉人们,一种心灵状态是什么并不取决于它的物理构成,普特南说:"知道相对于一种描述的系统的全部状态就必须细致地知道这个系统在各种感觉刺激的输入下是如何'行动'的,但是并不要求知道 $S_1$ 状态的物理构成,例如大脑的物理化学状态。"①

因此,功能主义强调心灵活动或心灵状态是由它在整个有机体中发挥的功能和作用来定义的,而不能等同于或还原为物理活动或物理构成。由此,功能主义与物理主义划清了界限。福多尔(Jerry A. Fodor)在批评物理主义时说:"宣称心灵状态与大脑状态是偶然地相等的并不必同时认为心理学要还原为神经科学。物理主义为真也并不意味着心灵状态和神经结构之间的关系是后者为前者提供了'微观分析'。"②他指出物理还原论的典型问题是"X是由什么构成的?"例如,"水是由氢原子和氧原子构成的",而功能分析的典型问题是"一个机体的部分在这个机体作为整体的典型活动中起着什么样的作用?"③心灵状态是由功能来定义的,因此它并不能还原为物理构成;甚至不同的物理构成可能拥有相同的功能状态。

功能主义者发现亚里士多德也有这种反物质还原论的立场。他们指出亚里士多德认为实体之本性不是由质料决定的,即一个对象的本质和本质的活动不可能在质料层面得到充分的解释,而必须涉及到它的形式。所以一个实体的本质和它特有的活动不能还原到质料层面,即不能还原为它的物质构成。例如,一个铜球的功能或特有的活动(例如能够翻滚)并不能由它的物质构成来解

---

① H. Putnam, "The Nature of Mental States," p. 155.

② J. A. Fodor, "Materialism," in *Materialism and the Mind-Body Problem*, p.140.

③ J. A. Fodor, "Materialism," p. 144.

释,而是由它的几何特征来解释。① 一个生命体的功能和活动并不能还原为它的物质构成和生理活动,而是由它的灵魂或形式引起的,因此功能主义者相信像心灵状态"这些意向性的特征是不可还原的,也不能由物质构成和物理活动来解释。"②

与功能主义的反物质还原论密切相关的另一个观点是:心灵状态在物质构成中的实现方式是多样的,即同一种心灵状态可以实现在不同的物质构成中。这个观点又被称为"物理构成的可塑性",功能主义者认为它为反物质还原论提供了一个重要的依据。③ 因为"物理构成的可塑性"表明一种特定的物理构成或状态并不等同于也不能决定一种特定的心灵状态,换言之,一种心灵状态与实现它的某个特殊的物理构成之间具有某种不相干性和独立性,即它们的关系是偶然的和外在的。

"物理构成的可塑性"在功能主义的最初的理论模型中得到了集中的体现。如果"图灵机"能够通过测试并实施特定的功能,我们就认为它拥有"思想",在这种情况下,思想这种心灵状态就既能实现在人的生理构成中又能实现在机器的物理构成中。因此,普特南(H. Putnam)指出"能思考的存在者具有物理构成的可塑性——即对应于一个物理上可能(逻辑的可能或形而上学的可能)发生的具有命题内容的思想不是只有一个物理状态或事件,或者对于一个愤怒的感受,或者对于一种疼痛,等等来说也是如此。显然我们必须认为命题态度、情感、知觉并不等同于大脑的状态,甚至也不等同于更宽泛的第一层次的物理状态。"④所以,在功

---

① M. C. Nussbaum 和 H. Putnam 使用了这个例子来解释亚里士多德的反物质还原论立场,参看 M. C. Nussbaum and H. Putnam, "Changing Aristotle's Mind," p. 36。

② M. C. Nussbaum and H. Putnam, "Changing Aristotle's Mind," p. 38.

③ Ibid., p. 36.

④ Ibid., p. 51.

能主义者看来,机器人、火星人等都可能拥有和我们一样的思想和情感等心灵状态,只要他们能够实施和我们一样的功能,哪怕他们的物理构成与我们的完全不同。

因此,功能主义者认为亚里士多德的观点与他们提出的"物理构成的可塑性"非常相似。希尔兹指出亚里士多德认为质料是否适合构成一个实体取决于它的功能,但对具体的物质结构没有明确的限定;他认为某些事物在一些条件下的实现方式是多重的(multiply realizable),这意味着"对物理构成的可塑性的承认使得亚里士多德认为实体或状态能够实现在不同类型的质料之中"。[①]例如,球形可以实现在铜之中(铜球),也可以实现在木头之中(木球),同一个形式完全可以在不同的质料中被实现。希尔兹甚至说亚里士多德认为人由血肉和骨头构成是一个偶然的事件。[②]因此,形式和质料的关系被认为是偶然的:同一种质料可以拥有不同的形式,而一个形式也可能实现在不同类型的质料中。科恩(S. Marc Cohen)认为亚里士多德对心灵状态的许多论述强烈地表达了功能主义的这一观点,"即同一种心灵状态可以拥有不同的质料现实。例如,在由肉构成的动物中,触觉的器官是肉;而在别的动物中,触觉的器官是'与肉类似的部分'(《动物的部分》647a21)。触觉发生在人的肉之中,而在别的物种中,触觉发生在另外的器官中。这些论述在他的著作中随处可见,它们表明亚里士多德对物理构成的可塑性是持同情态度的。"[③]

尽管心灵状态不能还原为物理构成,并且一个特定的心灵状态并不必然对应于一个特定的物理状态,但是一个心灵状态必然要"实现在"某个物理状态中(虽然不是唯一的物理状态);功能主

---

① C. Shields, "The First Functionalist," p. 22.

② Ibid., p. 23.

③ S. M. Cohen, "Hylomorphism and Functionalism," p. 63.

义者不承认任何"纯粹的"或不包含任何物理状态的心灵状态。那么,功能主义者无法回避的一个问题是:心灵状态与实现它或构成它的物理状态是什么关系? 有些功能主义者用"随附性"关系来解释,即心灵状态是随附在物理状态之上的或者任何心灵状态都伴随着某个物理状态。

"随附性"概念有着不同的表述方式,被广泛接受的一种表述来自金在权(Jaegwon Kim),他用一些性质概念来定义"随附性"关系。"A 在强的意义上随附在 B 之上,必然地,有一组性质 A 和另一组性质 B,对于任意对象 X 和 A 中的任何一个性质 F,如果 X 有性质 F,那么在 B 中也有一个性质 G 属于 X,并且,必然地如果任何对象 Y 有性质 G,那么它也有性质 F。"①金在权提出的这个表述被称为性质的随附性定义,②即如果一个对象 X 有 A 组性质中的 F,那么 B 组性质中的 G 也属于 X,并且,必然地如果另一个对象 Y 有 B 组性质中的 G,那么 Y 也有 A 组性质中的 F。反过来说,如果"A 在强的意义上随附于 B",那么两个对象 X 和 Y 假若拥有 B 组性质中的 G,那么它们就必然拥有 A 组性质中的 F。换言之,两个对象的性质如果在 B 层次中是不可区分的,那么它们在 A 层次中也是不可区分的。

有些功能主义者认为心灵状态和构成它的物理状态之间就是这种随附性关系,例如,如果两个人拥有相同的大脑状态(如他们的 C 神经受到刺激),那么他们也拥有相同的心灵状态(如疼痛),因此疼痛(这种心灵状态)是随附在脑部神经受刺激(这种物理状态)之上的。"随附性"关系中附随的一方(which supervenes)和被

---

① J. Kim, "Concepts of Supervenience," *Philosophy and Phenomenological Research*, Vol. 45 (1984), pp.153-176, esp. p. 156.

② 参看 H. Granger 对不同涵义的"随附性"概念的讨论,在这里我们不做展开。H. Granger, "Supervenient Dualism," *Ratio*, Vol. 7 (1994), pp. 3-8.

随附的一方(supervenience base)具有必然的关联性,但是它们彼此并不等同,也不具有因果关系。"随附性"关系介于等同关系(或还原关系)与平行关系之间,因此它避免了心灵与物理的等同关系所代表的物理主义的立场,也避免了平行关系所代表的二元论立场。

亚里士多德的灵魂与身体的关系被功能主义者解释为随附性关系,即灵魂的活动随附于生理变化之上。① 例如,如果两个人处于同样的生理变化中(如心脏周围的血液在沸腾),那么他们必然拥有相同的灵魂活动(如愤怒)。灵魂是身体的形式或现实性所说的意思正是灵魂作为整体"随附于"整个身体之上。因此,如果身体处于某个状态中,那灵魂必然处于某个相应的状态,没有别的情况。②

## 三、亚里士多德与当代功能主义的不兼容

接下来,我要指出,亚里士多德的心灵哲学并不能被恰当地解释为"功能主义的",或者说他的心灵哲学与当代功能主义是不相容的。从总体上说,我是反对功能主义之解释的,但是我并不完全

---

① C. Shields 在明确提出"亚里士多德是第一个功能主义者"之前,曾经把亚里士多德的心灵哲学描述为"随附性的二元论"——即心灵和身体是具有随附性关系的两个实体,他的这个观点是对 Kim 的"性质的随附性"关系的拓展,参看 C. Shields, "Soul and Body in Aristotle," *Oxford Studies in Ancient Philosophy*, Vol. 6 (1988), pp. 103-137. 但是 H. Granger 反驳了 Shields 的这个观点,认为在两个实体间建立随附性关系是不可能成功的。参看 H. Granger, "Supervenient Dualism," pp. 1-13. 另外 Michael V. Wedin 也用随附性关系解释亚里士多德的身心关系,参看 M. V. Wedin, "Aristotle on the Mechanics of Thought," *Ancient Philosophy*, Vol. 9 (1989), pp. 67-86.

② 参看 F. D. Miller Jr 对功能主义者如何解释亚里士多德的灵魂与身体的随附性关系的阐述,Miller, "Aristotle's Philosophy of Soul," pp. 325-326.

赞同伯尼耶特的观点,也不认为他对功能主义的反驳是完全成功的。伯尼耶特对功能主义的反驳主要依赖于他对感知活动的解释,因此如果有人不认同他对这段文本的诠释,那么他的观点便缺乏说服力。所以,我们需要更"一般的"和更基础的论证来阐明功能主义的解释在什么意义上是不恰当的。

我们将依照以上讨论的功能主义的三个主要观点来逐一对照和分析亚里士多德在这些问题上的立场。这样做会使我们面临肢解亚里士多德观点的风险,但它的优点是能使我们清晰地看出在哪些基本的理论方面,亚里士多德的哲学与当代功能主义是不相容的。

我们先来分析心灵状态或心灵活动的反物质还原论的观点。功能主义者在解释亚里士多德的这个观点时偏好的例子是"人造物",例如"铜球"、"房子"和"斧头"等,因为人们容易清楚地区分出"人造物"的质料和形式。亚里士多德强调一个实体的本质不是由构成它的质料决定的,而是来自它的形式,例,房子的本质不是砖石和木块,而是能够遮风挡雨的住所。因此,在解释和理解一个实体的本质或本质活动时必然要涉及到形式,并且对于形式的指涉无法还原为质料。在这个意义上,亚里士多德确实认为形式因不能还原为质料因,由灵魂引起的活动(心灵活动)也不能还原为任何生理和物理活动。

然而,我们并不能因此认定亚里士多德的观点就是当代功能主义者的反物质还原论。后者仅仅要求对心灵状态的定义不包含或不指涉任何物理状态或物质构成,即人们可以不涉及任何物理状态而定义某种心灵状态;①但是亚里士多德"要求得更多",他认

---

① 作为这个观点的文本证据,功能主义者喜欢引用亚里士多德在《形而上学》Z11 中对定义和定义的部分的讨论(1036a27–1036b2)。定义的对象是不是形式而不包含任何质料?但是这段文本应当如何解读是有很多争议的,例如,这个问题的答案是什么,以及这里的观点是不是亚里士多德对自然实体之定义的最终观点等等。

为形式(灵魂或心灵)本身不仅不包含任何质料,而且还规定了与之相应的质料,即形式不仅不能还原为质料,而且它还规定了质料是什么。功能主义者仅仅要求心灵状态保持对于物理状态的某种独立性,但亚里士多德认为形式或灵魂不仅是独立于质料的,而且还具有本体论上的优先性。正是本体论上的优先性使得形式或灵魂不仅无法还原为质料,而且它是最基础和最根本的实体,因而在亚里士多德看来,形式或灵魂是"原初的"(primitive)和无需解释的——它们是质料或一切物理状态的"原因"(aitia)。

在《论灵魂》第一卷第 5 章中亚里士多德拒绝了将灵魂等同于构成身体之元素,他说:"是什么将元素组成统一体? 看起来,元素对应于质料;是什么将质料统一起来呢? 无论它是什么,它将是最高等级的重要因素;但是不可能存在着比灵魂还高级的或者统治灵魂的东西了(更别说比理性更高级的东西)。"(410b12-14)

从这个段落里,我们看到灵魂(或形式)不仅不能还原为元素或质料,而且灵魂是本体论上的最终原因,它统治着质料、并使得质料成为一个统一体。在《形而上学》中,亚里士多德对于这个观点有着更为明确和集中的表述。

在《形而上学》Z17 中,亚里士多德从原因的角度来研究实体,他指出一个可感实体并不像一堆众多个体的组合叠加,而是像一个音节。"一个音节不等于它的所有元素,音节 ba 并不等于字母 b 和字母 a"(1041b14)。一个音节不仅是构成它的字母的总和,它还是别的什么,因为当这个音节被分解之后,它不存在了,但构成它的字母仍然是存在的。类似地,可感实体也不仅是构成它的元素的总和,它还是别的什么,例如"肉不仅是由土元素和火元素或者热和冷构成的,它还是别的什么,如果这个别的东西是一种元素或者是由元素构成的,例如它是一种元素,那么这个论证就会继续下去,因为肉就将是由这种元素和土元素和火元素和别的东西构成的,因而这个过程将会无限继续下去……"(1041b17-20)为了避免"无穷倒退",亚里士多德指出形式不是构成实体的一种元素,而是它的原因——即它是使质料成为一个确定的实体的原因;形式是事物之生成和存在的首要原因。

在 Θ8 中亚里士多德进一步指明:"对于所有的潜在性而言,现实性在定义上和在实体上都优先于它"(1049b11)。质料是潜在存在者,而形式是现实存在者,对质料的定义必然包含了形式,反之则不然,因为形式在本体论上优先于质料,即形式的本质决定了相应的质料的本质。弗雷德(M. Frede)在比较亚里士多德的质料概念与当代哲学中的物质概念时指出,"对亚里士多德来说,质料本身从定义上预设了一个形式或本质,根据后者他才能够得到理解。"[1]而当代哲学中的"物质"概念并不预设这一点。

因此,在亚里士多德看来,形式或灵魂的本体论地位是最根本的,它们不仅不能还原为质料或任何物质构成,而且还是后者之存在的"原因"。然而,这个"原因"对于当代功能主义者而言却相当费解,因为他们的理论从根本上说是与一种"科学的"形而上学观兼容的;[2]他们的"反物质还原论"仅仅意味着心灵状态相对于物理状态具有某种独立性,但并不意味着心灵状态本身在本体论上是独立的或者更为根本的,所以他们喜欢把心灵描述为"随附在"物理构成上(我们稍后分析这一点),而无论如何也无法设想心灵状态是造成物理状态的原因。因此,功能主义者的观点在本体论预设上与物理主义者是相容的,他们都认为本体论上的最终实在

_____

① 参看 M. Frede 对亚里士多德的"质料"概念的分析,M. Frede, "On Aristotle's Conception of the Soul," p. 103。

② T. M. Olshewsky, "Functionalism Old and New," p. 268. 在这儿 Olshewsky 说:"尽管功能主义者对物理主义的关系的理解各不相同,但是他们都无一例外地承诺了物理主义,这儿的原因主要是这个承诺是他们对于一个与科学相融贯的形而上学的承诺。"

是物质或物理状态。但是这种"自下而上"的本体论结构与亚里士多德的"自上而下"的本体论结构是不相容的。所以,亚里士多德与功能主义者在"反物质还原论"上的相似观点仅仅是一种表面现象,他们背后的本体论预设是完全不同的。

心灵状态的"物理构成的可塑性"是功能主义者在解释亚里士多德的心灵哲学时提出的另一个重要观点。他们指出亚里士多德同样认为一种心灵状态(或形式)可以实现在完全不同的物理构成中,普特南尤其在这个方面认为自己是个亚里士多德主义者。[1] 功能主义者的这个观点指明了心灵状态与实现它的物理状态之间的关系是外在的和偶然的。然而,亚里士多德并不认为灵魂与身体或形式与质料的关系是外在的和偶然的,相反,它们具有本质上的必然联系。

功能主义者对亚里士多德文本中的"人造物"例子的选取以及对亚氏"质料"概念的误解掩盖了形式和质料在本质上的关联。"技艺模仿自然",由技艺生产的人造物(如铜球、斧头)与自然物(如一棵橡树、苏格拉底)具有本体论上的相似性,但它们的差别在于,人造物的"本原"是外在的而自然物的"本原"是内在的。一块铜不会自己成为一个铜球,它需要一个外在的原因(球的形式和雕塑的技艺)将它变为一个铜球,但是一粒橡籽并不需要一个外在的原因使它变成一棵橡树。在"人造物"中形式与质料的关系是外在的,因此亚里士多德并不认为它们是典型的"实体",但自然物是典型的"实体"——它们的形式与质料的关系是内在的。另一方面,虽然"人造物"的形式与质料的关系是外在的,但亚里士多德并不认为它们的关系是"偶然的"。因为一块铜自身并不是铜球的质料,只有当这块铜作为潜在的球体时才被看作铜球的

---

[1] M. C. Nussbaum and H. Putnam, "Changing Aristotle's Mind," pp. 51-52.

质料,而什么是"潜在的球体"是由"现实的球体"决定的,换言之,潜在存在者的本质是由现实存在者的本质规定的。因此,铜球的质料与铜球的关系不是偶然的,而是前者的本质依赖于后者,它们具有本质上的关联。质料作为潜在存在者,它的本质是由相应的现实存在者来定义的。

因此,《论灵魂》第二卷第 1 章提出的身体和身体之部分的"同名异义"原则对于功能主义者来说是个十分棘手的问题。① 如果亚里士多德赞同功能主义者的"物理构成的可塑性"的观点,那么他就应当认为感知(或其它功能)既能够实现在活着的身体中,也同样能够实现在无机的物质构成中或其它类型的质料中。但是他的观点似乎很难这样来解读。他说:"假如一个工具,例如一把斧头,是一个自然的身体,那么什么是斧头将成为它的本质和灵魂;如果它失去了本质,那么它就不再是一把斧头,除了在名字上被叫做斧头……然后,我们把这个原则运用到活着的身体之部分上。假设眼睛是一个动物,那么视力就是它的灵魂,因为视力是眼睛的实体,即在本质之意义上的实体,眼睛是看见(这一活动)的质料;如果眼睛不能看见,那么它就不再是眼睛,除了在名字上被叫做眼睛——就像一座雕像的眼睛或画上的眼睛只在名字上叫做眼睛"(412b12-22)。因此,只有能够实施砍伐功能(什么是斧子)的斧头才称得上真正的斧头,只有能够实施各种生命活动的身体才称得上真正的身体。"同名异义"原则证明只有处于某种条件下的质料才是真正的质料,即它必须是拥有本质的和能够实

① M. C. Nussbaum 和 H. Putnam 在一个很长的注释中试图论证亚里士多德的这个"同名异义"原则只适用于"高层的质料",对于低层的质料(例如血、肉和元素)和形式的关系仍然是偶然的和外在的,参看 M. C. Nussbaum and H. Putnam, "Changing Aristotle's Mind," p. 38. 另外 J. Whiting 在支持功能主义的解释时,也提出了相似的论证。参看 J. Whiting, "Living Bodies," in *Essays on Aristotle's De Anima*, pp. 79-95。

施本质功能的。因此,任何一种质料都是由相应的功能来定义的,这意味着不存在一种不被本质定义的、"自由的"质料。换言之,一种特定的质料能够实现何种功能是注定了的,或者说一种特定的功能必然对应于特定类型的质料。

如果有人把"人造物"的形式与质料的外在关系理解为有机体的灵魂与身体的关系,并同时把形式与质料的关系理解为偶然的,那么他就容易认为亚里士多德的这个"同名异义"原则以及他对灵魂的定义是令人困惑的和不融贯的。[①] 功能主义者在解释亚氏的灵魂与身体的关系时错误地认为它们是偶然的和外在的,因为他们错误地坚信亚里士多德持有"物理构成的可塑性"观点。

亚里士多德对心灵状态的"物理构成的可塑性"的否定根源于他的本质主义和对"质料"概念的理解。任何可感实体都具有自身的本质,这个本质规定了它的特征和活动,并且是其存在的目的。质料的本质是由相应的形式规定的,质料潜在地拥有形式,或者说质料是"潜在的形式"。当我们把一个物体看作某个实体的质料时,我们其实已经认为这个物体潜在地拥有了某个形式或本质。因此,质料对其自身形式的实现或对其功能的实施都是它的本质活动。然而,当代功能主义者却无法接受这种本质主义,正是因为物体没有特属于自身的本质或功能,它们与某个特定的心灵状态之间才具有"弹性"和"非唯一性"。努斯鲍姆在展望亚里士多德心灵哲学的当代意义时把他与维特根斯坦相比,甚至认为后者可以吸纳亚里士多德哲学。[②] 但是亚里士多德的本质主义立场不仅使他无法成为一个功能主义者,更不可能成为维特根斯坦式

---

① 参看 J. Akrill 对亚里士多德的灵魂定义的不自洽性问题的讨论, J. Akrill, "Aristotle's Definitions of Psuche," *Proceedings of the Aristotelian Society*, New Series, Vol. 73 (1972), pp. 119-133。

② M. C. Nussbaum and H. Putnam, "Changing Aristotle's Mind," p. 54.

的反本质主义者。

最后，我们再来看看心灵与身体的"随附性"关系。"随附性"关系使得心灵与物理之间既具有"伴随"的相关性同时又具有相对的独立性，因而它成为功能主义者拒绝物理主义和二元论的利器。但是我们必须注意到"随附性"关系是一个不对称的关系，一方是随附基础，而另一方是随附在这个基础之上的，随附基础的状态决定了随附在它之上的东西的状态。功能主义者认为，随附基础是物理状态，而附随在它之上的是心灵状态，这个关系是不能反转的；因为物理状态在本体论上更为基础。米勒（Fred D. Miller, Jr.）指出："随附性概念对于当代哲学家来说是非常有吸引力的，因为它意味着心理学领域完全可以自下而上地由物理学来决定，它显示了这样一条道路：我们可以给予人类的行为以完整的物理解释而不必面临二元论者提出的尖锐的反驳。"①

然而，亚里士多德却不能接受对灵魂和身体的"随附性"关系的解释，且不论功能主义者是从性质的随附性关系出发来解释心灵与物理的关系，而亚里士多德决不把灵魂和身体看作两种"性质"。除此，我们还有两个重要的理由。首先，灵魂并不是随附在身体之上的性质或现象，而是独立的实体和"本原"；②其次，灵魂与身体的不对称关系绝不是功能主义者所理解的，而是恰恰相反。

亚里士多德在《论灵魂》第一卷第 4 章中批判了把灵魂看作身体之"和谐"的观点，从而拒绝了把灵魂理解为附随在身体之上的性质、结构或状态。他说："他们（他的前辈们）说灵魂是一种和谐，……然而，和谐是构成成分的某种比例或结构，而灵魂不可能

---

① F. D. Miller Jr, "Aristotle's Philosophy of Soul," p. 326.
② H. Granger 批评功能主义者和反功能主义者的解释，他认为他们都把灵魂看作一种"性质"，而亚里士多德并不认同这一点。参看 H. Granger, "Aristotle and the Functionalist Debate," *Apeiron* 23.1 (1990), pp. 27–50。

是其中任何一种。此外,引起运动的能力不可能属于和谐,而他们都一致认为这种能力是灵魂的首要特征。和谐更适合称谓健康(或者身体的良好状态),但不适合称谓灵魂"(407b28－408b35)。健康是身体的一种性质,因而可以用"和谐"来谓述,但灵魂不是身体的任何性质,因而不能用"和谐"来谓述。亚里士多德认为灵魂是造成身体运动的原因,也是在身体中产生知觉的原因;灵魂是一切生命活动和心灵活动的动力因、目的因和形式因。因此,它属于"实体"的范畴,而不是身体的"属性"。

所以,灵魂作为独立的"本原"和"原因"这个观点与功能主义者的"随附性"观点是难以调和的。功能主义者即便承认随附在物理状态上的心灵状态是在物理基础上"涌现"出的新属性,他们也无法接受心灵是引起身体活动的独立的原因。因此,无法解释心灵状态与生理活动的因果关系或许是当代功能主义者面临的严峻问题。科恩(M. Cohen)在许多方面同情功能主义者的解释,但是他指出,亚里士多德的心灵哲学把形式作为真正的原因是对功能主义解释的真正反驳,而功能主义者对这个反驳还没有做出回应,并且这种回应也很可能不会成功。[①]

另一方面,灵魂与身体的不对称关系绝不是功能主义者的"随附性"关系所展示的不对称关系。灵魂或心灵状态不是被身体或物理状态决定的,而是相反。在亚里士多德看来,灵魂是身体之存在的"本原",这个原因不是物质性的存在者,而应当被理解为身体的"目的因"。我们已经指出形式在本体论上优先于质料,而质料的本质是由形式决定的。现在来考虑质料一方,我们会发现亚里士多德总是说质料为了某个形式而是如此这般。形式以目的的方式确定了质料的本质——即形式是质料的目的,而质料是

---

① S. M. Cohen, "Hylomorphism and Functionalism," pp. 75－76.

为了实现形式而如此存在的。

他说:"任何被生成的事物都朝向一个原因,即它的目的,……实现性是目的,并且为了它,潜在性才被获取。动物的看的活动并不是为了拥有视力,而是拥有视力是为了看见"(1050a7-11)。灵魂的活动是身体的目的,即身体的各个部分是为了实现各种灵魂活动而如此存在的,例如,眼睛由透明的晶状体(和其它物质)构成是因为它的目的是实现"看"这一活动。因此,灵魂或心灵状态不是"随附"在生理状态上或者由生理状态和物质构成决定的性质或现象,而是物质构成和生理状态之存在的原因和最终目的。

亚里士多德的自然目的论决定了形式和质料的关系以及灵魂和身体的关系是不对称的,并且形式或灵魂具有本体论上的优先性——它是质料或身体的最终目的,而非依附于质料的任何属性。当代功能主义者并不持有自然目的论的立场,因此他们对于心灵与物理的"随附性"关系的理解与亚里士多德对灵魂与身体之关系的理解是不兼容的。

因此,无论是在"反物质还原论"的观点上,还是在"物理构成的可塑性"以及心灵与物理的"随附性"关系方面,亚里士多德的灵魂学说与当代功能主义只具有某些表面上的相似性,它们在根本的本体论预设上是不相容的。亚里士多德对形式或心灵在本体论上的优先性的立场以及他的本质主义和自然目的论都使得他的理论无法与功能主义的基本观点相兼容。当代功能主义在身心问题的解释上开辟了一条"中间路线"——既避免了物理主义的物质还原论又避免了二元论对心灵与身体的分裂,亚里士多德的灵魂学说同样具有这种"中间路线"的优势;然而,这是两条完全不同的"中间路线"。

# 参考文献

1. Ackrill, J. L.: "Aristotle's Definitions of Psuche", *Proceedings of the Aristotelian Society*, New Series, Vol. 73 (1972), pp. 119-133.

2. Barnes, J.: "Aristotle's Concept of Mind", *Proceedings of the Aristotelian Society*, Vol.72, 1971, pp. 101-114.

3. Burnyeat, M. F.: "Is an Aristotelian Philosophy of Mind Still Credible?" in A. O. Rorty and M. C. Nussbaum eds., *Essays on Aristotle's De Anima*, Oxford: Clarendon Press, 1992, pp. 18-29.

4. Code, A. & Moravcsik, J.: "Explaining Various Forms of Living", in A. O. Rorty and M. C. Nussbaum eds., *Essays on Aristotle's De Anima*, Oxford: Clarendon Press, 1992, pp. 129-145.

5. Cohen, S. M.: "Hylomorphism and Functionalism", in A. O. Rorty and M. C. Nussbaum eds., *Essays on Aristotle's De Anima*, Oxford: Clarendon Press, 1992, pp. 61-77;

6. Fodor, J. A.: "Materialism", in David M. Rosenthal ed., *Materialism and the Mind-Body Problem*, Cambridge: Hackett Publishing, 2000, pp. 128-149.

7. Frede, M.: "On Aristotle's Conception of the Soul", in A. O. Rorty and M. C. Nussbaum eds., *Essays on Aristotle's De Anima*, Oxford: Clarendon Press, 1992, pp. 96-109.

8. Granger, H.: "Aristotle and the Functionalist Debate", *Apeiron* 23.1, 1990, pp. 27-50.

9. ——.: "Supervenient Dualism", *Ratio*, Vol. 7, 1994, pp. 1-13.

10. Heinaman, R.: "Aristotle and the Mind-Body Problem", *Phronesis*, Vol. 35, 1990, pp. 83-102.

11. Kim, J.: "Concepts of Supervenience", *Philosophy and Phenomenological Research*, Vol. 45, 1984, pp.153-176

12. Levin, J.: "Functionalism", Edward N. Zalta ed., *The Stanford Encyclopedia of Philosophy* (Fall 2013 Edition), URL = <http://plato.stanford.edu/archives/fall2013/entries/functionalism/>.

13. Matson, W. I.: "Why Isn't The Mind-Body Problem Ancient?" in Feyerabend and Maxwell eds. *Mind, Matter and Method: Essays in Philosophy and*

*Science in Honor of Heibert Feigl*, Minneapolis: University of Minnesota Press, 1966, pp. 92–102.

14. Miller, F. D.: "Aristotle's Philosophy of Soul", *The Review of Metaphysics*, Vol. 53, No. 2, 1999, pp. 309–337.

15. Nussbaum, M. C. and Putnam, H.: "Changing Aristotle's Mind", in A. O. Rorty and M. C. Nussbaum eds., *Essays on Aristotle's De Anima*, Oxford: Clarendon Press, 1992, pp. 30–60.

16. Olshewsky, Thomas M.: "Functionalism Old and New", *History of Philosophy Quarterly*, Vol. 9, No. 3, 1992, pp. 265–286.

17. Putnam, H.: "The Nature of Mental States", in David M. Rosenthal ed., *Materialism and the Mind-Body Problem*, Cambridge: Hackett Publishing, 2000, pp.150–161.

18. Robinson, H. M.: "Mind and Body in Aristotle", *The Classical Quarterly*, Vol. 28, No. 1, 1978, pp. 105–124.

19. Shields, C.: "Soul and Body in Aristotle", *Oxford Studies in Ancient Philosophy*, Vol. 6, 1988, pp. 103–137.

20. ——: "The First Functionalist", in J. C. Smith ed., *Historical Foundations of Cognitive Science*, Dordrecht: Kluwer Academic Publishers, 1991, pp. 19–33.

21. Slakey, T.: "Aristotle on Sense Perception", *The Philosophical Review* 70.4, 1961, pp. 470–484.

22. Solmsen, F.: "Greek Philosophy and the Discovery of the Nerves", *Mffuseum Helveticum* 18.4, 1961, pp. 150–197.

23. Sorabji, R.: "Body and Soul in Aristotle", *Philosophy*, Vol. 49, 1974, pp. 63–89.

24. ——: "Intentionality and Physiological Processes: Aristotle's Theory of Sense-Perception", in A. O. Rorty and M. C. Nussbaum eds., *Essays on Aristotle's De Anima*, Oxford: Clarendon Press, 1992, pp. 194–227.

25. Wedin, M. V.: "Aristotle on the Mechanics of Thought", *Ancient Philosophy*, Vol. 9 (1989), pp. 67–86.

26. Whiting, J.: "Living Bodies," in A. O. Rorty and M. C. Nussbaum eds., *Essays on Aristotle's De Anima*, Oxford: Clarendon Press, 1992, pp. 79–95.

# 论亚里士多德的 *phronēsis*
# 及其在理性活动中的位置

**摘要：***phronēsis* 是亚里士多德实践哲学中一个极其重要的概念。本文首先区分了柏拉图有别于后来亚里士多德的对 *phronēsis* 的使用，从而在思想史的角度凸显 *phronēsis* 在亚里士多德那里的特别意义。为了进一步廓清亚里士多德的 *phronēsis*，本文通过对《尼各马可伦理学》相应文本的分析，区分了 *phronēsis* 和技艺(*technē*)的不同范围，从根本上拒斥将它作为工具理性的解释。在第三部分进而对 *phronēsis* 和 *sophia* 进行界划，论证 *phronēsis* 既不附属于 *sophia*，也不是向 *sophia* 上升过程中的一个较低阶段。最后在此基础上深入地把握 *phronēsis* 在幸福生活中所能担当的责任和所起的作用。

**关键词：***phronēsis* *sophia* 幸福

　　亚里士多德的 *phronēsis* 是在中外学界讨论颇多的一个热点问题。在国内，除了受德性伦理学影响以及文献研究的兴趣之外，实践哲学的兴起也对亚里士多德实践智慧的关注度的提高起到了推

---

① 本文原刊于《世界哲学》，2014 年，第 6 期，有改动。

波助澜的作用。在当代西方知识界,实践智慧问题受到越来越多的重视,正如罗伯特·哈里曼(Robert Hariman)所说,"当今实践智慧的一种后现代复苏正方兴未艾"。① 除了在学术上有一种文献学的考证的价值,它还作为一种有现实可操作性的对象以及政治现象被缜密地考察。哈里曼认为,亚里士多德的实践智慧的当代复苏源于人们对于科学的迅猛发展对人的生活产生全面影响的担忧。这种影响可以说是无孔不入的,人类生活面临一种机械控制和技术设计的威胁。当代社会结构的机械化、官僚政治化都伴随一种技术化的理性模式,而能够与这种技术的思维模式形成抗衡的,就追溯到古代的亚里士多德的实践智慧。哈里曼提出,与工具合理性致力于使一系列给定矢量达到最优状态相反,实践智慧要求注意自然和人的局限。② 它致力于协调各个不可通约并同样终极性的目标善,使得人的生活达到一种和谐的、好的状态。而据理查德·卢德曼(Richard S. Ruderman)看来,近年来有影响的政治学家、社会学家以及古典学者之所以纷纷转向亚里士多德,试图从他的实践智慧中发现一种政治判断模式,就是因为他们认为纯粹理论或者科学从根本上败坏民主的政治生活,所以需要寻求一种新的政治思维。③ 为何我们能从亚里士多德的 *phronēsis* 中寻找到这样的思想资源以对抗技术化的思维以及防止理论对政治和个人生活的可能的侵害?本文不打算过多涉及当代新亚里士多德主义者对 *phronēsis* 的重新阐释和发挥,而试图要从亚里士多德文本出发,从学理上厘清 *phronēsis* 概念,它本身既复杂隐晦,又意义重

---

① [美]罗伯特·哈里曼:《实践智慧在二十一世纪》,刘宇译,载于《现代哲学》(2007年,第 1 期,第 63-73 页;2007 年,第 2 期,第 110-117 页),第 63 页。

② 罗伯特·哈里曼,《实践智慧在二十一世纪》,第 69 页。

③ [美]理查德·卢德曼:《亚里士多德与政治判断力的复兴》,吕春颖译,载于《马克思主义与现实》,2013 年,第 3 期,第 64-71 页。

大。

在亚里士多德那里,关于政治学的实践智慧只是 *phronēsis* 的一种。他在《尼各马可伦理学》中(VI.1141b22-35)划分了几种不同的 *phronēsis* 的类型:立法学实践智慧、政治学实践智慧、家政学实践智慧以及与个人有关的实践智慧,而与个人有关的实践智慧在日常语言用法上往往独占了实践智慧这个名称,这也是在伦理学中经常讨论的实践智慧。*phronēsis* 在古希腊语中有多种用法,常用来表示人的理智能力以及在实践活动中的审慎和明智等等。① 埃尔文(T. H. Irwin)指出,*phronēsis* 的动词 *phronein* 表示一般的理智认识(intelligent awareness)(*NE*1096b17, 1152b16; *DA*417b8;Plato, *Gorg.* 449e6),名词 *phronēsis* 在柏拉图和亚里士多德那里都被用来表达这个一般意义。② 事实上,在柏拉图和亚里士多德那里,*phronēsis* 都是非常重要的概念。本文将首先对柏拉图赋予它的意义进行辨析,这有助于我们更深入地理解亚里士多德的 *phronēsis* 的独特含义。

## 一、柏拉图的 *phronēsis*

柏拉图在多个文本中都以 *phronēsis* 为关键概念。事实上,它是柏拉图思想中最重要的概念之一,和 *idea*(理念)、*agathos*(善)等共同构成了其文本所展示的整体思想图画。在《斐莱布》(*Philebus*)中,柏拉图讨论什么是对人而言的最大的善和幸福。对话开始就开门见山亮出双方论点,斐莱布认为善是享受、快活、快

---

① 参 Liddell and Scott, *Greek-English Lexicon*, Abridged Edition, Oxford:Oxford University Press, 1977, φρόνησις。

② Aristotle, *Nicomachean Ethics*, trans. by T. Irwin, Indianapolis:Hackett Publishing Company, 1985, p.411.

乐以及相应的事物。苏格拉底则说善是 phronein（求知）、noein（理智）和 memnesthai（记忆）以及此类的东西，笼统而言，这里竞争善的奖牌的，是快乐（hedonē）和 phronēsis（Philebus，20e）。在行文中，柏拉图在一种广义和一种较狭义的层面来使用 phronēsis。广义的 phronēsis 包括了人的所有精神而非肉体的活动，包括记忆、真意见、筹划、努斯、科学或知识，如果没有这些，人类生活只能是一种浑噩不明的生活。苏格拉底在解释这样一种仅有快乐享受而无 phronēsis 的生活时说，如果没有记忆，则不能记得自己曾经享乐。如果没有真意见，则在享乐时不知自己享乐，如不能筹划，则不能使得自己将来享乐，这是一种软体动物或者牡蛎一样的贝壳动物的生活（Philibus，21d）。在较狭义的用法中，他将 phronēsis 等同于智慧（sophia）和知识（epistēmē）、技艺、真意见。而最狭义的用法，是将 phronēsis 等同于 sophia（智慧），而和 nous（理智）类似。在《理想国》卷一，苏格拉底和色拉叙马霍斯讨论正义是不是 phronēsis 和 agathos（善），这两个概念又说成是 sophia 和 aretē（德性）（Republic，348D）。phronēsis 和 sophia 被毫无疑问地在同一个意义使用。在《理想国》卷四讨论四主德的时候，他交替使用 sophia 和 phronēsis 指代智慧这种德性（Republic，428b，433b 等处）。这些都说明柏拉图在使用 phronēsis 这个概念的时候，强调的是其理智和理论智慧的方面。

耶格尔（W. Jaeger）认为，[①]当柏拉图将这个概念从苏格拉底那里拿过来的时候，强烈地强调其中的理智知识的成分，提出 phronēsis 以理念作为自己的对象，从它产生了对善自身和美自身的理智直观，成为一切存在的基本原则。柏拉图又将它分成辩证

---

① W. Jaeger, *Aristoteles- Grundlegung einer Geschichte seiner Entwicklung*, Berlin：Weidmannsche Buchhandlung, 1955, s.82, 83, 84.

法、伦理学和物理学几个领域，这样就有了几种 *phronēsis*，但它们都是纯粹的理论理性。而在日常用法中，它只是一种实践能力，既是对个人利益的精明算计，也是对道德上值得追求的东西的选择。所以亚里士多德甚至赋予动物以某种程度的 *phronēsis*。成熟时期的亚里士多德让这个词的用法回到日常的语言实践中的意义，剥夺了它所具有的理论理性的意义，这都是他和柏拉图在这个词的用法上的迥异之处。无论耶格尔对亚里士多德的发生学研究方法是否可以采信，他对 *phronēsis* 在柏拉图和亚里士多德那里的用法差异的考察，都是非常准确的。格兰特（A. Grant）的看法与耶格尔一致。① 他提出在《斐多》中，道德德性包含着 *phronēsis*（格兰特译为 thought）（*Phaedo*, 69a），但它是对普遍的思考（*Phaedo*, 79d），即将 *phronēsis* 等同于 *sophia*（智慧）。亚里士多德则逐步将 *phronēsis* 和 *sophia* 区分开。在《论题篇》（第五卷第 6 章），*phronēsis* 是理智的最高状态；在《政治学》（第三卷第 4 章），*phronēsis* 是适合于治理者的唯一德性，是实践智慧，但是在国家事务上的实践智慧。在《尼各马可伦理学》中，*phronēsis* 和 *sophia* 相互区分，*phronēsis* 也包括了个人生活。

　　在柏拉图那里，严格意义上的 *phronēsis* 基本上剥离了原来的实践理性的意味，不再是和现实中具体的、个别的、细节的东西打交道的理性能力，而是针对理念、比例和尺度那种普遍的、一般性的知识。关于前者的认知被他称为和知识有别的意见（如《理想国》）、真意见（如《泰阿泰德》）。它仍然关注伦理道德，但是从道德标准和知识角度来考察，而非对具体行为的指导和判断。它还考察善，但不再针对具体生活给出判断和筹划，而是作为理念这样

---

① Aristotle, *The Ethics of Aristotle* ( Volume 2 ), illustrated with essays and notes by Sir A. Grant, in two volumes, London: Longmans, 1885, pp.158-159. 转引自廖申白译《尼各马可伦理学》（北京：商务印书馆，2003 年），第 172 页，注 1。

的实存的来源。这种 *phronēsis* 和自亚里士多德以来狭义上的 *sophia*(理论智慧)是一致的。当然,柏拉图还在一些地方保留着 *phronēsis* 在希腊语中最基本的用法,但是和他用的其他许多概念一样,广义的日常用法须和专门的哲学用法区别开来。与此相对,亚里士多德却在很大程度上恢复了 *phronēsis* 的日常用法,在此基础上,他将 *phronēsis* 规定为指导实践活动的一种独特的德性。

　　由于 *phronēsis* 的意义有如此大的差异,所以不能一概地直接称之为"实践智慧"或者"明智",这些翻译方式只有放在亚里士多德的伦理学之中,尤其是其成熟的伦理学作品如《尼各马可伦理学》之中才是恰当的。

## 二、*phronēsis* 独特的实现方式

　　在《尼各马可伦理学》(以下简称 *NE*)卷 VI,亚里士多德指出灵魂揭示真理的方式有五种,分别是技艺(*technē*)、科学(*epistēmē*)、实践智慧(*phronēsis*)①、智慧(*sophia*)和理智(*nous*)(*NE*1139b15)。这五种揭示真理的方式实际上是人在广义上的实践活动(*praxis*)中针对不同的实践对象的相应的理性指导方式。何谓 *praxis*?在亚里士多德的用法中,②最广义的 *praxis* 表示人所有的有意向的活动,包括了制作、社会政治活动以及科学研究等活

---

①　对在《尼各马可伦理学》中的 *phronēsis* 英译有多种,其中主要有 prudence(审慎,精明)、practical wisdom(实践智慧)、intelligence(理智)、wisdom(智慧)。Irwin 强调 *phronēsis* 中所包含的高度理智状态,认为翻译这个词最好用智慧(wisdom),无奈"智慧"已经用来翻译 *sophia* 了,所以退而求其次,用 intelligence 来翻译。参见 Aristotle, *Nicomachean Ethics*, trans. by T. Irwin, p.412。汉译中对 *phronēsis* 的翻译方式也颇不少,其中以"明智"这种译法最为通行,不过学者使用"实践智慧"这一译法的,也大有人在。另外译为"名哲"、"谨敏"、"智巧"等等,不一而足。这些汉译方式各有所长,又各有其短。本文采用"实践智慧"这一类似解释性的翻译方式。

②　参见"Glossary", in *Nicomachean Ethics*, translated by T. Irwin, p.385。

动,从这个角度来看,这五种揭示真理的方式都是针对人的实践活动的。而狭义的 *praxis* 仅仅指人在城邦生活中的社会和政治活动。最严格的 *praxis* 是 *phronēsis* 特别的活动领域。它有别于技艺这种揭示生产制作中的真的品质,也有别于科学和理论智慧所揭示的真的品质。

那么什么是亚里士多德在这里所使用的 *phronēsis*? *phronēsis* 难以被理论地概括,因为它是复杂多变的实践活动中表现出来的一种状态(state, *hexis*)。亚里士多德让人们先观察有实践智慧的人,诸如伯利克里这样的人,人们认为他们有实践智慧,因为他们能够很好地审思(deliberate)对他们自己和公众善的有益之事,这种善不是局限在某个领域的善,如健康、强壮,而是一般而言的生活得好(*NE*1140a25)。亚里士多德这里所说的生活的整体的好当然指的是幸福。*phronēsis* 就以人的生活幸福为目标。在个人生活中,*phronēsis* 乃是促进个人生活幸福的理智德性,在家庭生活中,它是家政管理者的优秀审思,在国家政治生活中,就是政治家对城邦整体幸福的良好筹划。亚里士多德给 *phronēsis* 的初步定义是“这是一种获取真理的品质,包含了理性(*logos*),关涉的是那种与对人好或者坏的东西相关的行动。”(*NE*1140b4)这里给出了 *phronēsis* 中的一些关键因素,它和科学、智慧乃至技艺一样,都是获取真理的理性品质,只是它要获取的真理是关于行动(*praxis*)的真理,这种真理和它的最终目标即生活的幸福紧密相关,但与其他真理不同的是,它处理的是在当下行动中遇到的那些对人来说好或者不好的事情。

首先,怎样理解这种理性品质?从亚里士多德对灵魂的划分中,可以看出他赋予 *phronēsis* 的职能范围。亚里士多德将灵魂分为非理性部分和理性部分(*NE* 1102a29)。灵魂的非理性部分中既包含了完全没有理性的“营养和生长的灵魂”,也包含了非理性但是分有理性的部分。后者可以听从理性的指导,如同听从父亲、朋友的规劝、忠告、劝勉与呵斥。但它也往往会和理性对抗,"如同瘫痪的肢体,让它向右,它就向左。"(*NE*1102b17)灵魂的这个部分的不同最好地表现了道德德性的差异。一个节制的人和一个不节制的人之间的区别,就在于一个听从理性,受到赞扬,而不节制的人则是因为灵魂这个部分不听从理性的劝导而和理性相互冲突并争战斗。人的灵魂的理性部分也可分为两个部分(*NE*1139a5):

(a)关注可变的东西的部分。被称为 *logistikon*(筹划的理性,或实践理性)。这包括了实践智慧(*phronēsis*)和技艺(*technē*)等。

(b)关注不变的东西的部分。被称为 *epistēmonikon*(科学理性)。包括了科学(*epistēmē*)和理论智慧(*sophia*)等。①

亚里士多德反复强调,作为一种审思活动,*phronēsis* 所关注的是可以发生变化的东西。这就将它和科学、和 *sophia* 区分开来,后者关注的是不会发生变化的东西。他说,"没有人审思那些不会变化的东西或者那些不能通过行动获得的东西。"(*NE*1140a32)灵魂中那个自身没有理性却可以听取理性的劝导和命令的部分,其理性来源就是实践理性,即关注可变的实践对象的理性。因此,实践理性是德性行为的关键因素。

在灵魂的理性部分的划分中,*phronēsis* 和技艺(*technē*)被划归为一类,都是 *logistikon*(筹划的、实践的理性)。它们所处理的对象都是可以发生变化的事物。生产制作和实践行为(*praxis*)的对象都是可变的,对应同一个理性(*dianoia*)的类型。这就容易让人模糊了它们的界限,甚至将它们等同,都归为某种技艺。而亚里士多德却对二者做出了明确区分。他说,"由于生产制作和实践行

---

① 这里没有将前述亚里士多德提出的五种揭示真理的方式中的 *nous* 这一重要方式列在这两类的任何一类中,因为 *nous* 以不同的方式参与了这两类不同的揭示真理的活动。后文会对这一点进行更详细的说明。

动不同,技艺必定和生产制作有关,而非和实践行动有关。"
(*NE*1140a16)"技艺是一种和生产制作相关的理性品质。"
(*NE*1140a20)技艺是生产制作中的理性品质,而 *phronēsis* 是实践
行动中的理性品质。生产制作和实践行动这两种活动有什么不
同?在亚里士多德看来,它们的不同是"生产制作有超出自身的
目标;而实践行动没有这样的目标,它的目标就是行动得好自
身。"(*NE*1140b7)生产制作的目标是产品,产品完成的时候,生产
制作活动就已经结束了。生产制作自身并非最终的目标。按照亚
里士多德的实践目的论,"当有一个产品超出于实践活动的时候,
产品在本质上要比活动更好。"(*NE*1094a5)在生产制作活动中,产
品比生产制作更好,更值得获取,而生产制作就是达到这个更好的
目标的途径,则技艺就是一种手段与工具。*phronēsis* 则不同,它指
导人的行为,作出良好的审思和选择,以使人获得行动的善和生活
的好。但它不是那种纯粹工具性的理性,即通过思虑行动境域中
的各种因素和条件,以使得行动达到最大的功利目的。在亚里士
多德这里,这样的理性能力是机灵(cleverness)。机灵是这样一种
能力,使得我们"去做那种促进任何设定的目标并达到它的行
为。"(*NE*1144a23-6)机灵具有像好的审思一样的类似于决定的
执行能力,它保证了促进目标的事情真正地得到实施,使这样的目
标得以成功实现。实践智慧要求机灵,但是和它不一样。(*NE*
1144a28-9)。事实上,一个好的审思不只是对目标的要求,其正
确还在于它"思考有益之事,在正确的基础上达到正确的结论,在
恰当的时间。"(*NE*1142b28)时间上不能拖得太长,以至于错过最
佳行动的时间;审思的过程必须也是正确的,不仅仅是结果正确。
而技艺和运气关系密切(*NE*1140a18)。好的产品可以偶然因幸运
而制成,而好的行为必定在每一步都由正确的理性引导。从所有
这些方面看,实践智慧和技艺都有明确的界限。

这里对 *phronēsis* 和 *technē* 作出区分,主要是为了将 *phronēsis* 和工具或者技术理性撇清关系。虽然亚里士多德对这两种理性能力做了明确区分,但他在《尼各马可伦理学》中对 *phronēsis* 和审思(deliberation)的描述,依然很容易被误解为一种技术理性,即为了一种外在的目的而实施的理性活动。在《尼各马可伦理学》中,亚里士多德提出了对 *phronēsis* 运作方式的不同描述,有学者将其归纳为两种方式:(1)手段-目的(means-ends);(2)规则-个案(rule-case)。① 根据第三卷,人们将 *phronēsis* 这种审思的理性归结为达到目的的一种手段(手段-目的),亚里士多德说"我们不审思目的,而审思促成目的的手段;如,一个医生不会审思他是否治愈,修辞家不审思他是否说服别人,政治家不审思他是否建立并实施好的法律,其他人也不会审思目的。而是在设定目的后,考虑以何种方式通过什么手段来达到目的。如果显示出几种方式都可以达到目的,就寻求最容易最好的方式。如果只能由一种方式达到,就考虑如何通过这种方式来实现目标,以及如何能够通达这一方式。"(1112b12 及以下,*pros to telos*;另外见于 1111b26, 1112 b11-12, 1112b34-35 , 1113 a14-15, 1113 b34)而根据卷六至七,人们将 *phronēsis* 归结为一种实践三段论,将一般的规则用于个别情况中的理性活动(*NE*1141b15):"实践智慧不只是同一般有关,它也必须知道个别情况,因为它针对着行动,而行动处理个别情况。因此,在实践活动中,一些不知道科学知识而有经验的人,比那些只有科学知识的人会更成功。如果只知道白肉易于消化,是健康的,但不知道什么是白肉,就不能促进健康。而知道鸡肉是白肉且是健康的,更能促进健康。"又如,"由于有两种前提,也会有人两者

---

① 参见 D. Wiggins, "Deliberation and Practical Reason," *Proceedings of the Aristotelian Society*, New Series, Vol. 76 (1975-1976), pp.29-51; viii. P.29. 亦参见余纪元:《亚里士多德伦理学》,北京:中国人民大学出版社,2011 年,第 112-113 页。

都知道,但仍然违背了他的知识。因为他的小前提用的是一般而非个别(命题),而行为却是个别的。"(*NE*1147a1)

"手段—目的"和"规则-个案"这两种运思模式显然并不相同。据此,有人猜测亚里士多德在《尼各马可伦理学》第六至七卷改变了在第三卷中的看法,并给出对 *phronēsis* 的更宽泛的解释。也有人认为这是亚里士多德的两种并列的实践理性的方式。[①] 无论是"手段-目的"解释,还是"规则-个案"解释,都不可避免地令 *phronēsis* 有工具理性的色彩。它和机灵(cleverness)的区别仅在于,有实践智慧的人同时也有完善的德性,而完善的德性为 *phronēsis* 设定目标。很多学者[②]试图为 *phronēsis* 作出更好的定位,使之摆脱仅仅作为工具的地位,而确立其在生活和道德实践中的核心位置。首先是"手段-目的"解释模式,在实践活动中,手段和目的的思考往往很难完全分开。"幸福"这样的总体目标是我们所欲求的,人不会审思自己要不要生活幸福,如同医生的医术的内在目标让"治好病人"成为意中之事。当亚里士多德说"我们不审思目的"的时候,这里的目的是幸福这样总体的目的。但通过什么以及怎样做才达到幸福,是我们面临实际情况的时候同时要考虑的。威金斯(D. Wiggins)认为,手段-目的解释完全将审思和选择作为一种技术概念,在实践活动中不存在完全清晰的手段和目的的区分,在行动中和人直接相关的是行动的诸多目的,而所谓的手段恰恰构成目的的一部分。对这种目标的探求(*zētēsis*)不是寻求手段,而是它们自身就是构成幸福这个目的的成分。直到找到

---

① 参见:D. Wiggins, "Deliberation and Practical Reason," p.29;余纪元:《亚里士多德伦理学》,第 112–113 页。

② 参见:D. Wiggins, "Deliberation and Practical Reason";他将 *ton pros to telos* 译为"朝向目的的事物"(what is towards the end),而不像下文所说的手段-目的的解释那样译为"达到目的的手段"。威金斯的具体论述请见下文。

实践上可实现的目标,我们才可以开始手段-目的的审思。"规则-个案"解释体现出和理论推论相同的思维模式。由于技艺和科学一样,都具有从个别到一般的倾向,在《形而上学》中,亚里士多德将人的知识的提高过程描述为从经验到技艺再至科学以至于达到智慧(*sophia*)的过程(*Metaphy*. 981b15 及以下)。而反过来将一般的科学知识应用于个别情况的模式也使得理性具有技术的特征。威金斯也对"规则-个案"解释提出反驳。和科学技术不同,对人的实践而言,根本没有什么一般的规则或者原则,而且实践的题材也是不确定的和不可预期的,对任何设定的原则都有无限的例外情形。① 亚里士多德已经将实践领域描述为不固定的( have no fixity),一般的实践知识如此,个别的情况更缺乏精确性(*NE*1107a28)。据此,"规则-个案"思维模式不适用于具体的实践活动。威金斯提出,一个有实践智慧的人的标志是,"能够在一个情况的无限的特征中选择出那些特征,它们承担着人的生存的观念和理念,而这是他要实现的突出目标。人生活的这个理念不存在于一系列规则或觉察中——虽然亚里士多德认为这在情感教育的一定阶段是有用的。但绝没有一个规则,人可以直接诉诸它来获知具体怎样去做。他或许只能自己发明对问题的答案。但经常不是这样,而是兼容相对抗的价值,可以作为在他关于什么是好生活的观点演化中的调整或创新或进一步确定。"②罗伯特·哈里曼对实践智慧的阐释可以看作是在威金斯的解读基础上所做的进一步发挥,"一般而言,一个审慎的行动者就是一个平衡各种不可通约之善,洞悉可取的行动方略,并以一种适当而适时的方式与他人互动协作的人。"③

---

① D. Wiggins,"Deliberation and Practical Reason," p.41.

② Ibid., p.48.

③ 罗伯特·哈里曼:《实践智慧在二十一世纪》,第 73 页。

　　这恰是我们所理解的有实践智慧的人，他是正人君子，审时度势，灵活多变，不拘泥于道德教条和规范，也不是机械地套用规则。有实践智慧的人不应仅仅是西塞罗之后的传统所解释的那种恪守道德规范的人。他生活的总体目标是幸福，或者说是好的生活，这个目标是不需要再去审思的，就像医生作为医生而言不需要审思是否要让人恢复健康。这也是亚里士多德为什么说不审思目的。但在这个宏大而抽象的目标之下，当人处于具体的实践行动中的时候，实践智慧就需要展示出它对生活中涌现的不同的善的平衡和制约能力，确立具体的行动目标的能力，这就是说，它对生活以及生活的目标是有创造性的。人在实践境域中遭遇相互匹敌和对抗的诸种善（即可能成为目标的东西），而不是只有一个不需要再加以考虑的、预设的目标，审思包括了选取某个目标或者平衡各个不同的目标善。对亚里士多德而言，这些善既包括了决定性的德性之善，也不排斥其他令生活繁荣昌盛的因素。对于相互对抗、不可通约的价值和理念的平衡和思虑选择，对具体境域中承载其生活理念的特征和环节的洞察，这些共同构成了行动的目的和起点。

　　从这个角度出发，我们可以看到，在德性和实践智慧的相互关系中，并不是德性设定目标、实践智慧设法达到目标这么简单。实践智慧的审思和选择不能用"达到目的的手段"来说明，也不是将一般原则灵活地运用到具体情况中去。真正和实践智慧相匹配的是完满德性，"如果没有实践智慧，就不能获得完满德性。"（NE1144b16）不过反过来，没有道德德性，也不会产生实践智慧。亚里士多德说它们是共同发生作用的（NE1144b31）。在对行动作出决定的时候，这二者浑然一体地发生作用，只是从外在表现来说，是完满德性，而内在地说，是具有实践智慧。完满德性和实践智慧互为表里，是实践的人的幸福生活中最核心的构成。

## 三、*phronēsis* 和 *sophia* 的区分

由于 *phronēsis* 和 *sophia* 同是灵魂的理性部分的优秀,下面我们从 *phronēsis* 和 *sophia* 的区别和界划中来把握 *phronēsis*。亚里士多德的 *sophia* 和 *phronēsis* 是完全不同的两种理性能力。首先,它们的对象有明确的区分,*sophia* 和科学的对象都是始点不发生变化的东西。他提出,科学理性( *epistēmonikon* )不能思考实践理性( *logistikon* )的对象,因为科学理性是一种推理证明( *met' apodeixeos* ),"但是没有那种针对始点可以发生变化的事物的推理,因为这样的东西自身会发生变化。"( *NE*1140a33)推理乃是从不变的一般原则出发,而实践行动领域的事物都是可以发生变化的。科学考察的事物不允许发生变化( *NE*1139b20),从而,"科学地被认识的东西是必然的。因此是永恒的。"( *NE*1139b22)同时,亚里士多德提出,"没有人会去审思永恒的事物,比如宇宙,以及正方形的对角线和边长的不相等性。另一方面,我们也不审思那些按同样方式出现的运动的事物,无论这种运动方式是由于必然性,或自然,或其它原因。"( *NE*1112a22)*sophia* 的对象和科学的对象类似,它是那种普遍的、不变的知识。亚里士多德称,"*sophia* 是科学知识的最精确的形式。"( *NE*1141a17)只是它的对象比科学更为高贵和神圣,"是关于那些最尊荣的事物的最高知识。"( *NE*1141a18)它和科学知识的不同之处是,科学知识只是从始点出发推理出结论,而对始点自身只是作为推理的前提,而不探究始点( *NE*1139b32)。而"有智慧的人必然不只是知道从始点得出的结论,而且也必然具有关于始点自身的真实知识。"( *NE*1141a18)但就在前面,亚里士多德刚刚指出,"无论是科学还是技艺抑或 *phronēsis* 都不是关于科学所知的事物的始点的……*sophia* 也不是

关于始点的。"（*NE*1140b33–1141a1）"剩下只有 *nous* 是关于始点的。"（*NE*1141a8）那么 *sophia* 如何能够考察科学知识的始点？亚里士多德解释说，*sophia* 实际是"理智（*nous*）加上（*kai*）科学"（*NE*1141a18）。因此 *sophia* 能够揭示始点，乃是由于它所包含的 *nous*（理智）。

*Phronēsis* 也包含了 *nous*，从具有 *nous* 来说，*phronēsis* 也能够把握始点，即行动的始点。但 *phronēsis* 的 *nous* 和 *sophia* 所包含的 *nous* 不是同一种能力。《尼各马可伦理学》第六卷写道："我们确实将谅解（consideration）、理解（comprehension）、*phronēsis* 和 *nous* 归于同一些人，……因为所有这些能力都和最终的事物相关，即个别事物（*kath' hekaston*）。"（*NE*1143a25）理解、谅解这些和实践行动相关的品种，以及 *phronēsis* 和 *nous* 都是和个别事物相关的，这些事物都是可以发生变化的。显然，亚里士多德描述了一种和 *sophia* 包含的 *nous* 不同的 *nous* 能力。他明确提出了 *nous* 在两个不同领域中活动的不同方向："至于理智（*nous*），它在两个方向上把握最终的事物——因为最终的事物和第一原理（*proton horon*）都由 *nous* 把握，而非通过推理（*logos*）达到。在证明中，*nous* 把握不变的第一原理，在实践中，*nous* 把握末项——它是可以发生变化的东西，即小前提。因为个别事实是目的由之出发的始点，一般原理建立在个别事实基础上。我们必须悉察（*aisthēsin*）个别事物，而这种悉察就是 *nous*。"（*NE*1143a32）有人直接将 *nous* 翻译为直觉（intuition），也就是那种不需要推理而直接把握始点（*archē*）的能力。在理论智慧中的始点是理论推理和论证的开始点，是不变的第一原理。而在 *phronēsis* 中实践行动的始点是个别的事实，它们是可以发生变化的，在每个情况中都不同。

*Nous* 在两个领域之中的不同在年轻人身上明显地表现出来。亚里士多德说，"年轻人的确可以成为几何学家和数学家，在这些

领域内是有智慧的。但我们不认为年轻人具有实践智慧,其原因在于,实践智慧包含关于个别事物的知识,而这些知识来自经验。……而数学对象的本质对他们却是清晰的。"(*NE*1142a12)年轻人可以成为几何学家,在这些领域有智慧,数学的本质对他们是清晰明确的,表明他们在这些领域具有 nous 能力。这里的 nous 是朝向数学理论的第一原理的。但他们显然没有一种实践直觉,对如何恰当地行为把握不住分寸,即使他们熟知一些实践领域的普遍原则。所以亚里士多德也说,"……这就是为什么年轻人并不是政治学适合的学生。他们对于和生活有关的行动没有经验,而这些经验是讨论的基础和专题。"(*NE*1094b23)这种实践直觉甚至被人认为是自然生长的,"因此这些秉性被看作是自然品质,虽然没有人天生具有智慧,而谅解、理解、理智却被认为是天赋的。其标志是,我们认为这些秉性和人的年龄相应,只有在一定的年龄阶段,人才获得 nous 和谅解。这说明,自然是原因。因此我们应当对有经验的老人的说法和意见与对证明的真理同样重视,因为这些人见事正确。因为经验给了他们正确判断的眼睛。"(*NE*1143b7)实践智慧和实践直觉当然不是天生长成,它需要实践经验,在实践经验中人对行动的判断力变得更加敏锐,更能把握情感和行动的尺度。

埃尔文(T. Irwin)也明确地提到,①亚里士多德在狭义和广义两层意思上使用 nous 这个词。(1)在广义上,nous 泛指理性思想和理解,等同于 *dianoia*(1139a26, 32, 35, b4-5;144b9, 12;1168b35, 1170a19, 1178a7, 1180a20)。(2)在习惯用法中则指"见识"(英语的 sense)。有 nous 的人具有常识,懂得发生了什么并明智地作出反应。(3)在最严格的意义上,nous 指那种不依赖

---

① Aristotle, *Nicomachean Ethics*, trans. by T. Irwin, p.429.

进一步确证的真实的理性思考和理解。对于第一种用法,见于文本的各处,泛指人的理性能力。对于第二种和第三种用法,亚里士多德在 *NE*1143a35 区分了两种 *nous*:(a)理论的 *nous*,用于推论的科学(demonstrative science)的第一原则。它关于必然的真理且不需要进一步的论证(*An. Post.*100b5-17);(b)实践的 *nous*,它把握个别情况的特征。在亚里士多德未加说明地使用 *nous* 的情况中,大部分都在(a)的意义上使用,所以(b)这个意义往往被忽略了,甚至完全不为我们所知。*Phronēsis* 所包含的 *nous* 被亚里士多德称为一种感知(*aisthēsis*,sense)。(*NE*1142a26)这种 *aisthēsis* 当然不是感性知觉,而是一种对个别情况的洞察力。它是审思的终点,也是行动的始点。实践直觉对最终的个别事物的洞察不是感知到所有个别情况,也不是把握到所有这些个别情况的最细微的枝节(在亚里士多德看来,这实际上也是不可能的,因为这些细节会划分至于无限),而是类似于在处理几何学问题中,洞察到三角形是最终的对象(*NE*1142a28)。在实践活动中,那就是洞察到行动可以籍以开始的具体情况。*Phronēsis* 中的 *nous* 是我们在实践行动中对于所面对的个别情况的识察力或洞察力。它辨识出这些情况中对我们的善、道德和幸福有重要关联的特征,作为我们行动的起始点。它和 *sophia* 中的 *nous* 不同,后者是关于普遍的、不变的事物的。①

　　有的学者试图消除 *phronēsis* 和 *sophia* 之间的界限,甚至试图

---

① 　除了 Irwin 对这两种不同的 *nous* 能力的区分,持同样看法的还有 J. Mcdowell,"Virtue and Reason,"*Monist* 62,pp.331-350;M. Nussbaum,"The Discernment of Perception: An Aristotelian Conception of Private and Public Rationality,"*Proceedings of the Boston Area Colloquium in Ancient Philosophy*,1,pp.151-201 等。参见 M. L. Homiak,"Review: *Practices of Reason-Aristotle's Nicomachean Ethics*,"*Mind*,New Series,Vol.103,No.409 (Jan.,1994),pp.105-108。

论证从 *phronēsis* 到 *sophia* 灵魂有一种顺势的"上升"。① 这样,似乎 *phronēsis* 就只是达到 *sophia* 过程中的一个阶段。而有 *sophia* 的人,必定也已经具有了 *phronēsis*。那么一个有 *sophia* 的灵魂必须有 *phronēsis* 为前提或必要条件吗? 亚里士多德显然不排除有那样的人,他们有极高的智慧(*sophia*),但是并不被人认为是有实践智慧的人。虽然据传泰勒斯用自己的智慧赚钱致富,但他的经典形象还是那种不通世务的人,而且亚里士多德正是以这种经典形象为例来说明何谓 *sophia* 以及 *sophia* 和 *phronēsis* 之间的区别,"这就是为什么人们说阿那克萨戈拉或者泰勒斯以及他们这类的人是有智慧的,但不是有实践智慧的,因为他们看到,他对对自己有利之事一无所知。但我们承认他们知道那些非常的、令人惊异的、困难的甚至是神奇的东西。我们称这些知识是无用的,因为他们所寻求的善不是对于人的善。"(*NE*1141b4 及以下)可以看出,在亚里士多德的心目中,*sophia* 并不以 *phronēsis* 为前提,更非必要条件。

　　此外,虽然亚里士多德强调 *sophia* 较 *phronēsis* 更神圣,但在文本中,我们很难发现有一种从 *phronēsis* 向 *sophia* 的顺势"上升"。相反,亚里士多德强调,由于它们属于不同的 *nous* 活动且对象和领域不同,因此它们之间存在一种相互对待的关系。是要过一种混杂了身体方面的快乐和痛苦情感的"人的生活"(*NE*1178a19),还是过一种理论沉思的生活,这是带有冲突意味的选择,而非一个向另一个的自然过渡。这一点在下一节会更加清楚。

　　*Phronēsis* 和 *sophia* 各自是灵魂不同部分的卓越实现,它们各自都是最高的善。余纪元认为,对亚里士多德而言,实践活动和思

---

① C.D.C. Reeve 在其 *Practices of Reason: Aristotle's Nicomachean Ethics* (Oxford: Clarendon Press, 1992)中试图将 *sophia* 和 *phronēsis* 等同起来,都归于科学(*epistēmē*)理性。实践理性的特别作用,就是将科学、辩证法、理解所提供的一般原则(universals)加以运用(p.60)。

辨活动各自具有不同的活动范围。"实践活动是实践生活的典型特点,它因自身之故被追求,并被作为核心目标。当亚里士多德说实践活动应当被用作思辨活动的一种手段的时候,他只是在说实践活动的角色、及其与一种思辨生活之中的思辨活动的关系。尽管如此,亚里士多德从未说实践活动只因它推进了思辨活动而有价值,他也没说过使思辨成为可能是道德活动唯一所做之事。"①在他看来,实践智慧并不是思辨的一个部分,但是能够"为思辨做准备"。这暗示了思辨者应最大限度地运用实践智慧去服务于思辨活动。他应该把各种活动组织到一个有层级的系统内,而思辨活动是该层级的顶点。

## 四、*phronēsis* 之于最高的善/幸福(*eudaimonia*)

亚里士多德强调,幸福是对人而言的最高的善。*Phronēsis* 和 *sophia* 都有其独立的价值,并不仅仅因为它们产生的效果而被追求。不过,*phronēsis* 和 *sophia* 确实产生出其他的结果,而且是很重要的结果,那就是幸福(*NE*1144a3)。不过它们产生幸福的方式不同。*Sophia* 产生幸福,乃是因为 *sophia* 的实现活动本身就是幸福,它带来幸福,如同健康带来健康。他说,"沉思有多少,幸福就有多少,沉思越多,就越是幸福。"(*NE*1178b28) *Phronēsis* 却不像 *sophia* 一样那么独立自足,而是和道德德性扭结在一起。"*phronēsis* 的始点体现道德德性,道德德性的正确体现 *phronēsis*。"(*NE*1178a17)而道德德性是和灵魂的非理性部分如情感、欲望等联系在一起的,具有一种复合的性质(*NE*1178a20)。所以亚里士

---

① 余纪元:《"活得好"与"做得好":亚里士多德幸福概念的两重含义》,载于《世界哲学》,2011 年,第 2 期,第 246-260 页,尤其见第 259-260 页。

多德说 *sophia* 活动的幸福是纯粹的、类神的幸福,*phronēsis* 带来的幸福是属人的幸福,是第二等的。朋友、财富、权力等,被亚里士多德称为"工具"性的善,缺乏这些就没有实现道德德性的条件。此外,通常人们所说的幸福还包括了另外的构成成分,"幸福(除了德性活动)显然也需要加上外在善,因为如果我们缺乏外在资源,就不能或不容易做高尚的行为。"(*NE*1099a32)这些外在善包括好的出身、好的子女、相貌出众等,这些也是幸福不可或缺的成分,缺乏这些就不能称为是幸福的。幸福的生活需要这么多因素,而为人的幸福作出统一筹划的,是 *phronēsis*。"有实践智慧的人有能力很好地审思对自己而言是善的和有利的事物,不是某个有限的领域(如健康或者强壮),而是关于那促成好的生活的东西。"(*NE*1140a27)*phronēsis* 筹划人的生活的整体的善(幸福)。在属人的幸福中,最核心的因素是德性的实现活动,因为这最符合幸福的定义:灵魂体现德性的活动。虽然实现一些巨大的德性,如慷慨、豪爽①相应于豪举,需要大量的钱财,但是有中等的财富我们就可以做体现德性的活动(*NE*1179a5)。德性是幸福中最恒定的因素,这样的人"不会变得悲惨,因为他从不做可恨的和低贱的行为"(*NE*1100b34)。他会端庄得体地"承担起一切机运,并且总是做情况所允许的最高贵的行为,就像好的将军最有策略地利用现有兵力,一个鞋匠会用现有的皮革做出最好的鞋子(*NE*1101a1)。除非遭遇诸如普利阿莫斯(Priam)国破家亡的厄运,一个人才会失去幸福且难以恢复。幸福是有持久性的,其持久性建立在德性的稳固上。除了这种核心的关注,*phronēsis* 还要统筹管理诸如财产、子女、城邦政治活动等事宜。这些因素或者是实现德性所必不可少的条件,或者是本身就构成幸福的完满实现。

---

① *megaloprepeia*,大规模的花费和支出。

由此可以更清楚地看出 *phronēsis*、*sophia* 和幸福的关系。有 *phronēsis* 的人可以没有 *sophia*,这是很少有争议的,这样的人也能够过幸福的生活。① 现在要考虑的是一个有 *sophia* 的人的幸福。可能出现两种情况:一种是这个人有 *sophia* 而没有 *phronēsis*,另一种是这个人既有 *sophia* 又有 *phronēsis*。第一种情况很可能出现,因为亚里士多德极力强调一个人按照最好的德性即 *Sophia* 生活是最大的幸福,沉思活动是幸福的最高实现。这给人一种印象,只要单纯过沉思的生活,人就是幸福的,其他的道德和社会责任等因素都没有理由干扰他。而人的理论理性活动的卓越也不以道德卓越为前提。但一个有理论智慧而无德性的人是我们所不愿意见到的。他在理论沉思之外的生活有可能非常不令人满意。亚里士多德也说,"由于他是人,和其他的一些人生活在一起,他选择去做体现德性的行为。他需要外在的善去过人的生活。"(*NE*1178b5)这样他就需要运用他的实践理性,竟至最终有了 *phronēsis*。这就是第二种情况。这两种德性在一个人灵魂中并存,两者的关系可能是:(A)理论沉思活动和社会、政治实践活动相互冲突,相互妨碍。(B)以 *sophia* 为首要的幸福,*phronēsis* 为之提供闲暇。两种活动之所以会形成冲突,是因为"显然,完满的德性既依赖于决定也依赖于行为。而行为需要大量外在的善,越是伟大和高贵的行为需要越多的外在善"(*NE*1178b1)。*Phronēsis* 需要花费大量的时间和精力去处理个人、家庭和城邦的事务,否则一个人就不能说是有德性的,一个完全忽略城邦和家庭义务的人不能被看作具有完美德性。要实现完满的德性,就需要谋取外在的善,而这样就会影响沉思活动。德性实现的那些必要条件例如财产、权力等外在善事物甚至会妨碍沉思活动(*NE*1178b4)。那一个人应该如何平衡二

---

① 虽然在亚里士多德的幸福排名中,它被称为"第二位的幸福"(*NE*1178a8)。

者的关系以达到最幸福的生活？按照亚里士多德的标准，"完满的幸福是某种沉思活动"（ἡ δὲ τελεία εὐδαιμονία ὅτι θεωρητική τις ἐστὶν ἐνέργεια）（*NE*1178b8），为了实现最高的幸福，一个人就需要 *phronēsis* 为之打理一切，创造必须的物质条件和良好的伦理道德状态。这就需要 *phronēsis* 统筹各种不可通约的善和价值，使 *sophia* 这种承载最高价值的活动最大可能地实现。一个有完满德性的人，同时在沉思中得到最大幸福，这也是人所能过的最好的生活。

在亚里士多德那里，幸福应当是在 *phronēsis* 的统筹下协调各种善，以使"灵魂体现德性的活动"最大程度地实现。*Phronēsis* 并不仅仅是实现 *sophia* 的工具和手段，而是有其自身的独立价值，虽然一个沉思者或思辨者会倾向于以沉思活动为中心筹划他的生活。另一方面，沉思活动也具有自身独立的价值，*sophia* 不是因为对政治活动有帮助而值得拥有，或者只是为了可能的理想国勾画蓝图，相反，毋宁说理想国的目标就在于最好地实现 *sophia*。因为 *sophia* 是人类灵魂的理性能力实现的最高样式，并且这种实现带来最高的幸福。理论智慧有可能对人的实践生活产生影响，但亚里士多德几乎对此全无涉及，可见他并不注重这一点。而那种以理论的宏大原则和系统对具体的政治实践和社会生活进行直接干涉的做法，在很多时候反而是失败的和有害的。① 这种做法不同于柏拉图。柏拉图将理论智慧和实践智慧合一，将哲学家和政治家合一，其前提是以理论智慧吞并实践智慧，哲学家兼职政治家，

---

① 理查德·卢德曼提出，近年来学界对亚里士多德实践智慧概念的复兴不是为了复兴亚里士多德，而是主要为了迁就后现代主义对理性的批判以及民主对政治差异性的厌恶。这些思想家认为实践智慧是理性的解毒剂——这样的理性被认为是对政治既有害又不正当的。（[美]理查德·卢德曼："亚里士多德与政治判断力的复兴"，《马克思主义与现实》，2013 年，第 3 期，第 64–71 页，尤其是第 71 页。）

以善的理念主宰人的幸福。而亚里士多德则区分了属人的幸福和类神的幸福,沉思者已拥有类神的幸福,没有理由为了做终身统治者而放弃这种幸福。

# 参考文献

1. Aristotle：*Nicomachean Ethics*, trans. by Irwin, T., Indianapolis：Hackett Publishing Company, 1985.

2. Aristotle：*The Ethics of Aristotle*, illustrated with essays and notes by Grant, A., London：Longmans, 1885.

3. Homiak, M. L.：" Review：*Practices of Reason-Aristotle's Nicomachean Ethics*", *Mind*, New Series, Vol.103, No. 409(Jan., 1994), pp.105–108.

4. Jaeger, W.：*Aristoteles-Grundlegung einer Geschichte seiner Entwicklung*, Berlin：Weidmannsche Buchhandlung, 1955.

5. Liddell and Scott：*Greek-English Lexicon*, Abridged Edition, Oxford：Oxford University Press, 1977.

6. Mcdowell, J.："Virtue and Reason", *Monist* 62, pp.331–350.

7. Nussbaum, M.："The Discernment of Perception：An Aristotelian Conception of Private and Public Rationality", *Proceedings of the Boston Area Colloquium in Ancient Philosophy*, 1, pp.151–201.

8. Reeve, C.D.C.：*Practices of Reason: Aristotle's Nicomachean Ethics*, Oxford：Clarendon Press, 1992.

9. Wiggins, D.：" Deliberation and Practical Reason", *Proceedings of the Aristotelian Society*, New Series, Vol. 76 (1975-1976), pp.29–51; viii. p.29.

10. [美]理查德·卢德曼:《亚里士多德与政治判断力的复兴》,吕春颖译,载于《马克思主义与现实》,2013 年,第 3 期,第 64-71 页。

11. [美]罗伯特·哈里曼:《实践智慧在二十一世纪》,刘宇译,载于《现代哲学》,2007 年,第 1 期,第 63-73 页;2007 年,第 2 期,第 110-117 页。

12. 亚里士多德:《尼各马可伦理学》,廖申白译,北京:商务印书馆,2003 年。

13. 余纪元:《亚里士多德伦理学》,北京:中国人民大学出版社,2011 年。

14. ——:《"活得好"与"做得好":亚里士多德幸福概念的两重含义》,载于《世界哲学》,2011 年,第 2 期,第 246-260 页。

# 理性与先验的行为心理学还原

## ——对爱比克泰德的理性概念的一个尝试性解读

王文华(国际关系学院英语系)

**摘要：** 作为晚期斯多亚学派代表人物，爱比克泰德哲学的侧重在于伦理哲学，其最为显著的贡献在于其独特细致的行为心理学思想。他的这种思想根源于他对人性本质理性概念的独特理解。他认为，理性的基本特征是其自我认知能力，这种能力是一种先验的行为心理学还原行为和能力，它确保了人在道德行为实践过程中能够认清和回归自我本性，正确运用表象，不欲求自我之外的东西，不产生错误的同意和行为驱动，从而保证人的品格高尚和自由。他的这一理性概念是实践性和认知性的结合。

**关键词：** 理性 行为心理学还原 意愿 表象 权能之内

希腊化罗马时期哲学的最大特点之一是其对伦理哲学的突出强调。伴随这种强调，希腊哲学传统从实体论向主体论发生重大转向，这是对西方人性论思想和希腊哲学的重大发展。作为希腊化罗马时期哲学的代表，斯多亚哲学对个体人性进行了开创性的研究，提出诸如"意愿"、"自由"等重要概念对人性本真加以澄清，更从行为心理学角度发展斯多亚伦理哲学，集中解决个体自由与道德实践之间的矛盾，使真与善的结合成为现实可能，为所谓"苏格拉底问题"这一人性论问题提供了一个较为完整明确的斯多亚式答案。这在爱比克泰德思想中体现得最为突出。

## 一、问题的提出：爱比克泰德哲学的独特之处

爱比克泰德虽然属于斯多亚学派，但其学说迥异于该学派的其他人。首先，爱比克泰德出身为奴隶，身体羸弱，一生清贫，这与其他两位本派思想大家、分别担任过罗马皇帝老师及顾问的塞内卡(Seneca)、罗马皇帝马可·奥勒留(Marcus Antonius Aurelius)甚至他的老师鲁福斯(Rufus)都形成鲜明对比。其次，斯多亚哲学在西方哲学史上素以严格的一神论信仰和命定论思想闻名。而爱比克泰德很少谈及决定论和命运，极端推崇自由。"自由"一词在《论说集》中一共出现过130次之多。① 那么，他的思想独创性体现在哪里呢？

爱比克泰德的著作《论说集》特别注重以伦理哲学为核心探讨自然哲学(神学)和逻辑学问题，但是这种对伦理哲学的强调并非他的特色，因为这既是当时整个时代的特征，也是斯多亚学派本身的思想传统。《论说集》的另一个引人注目之处在于，他在坚持伦理实践为核心的同时，还对伦理实践过程中的行为心理和情感问题作了非常细致的分析。但这些问题当时已经为众多的斯多亚哲学家探讨过，并不是爱比克泰德的原创。不仅如此，他论述行为心理和情感问题的言论也都是典型斯多亚式的，而且大多不外乎是一些关于生活问题的具体的斯多亚式的感人劝谏而已。那么，我们如何评价爱比克泰德思想的独创性呢？

---

① Oldfather, W. A.: *Contributions toward a Bibliography of Epictetus*, Urbana: the University of Illinois Press, 1927.

拉尔修有过一个生动的比喻,他说,哲学就像是一个设防坚固的城市,它的治理者就是理性(logos)①。对于斯多亚哲学来说,它的治理者或者立说之本是其理性观念。本文力图证明,爱比克泰德在充分接受和继承这一理性思想的同时对其有重大改造,而正是这一独特改造构成了他独特的性命之学和伦理哲学,也构成了他对人性的独特认识。

为了逻辑上的明晰和讨论方便,本文在此将斯多亚的理性观念加以广狭划分。所谓广义理性是指整体自然世界的主动本原,它是神、理性,是贯穿于整个自然中的动力和法则,也是所有自然事物中都有的普纽玛(pneuma)。② 狭义理性特指人特有的理性。一方面,狭义理性同广义理性不同。它低于神,只是整体自然的一部分。但它又高于自然界的无机物、植物、动物及其普纽玛,处于自然阶梯的顶点。人所分有的这种普纽玛高于其他自然物分有的普纽玛,它统率人的灵魂中的低级普纽玛。另一方面,广义理性与狭义理性又是同一的。人的理性是整体自然理性的一部分,它来源于神的特别赐予,是人的灵魂中的主导要素(hēgemonikos),所以,人在本质上就是神/理性。因此,广义理性与狭义理性的关系是整体与部分、普遍与特殊的关系。

据此,本文的论题即爱比克泰德的人性论问题就可以进一步界定为狭义理性的概念问题。

## 二、爱比克泰德对于人性本质理性的核心论述

任何概念都有外延和内涵两个基本属性,内涵大致相当于定

① D. L., 7. 39- 40. 爱比克泰德也曾用过卫城的比喻来说明理性(参见《爱比克泰德论说集》[以下简称《论说集》]iv. 1. 86-88)。

② 关于普纽玛,亦参见后文关于"自然阶梯"的注释中的说明。

义,外延则是这一定义所界定的对象域,凡是符合这一概念内涵条件的个体都是这个概念外延的成员。"理性"概念也不例外。明确概念既可以在认识对象特有属性的基础上通过定义以解释概念的内涵来达到,也可以在认识对象所涉及的范围的前提下通过划分以明确概念的外延来实现。就逻辑的准确性和科学性而言,定义是更为有效的逻辑方法。所以,无论是自然科学还是社会科学,通常都通过定义来明确概念。但是,斯多亚思想家们对理性概念的各种说法并没有指出理性概念的特有属性,而是常常讨论理性的来源和作用等等。从严格的逻辑意义上看,这种分析并不是对理性概念的定义,而是对这一概念外延的描述和划分。描述不是定义,也不如定义准确完美,但它在一定程度上有助于我们明确概念并认识理性与其他概念之间的联系与区别,为认识理性概念的特有属性提供前提条件,从而为明确"理性"概念的内涵并定义"理性"奠定基础。我们可以通过分析爱比克泰德与其他斯多亚思想家的解释之间的共性和差别,来为探寻爱比克泰德对理性的特殊认识奠定基础。

## (一) 外延性的描述而非内涵式定义:爱比克泰德对斯多亚学派的继承

斯多亚学派在其自然哲学、逻辑学和伦理学等各个方面的讨论中都会论及理性概念,他们对理性有多种说法,但是,从逻辑角度看,这些说法基本上都是外延性的描述。

克里西普(Chrysippus)认为世界是一个有理性、有生命、有理智的生物[1],整个世界由完整的、普遍的世界理性贯穿渗透于其

---

[1]  D. L. 7. 142-3.

间,就像种子之于生殖器官一样。① 他们(斯多亚哲学家)认为世界有主动和被动两种本原,被动本原是无规定性的质料,而主动本原就是使质料运动起来并获得其性质的理性。这个自然的理性,或者说逻格斯,也就是神。它是永恒的,通过被动本原构成世间的一切。② 神是一个不朽的、理性或智慧的动物,③神是宇宙法则,他是渗透于万物之中的理性,他是世间万物秩序的主宰。④ 理性贯穿万物。⑤ 其次,理性是人的灵魂,它决定了人的一切行为⑥。所有这些论述,都是在说明理性的所有者是什么,理性的特征是什么,理性赋予了世界和人什么样的特点,等等。

严格说来,以上论述都不能算是对理性概念的正面定义。相比而言,爱比克泰德对于理性的概念定义却较为正面。这体现在《论说集》开篇第一卷第一章的论述中。

## (二) 爱比克泰德对狭义理性的内涵式定义

这段论述十分独特,它是《论说集》第一卷第一章的开始,而它所探讨的内容再也没有出现过第二次,这与《论说集》中其他内容反复出现的情况形成鲜明对比,而据笔者目前掌握的资料,学界对其中的核心说法尚未予以特别关注和充分重视。鉴于它对本文

① Calcidius, 293. 转引自 Long, A. A. and Sedley, D. N.: *The Hellenistic Philosophers*, 2 vols, Cambridge: Cambridge University Press, 1987, 44 E.

② D. L. 7. 134 (*SVF* 2. 300, 部分, 2. 299). 转引自 Long, A. A. and Sedley, D. N.: *The Hellenistic Philosophers*, 44 B.

③ D. L. 7. 147 (*SVF* 2. 1021).转引自 Long, A. A. and Sedley, D. N.: *The Hellenistic Philosophers*, 54 A.

④ D. L. 7. 87-9. 转引自 Long, A. A. and Sedley, D. N.: *The Hellenistic Philosophers*, 63 C。比较 D. L. 7. 142-3, 147.

⑤ Cleanthes,*Hymn to Zeus*, (*SVF* 1. 537).转引自 Long, A. A. and Sedley, D. N.: *The Hellenistic Philosophers*, 54 I.

⑥ 《论说集》i. 14. 5-6。

论述具有的重要性,我们将其摘录如下:

　　　你们会发现,[除了我在下面即将提到的那种能力以外,]在我们身上具有的各种能力中,没有一样是能够进行自我认知、自我观察的,所以也就没有一样是能够针对自己的行动表示赞同或者否决的。[比如说,]我们的语法能力,它有多大的认知能力呢? 恐怕它只能分辨语言的书写表达。

　　　那么我们的音乐能力呢?

　　　它只能分辨音律。

　　　那么它们哪一个具备自我认知的能力呢?

　　　它们无论哪一个都不具备。

　　　如果你要给你的朋友写封信,你的语法能力就会告诉你应该怎么写;但是,该不该给朋友写信,你的语法能力是无法告诉你的。同样道理,你的音乐能力只能让你懂得如何把握音律,但是至于此时此刻你是否应该歌唱、弹琴,它也是无法告诉你的。

　　　那么,哪一种能力能够告诉[我们这一点]呢?

　　　只有既能自我认知又能认知其它一切能力的能力[才能做到这一点]。

　　　可是这又是一种什么能力呢?

　　　这就是理性的能力。因为只有我们这种[从神那里]得来的能力,只有它才既能够审查自己,审查自己到底是什么、自己有什么能力和自己有多大价值,同时又能审查所有其它各种能力。因为除了理性的能力以外,又有什么其它能力能够告诉我们黄金是美好的呢? 黄金自己是不会告诉我们的! 显然,只有能够运用表象的能力[才能做得到这一点]。又有什么别的能力能够对音乐、语法以及其它能力进行判断,证明它们的作用,并指出何时何地才应当运用它们呢?

　　除理性而外再没有别的了。①

可以看到,按照爱比克泰德的理解,理性与语法、音乐等能力之间有一个本质的差异,即它不仅能够认知其他一切能力,而且还具有自我认知的能力。所谓认知其他能力,这是爱比克泰德自己的说法,指的是斯多亚学派所谓的理性的主导(hēgemonikos)能力,它保证了人的理性本性。但除此之外,理性这种运用表象的能力还有一个非常根本的、不同于其他能力的区别性特征,那就是,它是一种能够认知自身的能力。尝试去分析和理解这个定义就构成了本文的主要目的。而要回答这个问题,我们还需要从爱比克泰德的整个哲学体系尤其是行为心理学来考察。

## 三、理性的自我认知与"行为心理学还原"

　　爱比克泰德哲学在自然哲学(神学)思想和逻辑学上并无多少创意。在自然哲学方面,他与整个流派的突出差异在于,他对自然阶梯学说②只字不提,其自然哲学思想在论述人性本质的时候

---

① 《论说集》i. 1. 1~6。

② 斯多亚学派的这个说法源自亚里士多德(scalanaturae,亚里士多德《论灵魂》第二卷,413a-415b;第三卷432b-433b)。他们认为,世间万物分有神的普纽玛(pneuma),但是分有的水平和程度有所不同,从无机物到植物、动物和人类,层级越来越高。它贯穿于不同等级的自然万物之中,赋予它们各自的存在与本质属性,并使它们彼此衔接和贯通,成为一个有机整体。在诸如木石这类东西上,普纽玛只表现为"贯通连续的能力"(hexis, the power of coherence)。有了这种能力,一块石头或木头,才能形成和保持其为一块石头或木头的存在。但它还不能使事物自己运动,因此这些东西只能靠外力推动(Plutarch: St. rep.,1053F-1054B(SVF 2. 449). 转引自Long, A. A. and Sedley, D. N.: The Hellenistic Philosophers, 47 M)。在动物、植物、和火、泉水等被认为是能自己运动的东西里,除了具有"贯通连续力"外,(转下页)

也并未提及普纽玛①,只提到人与自然万物都是神的造物。与此相对应的是,他的绝大多数笔墨都落在人与动物的差异上,强调人与动物的根本不同就在于人分有了神的理性,人是理性生物,而动物是非理性生物。总体上看,他在全盘接受斯多亚传统观点的时候,主要倾向于围绕伦理哲学来展开论述并为后者服务。换言之,其哲学的核心部分是他的伦理哲学及其行为心理学说。

爱比克泰德行为心理学的基本点是,通过对想得到东西的意愿(orexis)和想要回避东西的意愿(enklisis,后文为论述方便可能会将其合称为"意愿",但它们与另一个"意愿"词 prohairesis 不同)概念、运用表象思想及其特有的 ephēmin 思想的论述,将物质、肉体甚至神经感官排除在人的本质之外,将人性本质归结为狭义理性。人的伦理行为心理的起点是理性的自我认知,其最终目的和终点依然是理性的自我认知。

爱比克泰德的这一归结使其道德哲学思想具有极大的批判性,同时又使他的行为心理分析非常细腻深刻,具有特别鲜明的

---

(上接注②)还有"自然力"(physis)和"灵魂"(soul),这是普纽玛的较为复杂的形式。因此,这些东西能自己运动(Galen: *Medical introduction* [ *Intro.* ] 14. 726, 7–11 ( *SVF* 2. 716)。转引自 Long, A. A. and Sedley, D. N.: *The Hellenistic Philosophers*, 47 N)。最高的层次是神,第二层次是人类,他们都分有理性。人作为智性的动物具有很多能力,如本质趋向、物理能力、精神能力、理性能力和计算能力……我们的骨头,有点像没有生命的东西,如石头、木头,也有贯通本性。我们的身体上的指甲、头发之类的东西跟植物一样具有自然力这种处于运动中的贯通本性。人的灵魂同样也具有表象和行为驱动的自然力,这与非理性的动物一样(Philo: *Allegories of the laws* [ *Leg. Alleg.* ] 2. 22–3 [ *SVF* 2. 458]。转引自 Long, A. A. and Sedley, D. N.: *The Hellenistic Philosophers*, 47 P)。但是,更为本质的是,在人的灵魂中,不仅有欲求能力、表象能力、驱动能力,而且在这些能力之上,又加上了"理性"的能力——亦即狭义的逻格斯能力。因此人能用它统率所具有的较低等级的普纽玛因素并支配自己的行为(Inwood, B.: *Ethics and Human Action in Early Stoicism*, Oxford: Clarendon Press, 1985, pp. 21–27)。换言之,理性决定了人的一切行为和思想,因此,人的根本本性就是神、逻格斯。

① 他只在《论说集》ii. 23. 3 和 iii. 3. 22 提过普纽玛,将其说成是灵魂的物质。

"心理学还原"的特征。

## (一) 表象

　　表象(*phantasia*),是斯多亚哲学传统中的一个非常重要的心理学概念(D.L. 7. 49)。按照马德森(Matheson)译文在此处的说法,这个概念不仅指人在思想中展现具体形象的能力,而且还指人们头脑中展现出来的形象,可以说是人的意识数据库。[1] 表象是一个范围广大的概念,它包括了心灵的所有生活,指的是人类思维中的所有数据,这些数据既有关于外在事物的数据(外在表象),也包括关于思想、幻想和情感方面等内在思维的数据(内在表象),内在表象依赖且根源于外在表象。

　　把理性归结为正确运用表象的能力[2],这应该说是爱比克泰德的创造。而这种正确运用表象的能力在他看来就是"一种能够产生采取行动的驱动和不采取行动的驱动、产生想要得到东西的意愿和想要回避东西的意愿的能力"。

　　爱比克泰德认为,人生在世,人永远处于无边无际的汹涌的表象大海,而获得自由和善的唯一途径就取决于自己的理性能否正确运用这些表象,即是否能够正确地审查表象,符合理性本性的表象就是正确的表象,我们就要同意它们;不符合理性的表象就是不正确的表象,我们就不同意它们。人生所犯的错误归结起来有两种,一个是对错误的表象表示同意,一个是对没有弄明白的表象草率地表示同意[3],苏格拉底说不要过没有审查过的生活。但是具

① Matheson, P. E., trans., *The Discourses of Epictetus*, in *The Stoic and Epicurean Philos-ophers*, ed. W. J. Oates, New York: Random House, 1916, I. 1. 5, Note: "the power of presenting an image to the mind's eye and the image so presented".

② i.1.4; i.1.12.

③ Plutarch: *De Stoicorum Repugnantiis*, 1056F.

体地要审查什么呢？对此爱比克泰德有一个非常明确的回答：审
查表象。他说，"哲学家最首要、最重大的职责就是检验表象，认
清表象，未经检验的表象决不采用"。① 他还把未经审查过的表象
命名为 tracheiai (raw, harsh, 粗糙)的表象②。

　　这个审查的过程是一个道德实践层面上的、行为心理学意义
上的过程。这个过程是有条不紊地进行的，并指向人的内心和本
性理性，因此也是回归性的、还原性的。《论说集》的大部分内容
都是指导人们在面对具体的实际生活问题时如何做出正确的判断
并回归自己的理性本性。在爱比克泰德看来，首先，财产、家庭和
朋友不是我们权能之内的东西。③ 他由此将对自由的追寻从外在
引向内在。其次，人自己的身体、肉体也不是我们权能之内的东
西。④ 第三，只有同意⑤、行为驱动⑥、对表象的运用⑦、意愿⑧才是
我们权能之内的东西。

　　针对表象，爱比克泰德在分析人的行为心理的时候还发明了
另外两个心理学概念，即想要得到东西的意愿(orexis)和想要回避
东西的意愿(enklisis)。这两个概念是行为心理过程中促发人的行
为的原因⑨，它们永远朝向人的表象——外在表象和内在表象。

---

① 《论说集》i.20.7；ii.18.24，ii.22.5，iii. 12.15，iii. 24. 108，iv. 3. 7；《道德手册》第
　　18、20、34 条等。
② 《道德手册》第 1 条第 5 节。
③ 《论说集》iv.1.67。
④ 《论说集》iv. 1. 66；i. 1. 10—12；i. 3. 3；i. 9. 11—12，17，33—34；i. 20. 17—18；i.
　　28. 16—17；等等。
⑤ 《论说集》iv.1.68—69。
⑥ 《论说集》iv.1.70—73。
⑦ 《论说集》iv.1.74—75。
⑧ 《论说集》iv.1.75。
⑨ 爱比克泰德发明的这两个概念与 prohairesis ("意愿")不同。它们与"同意"(syn-
　　katathesis)、"行为驱动"(hormē)、对表象(phantasia)的运用等一道构成其行为心理
　　学的整个思想体系。按照斯多亚学派的观点，在人的行为心理中，"表　(转下页)

可以说,这两个意愿概念的发明是专门针对人的表象做出的,它们
在发出意愿和指导人的心灵实践过程中标明的是人的心灵意愿和
意向,其基本特征是意向性。

## (二) 行为心理学还原

爱比克泰德认为,一切心外之物,包括自己的肉体、妻子、兄
弟、朋友、财产、名誉和地位等都不是自己权能之内的东西,都是别
人的东西,只有同意①、行为驱动②、对表象的运用和想要得到东西
的愿望等内在的东西才是自己权能之内的东西,或者说是属于自
己的东西。只要我们做好这种区分,仅仅关心真正意义上的自我,
漠视(*adiaphora*,无所谓)所有其他东西,我们就能认清自我,获得
自由。因此,人生道德实践的过程就是一个去伪存真的"去蔽"过
程,质言之,一个还原过程。

爱比克泰德的行为心理学并未止步于对人的行为心理的细致
描述,而是在人的行为心理过程之中嵌入一个核心概念,由此使得

---

(上接注⑨)象"、"行为驱动"和"同意"在心灵"理性"的支配下决定了人采取的一
切行为:表象是人对外在事物以及自身的感知、体验、认识与记忆的总和,人所具
有的想要得到东西的意愿在表象的激发下,经过理性心灵的审核而形成"同意"
(包含"不同意"),最终产生行为驱动,人于是有所行为举动。人的行为是这四者
综合发挥作用之后的结果。本文所讨论的意愿指的都是 *orexis* 和 *enklisis* 而不是
*prohairesis*。

① 同意(*synkatathesis*,包括"不同意"):《论说集》i. 14. 7; i. 17. 22; i. 18. 1; i. 21. 2;
i. 28. 1, 2, 4; ii. 8. 24, 29; ii. 17. 15; ii. 20. 5; ii. 24. 19; iii. 2. 2; iii. 7. 15; iii.
8. 4; iii. 9. 18; iii. 12. 14; iii. 21. 23; iii. 22. 42, 104; iv. 1. 69, 72; iv. 4. 13; iv.
6. 12, 26; iv. 10. 2, 3; iv. 11. 6; manual. 45; frag. 9; frag. 27。

② 驱动(包括 *hormē* 采取行动的驱动,*aphormas* 不采取行动的驱动):《论说集》i. 1.
12; i. 4. 11, 14; i. 17. 24; i. 18. 2; i. 19. 4, 25; i. 21. 2; ii. 8. 29; ii. 10. 4; ii. 13.
7, 11; ii. 14. 22; ii. 17. 15, 36; iii. 2. 2; iii. 7. 22, 26, 34; iii. 9. 18; iii. 12. 13;
iii. 21. 23; iii. 22. 31, 36, 44, 104; iii. 24. 56; iv. 1. 1, 70, 71, 72, 73, 89, 100;
iv. 4. 16, 18, 28; iv. 6. 18, 26; iv. 7. 20; iv. 8. 35; iv. 11. 6, 25, 26; manual. 1. 1;
manual. 2. 2; manual. 48; frag. 1; frag. 6; frag. 27。

所有行为心理实践者将行为心理的根源继续追问下去,使 *orexis* 和 *enklisis* 这两个意愿概念在本质上不仅成为行为心理学的概念,而且还与人性本体论相通。他的这个核心概念就是其独创的"权能之内"的概念。这一概念其实是为人在一切行为心理实践之前设置了一个问题,即"这是我权能之内的事吗?"这一设问迫使人们将自身的一切行为追溯到理性本性,并以其理性本性为出发点来回答这一问题。如此提问的根由在于人的自我认知的理性能力,如此提问的目的也是为了认知神赋予人的理性本性。于是,*ephēmin* 这个概念使得爱比克泰德的行为心理学思想具有突出的先验性和还原特征。他运用这种行为心理学还原方式将人的行为心理还原为理性,并将这一还原的推动者归结为理性本身,从而使其人性本体论思想成为一种先验的本体论思想,而其行为心理学思想也成为一种先验的行为心理学思想。而他的 *orexis*、*enklisis* 和 *ephēmin* 概念所依托的最后依据就是他对理性的定义,也就是他在《论说集》第一卷第一章开篇处所说的话,即我们上文总结出的一句话:

**理性的本质是一种能够认知自身的能力。**

我们如何理解他的这句话呢? 或者说,我们如何理解"自我认知"这个说法呢?

(1) 爱比克泰德的彻底一元论人性论思想:理性不是人的一种能力,而是人本身

对于这个说法,杨适教授认为,它说明爱比克泰德把人具有理性视作人是最高贵的生物以及道德和自由的根据,因为唯有理性才是能够反思一切事物并反思它自身的能力。这种反思能力也就是行动的统率能力,人有了它就能统率自己的表象、行为驱动和行为,也能支配他的其余能力,从而使人区别于禽兽而有道德追求和责任,这也是他的自由。因为这自由是他的理性决定的,完全属于

他自己的能力范围。这是他分析和批评 A.A.朗（A. A. Long）和因伍德（Inwood）之后得出的最终结论。① 可见，杨适主要是从理性在人的灵魂中所起的主导作用的角度来考察这段文字的。

杨适的解读无疑有其正确性，而且确实抓住了斯多亚学派行为心理学和爱比克泰德思想的要害。但是，尽管有这样的认识，杨适在他的分析中依然把理性当作人所拥有的一种能力和东西来对待，或者说，依然把人与理性当作两种东西对待，这在本质上依然是一种**二元论**的看法，而不是爱比克泰德所持的彻底**一元论**思想。杨适的分析忽略了一个根本点，那就是，在爱比克泰德看来，理性是人的本性和唯一财产②，人本质上就是理性，理性不是附属于人、为人所有的一种能力，它不仅是人所拥有的全部能力中的核心主导，而且更为关键的是，并不存在一个理性之外的人的主体或自我，**理性就是人的主体本身**。这是爱比克泰德之所以如此反复强调人的本性是理性的原因，这才是爱比克泰德全篇论说集所要揭示的关键所在。

除此之外，爱比克泰德还想通过这段文字表达另一层更为重要的含义。让我们仔细审视一下这段文字。

首先，理性是一种能够认知所有其他能力并且能够自我认知的能力，其希腊原文为 *hē autēn theōrousa kai talla panta*③，这里的核心词汇就是"认知"一词 *theōrousa*，这是动词现在分词形式，其原形为 *theōreō*，意思大致有二类：

I. 第一类

    1. 作为观礼使节去求神谕（to be sent to consult an oracle）；

    2. 观看竞技表演（to be spectators at games）；

---

① 杨适：《爱比克泰德》，台湾东大图书公司，2000 年，第 117–118 页。

② 《论说集》i. 1. 10– 12。

③ 《论说集》i. 1. 4。

## II. 第二类

1. 视觉上的,看,望,瞧,检阅,观看(look at, behold, inspect, review, gaze, gape);

2. 思维上的,思考,考虑(of mind, contemplate, consider);

3. 观察,领会,沉思,推理(observe, perceive, speculate, theorize)。[1]

显然,这段文字里的 *theōrousa* 应该是第二类的第 2、3 个意思,即"思考"、"观察"、"领会"、"推理"。

其次,这里表示"能力"的希腊原文为 *dunameōn*,其单数主格形式为 *dunamis*,它既有 faculty (人体的机能)的意思又有 skill 或者 art (技能、技巧)的意思,爱比克泰德不加区分地用它来讨论人的各种能力,旨在说明人的这些能力不仅是一种简单的技能,同时还强调它们也是人的一种根本属性。当我们用这样的眼光来分析逻格斯这种 *dunamis* 的时候,这层含义就显得尤为重要。因为,在爱比克泰德看来,理性既是一种能力,又是人的根本特征属性之一。

作为人的根本属性,理性的自我认知作用体现在它管理着人的一切[2],剖析和完善其他能力,用理性的自我认知来贯穿这些能力[3]。这里最为重要的是理性对表象的运用。对表象的运用是人的全部生活实践,表象是人这一行为主体的全部心灵经验生活的集合。更为重要的是,由于人的心灵的理性本质,人对自己某次实践的认识、理解甚至反思也会变成下次生活实践的表象(A. A. 朗

---

[1] Liddell & Scott: *Greek -English Lexicon*, ninth edition, with revised supplement, Oxford: Clarendon Press, 1996.

[2] 《论说集》i. 1. 12。

[3] 《论说集》i. 17. 1~3。

称之为表象意识的新聚焦点①），从而使这种表象不可避免地具有
了理性色彩，这就将人与一般动物截然分开。故此，通过对表象的
运用，人的表象就成为理性的表象，而人的这种对表象的理解实际
上也就成为了生活实践本身的一部分。一言以蔽之，理性具有主
导（hēgemonikos）作用。这一方面决定了人的理性本性，另一方面
也说明爱比克泰德的思想是严格的一元论。因伍德曾说，斯多亚
派的行为心理学之所以被称作是一元论的，只在于它把理性能力
安置于控制产生行为的过程，不给灵魂中任何反对理性的能力留
下余地来干扰其控制作用。而在柏拉图和亚里士多德那里，则存
在着同理性竞争的因素，因此其行为心理学是二元论的。②　而在
斯多亚哲学家中，爱比克泰德对于这一原则阐释得最为完整清晰。
在他看来，在所有能力之中，只有理性具有自我认知的能力，所以，
自我认知是理性的区别性特征和根本属性。由于人的唯一本性是
理性，理性的本质属性是其自我认知能力，因此理性是人认识自身
本性的能力根源。不仅如此，理性高于其他能力并能够认识自我，
即使是神也无法逼迫它，可见，人的理性及其自我认知能力是独立
和至高无上的，人因此而具有天赋的自由本性。换言之，理性及其
自我认知是人获得自由的理据。

（2）理性的自我认知与人的行为心理实践

人的本质只有理性且只是理性，理性就是人作为主体本身。
但这种理性同时也是一种能力。这种能力的根本特点就是自我认
知能力，那么，作为理性之根本属性的这种自我认知能力是如何在
人的生活实践和行为心理中行使作用的呢？

①　Long, A. A.: *Representation and the Self in Stoicism*, Ch. 6 of Psychology, *Companions to Ancient Thought*, No. 2, ed. by Everson, Cambridge: Cambridge University Press, 1991.

②　Inwood, B.: *Ethics and Human Action in Early Stoicism*, p. 33.

理性贯穿同意、行为驱动、表象的运用和意愿等行为心理诸环节。一个人如果能够做到让理性毫无阻碍地指导和管理人的行为心理的诸多方面,那么他就达到了自由、幸福、平静安详和品格高贵的境界①。因此,理性作为人的生活实践的动力,主要体现在对日常生活的指导意义上。从理性自我认知的角度来说就是:

第一,理性的自我认知能力主要是一种分辨和"去伪"能力,它具体表现在,人们面对现实生活中的万千表象时,能够告诉人们什么是自己的东西、什么不是自己的东西,它是这种分辨和审查行为的根本依托。因此,理性的自我认知能力就是人能够运用表象、审查表象、发挥理性同意能力的动力源泉。

第二,出于人的趋善本性,或者按照爱比克泰德的说法,趋利(利于理性本性)的本性,人的理性自我认知能力促使其自身在人的行为心理的诸多要素中发挥决定性主导作用,分析表象并正确加以运用,辨析权能并澄清人性理性本质,从而使人的行为更加合乎理性且更接近于自己的自然本性,这样,人也就更善、更自由、更接近于神的境界,即自由与必然的统一,真、善和自由的统一。因此,人生道德实践的理想境界就是充分发挥理性的自我认知能力。

第三,由此可见,当爱比克泰德说,理性是一种能够运用表象的能力②,他是在说,理性本身既是一个实践性的概念也是一个认知性的概念。其实践性指的是它对伦理道德实践的指导作用,其认知性指的是它在道德行为中指导心灵辨析和认知自我本性,"按照自然本性生活"。

(3) 人的行为心理实践:理性的自我认知是一种行为心理学还原式的自我回归

---

① 《论说集》i. 1. 12。
② 同上, i. 1. 12。

既然所谓理性的自我认知就意味着，人的生活实践是充分运用理性的自我认知能力，以此分辨纷繁复杂的表象并经过人生实践，最终达到认知自我、返归本性并按照自然本性生活而达成真、善、自由的过程，那么，理性的自我认知就是生活的动力源泉，人生的目的就是从理性自身出发，通过运用自我认知能力审查和分析表象认清自身的理性本性，最后再重新回归理性自身的圆圈式循环过程。这个过程是一个行为心理的实践过程，同时也是一个还原的过程，所以，我们可以将其称之为"行为心理学还原"的过程。这个过程无疑既是一种道德实践还原也是一种理性认知还原，前者为后者服务，后者是前者的目的。

因此，爱比克泰德的行为心理学还原理论及其核心理性自我认知的概念使其哲学具有高度的伦理性、先验性和本体论色彩。

## 四、"权能之内"（*ephēmin*）作为连接 伦理哲学和本体论概念的中心环节

在爱比克泰德哲学的整个心理学还原过程中，起到将行为心理学与人性本体论连接起来的关键环节就是"权能之内"（*ephēmin*）。这个概念既有行为心理学的性质，也有本体论的特征。他运用这个术语来完全替换整个斯多亚学派通常使用的"合乎本性"（*oikeiōsis*）的概念。这将他与整个斯多亚传统区分开来。

斯多亚哲学的"合乎本性"（*oikeiōsis*）概念是其自然哲学体系尤其是自然阶梯学说的核心概念。而自然阶梯学说是斯多亚哲学关于人性本真的基础，因此也是整个斯多亚哲学的立论基础。这一学说在条分缕析地区分了自然万物以及人在本性上的差异的同时，强调了二者之间的内在本质联系，这个本质联系就是普纽玛，或者说广义逻格斯。其中，处于自然阶梯高级部分的生物拥有低

级部分的普纽玛，所以，人就具有植物和动物的一些本能，尤其具有后者的自我维护的行为驱动。人与动物的唯一区别就在于他拥有高级逻格斯即狭义逻格斯，正是这个理性本性使他能够在发挥其他低级本性的时候使其整个本性发生质的改变，从非理性的动物转变为理性生物，并且有可能利用这个理性达到纯理性的神的境界。可以说，斯多亚哲学通过"合乎本性"这个概念从人性本质认识出发，将个体与群体、私利与公义等对立的理念包容起来，使斯多亚哲学成为一个广大的伦理哲学体系。

但是，爱比克泰德基本上没有采用这个非常重要的概念①。相反，他旗帜鲜明地在第一卷第一章提出另一个概念，即"权能之内"（ephēmin）的概念，并在他的整个哲学论述中广泛应用。这个概念既是一个非常成熟的思想，又是他的整个人性自然哲学以及伦理实践哲学的核心概念。它根源于亚里士多德哲学②，同时也涉及希腊化时期关于自由意志与决定论大讨论的重要课题。它是我们把握爱比克泰德哲学本质的核心概念之一。

"权能之内"的希腊原文是 ephēmin，这是一个合成词，前一半 epi- 是一个介词，用英文表示是 up to（"决定于"）；后一半 hēmin 是代词，表示 us，直译过来就是"由我们控制"或者"决定于我们"的意思。③ 因此，从词义上讲，"合乎本性"（oikeiōsis）和"权能之内"（ephēmin）这两个概念都是在尝试说明人的本性问题。前者的

---

① Long, A. A.: *Epictetus, a Stoic and Socratic Guide to Life*, Oxford: Clarendon Press, 2002, 其中 7.2–7.3 也说，爱比克泰德很少用到这种思想（相关论述仅出现在《论说集》ii. 22. 15; iii. 24. 11、《道德手册》第 30 条，共三次）。

② Aristotle, *Nicomachean Ethics* (*EN*) 3. 1–3; *Physics*, 2. 4–6.

③ 马德森（Matheson）、乔治·郎格（George Long）以及罗宾·哈德（Robin Hard）的译本都把它翻译成了"in our power"，欧德法特（Oldfather）译本则作"under our control"（在我们的控制之内）。这两个处理办法中的 power 和 control（汉译"权能"）这两个实词都是译者加上去的，希腊原文中没有这两个词。汉译本以及上述英译本中的"权能"都是翻译时的权宜之策。

本意是说"自家的"、"适合的",而后者的意思则是"属于自己掌控
之内的"、"自己的",应该说相似之处非常明显。那么,为什么爱
比克泰德偏偏要用这样一个相似的概念来替换一个如此重要的、
甚至核心的概念呢? 这一替换使他的哲学与整个斯多亚传统产生
了什么样的差别呢?

　　*oikeiōsis*("合乎本性"),其形容词形式为 *oikeios*,意为"家
的","自己的","适合的"。从词源角度讲,这个词来源于希腊语
词根 *oik-*,意思是"房子",古希腊语经常用它来表示所属关系,其
动词的基本含义是"把……当作自己的东西"或者"把……当作自
己应该有的东西"。古希腊语中有许多词都是从这个词转变过来
的,比如,*oikia*,"房子";*oikade*,"向家中去";*oikeioō*,"使成为自己
的,占有,使适合";*oiketēs*,"家人";*oikeō*,"住进";*oikēsis*,"住所";
等。在斯多亚哲学中,这个词主要用来表示与其他事物的关系,如
所有关系和从属关系,朗( A. Long) 和塞德利( D. Sedley)将其翻
译为 appropriation /appropriate①,这个英文词汇较希腊原文语气更
强烈,更倾向于"占有"的意思。

　　综合这个术语在斯多亚哲学中的使用语境,我们可以看到,
"合乎本性"这个词汇本质上是一个认识论的概念,它更侧重于人
的本性认知作用,即用来判断某个东西到底是不是我的、是不是属
于我的东西,或者说,它回答的是一个"是什么"的问题。而"权能
之内"的概念则更侧重于一个伦理学概念和行为心理学的概念,
即我们在面对具体事物或者情况时可以运用这个概念来判断,这
是不是由自己决定,是不是由自己来主导,它回答的主要是一个
"是什么**以及怎么做**"的问题。所以,"权能之内"比"合乎本性"
更加侧重行为实践意义。可以说,爱比克泰德创造这个独特的概

---

① Long, A. A. and Sedley, D. N.: *The Hellenistic Philosophers*.

念是专门用来论证其行为心理学思想的。*ephēmin* 概念大大简化了爱比克泰德的人性论思想,同时也为伦理实践思想作了理论铺垫。利用这个概念,他可以非常方便地详细分析人的行为心理,从而有助于指导人的理论实践。因此,这个概念体现了他的伦理哲学的特色和本质。

爱比克泰德的《论说集》大量篇幅收集的都是爱比克泰德本人与其他人(包括来咨询他意见的人和他的学生)之间的对话,其常见的话题之一就是劝诫他人的行为,而且内容大多非常具体,比如,女儿生病了怎么办,是不是应该参加议会,等等,内容似乎非常庞杂。而且《论说集》中相当多的内容都是在探讨关于外在事物的问题。爱比克泰德完全继承了斯多亚传统,认为生命与死亡、健康与疾病、快乐和痛苦、美貌与丑陋、财富与贫穷等都是外在的东西,所以,这些东西都既不是好(*agathos*)也不是坏(*kakos*)的东西,而是无所谓(*adiaphora*)的东西。但是,爱比克泰德所采取的处理办法与斯多亚传统有所不同。这个不同就是对 *ephēmin* 概念的大量使用:当一个东西摆在面前的时候,我们要判断这是不是我们权能之内的东西,如果是,我们就不要用"好"这个词来描述它。而我们所谓接受教育就是要"学习分清什么是在我们权能之内的,什么是不在我们权能之内的",[1]就是要认识到,身体、器官、财产、父母、兄弟、子女、国家,也就是说,所有与我们交往相处的人,等等,都不是我们权能之内的东西[2];健康、身体、生命,甚至是子女、父母、国家也都不是我们权能之内的东西,因此也都不是好东西[3]。如果我们的认识上发生错误,把这些不是我们权能之内的东西当作是好的东西,认为"拥有一块土地是符合我的利益的,我

---

① 《论说集》i.22.10。
② 同上。
③ 《论说集》i.22.12。

就要把邻居的土地据为己有,因为这是符合我的利益的。既然拥有一件大衣是符合我的利益的,那么我就要从浴室里偷一件大衣出来,因为这是符合我的利益的。这就是战争之源、内乱之源、暴政之源、阴谋之源。"①而只有认清这些事物都不是我们权能之内的东西,在面对流放、监禁、锁链、死亡以及羞辱的时候就采取不动心的态度②,只把自己的意愿(包括想要得到东西的意愿和想要回避东西的意愿)朝向权能之内的东西③,这样我们就可以获得自由。

可以看到,所有这些对话和劝诫,背后都有一个最基本的主线,那就是,无论我们面临的问题是什么,我们都要进行一个"这个东西是不是我们的权能之内(*ephēmin*)的事情"的判断。如果不是,那就无所谓好坏,是无所谓的东西,我们既不要对它们有任何欲求的愿望(*orexis*)也不要对它们有任何回避的愿望(*enklisis*),而且是应该采取不动心(*apathes*)的态度。因此,对于爱比克泰德来说,如果说行为心理学过程的关键是运用表象的话,那么,运用表象的依据就是 *ephēmin* 这个概念。人善恶与否,自由与否,都取决于它。

另一方面,人的理性在发挥这种主导作用(*hēgemonikos*)的同时,也是在通过"权能之内"这个概念来不断地自我反省和反思,考察面前的东西到底是不是我的本性,是不是关乎我的理性本性。因此,人在行为心理实践过程中运用"权能之内"概念,就是在发挥理性的自我认知能力,或者干脆说,人的行为心理实践就是理性的自我认知发挥作用的过程。理性的自我认知就是人的生活和行

---

① 《论说集》i.22.14。
② 《论说集》i. 30. 2。
③ Seneca, *Ep.*, 113.23 (*SVF* 2. 836) 部分转引自 Long, A. A. and Sedley, D. N.: *The Hellenistic Philosophers*, 53 L。

为实践本身。人的生活行为实践就是以理性认识自我、反省自我、返归自我为其根本目的。

因此，*ephēmin* 这个概念所要做的判断不仅是一般行为心理学意义上的价值判断，也是一个先验性的本体论意义上的认同，它是连接行为心理学与人性本体论的中心环节，它的创造完成了爱比克泰德哲学从行为心理学到人性本体论的无缝连接。如果说爱比克泰德的狭义理性概念是学说大厦的中心支柱，那么，*ephēmin* 就是这个支柱与整个建筑的连接点，这两个概念是他整个哲学理论创见的核心体现。

## 五、理性自我认知的实践性和认知性特征

爱比克泰德在论述人的理性本性的时候经常将人与动物加以对比。在对比过程中，他对人的理性能力提出了一个非常特别的说法。

爱比克泰德充分接受传统斯多亚哲学对人与动物存在共通之处的思想。他说，我们有许多东西与非理性的动物相通，但是他又说，我们身体当中确实有许多东西是我们人类这种理性动物特有的[1]。其中最为核心的就是人之为人最根本的本性、人高于动物的地方，即人具有神赐予他的理性[2]。应该说，这是对传统斯多亚哲学的继承。但是，对于这个人特有的理性本质的认识，他还有如下的说法：

> 那么，是不是它们［指动物］也能理解所有的这一切呢？

---

[1] 《论说集》i. 6. 12。
[2] 参见《论说集》ii. 10. 2. 以及王文华译，《爱比克泰德论说集》，北京：商务印书馆，2009 年，第二卷第 8 章的讨论。

不,它们根本就理解不了。因为使用是一回事,理解又是一回事。神需要非理性的动物来运用表象,而神则需要我们人类去理解对表象的运用①。因此,对于非理性的动物来说,让它们去做吃饭、喝水、睡觉、交配等等之类的事情已经足够了。而对于我们人类来说,神还赐予了我们理解能力,所以我们仅仅只做这些事情就不够了:我们的言行必须得当有序,合乎我们自己的自然本性和结构,否则我们就永远无法达到我们自己的目标。因为,生物的结构不同,它们的作用和目标也就不同。对于其结构只是用来运用表象的[普通]动物来说,能够运用表象就已经足够了。但是,对于具有能够理解对表象的运用这种能力的动物来说,它的理解能力如果得不到合理使用,它就永远无法达到它的目标。②

这也就是说,神赐给动物以运用感官印象的能力,而人除了这些能力之外还可以理解对这些能力的运用。于是,人和其余动物在结构、作用和目的上就有了差异。同时,这段文字还把人置于观察者的地位,将人的理性能力视为能够理解动物与人自身如何运用神赐予的其他各种能力的一种特殊能力,若不充分运用其理解能力,将达不到他的目的,人就不能成其为人。③ 因此,希腊原文中的"理解"到底如何理解,对我们认识人的本性来说就显得至关重要了。

"理解"的希腊原文为 *parakolouthēsis*,在《论说集》(ii. 16. 33;iv. 5. 21)等处均有使用。其动词的现在时单数第一人称为 *parakolouthō*,由 *akolouthō* 加前缀 *para* 构成。*akolouthō* 的基本含义

---

① 比较《论说集》ii. 8. 4-6。
② 《论说集》i. 6. 13- 17。
③ 《论说集》i. 6. 12- 17。

为"跟随",随着语言的应用与发展,先从这个基本含义中引申出
"接收指导"的比喻含义,然后进而引申出思想上的跟随,即"理
解"的意思,这跟英文 follow("跟随"、"理解")一词可以表示"理
解"之义如出一辙。前面加介词前缀 para-以加强"紧紧(跟随)"
的含义。另外,在希腊哲学后期,如普洛丁(Plotinus)的哲学①里,
*hē autō para kolouthō* 字面含义"追随自己")还会有"自我意识"
(to be)、的意思。② 因此,这个希腊词既有"理解"的含义又有"跟
随"的含义,后者是基本含义,前者是引申义。朗(A. A. Long)没
有像《论说集》诸多译家那样将其翻译为 understand (如乔治·郎
格、马德森)或者 follow,而是采用了 attend to③ 的说法,颇得神韵,
可是,很遗憾他对此没有给出任何解释④。

　　爱比克泰德说,神把人带到这个世界上来,就是为了让人
　类来观察他以及他的作品的;而且,神不仅是要让人类观察他
　的作品,而且还要让人类来阐释他的作品。⑤

　　人对世间万物(包括他自身)的这种理解和认识同时也是对
神意安排世间万物的细致分析、考察和追随。这就与这个词的基
本含义"跟随"挂上了钩。但这个层面上的"理解"依然局限于"观
察"(*theōria*)的角度,还没有进入到实践(*praxis*)的层次上去。

---

① Plotinus: 1. 4. 5; 2. 9. 1.
② Liddell & Scott: *Greek-English Lexicon*, Oxford: Clarendon Press, ninth edition, 1996.
③ 张柏然,《新时代英汉大词典》,商务印书馆,2004 年:attend 作不及物动词用有如下
　几个含义:1.注意,留意;倾听 (to)。2.照顾,办理 (to)。3.侍奉,服侍;陪,伴随
　(on, upon)。attend to (one's work health) 照料(工作),注意(健康)。Attend upon
　(sb. Sb.'s wishes) 侍奉(某人);听候(某人差遣)。
④ Long, A. A.: *Epictetus, a Stoic and Socratic Guide to Life*, Oxford: Clarendon Press,
　2002, p. 173.
⑤ 《论说集》i. 6. 19。

　　因此,爱比克泰德在《论说集》i. 6. 13 处特别强调,人不仅要像非理性动物那样运用表象,而且还要理解对表象的运用,让人的表象成为理性的表象。这样,人的理性能力就贯穿到人的道德行为实践之中。他常说,脱离生活实践的、对纯理论认知和理论思辨的理解是比较容易的,我们做起来可能不会有任何障碍,但是,在具体生活实践中,影响人的行为的因素就会非常多,而且,如果没有长期的锻炼、训练和积累,人就会寸步难行。先实践后学习的做法是一种先难后易的做法。①

　　如此一来,人的这种理解能力既是一种对世界"观察"(theōria)式、认知式的理解,同时也是一种对自身人生实践的心理实践(praxis)式理解。因此,就人生实践而言,所谓"理解"既是一种认识上的理解又是一种行为上的追随,这是一而二、二而一的,我们甚至可以说,理解寓于行为之中,人对神/理性逻格斯的遵从其实就是对它的理解,理解不仅体现在头脑里,更体现在实践中,人生实践的职责和目标就是要实现这种理解。

　　鉴于此,在爱比克泰德看来,既然这种理性理解能力是人区别于动物的关键所在,那么,所谓理性在本质上就不仅是一种实践性理性,更是一种认知性理性。

　　可以说,在"理解"这个词上,爱比克泰德这里玩了一个双关语的文字游戏。同时,他又利用这个词,尤其是加上 para-这个前缀,来突出强调这一人生职责的神圣性,人应该时刻惕惕然、勤勉地加以思考、观察和追随。可见,朗将其翻译为了 attend to 而不是简单的 understand("理解"),这是很有道理的。

　　　　爱比克泰德就说,这是什么意思呢? [这就是说,]神创

————————————
① 《论说集》i. 26. 3-4。

造了每一种动物，[而且，他还让每一种动物都各有其目的，]有的生来就是为了被别的动物吃掉，有的生来就应该被用来从事农业活动，有的生来是为了生产奶酪，有的生来是为了其它诸如此类的用途。既然如此，它们还需要理解和分辨这些表象的能力干什么呢？神把人带到这个世界上来，就是为了让人类来观察他以及他的作品的；而且，神不仅是要让人类观察他的作品，而且还要让人类来阐释他的作品。正因如此，如果非理性的动物在什么地方开始我们人类就在什么地方开始，非理性动物在什么地方终结我们就在什么地方终结的话，那么，我们就实在太可耻了。相反，我们人类不仅应该在非理性动物开始的地方开始，而且还应该在我们的自然本性终结的地方终结。既然我们的自然的终结点是要思考这个世界、理解这个世界并且要过上合乎自然的生活，那么，我们就要注意，千万不要没观察这一切就碌碌地死去。①

人的生活到底应该是思考/观察（*theōria*/observation）还是实践（*praxis*），对此，斯多亚学派主张，人不仅要观察思考，而且还要实践，在观察中思考，在思考中观察。如何思考？如何实践？思考什么？实践什么呢？爱比克泰德的回答是，人的思考就是实践，人的实践就是思考，人思考和认识的应该是世界和自身的理性本性，人的实践应该是理性的实践，这种思考和实践汇集一点，就是*parakoloutho̅*（"理解"）。也就是说，人既要"理解"，还要"跟随"，惕惕然、孜孜不倦地"跟随"，在理解中跟随，在跟随中理解②，而这个*parakoloutho̅*（"理解"）的对象不是别的，正是人的人性本真之

---

① 《论说集》i. 6. 18-22。
② 这也不免让人想到斯多亚著名的比喻：人就像是被拴在车上的一条狗，要么跟着车，要么被拖着走。但是爱比克泰德这里的"跟随"显然是主动的、积极的。

理性。

　　正因如此，爱比克泰德强烈反对为了学习逻辑修辞而学习逻辑修辞，反对纯学究式的认识，他反复告诫他的学生，真正的进步不在于你读了多少克里西普的书，懂了多少道理，而是将这些道理付诸实践，将其体现在你的言行上，其中最根本的，要体现在你内心的意愿里。这就好像看一个运动员锻炼得怎么样，不是要看他的练臂器，而是要看他身体锻炼的结果——肩膀上的肌肉只是其中之一。因此实践才是检验一个人进步与否的唯一标准①。虽然他的这一说法跟斯多亚传统似乎没有多大差别，但其背后的理论依据却有重大革新。

# 结　　语

　　古典学传统通常认为希腊化和罗马时代的思想理论建树不高，一方面是因为视角的不同，另一方面也是由于他们的创新往往隐藏在貌似平庸的传统思想表面下，只有经过发掘才能揭示出其创意非凡的理论光彩。就本文所探讨的爱比克泰德的理性概念问题而言，有以下几点值得注意：

　　第一，在爱比克泰德看来，理性不是一种纯思辨理性，而是实践理性与认知理性的结合，实践的目的在于认知，认知的过程即是实践。这是对希腊传统理性的独特把握，也是对苏格拉底"美德即知识"问题的独特回答。

　　第二，爱比克泰德对理性本质的特殊认识，一方面遵循了斯多亚学派的思想传统，另一方面又具有鲜明的独创性，这种独创性不

---

① 《论说集》i. 4. 6-17；比较 i. 17. 13-19, ii. 9. 13-15, iv. 4. 11-18；《道德手册》第10、49 条以及 Aristotle, *EN*, 1105b10-15。

在于他对伦理道德实践的突出强调,而在于这种突出强调的背后原因就是他对理性本质提出的特殊理解。这种理解使得他的思想具有突出的先验性和超越性,它超越了人伦道德、物质与肉体,在强调命运的同时张扬人的个体性和自由本性,这是对斯多亚学派具有禁欲色彩的传统的颠覆,是对斯多亚哲学的发展和突破,也是他对苏格拉底"认识你自己"这个问题做出的回答。

第三,爱比克泰德通过对理性概念的独特把握及其特有的 *ephēmin* 思想,运用心理学还原的方法,排除了物质、肉体和感官,将人性本质归结为理性,这使他的道德哲学思想具有极大的批判性。同时,作为审查生活表象的准绳,他的这两个概念使"按照自然本性生活"和"自由与必然的结合"这些斯多亚学派的人生理想具有了现实可行性,从而回应了苏格拉底提出的"不过没有审查的生活"信条。

希腊精神是求真与求善的结合,苏格拉底的伟大("美德即知识")就在于集此二者于一身。柏拉图和亚里士多德特别突出地发展了其中理性的一面,斯多亚哲学不仅强调理性逻辑论证,更重视伦理道德实践,因而在某种意义上是对苏格拉底的回归。爱比克泰德更将理性的本质归结为一种回归于本性、认识自我的特征,使人的道德行为成为还原性的行为心理实践,从而使人的理性在行为心理实践中实现实践性与认知性的统一。这不仅发展了斯多亚学派的理性思想,同时也是爱比克泰德对希腊理性思想做出的独特总结。

# 参考文献

1. Barnes, J.: *Logic* and *the Imperial Stoa*, Leiden: Brill Academic Publishers, 1997.

2. Cooper, J. M.: *Reason and Emotion: Essays on Ancient Moral Psychology and Ethical Theory*, Princeton: Princeton University Press, 1999.

3. Dawson, D.: *Cities of the Gods: Communist Utopias in Greek Thought*, Oxford: Oxford University Press, 1992.

4. Everson, S., ed.: *Companions to Ancient Thought: 2 Psychology*, Cambridge: Cambridge University Press, 1991.

5. Inwood, B.: *Ethics and Human Action in Early Stoicism*, Oxford: Clarendon Press, 1985.

6. Liddell & Scott: *Greek-English Lexicon*, Oxford: Clarendon Press, ninth edition, 1996.

7. Long, A. A. and Sedley, D. N.,: *The Hellenistic Philosophers*, 2 vols, Cambridge: Cambridge University Press, 1987.

8. Long, A. A.: *Representation and the Self in Stoicism*, Ch. 6 of Psychology, *Companions to Ancient Thought*, No. 2, ed. By Everson, 2, Cambridge: Cambridge University Press, 1991.

9. Long, A. A.: 'Stoic Psychology and the Elucidation of Language', in G. Manetti ed., *Knowledge through Signs. Ancient Semiotic Theories and Practices*, Brussels: Brepols Publishers, 1996, pp.109–131.

10. Long, A. A.: *Epictetus, a Stoic and Socratic Guide to Life*, Oxford: Clarendon Press, 2002.

11. Nussbaum, M.: *The Therapy of Desire: Theory and Practice in Hellenistic Ethics*, Princeton: Princeton University Press, 1994.

12. Sihvola, J. and Engberg-Pedersen, T., eds: *The Emotions in Hellenistic Philosophy*, Dordrecht: Springer-Verlag, 1998.

13. Sorabji, R.: *Emotion and Peace of Mind: From Stoic Agitation to Christian Temptation*, Oxford: Clarendon Press, 2000.

14. 爱比克泰德:《爱比克泰德论说集》,王文华译,北京:商务印书馆,2007年。

15. 杨适:《爱比克泰德》,台北:台湾东大图书公司,2000 年。

# 作为一种生活方式的技艺①

## ——斯多亚派的技艺概念

于江霞(浙江财经大学伦理学研究所)

**摘要：**斯多亚派对柏拉图和亚里士多德技艺观念的重要改造在于，基于对灵魂统一性的坚持，他们时常在实践领域中将技艺与知识、德性相等同，从而增强了技艺概念的知识性、伦理性，并较好地解决了技艺之可能与善用的统一问题。对于斯多亚派来说，技艺之为技艺，始于生活所需，源于生活经验，成于生活中的训练，服务于生活总体。人作为一种技艺动物，可以在以生活为质料的持续训练中习得作为技艺之技艺的德性，并使其他技艺具有"类似德性"的特点，进而实现其技艺人生。

**关键词：**技艺　知识　德性　生活技艺

　　技艺(technē)是整个古希腊思想中极为重要而复杂的概念之一。这不仅因其含义丰富(手艺、艺术、技巧、专长等)，而且还缘于其与知识(epistēmē，又译为"科学")、机运(tuchē)、经验(empeiria)等概念的密切关联。就一般意义而言，技艺在古希腊思想中通常意味着一种从无到有、需要经验训练的、通过人的活动得以

---

①　本文原刊于《自然辩证法研究》，2014年，第5期。

实现的具有偶然性的知识。尽管如此,在前柏拉图时期,精确性的技艺(如数学)与其他一般性技艺还是经历了一个逐渐分开的过程。人们对技艺价值中立性的认识也随之日渐深化①。对柏拉图来说,技艺确有其价值中立性,但"技艺"要成为"知识",必须在其使用中能够识别其目的对象的善或恶。而欲实现这一点,就需要哲学的纯化和转向理念世界。然而由于我们不知道何为真正的善,而工匠也非哲学家,柏拉图在担忧技艺无善之引导的同时也剥夺了技艺的自主性②,即可教、可学、可习的可能性。亚里士多德则将对技艺的考察置于其对理论理智、实践理智和技艺理智的划分框架下,认为目的的外在性(即产品相对于制作或生产活动的外在性)是技艺的最主要特征之一,因而可能使技艺脱离对善的考量。尽管他将技艺界定为一种理智德性,然而却同时拒绝一种严格的伦理—技艺(techne ethike)③,并坚持技艺和德性(arete)之间的重要区别。④ 因为技艺属于生产(poiesis),区别于属于实践(praxis)的明智(phronesis);作为理性能力的技艺可被用于相反效果,而作为稳定习性的德性则只指向善目的。然而问题是:技艺概念如何在保持自主性的同时又避免恶的使用,即实现可能与善用的统一?而这也是留给继亚里士多德之后,曾广泛使用技艺概念并积极将其置于经验世界和伦理生活的斯多亚派的重要课题。本文认为,斯多亚派清醒地认识到技艺目的与其运用的分离可能带

---

① D. Roochni, *Of Art and Wisdom: Plato's Understanding of Techne*, University Park, PA: Pennsylvania University Press, 1996, p.55.

② F. E. Sparshott, "Zeno on Art: Anatomy of a Definition," in J. M. Rist, ed., *The Stoics*, Berkeley: University of California Press, 1978, p.276.

③ 亚里士多德:《尼各马可伦理学》,廖申白译注,北京:商务印书馆,2003 年, 第173-174 页。

④ Aristotle, *Aristotle in 23 Volumes, Vol. 20.* H.Rackham, ed., Cambridge, MA: Harvard University Press; London: William Heinemann Ltd. 1981, 1216b2-10.

来的问题。尽管表面上没有直接处理这一问题,但通过丰富技艺内涵并讨论其作为一种生活方式的可能性,斯多亚派实际上基于个体心灵状态的一致性而将对技艺产品的关注转向行动过程本身,并在行动者与行动两个方面给出了间接的解决对策。

对于技艺,斯多亚派创始人芝诺(Zeno)将之界定为:"为了生活中的某个有益目标,通过实践而形成的系统性的理解(*katalēpseis*)的集合"①。其继承人克里安西斯(Cleanthes)的定义更简洁但趋于泛化,即"一种有方法地获得一切事物的习性(*hexis*)"②。后继领袖克律西波(Chrysippus)则从技艺者的心灵状态角度对此加以补充,进而修正为"一种运用表象的有方法地推进的习性"③。概括地说,这三个定义突出了技艺的三个特性,即系统的认识、有方法的行动和有实际效用的结果。④ 以这些定义为根基,与古典时期思想相比,斯多亚派不仅更为强调技艺和知识、实践理智之间的关系,而且还将作为一种理智品质的技艺与德性、训练(*askēsis*),以及对灵魂疾病的治疗和人的整体生活的塑造更紧密地联系起来。这样,借助对"德性即知识"命题的确认和"德性即技艺"观点的抛出,技艺这一概念实际上被知识化、伦理化、艺术化。然而斯多亚派何以将技艺、知识、德性等如此重要而复杂的概念加以并置并时常等同起来?对于喜用技术性术语的该学派而言,这是基于可自圆其说的严肃的哲学讨论,还是仅为体系建构而放弃概念清晰性的权宜之举?最关键的,这一思路能否解决柏拉图——亚里士多德的技艺难题,或者对其有所突破?欲解决以上

---

① A. A. Long and D.N. Sedley, *The Hellenistic Philosophers 1: Translations of the Principal Sources with Philosophical Commentary*, Cambridge: Cambridge University Press, 1987, p.259.

② Ibid., p.259.

③ Ibid., p.259.

④ Ibid., p.263.

问题,显然必须对相关概念和教义予以界分和剖析,以逐步勾勒出斯多亚派的技艺图景。

## 一、技艺之源:作为特殊技艺的知识

在严格意义上,亚里士多德视知识(*epistēmē*)为纯粹的理论考虑,主要涉及必然且稳定的原理和原则。而技艺则直接面向生活,它是在变动、偶然的生活世界中对于这些原则的应用,且必须建立在由慎思和理论科学所提供的普遍前提的基础上。但在广泛的意义上,亚里士多德有时也在视技艺(相对于经验)为知识的相似物的意义上将这两个词互换使用。在斯多亚哲学中,由于"德性"的联接作用,技艺具有了亚里士多德的强意义上的 *epistēmē* 的某些特征,因此这两个词被更加频繁地作为同义词来使用。①

与亚里士多德的一个重要不同是,斯多亚派似乎从未区分过纯粹科学与实践科学或经验科学。② 这一点在大多坚持心理学一元论(即不承认非理性的存在和不能自制现象,强调情感的认知性)的早期斯多亚派中最为明显。因为坚持心理学一元论的同时实质上就暗示了理智德性内部,尤其在实践理智与理论理性之间不加区分的倾向。按照这种理论,知识可以直接地影响行动,因而对于好的决定、判断乃至活动都具有决定性。而且从斯多亚派的角度看,我们并不需要过于严格地考察认知科学和生产技艺之间的界限。例如医学,无论是在理论上还是实践中,大都被认为是认知性的,尽管它最终的功能是造成健康。③ 因此,亚里士多德对

---

① 参见:http://plato.stanford.edu/entries/episteme-techne/First published Fri Apr 11, 2003; substantive revision Sun Jun 22, 2014。

② A. A. Long and D.N. Sedley, *The Hellenistic Philosophers* 1, p.264.

③ Ibid., p.264.

*epistēmē* 和 *technē* 所做的界分在大多不精悉数学的斯多亚者这里趋于模糊。其重要意义则在于取消了知识作为一种理智德性与理性作为一种对于某种非理性因素的技艺的运用之间的区分,并暗示贤哲的以知识为特征的理论把握本身就是一种技艺。①

不仅如此,在知识的稳定性和确定性问题上,斯多亚派的观点确实较为接近亚里士多德。具体而言,斯多亚派将知识界定为"理解或认知"(*katalēpseis*),一种通过理性论证、安全而不变的东西。它是绝对不可动摇的,具有内在稳定性的。② 而按照芝诺的定义,技艺(*technē*)也是 *katalēpseis* 系统化的结果。但芝诺使用该词时更强调的是对知识的一种抓住和掌握,这种动态的、当下获得的事实,显然缺少知识那样的稳定性。而且在严格意义上,知识更是一种品格(*diathesis*),没有程度之分。而技艺则是一种习性(*hexis*),允许有程度和质的差别。然而在一种松散的意义上,斯多亚派也用"*hexis*"来界定知识,③并将知识与技艺混合使用。因为正像有学者所推证的,斯多亚派似乎倾向于在两种意义上使用 *hexis* 和 *technē*:*hexis* 在狭义上指有程度变化的质,宽泛意义上有时也指 *diathesis*;狭义上的 *technē* 是对应于作为 *hexis* 的技术(techniques),广义上却也包括一般的技艺以及知识(*epistēmē*)。④

然而除了这种概念上的含混之外,一个根本性原因还在于,在斯多亚派这里,技艺所需要的知识不是柏拉图式的理念知识,而是一种关于自然及其秩序的面向实践生活的知识;一种直接源于生活,并可以服务于个体至福的伦理知识。这种知识的内容可以通

---

① 参见:http://plato.stanford.edu/entries/episteme-techne/First published Fri Apr 11, 2003; substantive revision Sun Jun 22, 2014。

② A. A. Long and D.N. Sedley, *The Hellenistic Philosophers* 1, p.256.

③ Ibid.

④ C. Jedan, *Stoic Virtues: Chrysippus and the Religious Character of Stoic Ethics*, London and New York: Continuum, 2009, p.71.

过转化人的存在方式,而形成一种对于个体的特定的自我知识。由于在斯多亚派看来,个体信念的感性认识即是真理性认识,因此一个人可以真实地诉说他在生活中的感觉和经历,并且在对技艺的训练中成为他所想要成为的人。当人们通过持续地在现时中捕捉、练习,在动态和点滴中积累技艺知识并加以系统化,技艺就不仅是可学的,而且成为可教的。可见,斯多亚派对知识的力量,以及人获得知识或技艺的能力是具有巨大确信的。

正是基于这种对人的实践生活的兴趣,斯多亚派还将知识和实践理智(*phronēsis*)①都用于实践推理,并将后者一并称为技艺。尽管亚里士多德和斯多亚派都在某些情况下将技艺与知识互换,但亚里士多德至多将实践理智类比于技艺,而斯多亚派却直接将实践理智等同于一种技艺。出于对德性一致性的坚持,在斯多亚派看来,实践理智不仅是一种理智德性,而且还是一种提供生活技艺的德性总体。② 他们不仅将实践理智定义为一种"关于善、恶和非善非恶的知识"③,而且认为德性就是一种以各种形式存在的实践知识④。而依照塞克斯都(Sextus Empiricus),斯多亚派还将实

---

① 斯多亚派不仅没有区分智慧(*sophia*)或实践理智(*phronēsis*),而且似乎也没有在二者与知识(*epistēmē*)之间做出明确界分。

② 斯多亚派在这一点上与亚里士多德对实践理智的理解,即强调实践理智是着眼于总体生活的善也是相通的。当然就狭义或具体的技艺而言,如安纳斯指出,其与实践理智的区别还是明显的。因为尽管在每一种技艺内部都无一例外地需要训练,但各种技艺之间是可以相互独立的,然而实践理智却由于它的全局性,自然地具有一种统一化的倾向。因为在一种既定情况下作出的某种考虑或明智判断是基于德性的人的总体目的和价值观而做出的(可参见 J. Annas, "The Structure of Virtue", in Michael DePaul, Linda Zagzebski, eds., *Intellectual Virtue: Perspectives from Ethics and Epistemology*, Oxford: Clarendon Press, 2003, pp.15-34.)。就此而言,斯多亚派似乎也与亚里士多德持一致意见。

③ 第欧根尼·拉尔修:《名哲言行录.希汉对照本》,徐开来,溥林译,桂林:广西师范大学出版社,2010 年,第 683 页。

④ A. A. Long and D.N. Sedley, *The Hellenistic Philosophers* 1, p.378.

践理智界定为一种提供关于生活技艺的善恶知识①。例如克律西波就说过,实践判断就是一种涉及生活之事的技艺②。所以他们将技艺的实施与实践推理做了以下类比:明智或完善的人有一种对于任何生活情境下的善与恶的洞见。而一个熟练的工匠,也会知晓在他所实践的每个节点上怎样做是最合适的。明智的人就像熟练的工匠一样,在感觉和行动等方面都能做出恰当的反应,他把一切都做得很好,表现出有德性或行动上的一致性。在此过程中,就像技艺的施展有时重于技艺的产品一样,获得某种目标(某种自然之物)可能不是在人的控制之内,但是正确运用实践理智的这个过程是重要的:在始终关注生活情景的可变性的基础上,完善人的能力,以正确的方式做正确的事。与亚里士多德局限于城邦公民的狭义上的实践概念相比③,斯多亚对技艺概念的强调似乎还在某种意义上暗示了其对平等、自由等价值的重视。然而斯多亚派做此解释的具体缘由和意义,还需从技艺目的本身的角度,从对作为技艺的德性的讨论中进一步挖掘。

## 二、技艺之"型":作为技艺之技艺的德性

如果说技艺的自主性在其与知识的关联中得以落实,进而解决了"知"的问题,那么与德性的关联则担保了技艺目的的有益性问题,即"行"的一面。对于技艺的目的,芝诺将其界定为"为了生活中的某个有益目标"。这似乎是说,技艺的行为不一定是道德

① H. von Arnim, *Stoicorum Veterum Fragmenta 4 volumes*. Leipzig: Teubner, 1903-1924: II 909.
② Ibid., III 598.
③ 尤其是按照阿伦特、麦金泰尔式的读解。但这种读解是否准确是值得商榷的。

上善的,但是应该得到人们认同且有益于人的生活①。而对于总体的生活目的,在应对学园怀疑派卡尔尼亚德(Carneades)之挑战的话语背景下,中期斯多亚者安提帕特(Antipater of Tarsus)重新诠释了斯多亚派"与自然一致的生活"的正统教义:生活目的即"选择自然之物的理性行为";"作一切在自己权能之内的事情,持续、不动摇地做,以获得与自然相一致的东西"②。很多学者认为安提帕特在这里主要意指推测性技艺③。例如在围绕这个定义而争论的射箭之例中,这个目标可比作射手做一切在其权能之内的事情以射中目标,而不仅仅是射中目标;因为由于风力等偶然因素的影响,是否射中目标不是人能够控制的,人所能把握的只能是尽力施展射击的技艺这个过程。阿弗洛狄西阿的亚历山大(Alexander of Aphrodisias)将这种不能按照确定步骤实现目的,而是易受偶然性影响的技艺称为"推测性技艺"(stochastikē technē)④,用以解释斯多亚派作为生活艺术的德性概念⑤。

关于推测性技艺,尤其是医学、航海等等,亚里士多德曾有相关的论述(尽管在亚历山大所引之处他并没有明确采用

① 关于这一点的详细讨论,请参见 F. E. Sparshott, "Zeno on Art: Anatomy of a Definition", p.288。

② G. Striker, *Essays on Hellenistic Epistemology and Ethics*, Cambridge: Cambridge University Press, 1996, p.300.

③ 除了亚历山大的记述外,还可参见 Cicero, *Finbus*, III 22。

④ Alexander of Aphrodisias, *On Aristotle's Prior Analytics 1.1-7*, Jonathan Barnes, Susanne Bobzien, Kevin Flannery, S.J., Katerina Ierodiakonou, trans., Ithaca: Cornell University Press, 1992; London: Duckworth, 1991, 39-40, 165.

⑤ 但是安纳斯等少数学者也对此提出了质疑。她认为亚历山大基本上并没有将亚里士多德曾讨论过的推测性技艺与斯多亚派相联系。鉴于他有多组反对斯多亚派将德性视为一种技艺的论证,这种关联的缺乏暗示了他没有采纳斯多亚派认为德性是一门推测性技艺的观点。但是,Hans von Arnim 确实将亚历山大讨论推测性技艺的相关段落收录到关于斯多亚派哲学的残篇中。参见 J. Annas, *The Morality of Happiness*, New York/Oxford: Oxford University Press, 1993, p.400, note 1189。

"*stochastikē technē*"这种说法),这明显体现在他对有些技艺活动难免掺进机运(*tuchē*)因素的讨论中①。更重要的是,尽管亚里士多德坚持德性或实践理智不是一门技艺,但在宽泛的意义上他也将某些技艺活动纳入实践,因为这些技艺活动包含一部分实现活动,即以完美地运用技艺本身来完成活动为目的(*telos*)(从而也反映出我们是怎样的人),他因此也把技艺叫做这种活动包含的德性②。另一方面,相对于自足的理论活动,实践活动也产生外在结果,尽管行为的后果绝不高于行为本身。③ 但在一般意义上,技艺和实践的根本不同之处在于,技艺活动主要根据其活动的 *ergon*(产品、利益)来评价,而德性活动却更看重行为者的品格和意愿选择。我们不能确定斯多亚派是否受到亚里士多德相关思想的直接影响,但我们确实可以在这里找到某些沿袭之处。

　　对斯多亚派来说,虽然无需忽略外在目标,但一种技艺(尤其是推测性技艺)的目标可能更重要的是享受过程;德性行为的关键是持续地按照自然法则去做,而不是获得自然的东西;是选择本身,而不是选择的东西,才是一个更内在的目的。④ 因此斯多亚派并没有忽视亚里士多德所说的技艺目的的外在性问题。他们只是在认识到技艺产品可能的不可控性的基础上更注重技艺活动的实

① 参见亚里士多德在 *Eudemian Ethics* 中的相关讨论(1247a5-7)。
② 此处受到了廖申白教授的指点,在此表示感谢。
③ 例如在《尼各马可伦理学》1177b2-3 处,亚里士多德提到,"它(指沉思,作者注)除了所沉思的问题外不产生任何东西。而在实践的活动中,我们或多或少总要从行为中寻求得到某种东西"。(《尼各马可伦理学》,廖申白译,2003 年,北京:商务印书馆,第 306 页。)
④ 当然从另一个角度说,这或许不仅适应于推测性技艺,而且还适应于其他一般技艺。因为所有技艺的目标都是斯多亚派所谓的更可取的中性之物,而德性或幸福则体现在这种选择上,而不是那些中性之物(*proēgmena*,不管是否可以确定获得)上。可参见 Annas 在 *The Morality of Happiness*(New York/Oxford: Oxford University Press, 1993,pp.400-404)一书中对这一问题的讨论。

施过程,即将对产品的关注引向对行动者的关注。作为行为评价的标准,这个内在目的使技艺活动摆脱了命运、机巧和其他不可控力的威胁。也正是基于这个目的,并将德性视为一种技艺的技艺,斯多亚派真正将我们引向对技艺之理解与使用的合理之途。

在斯多亚派伦理学中,"德性"无疑代表着唯一、最高的价值。然而也正是这个概念同时承载了最丰富的含义,并具有了诸多的同义词。斯多亚哲学家用不同表述来界定德性:某种形式的知识,一致的品格,一种一贯的、坚定的、不可改变的完美理性①,或灵魂主导部分的特定品性等②。他们不仅将各种知识形式( forms of *epistēmē*)视为德性,而且用技艺来描绘这种作为知识的德性状态的特点。其重要意义在于,如果将德性定义为一种技艺和知识,那么就不仅坚持了德性的可教、可学、可习,同时还坚持了行动的正确性、精确性,同时将技艺和逻各斯密切相连。这种与亚里士多德截然不同的立场,即承认一种伦理的技艺( an ethical *technē*)③,与他们对 *diathesis*(状况、习性)与 *hexis*(习性、品质、状态、凝聚力)两个概念的理解差异有关。亚里士多德认为 *hexis* 是 *diathesis* 的一种特殊形式,但它比其他的 *diathesis* 更稳定、持久。德性是一种稳定的 *hexis*,它使一个人准备现实地以某种方式而行动。但在克律西波看来,德性不仅是 *hexis*,而且更是一种 *diathesis*。一种不是 *diathesis* 的 *hexis*,可能是某种类似于发脾气或喝醉酒的倾向。倾向可能会构成品格中的某些优点或缺点。但德性或恶一定不仅止于此,它们还是一个人心灵符合自然和理性的状况( *diathesis*)④;这

---

① Plutarch. *On Moral Virtue Moralia*, *Volume VI*, *Loeb Classical Library*, 1939, 441c.

② A. A. Long and D.N. Sedley, *The Hellenistic Philosophers* 1, pp.377-378.

③ 这里不是指在亚里士多德所说的技艺内含有德性的意义上,而是在德性即技艺的意义上。

④ F. E. Sparshott, "Zeno on Art: Anatomy of a Definition," pp.282-283.

种状况才是价值的所在、决定善恶的根本并在人的权能之内。斯
多亚派在一般意义上将技艺界定为 hexis，是因为技艺代表着一种
有程度之分的行动状态，正如一般人(即处于有德性和恶这两个
端点中间的人)的有程度变化的灵魂状态( hexis )。然而在古代思
想中，技艺还一直被视为与心灵的优点相关。一种德性被定义为
一种技艺，正是对这种优点的特殊展示①。斯巴夏特( Sparshott) 精
辟地概括了这种关系:这种优点的展示一定是 hexis，因为 diathesis
一定是 hexis；但作为技艺，它只是 hexis，而作为德性，它还是 di-
athesis②。技艺借助德性而超出了自身! 由于知识也是 diathesis，
由此便可以按照以下方式阐发德性与技艺的关系:通过一种稳定
的知识框架，作为德性的知识(知道什么是对生活有用的)与作为
德性的技艺(制造对生活有用的)，就可以很好地相互结合。德性
这种特殊的技艺就体现在对于任何生活情境中何为正确的一种把
握或洞见。正是以德性作为技艺之"型"，斯多亚派向我们暗示了
理解技艺目的的另种进路。我们可将这种"型"的构造大致勾勒
如下:作为德性的技艺首先表明了对知识和能力的获得;其次表征
着系统地运用这种知识的一种能力、意志和倾向;进而意味着需在
生活中通过训练而显示其自身。而具体来说，德性作为技艺之
"型"的命意可体现为以下诸方面:

　　首先，斯多亚派认为，不同且高于其他一般技艺的是，自然使
人天生就有一种对德性这种技艺的爱好和获得这种技艺的能力。
而自然(神、理性、逻各斯)就是一个以技艺的方式创造万物的匠
师，因而自然与技艺、技艺与人的命运在生命的始点处就密切关
联。在生命序列中与神最为亲近的人应该模仿神，做一个自己生

---

① Ibid., pp.282-283.
② Ibid., p.283.

命的匠师或塑造者,也就是努力获得德性、实现自然目的。因此技艺和自然不是对立的;相反在斯多亚派看来,一种自然的生活总是面向德性①,而技艺则可协助人过一种自然的生活。

其次,斯多亚派视德性为技艺之技艺,并将这门生活技艺与其他一般技艺较好地统合起来。塞克斯都在批评斯多亚派的"生活技艺"(technē peri ton bion)这一理念时②曾提到"这种技艺无法实践"的问题③。然而不承认理论与现实之鸿沟的斯多亚派的可能回应是,生活中的个人,无论处于何种角色,无论具体实践何种技艺,都会不同程度地涉及运用和实践德性、施展明智或智慧这门生活技艺的问题。只不过这具体体现在行为者的心灵状态和品质中,一个决定已经是一个行动。获得德性并不具体属于某一类人,德性也不可能只体现于某一类行为之中。更重要的是,按照斯多亚派的思路,具有德性这种技艺的贤哲(斯多亚派所谓的道德和理智上完善之人)还会使他德性之外的技艺成为一种改进和升级的技艺,并将之完美地融入德性的生活,从而接近于一种德性的行为④。在这一点上,斯托拜乌(Stobaeus)对斯多亚派的观点进行了比较有代表性的陈述:⑤

(斯多亚派认为)在各种善中,有些是在过程中,其他的则在

① H. von Arnim, *Stoicorum Veterum Fragmenta 4 volumes*, III 227.
② 据塞拉斯(John Sellars)统计,塞克斯都最频繁地使用了该短语及其变形(共34次)。另外在古希腊文本中还出现了7次,有四次明确出现在斯多亚派哲学家的著述中。西塞罗和塞涅卡则使用过该词的拉丁语形式(*ars vitae* 或 *ars vivendi*)。见 J. Sellars, *The Art of Living: The Stoics on the Nature and Function of Philosophy*, Aldershot and Burlington, VT: Ashgate, 2003, pp.55-56。
③ Sextus Empiricus, *Outlines of Pyrronism*, translated with Introduction and Commentary by Benson Mates, New York/Oxford: Oxford University Press, 1996, 3.239-249, 88-101.
④ C. Jedan, *Stoic Virtues: Chrysippus and the Religious Character of Stoic Ethics*, London and New York: Continuum, 2009, p.71.
⑤ A. A. Long and D.N. Sedley, *The Hellenistic Philosophers* 1, p.372.

状态中。在前一类型中,有欢乐、高兴和适度的社交,后者则包括得到良好组织的闲暇、不受侵扰的平静以及刚毅的注意力。在那些属于"在状态中"的善,有些也"在张力中"(tenor),比如德性。但其它的,像上面提到的,只是"在状态中"。在张力中的善不仅包括德性,而且还包括有德性的人所拥有的其他技艺,这些技艺因为他的德性而被改进,成为不可变的,因为它们变得像德性一样。

　　通过将技艺引向生活的目的,不但使技艺与德性有了相互亲和、相互依赖的关系,而且德性的行为似乎也因此而扩大了范围,因为基于一致和理性的心灵,贤哲的任何一个单独行为,包括保护自我、获得知识、施展才艺等一系列与生活总体有关的行为,都是正确的(katorthoma)、有德性的。概而言之,成为一个有德性的人最为根本,影响着技艺之目的的德性不仅使"直接的"伦理实践活动本身表现得有德性,而且还使狭义上的技艺活动表现得具有德性的特点。所以一个真正的斯多亚者首先会基于德性设定技艺目的;其次,他不会为了某项技艺比赛的失败而生气,也不会因为不能获致所寻求的自然之物而烦恼,因为即使没有这些也能达到他的真正目标①,即尽全力实施技艺这个过程本身。实际上,将德性作为一种技艺,在某种程度上正是为了言明德性的这种实践性。即德性的可教、可学、可练以及可实践(act)。

　　因而最重要的是,与德性的实践相对应,德性的技艺类比表明德性需要不懈的训练。按照斯多亚派对生活目的的理解,德性的行为在于获得关于自然法则的知识,并且持续地按照这种知识去做,正像训练一种普通的技艺。由于贤哲在某种程度上只是一种道德理想,这些训练本身甚至比训练结果更重要。尤其是对于那种其结果依赖于外在因素的技艺来说,行为者更直接的目标不在

---

① G. Striker, *Essays on Hellenistic Epistemology and Ethics*, p.199.

于取得预想的后果,而在于尽可能将技艺完整、完美地实现出来,因为这种行为本身即体现着对自然之有序、和谐的遵循。当然严格说来,以上安提帕特的射箭之喻可能并不是一个完美的例子。说射手射箭主要不是为了射中而是尽全力射中确实有些牵强之处。因此很多学者建议最好是将斯多亚派对获得自然事物的态度与人们玩游戏时对获得比赛胜利的态度相类比[1],生活技艺则更类似于目的与活动相一致的舞蹈和音乐等技艺:对技艺的掌握主要是为了尽一切努力扮好自己的角色,而不是其他。贤哲在技艺中的自我训练和自我塑造是基于对自然命令的遵循,以使自己的目的不受阻碍,同时完成神的意志。这种努力本身并不受偶然性的影响,因而一定会成功地得以实现。况且,在其他条件都相等的情况下,最能出色地施展技艺的人也最有可能获得成功。

事实上,关键的问题在于,我们需要从作为目的的德性类似于技艺这个视角理解这一问题,而不是从技艺所获得的外在物或技艺的对象角度思考问题。斯多亚派的德性是在一种在外在物中进行选择的艺术,它是一种稳定的、不具有程度之分的灵魂状态,一种协调一致地做事的能力或倾向。因此德性体现在行动中而不是后果上;德性并非与外在善相并列,也不是与之同属一个范畴的东西。说射箭的目的在于恰当地实践、有德性地行动,是因为它本身显示了德性这个最终目标,体现了一种作为生活样态的德性。以正确、适当的方式射向目标则体现了一种持续一致的德性行为。与之相关的是,斯多亚派还真正将哲学作为一种生活方式和一种生活技艺来实践。由于大多数人并不能按照自然的要求而成长为一个贤哲,这种技艺又是治疗性与拯救性的。

---

① G. Striker, *Essays on Hellenistic Epistemology and Ethics*, p.309.

### 三、技艺之首：作为治疗灵魂之技艺的哲学

斯多亚派的治疗情愫与其对哲学和生活本质的理解有关。在他们看来,生活就是一种自我考验,哲学则为人提供一种自我检视、治疗灵魂的技艺,而且是一种对于总体生活的、最高级的技艺。哲学的目的在于培养一种完美的,可称之为有德性或智慧的灵魂品性(*diathesis tēs psychēs*)①,从而在整体上塑造人的生活。因此哲学是有用的、实践的和需要训练的。正如身体锻炼和医学治疗之于身体健康,灵魂的健康也需要一系列修炼和治疗技艺。如此我们不仅可以通过一般技艺来类比地理解哲学,而且还可以反过来以哲学这门总体技艺,从整体生活的角度去指导和规约一般技艺。而这也正暗合柏拉图和亚里士多德的技艺之喻的题中之义。因此斯多亚派从多种角度将哲学这门灵魂技艺和其他技艺加以并置,并在这种反思性的类比和比较中进一步深化和完善其技艺主题。

一方面,哲学作为一种生活技艺,它自身具有一种总体的视域和关照能力,其目的在于这种技艺的训练过程及其本身,而不是外在于它。因此它不完全等同于只涉及生活之局部且相对孤立的医学、航海技艺,甚至也不同于舞蹈等表演性技艺②。哲学技艺以灵魂为对象,以关心灵魂或获得德性为目的,其产品则是改造后的灵魂状态,也就是德性或智慧。这种德性会构成一种内在的目的,从而导致德性的行动。而德性的行动会导向所有的德性,从而塑造一种德性的生活。贤哲的好生活或幸福,就是以这样一种艺术的

---

① J. Sellars, *The Art of Living: The Stoics on the Nature and Function of Philosophy*, p. 168.

② 具体可参见 Cicero. *On Moral Ends* III, 24, 25, 以及 Annas 在 *Intelligent Virtue* (Oxford: Oxford University Press, 2011)一书中的相关讨论。

方式展现的。就贤哲获得幸福这个目的而言,哲学这门技艺似乎不是推测性的。因为贤哲总是恰当、一致地实践这种技艺,并最终获得幸福。虽然他可能会有意识地或慎重地尝试寻求健康、财富等偶然之物而最终失败,但他不会无法实现他的真正目的。其次,哲学技艺的实践和作用方式显然也不能简单地类似于射箭、航海等技艺,因为它更多地是施加一种内在性的影响,实践和改造的目标则指向人的内心世界。其目标就在于与自我维持一种健康的关系,并架构起一种好的生活方式。

另一方面,askēsis(训练、锻炼)一词在哲学修习中的重要性同样得到凸显。也正是在这个意义上,以幸福为目的的智慧或哲学又可以被视为一种推测性技艺。因为对这种技艺来说,更重要的是施展经过训练的技艺的这个过程,而不是可能受到外在因素影响的结果。对于斯多亚派而言,作为最高级技艺的哲学不仅只是一种理性论证,而且还需加以反复的练习。尽管存在于完善行动中的德性没有程度之分,但是对德性活动的练习却存在程度之分。以生活作为训练的质料和场所,人的生活可以看成是一种不断训练行为能力并以此获得德性的过程。因此,与亚里士多德不同,斯多亚派更喜欢用 askēsis 而不是 ethos(习惯、风俗)来界定哲学教化和理性训练的重要性。但斯多亚派不是简单地反对习惯在德性教化中的作用,而是强调通过修身练习而过一种再习惯化的生活。要过这种生活,无需否弃自我——这并非治疗的本质,但需要进行持久不懈的训练,去实践已经建立的哲学理论。不仅是哲学家,任何想获得善的人都要知道和实践这种理论,就像医生、音乐家实践其技艺以成为一个很好的医生或音乐家一样①。鉴于贤哲以外的

---

① R. Valantasis, "Musonius Rufus and Roman Ascetical Theory," *GRBS 40*, 1999, p. 218.

人都可以说是不完善的、不健康的,通过训练和实践而逐渐获得进步就成为一个人获得灵魂康复或道德进步的主要途径或过程。因此福柯评论道,斯多亚派所倡导的修身实践是一种奠基于众多自我技艺之上的真理实践。它标示着一种对未来生活的身心准备,以及在一切外在事务中保持德性的状态。因此 *technē*,以及作为其重要构成的 *askēsis* 都是面向生活(*bios*)的;*bios* 不是作为认知对象而是作为一种体验之所,使行动者主体化而不是客体化①。

## 结语: 人与一种有技艺的生活

总之,斯多亚派对技艺(包括德性这种技艺之技艺)和哲学这门最高技艺乃至一般的技艺,是极为推崇的。而这种推崇以及对技艺图景的建构又建立在对人的本质、生存境况及其生活目的的理解基础之上。在斯多亚派的视阈下,一方面,人在本质上是一种具有技艺(尤其是德性这种技艺)天赋和能力的技艺动物,积极而能动地施展技艺体现了人性的卓越和人的艺术性的生活样式。另一方面,尽管人是地球上最为尊贵的生物,但人在身体毫无装备的条件下生存于世,因此技艺对于人是必需的。人不仅需要面向生产和制造的一般技艺,而且还需要照看对人的自我结构和功能之使用的自我技艺。而且这种技艺情结更多的是基于个人生活总体的自我关心,而不是对抽象的人类整体生活的关切。因此爱比克泰德说过,在任何事情上,有技艺的人总是优于没有技艺的人。而任何拥有生活的科学(知识)的人,一定是他自己生活的主人②。

---

① 米歇尔·福柯:《主体解释学》,佘碧平译,上海:上海人民出版社,2010 年,第 346,第 377 页。

② 米歇尔·福柯:《主体解释学》,佘碧平译,第 346,第 377 页。

有技艺的人将基于明智和最好的品格做一切事情并组织自己的生活①。在这个意义上他比一般人过着更有技艺的也更接近人之目的的生活。

　　而对一个斯多亚者来说，个人的生活目的无非在于通过学习、训练和检验集求知与修身为一体的技艺，获得最大的自然健康。就其来源而言，技艺知识需要借助感知觉在实际的日常经验生活中习得；而学习知识的目的也是为了实践，在变幻的现象世界中捕捉对生活真正有益之物，最终在自我一致性中实现艺术的生存。而就其内容来看，这种实践性知识首先是人的知识，关乎人性的基本事实以及由此得出的行为规范。因为一种好的生活总是建立在对"什么是人"和"什么对人是好的"的理解基础上的。只有对人好的、人可把握的才是真正与生活目的有关并可以担保幸福的东西。就其路径而言，这种技艺知识是通过以生活为材料的修习获得，最重要的是依照恰当的目的而持续训练，并将其内化为自我的一部分。只有在认识人之本性和潜能的基础上真正掌握了作为生活技艺的智慧和作为技艺之技艺的德性，人才可以进而把握、控制好其他技艺，从而使技艺真正有益于生活。而凭借这样一种有技艺的生活，人就可以在寻求满足自然所需的同时实现自身价值，达到"是"与"应当"、"知"与"行"的合一。

# 参考文献

1. Alexander of Aphrodisias: *On Aristotle's Prior Analytics 1.1—7*, Barnes, J., Bobzien, S., Flannery, K., & Ierodiakonou, K. trans., Ithaca: Cornell University Press, 1992; London: Duckworth, 1991.

2. Aristotle: *Aristotle in 23 Volumes, Vol. 20*, Rackham, H. ed., Cambridge,

---

① A. A. Long and D.N. Sedley, *The Hellenistic Philosophers 1*, p.362.

MA：Harvard University Press；London：William Heinemann Ltd. 1981.

3. Empiricus：*The Skeptic Way: Outlines of Pyrronism*，Benson，M. intr.，trans.，and comm，Oxford：Oxford University Press，1996.

4. Epictetus：*The Discourses of Epictetus*，Hard，R.trans.，Gill，C. ed.，London：J.M. Dent；Rutland，Vt.：C.E. Tuttle，1995.

5. Jedan，C.：*Stoic Virtues: Chrysippus and the Religious Character of Stoic Ethics*，London and New York：Continuum，2009.

6. Long，A. A. and Sedley，D.N.：*The Hellenistic Philosophers 1: Translations of the Principal Sources with Philosophical Commentary*，Cambridge：Cambridge University Press，1987.

7. Plutarch：*Moralia, Volume VI*，Helmbold，W.C. ed. and trans.，Cambridge，MA：Harvard University Press，1939.

8. Roochni，D.：*Of Art and Wisdom: Plato's Understanding of Techne*，University Park，PA：Pennsylvania University Press，1996.

9. Sellars，J.：*The Art of Living: The Stoics on the Nature and Function of Philosophy*，Aldershot and Burlington，VT：Ashgate，2003.

10. Sparshott，F. E.："Zeno on Art：Anatomy of a Definition"，in Rist，J. M. ed.：*The Stoics*，Berkeley：University of California Press，1978.

11. Striker，G.：*Essays on Hellenistic Epistemology and Ethics*，Cambridge：Cambridge University Press，1996.

12. Valantasis，R.："Musonius Rufus and Roman Ascetical Theory"，*GRBS 40*，1999.

13. von Arnim，H.：*Stoicorum Veterum Fragmenta 4 volumes*，Leipzig：Teubner，1903-1924.

14. 第欧根尼·拉尔修：《名哲言行录.希汉对照本》，徐开来、溥林译，桂林：广西师范大学出版社，2010 年。

15. 亚里士多德：《尼各马可伦理学》，廖申白译注，北京：商务印书馆，2003年。

16. 米歇尔·福柯：《主体解释学》，余碧平译，上海：上海人民出版社，2010年。

# 罗马共和晚期友谊观的矛盾与割裂①

## ——试论庇护关系向友谊关系的渗透

杨砚(中山大学人文高等研究院)

**摘要:** 朋友关系是罗马社会非常重要的人际关系形态,当西塞罗这位共和晚期最重要的思想家和政治家第一次竞选执政官时,他的弟弟昆图斯在《论竞选执政官》中细数如何与不同的人建立友谊关系,体现了友谊的现实实践。令人诧异的是,昆图斯对友谊的种种描述与认识与西塞罗在《论友谊》中对理想友谊的理解迥然不同。本文以昆图斯的《论竞选执政官》为主要分析文本,通过比较其与《论友谊》在友谊观上的迥异来展现罗马共和晚期友谊观的矛盾与割裂。在此基础上,本文结合罗马共和晚期庇护关系的兴盛,试图指出这一矛盾与割裂很可能是庇护关系向友谊关系渗透的结果。

**关键词:** 西塞罗  昆图斯  友谊观  矛盾  割裂  庇护关系  罗马共和晚期

---

① 本文为2014年度高校基本科研业务费中山大学青年教师培育项目(文科;经费号1409002)阶段性成果。

# 前　言

　　朋友关系(amicitia)是罗马社会非常重要的人际关系形态,通常建立于地位对等的人与人之间,彼此间有情感和实际需要的满足或互惠。① 单个的罗马人非常依赖朋友和家庭来达到自我实现和自我满足,而且,他的社会生活与其朋友圈息息相关,例如,朋友一同坐席吃饭饮酒,去公共浴场,观看赛事,见证订婚结婚或其他契约签订,彼此交换轶事新闻等等。同时,朋友还会提供一些实质性的帮助,例如当遭遇纠纷或债务问题时,朋友会在法庭上提供协助,并帮助偿还债务等,甚至还会成为对方遗产的监护者。②

　　早在希腊时期,柏拉图和亚里士多德就谈论过友谊这个论题,亚里士多德在《尼各马可伦理学》中区分了三种朋友类型:因有使用价值而发生的友爱,因感受到快乐而发生的友爱和因美德而发生的友爱,其中,最为推崇和最为理想的是第三种友爱。③

　　西塞罗的《论友谊》(Laelius de amicitia)是目前唯一一本单独

---

① 参见 D. Konstan, *Friendship in the Classical World*, New York: Cambridge University, 1997。

② 参见 Cicero, ad Fam. xiv.1.5, 2.3; Att. iii.15.4; P. A. Brunt, "*Amicitia* in the Late Roman Republic," in *The Fall of the Roman Republic and Related Essays*, Oxford: Clarendon; New York: Oxford University, 1998, pp.351–381。

③ "因有用而友爱的人是因为能够从对方得到好处而与对方成为朋友……这样的友爱似乎常存在于老年人以及以获利为目的的中年人和青年人中,主人与客人的友爱也属于这一类。若不是期望对方会给自己带来好处,则没有必要相互交往。""因快乐而友爱的人是为了使自己愉快而与对方成为朋友……这样的友爱常发生于青年人之间,青年人凭着感情生活,他们追求令他们愉悦的、当下存在的东西。然而,由于他们觉得愉悦的事物随着他们年龄的增长而不断发生改变,所以,他们的友爱会很快发生,也会很快消逝。""完善的友爱是好人和在德性上相似的人之间的友爱,他们相互间都因对方自身之故而希望他好,而他们自身也都是好人……所以这种友爱只要他们还是好人就一直保持着……不过,这种友爱是很少的,因为这种友爱需要时间,需要形成共同的道德。"(Aristotle, *Nicomachean Ethics*,　　(转下页)

论述友谊关系的罗马共和晚期文本,其中对友谊的性质、起源、好处、择友标准等均有详细的论述。其所描述的理想友谊,代表了罗马贵族阶层所共享的精神价值。① 然而,西塞罗的弟弟昆图斯(Quintus Tullius Cicero)在《论竞选执政官》(commentariolum petitionis)中所体现出的友谊观与《论友谊》迥然不同。虽然《论竞选执政官》并非以友谊为主要的论说内容,却涉及了因政治选举而结交朋友的若干建议,是我们了解共和晚期友谊实践的重要文本。②

本文以《论竞选执政官》为主要分析文本,透过梳理其对友谊的界定和认识,比对《论友谊》的相关内容,勾勒出罗马共和晚期友谊观的矛盾与割裂。在此基础上,本文将友谊观放在罗马共和晚期的社会场景中去理解,试图从庇护关系在罗马共和晚期的兴盛这一视角入手,寻找友谊在实然层面成为可能的原因。

## 一、《论竞选执政官》中的友谊观

公元前64年,西塞罗宣布竞选执政官,其弟昆图斯·西塞罗专门为其兄长写了一份有关竞选的小册子《论竞选执政官》。这本小册子虽然没有以友谊为主要的论述对象,却频繁出现"友谊"这个词,还提出了关于如何结交朋友的大量建议,包括结交友谊的对象、方式和总原则等。下文将从友谊的定义、对象、实践来对之加以分析梳理:

---

(上接注③)1156a.10-30;中译文参见亚里士多德:《尼各马可伦理学》,廖申白译,北京:商务印书馆,2003年)。

① P. A. Brunt, "*Amicitia* in the Late Roman Republic," in *The Fall of the Roman Republic and Related Essays* Oxford: Clarendon; New York: Oxford University, 1998, p.351.

② 可以被视为友谊的现实实践层面。

在友谊的定义方面,昆图斯指出"在竞选中,友谊这个词比我们生活中其他时候的应用更宽泛些"(*Com*.16),"在竞选过程中,我们需要各种不同的、有用的友谊关系"(*Com*.25)。

相应地,在友谊的对象方面,"任何人,只要是对你表示善意或经常性地拜访你的人,都应该被纳入到朋友的范畴"(*Com*.16)。依此原则,结交友谊的目标群体散落在罗马社会的方方面面,"朋友的数量和阶层都很重要"(*Com*.2):首先是来自罗马上层社会的元老院成员、骑士和帝国的中心政治圈("他们的支持增添了候选人的尊贵……官员、执政官、护民官是几个世纪以来依赖选票的保证",*Com*.18),其次是公民集体组织和地方的领导人("把注意力转移到特殊利益集团、地方社团以及外围地区,只要能把这些地方的领导人变成你的朋友,其他人就会跟着来",*Com*.30),最后也有分布于社会各个领域的平民("你可以堂而皇之地与社会平民打交道,热切地培养友谊",*Com*.25)。这样广泛的政治友谊主要基于以下两个现实考虑:第一,虽然每个成年男性公民都可以投下一票,但罗马显贵们对选举的影响力不可忽视,他们中有元老院成员、骑士阶层、历届罗马和地方官员等。这些人的支持将成为其他人投票的风向标("知道有这些人[罗马上层阶级]支持你,老百姓就会认为你做人成功、有许多重要的朋友、是一个肯做事的候选人,也是一个有亲和力,出手大方的人",*Com*.50)。第二,平民在影响力上虽然不及贵族,但他们的"出场"(attendance)也很重要,"出场"被视为是候选人在社会上的影响力和被拥护程度的体现(*Com*.9)。这些"出场"包括早晨去候选人家中问安("让支持者每天早上都把你家挤爆"*Com*.49;"每天天还没亮,各个阶层的支持者就会塞满你家"*Com*.50),在候选人去广场发表演说或当街宣传"施政纲领"时能够以壮声势("尽量在每天的同一时间去,这样一来,就会有大批群众跟随你,可以给社会大众带来深刻的印象",*Com.*36），以及在任何时候都能够随侍左右（"极为要紧的是，随时都要有一群死忠的追随者跟着你"，*Com.*37）。

在友谊的实践方面，昆图斯紧紧围绕友谊与选票之间的关系展开，即，友爱关系最有效的体现方式是选票的支持，友爱关系忠诚度的体现也是选票的支持，维系友谊的主要目的是获得选票（*Com.*39），这些实践原则不仅体现在因着选举而建立的友谊上，还渗透到因彼此喜爱而建立的友谊中，例如"对于那些自发的、忠诚的朋友，你务必要透过种种方式来稳固他们和你的关系，比如表达感谢……对于这样的一帮人，务必考虑和掂量每人所拥有的影响力，以便知道自己需要投注多少关注力，期待怎样的回报。"（*Com.*23）。

综上所述，《论竞选执政官》中表现出来的友谊观完全以利益为导向，为了获得更多的选票，候选人要与各阶层的人交朋友，友谊的建立与实践都是围绕满足各自需要、获得相应好处展开，换句话说，凡是愿意投票给自己的人都可以成为朋友，而自己作为对方朋友的回报则是满足其需要。不仅如此，对于那些在此之前因相互的喜爱而建立的友谊，作者切切叮嘱的是利用这种友谊加强对方对自己竞选的支持（*Com.*25）。总而言之，在《论竞选执政官》中，所有朋友关系的运转都以互惠互利（强化选票支持）为第一要务。

## 二、《论友谊》中的友谊观

西塞罗在《论友谊》中系统地讨论了关于友谊的若干问题，包括友谊缔结的对象、友谊的定义与实践、友谊所应遵循的规则等。由于当时的人们普遍认为，在所有的友谊中莱利乌斯与西庇阿之间的友谊是最值得称道的，所以西塞罗在文中假借莱利乌斯（Laelius)之口来讨论理想的友谊。为了能与《论竞选执政官》中的友谊观对应,下面也从友谊定义、对象和实践等方面来梳理:

在友谊的定义上,西塞罗提出友谊是"对有关人和神的一切问题的看法完全一致,并且相互之间有一种亲善和挚爱"(*Amic.*21)。西塞罗进一步解释了何为一致、亲善和挚爱——"爱好、追求和观点上完全协调一致,这种协调一致乃是友谊的真正秘诀","当美德显露头角,放出自己的光芒,并且看到另一个人身上也放出同样的光芒时,她们就交相辉映,相互吸引,于是从中迸发出一种激情,你可以把它叫做'爱',或者你愿意的话,也可以把它叫做'友谊',这两个词都出自同一个拉丁文词根 *amor*"(*Amic.*15;100)。从以上的论述中,我们可以看出西塞罗将理想的友谊定义为因美德与德性的吸引而建立的爱的关系,友谊双方在许多方面都有一致的认识与追求。

在友谊关系的缔结对象上,西塞罗认为"友谊只能存在于好人之间……他们的行为和生活无疑是高尚、清白、公正和慷慨的;他们不贪婪、不淫荡、不粗暴,他们有勇气去做自己认为正确的事情"(*Amic.*17);"两个朋友的品格必须是纯洁无暇的,彼此的兴趣、意向和目的必须完全和谐一致,没有任何例外"(*Amic.*61)。

在友谊的实践上,西塞罗认为需要按照严格的标准来选择朋友,当朋友遭遇危难时,作为朋友的自己应尽全力去帮助对方,哪怕自己因此而受损,友谊应超越"借贷双方"完全平衡的斤斤计较(*Amic.*56-58)。除此之外,友谊还包括劝告和责备(*Amic.*88-91)。在友谊与互惠的关系方面,西塞罗特别指出,"虽然互惠是一种自然属于友谊的好处,但友谊还有另一种初始原因……友谊是出于一种本性的冲动,而不是出于一种求助的愿望,出自一种心灵的倾向(这种倾向与某种天生的爱的情感结合在一起),而不是出自对于可能获得的物质上的好处的一种精细的计算"(*Amic.*27),也就是说,互惠不是友谊的起点,而是友谊实践过程中自然生发的产物(*Amic.*51)。

综上所述,西塞罗将友谊限定在好人之间,非常强调友谊中基于美德的自然之爱,即有相同兴趣爱好和美德的人之间因着一种自发的爱慕和喜欢而彼此吸引、彼此接近,进而建立友谊。因着这高尚纯粹的友谊之爱,友谊的双方彼此坦诚相待,不以得到好处为友谊的目的,但对于朋友的需要都会自发地给予帮助。

## 三、友谊观的矛盾之处

《论竞选执政官》虽比《论友谊》早写 20 年,但因着后者所表达的是罗马贵族公认的精神价值,其对理想友谊的描述可以作为《论竞选执政官》中友谊实践的参考。本文将对《论竞选执政官》与《论友谊》在友谊观上的出入加以比较。

在友谊缔结的对象方面,昆图斯对友谊的另一方有所要求,即是否支持竞选。西塞罗透过莱利乌斯之口提出友谊应该建立在好人之间,建立在有一致观点的人之间。不难看出,昆图斯笔下,友谊的缔结没有严格依据德性上的标准,而是换成了利益上的考虑,即,任何一个愿意在竞选中支持自己的人都是成为朋友的人选。

在友谊的实践方面,《论竞选执政官》中的友谊是以"拉到选票"这一功利目的为初衷,这一目的统摄了友谊的实践。也就是说,利益的互换是《论竞选执政官》中友谊活动的全部内容,而这正是西塞罗所反对的:"他们把朋友看做谋利的财物,他们最关心的是那些有希望使他们获得最大利益的人"(*Amic.*79)。相比而言,《论友谊》中理想友谊的劝诫(提出劝告和接受劝告)、舍己无私的帮助等内容在《论竞选执政官》中毫无踪影。

在友谊的定义方面,《论竞选执政官》指出要以宽广的角度来看待友谊,从友谊的缔结对象、活动实践中,我们可以看出,这一友谊绝对不是《论友谊》中"对有关人和神的一切问题的看法完全一致,相互之间有一种亲善和挚爱",而是愿意支持候选人,相互之间满足互惠互利的原则。

从以上的比较中,我们可以看到两个文本对友谊的种种设定与描述存在着本质上的差异与割裂。在西塞罗笔下,友谊的这些特征都与亚里士多德谈及的第三种朋友关系非常相似,这也是罗马贵族共享的精神价值。① 而昆图斯就竞选活动所给出的友谊结交的相关原则更接近亚里士多德笔下的第一种朋友关系。

由于《论竞选执政官》主要就竞选活动中友谊的建立和实践提出了一些指导原则,有学者从政治友谊与理想友谊的区分去解释这些差别,即,在政治活动中,友谊的种类更为多样,范围也更为广泛,②不仅有因彼此喜爱而建立的理想友谊,也有因政治目的而建立的政治友谊。例如,在给阿提库斯的信(*Epistulae ad Atticum*)中,西塞罗将政治友谊与理想/私人友谊作一区分:"我那些政治上的友谊关系在广场论坛上颇为重要,但却在家中无益。尽管每日清早,我的家里满了问候的人,尽管我走向广场论坛时,被许多朋友'簇拥',但我却从里面找不出任何一个可以与其自由的开玩笑或有什么亲密的表示"(*Ep. Ad Atti.*, 1.18,写于公元前 60 年)。

政治友谊与理想友谊的区分在一定程度上可以解释《论竞选执政官》与《论友谊》的差异,即两者谈论的是不同的友谊(政治友谊和理想/私人友谊),其定义、表现形式等等自然会有所不同。然而,正如上文所指出的,《论竞选执政官》中,即使是因相互喜爱

---

① 在西塞罗的其他文本中,也有对理想友谊的相似表达:"……因着爱他,而愿意为着他的缘故,将美好的东西给他,同时,这个人对你也有这样相同的意愿……"(Cicero, *De inventione* 2.166-168)。

② P. A. Brunt, "*Amicitia* in the Late Roman Republic," pp. 360-361.

而建立的私人友谊,也同样以获得好处(确保选票)为第一要务
("对于那些自发的、忠诚的朋友,你务必要透过种种方式来稳固
他们和你的关系,比如表达感谢……对于这样的一帮人,务必考虑
和掂量每人所拥有的影响力,以便知道自己需要投注多少关注力,
期待怎样的回报",Com.23)。换句话说,《论竞选执政官》中,友谊
的本质已经被改变了,而不仅仅是政治友谊和私人友谊(理想友
谊)的区分。

　　下面,我们从另一个视角即罗马共和晚期的社会场景,特别是
庇护关系的兴盛,来尝试论证共和晚期的庇护关系如何影响了友
谊关系,而《论竞选执政官》中友谊观的偏斜(与《论友谊》的迥
异)可谓共和晚期庇护关系向友谊关系渗透的结果。

## 四、庇护关系向友谊关系的渗透

　　庇护关系(*Patrocinium-Clientela*)是罗马社会除友谊关系之外
的另一种非常重要的人际关系。[①] 与朋友关系相似,庇护关系是
双方自愿缔结的关系,庇护者与被庇护者之间存在非物品与物品
的互惠交换,包括影响力、资源、保护与钱财、物品、服务(荣誉、赞
美、忠诚等)的交换。而与朋友关系不同的是,互惠交换是庇护关
系建立的唯一原因。不仅如此,庇护关系双方所处的社会阶层与
权力一定是不对等的。

　　友谊关系和庇护关系自罗马建国以来就并行于罗马社会,发
挥着各自的功用:友谊关系承载着情感与恩惠等多种功能,使得人

---

① M. I. Finley, *Politics in the Ancient World*, New York: Cambridge University, 1983; R. P. Saller, *Personal Patronage under the Early Empire*, New York: Cambridge University, 1982; R. Syme, "The Working of Patronage," in *Roman Revolution*, Oxford: Oxford University, 1939.

们能够在家族之外建立亲密关系,使资源在固定人群中流通,而庇护关系整合社会资源,使不同阶层的人的需求得到满足,缓和阶层之间的矛盾,凝聚社会力量。[①]

具体来讲,罗马共和晚期个人间的庇护关系一般有三种:第一,主人与被释奴隶之间建立的庇护关系;第二,罗马贵族与不同人群建立的庇护关系,包括较低一等的贵族阶层(sub-elites)、城市平民(urban plebs);第三,将军与士兵之间的庇护关系。

由于《论竞选执政官》中并未有被释奴隶、将军、士兵的出现,因此,下文将主要论述罗马贵族与不同人群建立的庇护关系。首先,罗马贵族与较低一等贵族之间的庇护关系主要体现为以下三个方面:[②]老资历的政治家提携政界新秀(*suffragium*)或提拔官员,常见方式有提供竞选钱财、举荐和竞选指导。罗马贵族向自己的朋友引荐被庇护者(commendation),为被庇护者提供法律、钱财、生活等方面的帮助。当较低一等的贵族遭遇司法纷争时,贵族为其在法庭上请求。作为回报,较低一等的贵族是其庇护者在政治上忠实的支持者。其次,罗马平民需要贵族提供保护或特权(特别是法律保护)以及财务上的帮助,常见的方式是借贷或赠予、分配国家粮食和土地。[③] 作为回报,平民被庇护者每日清早去庇护者家中问安、随侍出门以壮威风、在其演讲或演说时为其助威,这些都增加了庇护者的荣耀。除此之外,被庇护者也会完成元老贵

---

① 参见 M. I. Finley, *Politics in the Ancient World*; R. P. Saller, *Personal Patronage under the Early Empire*; 以及 R. Syme, "The Working of Patronage"。

② 参见 R. P. Saller, *Personal Patronage under the Early Empire*, pp.119-143。

③ J. Crook, *Law and Life of Rome, 90 B.C.-A.D. 212*, New York: Cornell University, 1967. p.93; S. N. Eisenstadt, L. Roniger, *Patrons, Clients and Friends: Interpersonal Relations and the Structure of Trust in Society*, New York: Cambridge University, 1984, p.57.

族不愿出头露面的事情。①

在上述庇护关系中,虽然对象和表现形式不同,但是都具有两个重要要素:不对等的社会地位/权力、效忠与回报,即:关系双方的社会地位/权力是不对等的,关系的缔结与维系紧紧围绕效忠与回报。在《论友谊》中,理想友谊中可能存在社会地位/权力不对等的双方,但他们一定是在各个方面都"协调一致"且平等相处的(Amic.69)。除此之外,互惠虽然是理想友谊实践的要素,却不是维持友谊或建立友谊的主要目的。然而,在《论竞选执政官》中,这两个要素一跃成为友谊建立的主要元素:首先,友谊的对象由平等关系的双方延伸到不平等的双方,在毫无严格筛选的情况下,昆图斯将各个阶层的人士都纳入到执政官候选人的朋友之列。除了少数地位对等的社会上层人士之外,其他的人士,包括地方官员、行会领导者、大量平民,在地位或资源或权力上都与候选人存在不对等的情况,且候选人与这些人的相处很难谈得上平等。其次,友谊的缔结与维持完全围绕效忠与回报展开,这种对效忠和回报的强调是庇护关系的主要特征。② 除此之外,根据《论竞选执政官》,在友谊交往的过程中,候选人不仅表示善意、提供诸多好处,并且允诺在成功当选后回以报偿;相应地,平民要忠于候选人并为其效忠服务。在行为表现上,平民需要去候选人的住处问早安,在候选人外出时需要陪伴左右以壮声势,这些都是庇护关系中常见的场景。

在共和晚期,随着罗马称霸地中海,罗马与地中海的众多地区、城市建立了庇护关系,这也影响到人与人之间的关系,庇护关

---

① R.P. Saller, *Personal Patronage under the Early Empire*, pp.119-143.
② D. Konstan, *Friendship in Classical World*, New York: Cambridge, 1997, p.136.

系成为当时最为主导的人际关系,也是公共生活中的主流。① 此时,社会地位不对等的双方围绕效忠与回报建立的关系虽然仍会称为朋友关系,但正如一些历史学家所指出的,将其归为庇护关系更为贴切。② 除此之外,近现代的社会人类学家将友谊分为情感型友谊(expressive friendship)和工具型友谊(instrumental friendship),同时,当友谊的一方在给予物品或服务的能力上远高于另一方时,工具性友谊已经转向了庇护关系。③ 西塞罗笔下的友谊和昆图斯笔下的友谊刚好可划为情感型友谊和工具型友谊这两个范畴。而《论竞选执政官》中的友谊观与庇护关系两个方面的相似之处,使我们有理由推论,《论竞选执政官》中的友谊观受到了庇护关系的影响,友谊关系向庇护关系转变,友谊不仅建立在地位/权力不对等的社会阶层之间,还将效忠与回报视为关系的支柱。

这种渗透在帝制时期体现得更为明显,例如塞涅卡在《论恩惠》(De Ben. 6.33.3ff.)中,将朋友分为三类:第一类朋友是单独接待的,第二类朋友以群体为单位来接待的,主要是问早安的见面形式,第三类朋友由卑微的被庇护者组成,他们一般只能停留在门

① G. E. M. De Ste. Croix, "Suffragium: From Vote to Patronage", *British Journal of Sociology* 5 (1954), pp.33-48.

② D. Konstan, *Friendship in Classical World*, pp.136-137; B. K. Gold, *Literary Patronage in Greece and Rome*, University of North California, 1987, p.134; R. P. Saller and P. Garnsey, *Storia sociale dell'Impero romano* Laterza; Prima edizione, 1989, p.57; P. A. Brunt, "*Amicitia* in the Late Roman Republic," p.361. 甚至有学者直接指出,昆图斯所描述的这些关系已经是庇护关系。参见 L. R. Taylor, *Party Politics in the Age of Caesar*, Berkeley: University of California, 1949, p.43; L. Roniger, "Modern Patron-Client Relations and Historical Clientelism: Some Clues from Ancient Republican Rome," *European Journal of Sociology* 24 (1983), p.82。

③ 参见 M. Banton ed., *The Social Anthropology of Complex Societies*, London: Tavistock, 1966, pp.10-11, pp.16-18。

外。这种划分更清楚体现出庇护关系对友谊观的渗透。①

# 结　论

《论竞选执政官》展现了罗马共和晚期友谊观的实践,其与《论友谊》中理想友谊的差异,体现了共和晚期友谊观的矛盾与割裂:在友谊缔结的对象上,《论竞选执政官》不仅取缔了对德性的严格标准,还将友谊中平等的双方扩大至社会关系不对等的候选人与平民之间;在友谊的实践上,《论竞选执政官》以互惠互利取代了前者的舍己利他、坦诚直谏。对于这一差异的原因,私人友谊与政治友谊的区别并不足够,罗马共和晚期庇护关系的兴盛倒提供了一个视角供我们理解和诠释。罗马共和晚期,罗马对地中海世界的大面积征服使得庇护关系无论在国家层面还是个人层面都几乎主宰了一切不对等的关系,而《论竞选执政官》中友谊的建立与实践都与罗马共和晚期的庇护关系有彼此呼应的地方,主要是关系双方社会地位的不对等以及关系实践中的效忠与回报原则这两个方面,因此,我们可以推断罗马共和晚期友谊关系的矛盾与割裂可谓受到了庇护关系的影响,即罗马共和晚期庇护关系的兴盛渗透到友谊关系的建立与实践中,使得两者的分野趋向模糊。

# 参考文献

1. Banton, M. ed.: *The Social Anthropology of Complex Societies*, London: Tavistock, 1966.
2. Brunt, P. A.: "*Amicitia* in the Late Roman Republic", in *The Fall of the*

---

① 第三种完全属于庇护关系的范畴,参见 M. Gelzer, *The Roman Nobility*, trans. R. Seager, Oxford, UK: Blackwell, 1969, pp.104-106。

*Roman Republic and Related Essays*, Oxford: Clarendon; New York: Oxford University, 1988, pp.351−381.

3. Croix, G. E. M. De Ste., "Suffragium: From Vote to Patronage", *British Journal of Sociology* 1954, 5, pp.33−48.

4. Crook, J. A.: *Law and Life of Rome, 90 B.C.-A.D. 212*, New York: Cornell University, 1967.

5. Eisenstadt, S. N. and Roniger, L.: *Patrons, Clients and Friends: Interpersonal Relations and the Structure of Trust in Society*, New York: Cambridge University, 1984.

6. Finley, M. I.: *Politics in the Ancient World*, New York: Cambridge University, 1983.

7. Gelzer, M.: *The Roman Nobility*, trans. R. Seager, Oxford, UK: Blackwell, 1969.

8. Gold, B. K. ed: *Literary Patronage in Greece and Rome*, Chapel Hill, NC: University of North California, 1987.

9. Konstan, D.: *Friendship in the Classical World*, New York: Cambridge University, 1997.

10. Roniger, L.: "Modern Patron-Client Relations and Historical Clientelism: Some Clues from Ancient Republican Rome", *European Journal of Sociology*, 1983, 24, pp.63−95.

11. Saller, R. P.: *Personal Patronage under the Early Empire*, New York: Cambridge University, 1982.

12. Saller, R. P. and Garnsey, P.: *Storia sociale dell'Impero romano*, Laterza: Prima edizione, 1989.

13. Syme, R.: "The Working of Patronage", in *Roman Revolution*, Oxford: Oxford University, 1939.

14. Taylor, L. R.: *Party Politics in the Age of Caesar*, Berkeley: University of California, 1949.

# 法律、习俗与罗马政治

## ——《驳凯尔苏斯》与早期基督教的宗教—政治革命

吴功青(中国人民大学哲学院)

**摘要:** 作为与《上帝之城》齐名的经典,奥利金的《驳凯尔苏斯》系统地批驳了凯尔苏斯所代表的古代异教传统,在基督教思想史上具有重要的意义。本文试以文本为基础,从"法律-习俗"的视角出发,着力勾画奥利金在面对异教文化时的宗教和政治视野,以期更为深入地理解早期基督教的思想革命。

**关键词:** 奥利金 《驳凯尔苏斯》 法律 习俗 政治

在基督教与旧宗教的斗争历史中,奥利金的《驳凯尔苏斯》(*Contra Celsum*)堪称和奥古斯丁的《上帝之城》齐名的经典。[①] 与《论首要原理》(περὶ ἀρχῶν)[②]中正面系统阐释教义的努力不同,《驳凯尔苏斯》以凯尔苏斯为论辩对手,对罗马宗教、犹太教以及

---

[①] H. Chadwick, "Introduction", in *Contra Celsum*, Cambridge: Cambridge University Press, 1965, p.13. "But in the history of the intellectual struggle between the old and the new religion the *Contra Celsum* is of the first importance, comparable only with Augustine's *City of God*."

[②] 《论首要原理》的希腊/拉丁-法文对照本,参考 Origène, *Traité Des Principes*, Par Henri Crouzel et Manlio Simonetti, Les Éditions du Cerf, 1978. 同时参考意大利文译本, Origene, *I Principi*, a cura di Manlio Simonetti, UTET, 2010。

希腊罗马哲学进行了全面的批驳。对于理解早期基督教的发端，以及它和异教文化的冲突而言，《驳凯尔苏斯》是我们无法绕开的重要文献。

## 一、谁是凯尔苏斯?

要理解《驳凯尔苏斯》的思想史意义，首要的问题是：谁是凯尔苏斯? 从文本来看，这似乎不是一个问题。在《驳凯尔苏斯》第一卷第 8 节中，奥利金就写到，"从他(指凯尔苏斯)的其他作品来看，他显然是个伊壁鸠鲁主义者"，将凯尔苏斯和伊壁鸠鲁主义划上了等号。只不过，奥利金说，凯尔苏斯为了让自己对基督教的攻击显得更可信，故意伪装自己的身份。同一段里，奥利金甚至明确断言，"有两个伊壁鸠鲁主义者叫凯尔苏斯，一个早一点，与尼禄同时代，另一个迟一点，生活在哈德良时代"。随后，在第四卷第 36 节中，奥利金再次肯定，"伊壁鸠鲁者凯尔苏斯"，对凯尔苏斯的身份深信不疑。虽然凯尔苏斯生活的年代早于奥利金数十年，奥利金对凯尔苏斯本人并无接触，但既然他作为该书的作者，言之凿凿地确定了凯尔苏斯的身份，难道还会有什么问题吗?

事实上，正是出于对《驳凯尔苏斯》文本的信任，后世的众多学者都想当然地接受了这一结论。直至 1786 年，德国历史文献学家莫赛因(Lorenzo Mosheim)对这一论断提出了根本性的挑战。[①] 根据莫赛因的研究，尽管奥利金在《驳凯尔苏斯》中两处都将凯尔苏斯定性为伊壁鸠鲁主义者，但这一论断却并不成立。首先，奥利金虽然做了上述定性，但在实际讨论中经常将凯尔苏斯作为柏拉

---

① Mosheim 的研究可参考 G. Fontana 的意大利文译本，*Dissertazione di Gian Lorenzo Mosheim Sopra L'Opera di Origene Contro Il Filosofo Platonico Celso*，Pavia，1786。

图主义者来对待;其次,奥利金说凯尔苏斯伪装自己的身份并不符合事实。根据莫赛因的历史研究,在二世纪中期,伊壁鸠鲁者远比奥利金想象的要更为盛行。如果凯尔苏斯真是一名伊壁鸠鲁主义者,他根本就无需伪装。在莫赛因看来,奥利金将他的对手定性为伊壁鸠鲁主义者,仅仅是因为在奥利金生活的三世纪,伊壁鸠鲁主义已经变得臭名昭著。通过将凯尔苏斯定性为伊壁鸠鲁主义者,奥利金的论辩显得更为顺理成章,也更有说服力。

　　为了更为准确地把握凯尔苏斯的历史形象,莫赛因对《驳凯尔苏斯》的文本、尤其是引述凯尔苏斯学说的段落进行了仔细而深入的研究。根据他的分析,凯尔苏斯并非如奥利金所言,是一名伊壁鸠鲁主义者,而是一名不折不扣的柏拉图主义者:在神学方面,凯尔苏斯和柏拉图一样,认为存在一个唯一而至高无上的神,它是无形的,只能通过理智来认识(《驳凯尔苏斯》5:6);在宇宙论方面,凯尔苏斯和柏拉图在《蒂迈欧》里的想法相似,认为神创造的一切都是不死的,没有终结(《驳凯尔苏斯》4:52);在灵魂论方面,柏拉图在《理想国》第十卷和《斐多篇》中论述了灵魂不朽,凯尔苏斯也持这种看法(《驳凯尔苏斯》6:21)。与此同时,莫赛因还敏锐地注意到,二世纪的罗马哲学具有"折中主义"的特征,很多哲学家不仅单独秉持一种学说,而往往以某一学说为主体,兼取其他各种学说的思想资源。纵观凯尔苏斯的言论,他也具有"折中主义"的特征。总体而言,凯尔苏斯既不是伊壁鸠鲁主义者也不是斯多亚主义者,而是一名以柏拉图主义为思想核心的"折中主义者"。①

　　19 世纪以来的奥利金学界继承了莫赛因的基本结论。20 世

---

① L. Mosheim, *Dissertazione di Gian Lorenzo Mosheim Sopra L'Opera di Origene Contro Il Filosofo Platonico Celso*, Pavia, 1786, p.72.

纪最重要的几位奥利金研究学者,如查德维克(Chadwick)、达聂鲁(Jean Deniélou)无不沿袭了莫赛因的观点,认为凯尔苏斯是名柏拉图主义者。[①] 不过,在认清凯尔苏斯的这一思想特征的同时,学者也清楚地看到:不仅仅凯尔苏斯的哲学立场接近柏拉图主义,而且奥利金自己的思想很大程度上也受到柏拉图主义(包括中期柏拉图主义)的影响。在《论首要原理》中,奥利金正是利用柏拉图主义的"理念论"、"灵魂先在说"等哲学观念来论证基督教的三位一体和灵魂学说的。[②] 如此说来,如果仅仅以柏拉图主义的哲学立场来界定凯尔苏斯,我们就难以区分奥利金的思想和他有何实质性差别,二者的争论焦点究竟何在。

　　带着这样一种问题意识,教会史家威尔克(Robert Wilken)、斯通姆萨(Guy Stroumsa)越来越不满足于传统学界对凯尔苏斯哲学立场的单纯强调。按照他们的认识,尽管凯尔苏斯的学说具有极强的柏拉图主义色彩,但他的首要身份是一名罗马的保守知识分子。[③] 凯尔苏斯的柏拉图主义也好,"折中主义"也好,其根本目的是站在罗马宗教和文化的立场上反击基督教;反之,奥利金运用柏拉图主义,其根本宗旨是藉助柏拉图主义的哲学体系来论证基督教。也就是说,虽然柏拉图主义是凯尔苏斯和奥利金共同的理论工具,但二者的思想实质和目的却迥然不同。只有在罗马帝国与基督教的政治—宗教斗争的视野下,我们才能更为切近地把握凯尔苏斯哲学与奥利金哲学的实质差异,以及双方论争的要害所在。

　　基于上述分析,本文选择"法律"和"习俗"这两个关键线索入

---

① 参考 Chadwick, "Introduction", in *Contra Celsum*, pp.24-29。
② 《论首要原理》一书的文本分析主要参考 Manlio Simonetti 的意大利译本导言,Origene: *I Principi*, a cura di Manlio Simonetti, UTET, 2010, pp.8-106。
③ 参考 R. Wilken, *The Christians As The Romans Saw Them*, New Haven/London: Yale University Press, 2003, pp.94-125; Guy Stroumsa: *Barbarian Philosophy*, Tuebingen: Mohr Siebeck, 1999, pp. 44-56。

手,从"宗教—政治革命"的视角来重新梳理奥利金和凯尔苏斯的争论,力图深化西方学界已有的讨论。

## 二、成文法、自然法与罗马政治

凯尔苏斯是罗马法律的拥护者。在《驳凯尔苏斯》第一卷第 1 节,奥利金的引文里就表明了这一立场。在凯尔苏斯看来,基督徒秘密集会结社,违背了法律。凯尔苏斯说,"公开的结社是法律允许的,而秘密集会则是非法的( παρὰ τὰ νενομισμένα )"。[①] 这里的法律,乃是罗马帝国制定的成文法。在凯尔苏斯看来,基督徒的秘密集会违背了罗马帝国基本的法律规范,因而暗含了对政治秩序的威胁。在第八卷的第 73 节,凯尔苏斯明令基督徒"尽其所能帮助皇帝,在正当的事上与他合作,为他争战",要求基督徒遵守法律,参军打仗,保卫帝国的安全。随后,在同一卷的第 75 节,凯尔苏斯针对基督徒拒不担任国家公职的行为提出警告,"接受国家的公职,只要为保护法律和虔敬这样做是必要的"。凯尔苏斯的看法,代表了当时罗马帝国对基督徒的普遍质疑。公共生活的义务乃是所有公民都必须承担的,这是法律的基本要求。基督徒拒不承担公职,无疑就是违反了国家的法律。综上可见,凯尔苏斯对基督教的批判,首要的原因在于后者违背了罗马帝国有关集会结社、征兵、担任国家公职等方面的法律规定,从而对帝国的政治秩序形成了潜在的威胁。

---

[①] 《驳凯尔苏斯》的希腊原文参考 Origenes: *Contra Celsum Libri VIII*, edited by M.Marcovichi, Leiden: Brill, 2011。英译本参考 Origen: *Contra Celsum*, translated by H. Chadwick, Cambridge: Cambridge University Press, 2003. 同时参考意大利文本,Origene: *Contro Celso*, a cura di PietroRessa, Morcelliana, 2000. 中译本参考奥利金:《驳凯尔苏斯》,石敏敏译, 北京:三联书店, 2013 年出版。

　　但是,在奥利金看来,凯尔苏斯的法律主义没有根据。国家的法律尽管由政府颁布,但它的性质不过是成文法,不具有绝对的法律效力。奥利金沿袭斯多亚学派的自然法理论,将法律区分为自然法( τῆς φύσεως νόμου ) 和成文法 ( τοῦ ταῖς πόλεσι γραπτοῦ ) 两种(《驳凯尔苏斯》5:37)。自然法源自于上帝,因此必然高于成文法。当成文法不和自然法也即神法相抵触,公民就有义务遵守它。但是,一旦成文法不符合自然法,那么对基督徒而言,他就会按照内心的虔敬选择后者。还是在第一卷第 1 节中,奥利金为了回应凯尔苏斯的法律主义特意举了一个赛西亚人的例子:

　　　　如果一个人生活在赛西亚人中间,后者的法律渎神,他根本无法离开,被迫在其中居住;那么,这个人由于真理之法( τὸν τῆς ἀληθείας νόμον )的缘故,非法地去和他的同党集会,他虽然违背了赛西亚人的法律,但仍然是公义的。同样,在真理的法庭上,赛西亚人的法律就是城邦关于偶像和无神的多神论法律,甚至,如果可能,要比它们更不虔敬。那么,由于真理的缘故、违抗法律去组织集会就并非错误。因为,正如某些人秘密地组织集会,起来推翻一个掌控他们城市的僭主,干得很漂亮;所以,同样(漂亮)的就是,当一个被基督徒称之为魔鬼和骗子的人统治时,基督徒组织集会,起来反抗这个魔鬼和他的法律,并拯救其他的人。在基督徒的劝服下,他们很可能将赛西亚人或僭主的法律抛弃掉。(《驳凯尔苏斯》1:1)

此处的"真理之法"相当于第五卷里说到的自然法。与斯多亚学派的自然法理论不同,奥利金的自然法不是理性(小写的逻各斯,*logos*)、宇宙的必然性或抽象的神,而是指基督教上帝(大写的逻各斯,*Logos*)的法则。因此,违反自然法并不是指违反了法律应该具有的理性准则,而是违反了上帝所颁布的诫命。虽然基督教的这种神法有与斯多亚的自然法重合的地方,但归根结底,上帝的诫命才是神法的根本和核心。在奥利金看来,赛西亚人的法律之所以可以推翻,并非因为他们不符合理性的自然法,而是因为他们的法律是"关于偶像和无神的多神论法律",从根本上违反了敬拜上帝的神法。在这个强大的神法面前,一切敌对势力都是"魔鬼";基督徒为了上帝的缘故,起来击打魔鬼,推翻这个不义的法律和施行法律的政府,便是地地道道地遵守了上帝所颁布的自然法。

一旦罗马帝国的成文法连同其自然法在神法面前被降格,罗马政治的权威自然随之下降。根本的原因在于,服膺基督教自然法的基督徒相信的是另一种政治、另一种国家,如奥利金所言,"每个城里都有另一种国家存在,那是由上帝的道($\lambda\acute{o}\gamma\omega$ $\theta\epsilon o\hat{v}$)所创立的"(《驳凯尔苏斯》8:75)。这个由基督徒组成的国家,其指导原则是上帝的道,也即上帝的自然法。基督徒要遵守的,是"上帝之城"的法律,而非"地上之城"的法律。据此,基督徒不参军、不履行公职都是相当自然的。在基督教的神法面前,通过法律来运行的罗马政治必然被相对化;而且,如果后者与基督徒的神法观念根本抵触,它随时就有被推翻的危险。《驳凯尔苏斯》第一卷第1节的文字,可以看做是基督徒基于神法的立场对整个罗马帝国的政治宣言。

不过,虽然凯尔苏斯写作《真道》('$\mathrm{A}\lambda\eta\theta\grave{\eta}s$ $\Lambda\acute{o}\gamma os$)时,并未预见到奥利金基于基督教的自然法逻辑来反驳他的法律主义,但他对法律的理解也并不像我们看起来的那么简单。要想更为完整地把握凯尔苏斯的立场,我们还要结合他的"习俗"观念加以进一步剖析。

## 三、习俗的正当性: 历史 VS 理性

根据格思里(Guthrie)的考证,"*Nomos*(νόμος)"具有习俗和法律两层涵义,作为"习俗"的"*Nomos*"早于作为"法律"的"*Nomos*",后者常常依赖于前者。① 在立法实践中,法律常常根据人们长期形成的习俗来制定,很大程度上是人为约定的产物。法律的这一习俗化特征受到了智者派的尖锐批评。② 在后者看来,习俗(*Nomos*)和自然(*Physis*/φύσις)水火不容,奠基于习俗之上的法律是对自然的桎梏;智者们主张越过作为约定的法律及其背后的习俗,寻求超越法律的自然。围绕"习俗 VS 自然"的问题,柏拉图和亚里士多德等哲人和智者派进行了激烈的争论。历史地看,柏拉图和亚里士多德的哲学努力深化了法律的理性内涵,客观上推动了自然法的产生。然而,必须看到的是:在罗马帝国时代,即使在自然法产生之后,习俗仍然是法律的主要组成部分。③

凯尔苏斯深知法律和习俗之间的这种关联。他之所以不仅仅攻击基督徒不遵守罗马帝国的法律,而且还攻击他们不遵守犹太

---

① Guthrie 指出,"*Nomos*"具有最重要的两层涵义:(1)有关正确或真实的、奠基于传统或习俗观念之上的使用和习惯;(2)由政府颁布和通过的法律。Guthrie 指出,在这两层涵义之中,第一层涵义即"习俗"要早于第二种"法律"的使用。在实际立法的过程之中,法律的制定和颁布常常依赖于习俗或者习惯。参考 W.K.C. Guthrie, *The Sophists*, Cambridge: Cambridge University Press, 1971, pp. 56-57。

② 参考柏拉图:《理想国》,郭斌和、张竹明译,北京:商务印书馆,2012 年版,第 46 页格劳孔的表述。

③ 根据乌尔比安(Domitius Ulpianus)的说法,罗马私法分成自然法、万民法和市民法。其中,市民法(iuscivile)作为适用于罗马市民的法,早期罗马共同体中形成的传统习俗(more maiorum)是其中重要的一部分。见黄风:《罗马法》,北京:中国人民大学出版社,2009 年,第 5-6 页。另据梅因的考察,虽然以自然法为基础的万民法在罗马兴起,但是其实际影响力却相当有限,见梅因:《古代法》,沈景一译,北京:商务印书馆,2011 年,第 61-67 页。

民族的法律,是因为他看到,基督徒对犹太律法的不遵从在本质上是对犹太宗教习俗的否认。因为:

> 现在,犹太人成了一个单独的民族,按照他们国家的习俗制定法律($κατὰ\ τὸ\ ἐπιχώριον\ νόμους\ θέμενοι$)。他们目前在本民族中遵守这些法律,并且遵守一种可能非常独特但至少属于传统的崇拜。在这一方面,他们与其他民族一样,因为每个民族都遵从自己的传统习俗($τὰ\ πάτρια$),不论所确立的习俗是什么样的习俗。(《驳凯尔苏斯》5:25)

在凯尔苏斯眼里,习俗是法律的基础,一个民族根据习俗制定自己的法律,乃是天经地义的事。而"基督徒抛弃自己的传统律法,不像犹太人那样是个独立的民族,却接受耶稣的教训,因而必须受到指责"(《驳凯尔苏斯》5:35)。我们知道,尽管罗马帝国制定了各个地区、各个民族通行的法律,但是仍然允许每个民族根据自己的习俗尤其是宗教习俗制定一些本民族的法律,这构成了罗马帝国区域自治的一部分。但是,在凯尔苏斯看来,基督教的首要问题在于他们否认了自身的民族属性,因而抛弃了自己的传统和建基于传统之上的法律。

对凯尔苏斯而言,法律源于习俗,习俗源于传统,传统源自历史。凯尔苏斯是个"尊古主义者",这种"尊古"意味着,传统和历史是判断宗教和法律好坏的标尺。埃及人也好,犹太人也好,他们的习俗之所以可以接受,是因为他们的习俗从一开始就存在,具有深远的历史基础。如威尔克所言,凯尔苏斯的这一标准反映了希腊—罗马社会的保守倾向,这一倾向可以总结为"某物越老,它就越好"。[1]

---

[1] 参考 R.L. Wilken, *The Christians As The Romans Saw Them*, p.122。

　　但是,强调习俗的传统和历史基础必然意味着:一、不同的民族具有不同的习俗,因而有不同的虔敬观念和好坏标准;二、如果历史判定习俗的标准,就意味着在法律和宗教领域,历史必然地高于善。奥利金的反驳正是从这两个方面入手。

　　首先,奥利金看到,根据传统和历史来判定习俗,必然导致法律和道德的相对主义。比如,"虔敬"这一重要的宗教观念,如果按照凯尔苏斯的模式来推断,就没有了统一的"自然"。对于有些人来说,拜鳄鱼是虔敬的;而对另一些人而言,拜牛犊则是虔敬的。如此一来,"同一个人按一种律法行事是虔敬的,按另一种律法行事却是不敬的"(《驳凯尔苏斯》5:27)。对凯尔苏斯来说,这无疑是极为荒谬的。不仅如此,倘若连虔敬都是相对的,那么与它相关联的"自制、勇敢、明智和知识"等美德也就变成相对的(《驳凯尔苏斯》5:28)。从希腊人尤其是柏拉图主义的立场来看,这种道德观念的相对化难以接受。

　　其次,善高于历史,而非历史高于善。习俗的好坏,应该有其善好的标准,而非诉诸于历史的长短。这个标准就是哲学,或者说理性。奥利金说,对埃及哲学家来说,"若是为遵守传统习俗,可以不吃洋葱,或者避免接触身体的某些部位,比如头和肩,免得违背父辈传下来的传统,那就显得十分可笑。"(《驳凯尔苏斯》5:35)之所以如此,仅仅因为传统而遵从习俗,其行为完全是非哲学的(Non-philosophical)。奥利金借用希腊哲学中理性对习俗的考察来说明,历史和传统自身不能成为习俗存在的根据。在哲学的理性面前,习俗必须首先说明自身存在的道理(logos)。道理才是判断宗教、法律和习俗的标尺所在。

　　奥利金对凯尔苏斯的这两点反驳,集中反映了奥利金借用希腊哲学尤其是柏拉图主义来反击凯尔苏斯保守主义的努力。和柏拉图在城邦这一政治共同体方面所做的哲学工作一样,奥利金试以哲学来考察不同的习俗,要求后者给出一个普遍的、理性的标准。由此,在柏拉图和亚里士多德思想中无处不在的 *Logos* 与 *Nomos* 之间的张力在这里重新鲜活起来。根据凯尔苏斯的习俗主义,历史高于善,基于历史之上的 *Nomos* 高于 *Logos*;反之,在奥利金看来,善高于历史,作为普遍法则的 *Logos* 高于 *Nomos*。果真如此,凯尔苏斯的习俗主义岂不很快就要向奥利金的哲学和理性妥协? 要想回答这一问题,我们迫切需要澄清凯尔苏斯和奥利金对习俗、尤其是对宗教的理解。

## 四、习俗与宗教观念之争

凯尔苏斯绝非一名简单的保守主义者。他对习俗的强调,不仅仅因为他深信历史和传统是比善好更高的标尺,还因为他坚持,习俗背后存在一个稳固的宗教基础。还是在论习俗的这一节,奥利金继续说:

> 情形之所以会如此,不仅因为不同的人开始以不同的方式思考,保护既定的社会习惯必不可少,而且因为起初地上的各部分被划分给不同的管理者,这样就在一些权威之间分而治之。事实上,每个民族所奉行的习惯只要使管理者喜悦,就是正当的;而抛弃从一开始就存在于各地的习俗,则是不敬的。(《驳凯尔苏斯》5:25)

在凯尔苏斯看来,不同的民族之所以有权按照自己的传统和习俗制定律法,根本上是因为他们属于不同的地域,而这些地域从一开始就被划分给了不同的管理者。这些管理者(也即各个民族的神)庇护他们;每个民族的习俗或习惯只要符合自己的神,就是正当的。

　　凯尔苏斯的宗教观念不仅融合了罗马帝国主流的多神论,而且还打上了当时日益兴起的一神论的痕迹。一方面,凯尔苏斯相信"起初,就存在一种古老的教义(logos),它一直掌握在最智慧的民族、城邦和智慧人的手里"(《驳凯尔苏斯》1:14);另一方面,凯尔苏斯同情柏拉图哲学,认为它有关至善的学说是"逻各斯(Logos)"的最高表现(《驳凯尔苏斯》6:1—11)。而且,在有些段落,凯尔苏斯也明确提到,存在唯一至高的神,它指派诸神管理万物,诸神是协助至高神的灵(《驳凯尔苏斯》7:68,8:24)。整体而言,凯尔苏斯"反映了二、三世纪盛行于整个帝国的宗教、哲学折中主义",①其宗教观念乃是多神论和一神论模式的混合体。

　　根据凯尔苏斯的这种宗教观念,罗马帝国的每个区域均有诸神护佑,不同区域内的民族依据自己的神获取某种虔敬观念,乃是完全合理的。虽然凯尔苏斯认为,存在一个至高的神,但这个神并不损害其他诸神的地位,而是让它们"分而治之"。因此,在同一个罗马帝国境内,有些人认为拜鳄鱼是虔敬的,有些人认为拜牛犊是虔敬的,并没有什么问题。虔敬观念的不统一,根本上是因为他们相信不同的神,而这些神享有同等的、不可化约的权威。

　　对此,奥利金针锋相对地指出:存在一个至高的神,但它并非某个融合诸神的模糊形象,而是确确实实的基督教的上帝。它是世界的创造者,也是世界的救赎者。它高于其他诸神,在它面前,诸神不过是某种精灵或偶像,甚至根本就算不得神:

　　　　我们不会学住在梅洛伊的埃塞俄比亚人,像他们那样只拜宙斯和狄奥尼索斯,也不会像他们那样尊崇所有的埃塞俄

———————

① 参考佩罗内教授为中译本《驳凯尔苏斯》所作的导言,第7页。

比亚神。我们不学阿拉伯人，认为唯有奥拉尼娅和狄奥尼索斯才是神。我们认为，他们甚至根本不是神。(《驳凯尔苏斯》5：37)

同样，上帝也不会给每个民族安排一个管理者，让他们"分而治之"，凯尔苏斯的理论是对历史的误解。希腊史诗确实记载过，雅典娜和波塞冬为阿提卡争战，暗示某些神与某些地方密切相关；埃及人也坚称，获得了萨伊斯的雅典娜还拥有阿提卡。但在奥利金看来，这些神话皆属荒谬。唯一真实的乃是耶和华将他的产业划给万民，以及他变乱百姓的口音让他们散布全地的圣经历史(《驳凯尔苏斯》5：29)。这些"分而治之"的，并不是什么诸神，而是唯一的上帝之下卑微的人类。至此，奥利金将他的基督教一神论贯穿到底，因而和凯尔苏斯哲学化的一神论和多神论的混合模式彻底区别开来。

在这个至高的上帝面前，抛弃一切过去的习俗无疑是正当的。因为，"耶稣为我们设立的更好也更神圣的律法，是虔敬的，因为耶稣是最大能的人"，而且"他既已表现且显明比一切统治者更纯洁，更大能，人若不委身于他，就是不虔敬的"(《驳凯尔苏斯》5：32)。既然习俗由宗教奠定，而基督教的上帝驱逐了过往的一切诸神，那么由那些诸神奠定的习俗自然就没必要再遵守。对基督徒来说，不仅仅犹太人的习俗，而且罗马人的习俗、乃至所有民族的习俗都变得毫无意义。

更为重要的是，在这个唯一的上帝面前，由多神论奠基的宗教习俗和道德习俗的相对主义再无容身之地。如上所述，奥利金运用希腊哲学的理性观念批判了道德习俗的相对主义，但是这一批判并不能充分说明，"虔敬"这类的宗教观念如何不能是相对的。站在凯尔苏斯的多神论立场，不同的民族信仰不同的诸神，因而拥有不同的"虔敬"观念,这完全是正当的;但是,一旦基督教的上帝消灭了这些神,将它们贬为更低级的存在,那么"虔敬"观念的相对性将无以为继。对基督徒来说,"虔敬"观念只能是单一的,那就是信仰唯一的、基督教的上帝。相应地,失去多神论基础的道德习俗观念也必随之瓦解,被迫统一到基督教的伦理体系上来。

## 五、敌对与依赖:基督教宗教—政治革命的两面性

早在论述法律的部分,凯尔苏斯就指明了基督教对罗马政治的潜在破坏。在凯尔苏斯眼里,法律是政治意志的体现。若基督徒非法集会,不愿意参加征兵,拒绝皇帝崇拜,便违反了罗马法律,因而威胁到了罗马政治。对此,奥利金提出基督教的自然法观念,将帝国的法律包括自然法统统相对化。其思想核心根本上在于以基督教的上帝置换了斯多亚学派的"自然"或"宇宙理性"。如果说斯多亚学派的"自然"或"宇宙理性"同样提供了一个超越政治的哲学维度,那么基督教的自然法就首先赐予基督徒一个高于现实的政治维度,一个国中之国。这种自然法理论,无疑潜藏了政治革命的危险。

凯尔苏斯的深刻之处在于,他并未一味地迷信法律主义的立场,把基督教的法律不服从简单地等同为政治不服从。凯尔苏斯看到,法律以习俗为基础,而习俗具有自身的正当性,不遵从法律即为不遵从习俗。基督徒身为犹太人,却不遵从本民族的法律,首先背叛了自身的传统。而奥利金的反驳进一步让我们看到,基督徒不仅不需要遵从犹太人的习俗,而且不需要遵从任何其他民族的习俗,尤其是宗教习俗和道德习俗。这一习俗的革命,本质上是基督教针对一切旧宗教的战争。

习俗革命的首要本质是宗教革命,但其结局却必然指向政治

革命。如果说,基督徒基于自然法观念对罗马法律的不服从是
"显性"的反抗,那么基于习俗革命之上的宗教革命对于罗马政治
的威胁则更为"隐性"。基督徒无需服从任何民族的任何习俗,未
必直接表现为行动上的反抗,而是首先表现为宗教和道德观念上
的不认同。它从根本上破坏的,是罗马帝国时代宗教-政治一体化
的社会格局。① 基督徒拒不参加罗马诸神的敬拜、不祭家神,虽然
并未直接反抗政治,却"隐性"地破坏了奠基于诸神敬拜和家神之
上的罗马政治。而不管是"显性"的不服从还是"隐性"的不服从,
基督教对罗马政治的革命本质上都是其宗教革命的产物。

不过,在指明基督教对罗马政治的敌对倾向的同时,我们也必
须指出:基督教(尤其是此后的教会),对罗马帝国具有很深的依
赖性。一方面,如奥利金所言,正是因为罗马帝国的统一使得福音
书得以迅速传播(《驳凯尔苏斯》2:30),让基督徒心怀感恩;另一
方面,罗马帝国毕竟是基督徒肉身的王国,保卫帝国就是保护自
身。尽管基督徒不应直接征战沙场,但他应该向上帝祷告,让上帝
护佑罗马(《驳凯尔苏斯》8:73)。奥利金非常清楚,基督教只有借
助帝国,才能真正地道成肉身;只有借助帝国,教会才能真正获得
依靠。可以说,正是从奥利金这里,优西比乌(Eusebius)的基督教
和帝国合一的设想第一次获得了理论上的发端。

理解了基督教对罗马帝国的这层依赖,我们就会明白:基督教

---

① 希腊罗马时代,宗教和政治互为一体。在希腊时代,诸神是城邦的缔造者和护佑
者,也是城邦立法、战争等重大事务的指导者;在罗马时代,政治的基础和目的在于
保障"诸神的和平"(Pax Deorum)。而且,较之于希腊城邦,罗马共和国和帝国时
代都奉行圣火崇拜,坚信祖先的神是国家最坚固的保护者,将家庭和国家更为紧密
地连接起来。参见:库朗热:《古代城邦——古希腊罗马祭祀、权利和政制研究》,
谭立铸等译,上海:华东师范大学出版社,2006 年版,第二卷和第三卷;奥古斯都改
制之后,帝国更是致力于发展"帝崇拜",试图将皇帝神化,以此加强帝国的政治合
法性以及帝国的行省对中央政府的政治认同。特别参考 A Companion To Roman
Religion, edited by Jörg Rüpke, Blackwell Publishing, 2007, pp. 83-95。

对罗马政治的革命并不是为了消灭或抛弃帝国,而是力图从宗教和道德观念上为罗马洗礼,让罗马政治变成"属灵的"政治,让基督教成为支配罗马帝国的国家宗教。对于帝国,基督教如同一个空洞的灵魂,时刻抗拒又时刻需要着肉身。

# 结　语

作为二世纪中期的罗马知识分子,凯尔苏斯敏锐地感受到基督教对于罗马文化和政治的威胁。为此,他强调法律背后的传统和习俗,提出一神论和多神论混合的宗教模式,旨在将基督教排除出罗马帝国的宗教和政治体系之外。凯尔苏斯已经隐隐感到,基督教对帝国的政治威胁最终是习俗观念,尤其是宗教观念和道德观念的威胁。但他的习俗主义,最终仍然落在历史之上,而并未给出充分的哲学依据。因而,当奥利金和他的亚历山大学派将基督教充分希腊化之后,回过头来再来反击凯尔苏斯的批评,后者的立论便再也难以立足。情形之所以如此,绝非仅仅因为奥利金回应凯尔苏斯时,后者早已去世;而更是因为,罗马帝国再没有诞生一个能够接续凯尔苏斯传统的知识分子,以足够的力量重新回应基督教的挑战。历史的车轮不可避免地滑向基督教的王国。

# 参考文献

1. Chadwick, H.: *Introduction of Contra Celsum*, Cambridge: Cambridge University Press, 1965.
2. Fontana, G.: *Dissertazione di Gian Lorenzo Mosheim Sopra L'Opera di Origene Contro Il Filosofo Platonico Celso*, Pavia, 1786.
3. Guthrie, W.K.C.: *The Sophists*, Cambridge: Cambridge University Press, 1971.

4. Origenes: *Contra Celsum Libri VIII*, edited by Marcovichi, M., Leiden: Brill, 2011.

5. Origene: *I Principi*, a cura di ManlioSimonetti, UTET, 2010.

6. Origène: *Traité Des Principes*, Par Henri Crouzel et ManlioSimonetti, Les Èditions du Cerf, 1978.

7. Rüpke, Jörg. ed.: *A Companion To Roman Religion*, Blackwell Publishing, 2007.

8. Stroumsa, Guy.: *Barbarian Philosophy*, Tuebingen: Mohr Siebeck, 1999.

9. Wilken, R. L.: *The Christians As The Romans Saw Them*, New Haven/London: Yale University Press, 2003.

10. 奥利金:《驳凯尔苏斯》,石敏敏译,北京:生活·读书·新知三联书店,2013 年。

11. 柏拉图:《理想国》,郭斌和、张竹明译,北京:商务印书馆,2012 年版。

12. 黄风:《罗马法》,北京:中国人民大学出版社,2009 年。

13. 库朗热:《古代城邦——古希腊罗马祭祀、权利和政制研究》,谭立铸等译,上海:华东师范大学出版社,2006 年。

14. 梅因:《古代法》,沈景一译,北京:商务印书馆,2011 年。

# 论奥古斯丁的"为恶而恶"的观念[①]

章雪富(浙江大学哲学系)

**摘要：**相对于罪的观念而言,奥古斯丁有关"恶"的讨论较少受人注意,奥古斯丁有关"为恶而恶"的观念就更少得到严格的阐释。《忏悔录》、《独语录》和《上帝之城》都有相当篇幅讨论过"为恶而恶",较深地论说过生存活动中的自欺意识以及前反思状态。以这种形而上学讨论为背景,奥古斯丁颠覆了柏拉图主义的"为善而恶"的希腊理性主义,指出隐藏在地上之城(共同体)中的基于血性的爱例如友爱,有说服力地指出地上之城乃是不可避免地产生冲突的共同体形式。本文分析了奥古斯丁所谓"为恶而恶"各方面的内涵,包括它的反思和前反思、自在的自欺、以及与地上之城的关系等。

**关键词：**奥古斯丁　恶　"为恶而恶"

　　奥古斯丁常被称为柏拉图主义者。他确实借用过柏拉图和新柏拉图主义的许多术语,他的有关基督信仰的理解也确实含有柏拉图主义的某种特性。故学者们的如下观点不足为怪:奥古斯丁

---

[①] 本文原刊于《维真基督教思想评论》,总第 18 期,上海:上海人民出版社,2014 年。

虽然皈依而为基督徒,实则皈依而成柏拉图主义者。然而这样的归类实际上造成了一个伪命题,因为奥古斯丁本人绝不以为他使用柏拉图的观念就表明其思想也隶属于柏拉图传统,正如他也使用斯多亚哲学并不意味着他是斯多亚主义者。《忏悔录》的后四卷虽然有新柏拉图主义的明显意境,然而奥古斯丁更强烈地表明,柏拉图主义只有在基督信仰之中才能够得以安魂。学者们固然可以认为奥古斯丁有柏拉图主义的精神气质,其精神也贯通于基督论、三一论、救赎论和恩典论等等,然而单纯观念论的疏辨都不足以说明奥古斯丁的思想归属,我们理应回归奥古斯丁本人的着意去把握他的"柏拉图主义"。

本文无意在基督教和柏拉图主义两者之间取舍奥古斯丁。奥古斯丁的思想内含许多层次,既有柏拉图及新柏拉图主义,也有摩尼教、斯多亚主义、西塞罗和瓦罗的因素,其斑斓的色彩依据不同著作所关心的问题而呈现出不同的光辉。奥古斯丁运用古典思想资源时,当然旨在传达基督信仰。基督信仰是他所借用的哲学观念的经纬。奥古斯丁固然从不同的主题例如道德、幸福、历史中的上帝和政治神学等等讨论基督信仰,但是他终其一生都依据保罗书信次第展开相关阐释。① 在《忏悔录》第八卷中,无花果树下皈依的著名一幕即读保罗《罗马书》经卷的插曲②虽然是他后来所加,是奥古斯丁成为神父后的添加,但是他并非意在"造假",反而更显明了写作《忏悔录》的奥古斯丁的神学定位,即他的忏悔是基

---

① 阿伦特就认为奥古斯丁的思想是保罗式的,而不是柏拉图主义的。参看, H. Arendt: *Love and Saint Augustine*, edited and with an interpretive Essay by J. V. Scott and J. C. Stark, Chicago: The University of Chicago Press, 1996, pp.3-4。

② 即奥古斯丁听到有孩子唱歌,然后他翻开圣经阅读,读到的话即是《罗马书》第十三章第十三节,"不可耽于酒席,不可溺于淫荡,不可趋于争竞嫉妒,应被服主耶稣基督,勿所纵态于肉体的嗜欲。"

于圣经的宣称，而非哲学的宣告，①这就与苏格拉底传统下的哲学作为生活方式的宣称区别开来。

如果我们把注意力从《忏悔录》和《上帝之城》的柏拉图主义观念传统中移开，转而关注奥古斯丁所关心的话题，就能抓住奥古斯丁使用这些术语的真实所指，因为任何语词都植根于文本。《忏悔录》前九卷的主题是恶，他直白地忏悔说，恶于他而言是一个奥秘，是他不断追溯的主题。② 相应地，"修辞学"构成前九卷有关恶的反思的主题。③ 从《忏悔录》第二卷记载修辞学的学习，到第九卷放弃修辞学的教席，奥古斯丁用与修辞学有关的平生叙事构成《忏悔录》的"恶"的主题。如果说人是语言的存在，那么修辞学就是恶借着语言的抛入，修辞学的语言特性就成为对存在的险境的透视。以主题而论，奥古斯丁在此已经与古典希腊的哲学（包括柏拉图）区分开来。古典哲学以善为主题，恶只是善的影子。奥古斯丁则不仅以恶为主题，而且还提供了阐释恶的独特思路，这使他与古典哲学有清晰的区隔，并造就了**基督教的不依赖于其他传统的**思想内容。《忏悔录》第二卷第六节的"偷梨"引出了该书的核心主题即"为恶而恶"，把希腊以来"恶"的主题大大地推进了一步，并在《独语录》和《上帝之城》中得到体现。"为恶而恶"不只是《忏悔录》第二卷第六节的单独主题，也不只是整部《忏悔录》的主题，也是《独语录》的一

---

① 参看"Introduction" xliv, in J. J. O'Donnell: *Augustine Confessions Vol. I, Introduction and Text*, Oxford: Oxford University Press, 1992。

② "恶原来在哪里？从哪里来的？怎样钻进来的？恶的根源、恶的种籽在哪里？是否并不存在？既然不存在，为何要害怕而防范它呢？"（奥古斯丁：《忏悔录》，周士良译，第七卷第五节，北京：商务印书馆，1989 年。）

③ 《忏悔录》第二卷第三节最早提到雄辩术的问题，说他父亲望子成龙，"只求我娴于辞令，不管我的心地、你的土地是否荒芜不治……"在第三卷第 3 节更对修辞学的恶作了更直接的批评，"当时所推崇的学问，不过是推向聚讼的市场，我希望在此中显露头角，而在这个场所越会信口雌黄，越能获得称誉。"

个主题,是《上帝之城》用以终结讨论时的奏鸣。

奥古斯丁有关善、至善和存在的措辞确实主要来自柏拉图,却发展出了一种记忆神学。记忆与堕落相关,记忆也与救赎相关。透过记忆讨论恶之为善,也透过记忆讨论恶之为自欺。奥古斯丁有关恶的讨论已经不再秉承柏拉图的实体观念,而揉合为记忆的经验,造成了从柏拉图的实体原则到奥古斯丁的主体原则的转变。"为恶而恶"是奥古斯丁有关恶的讨论的一个重要主题,它使恶不以恶显现,不让恶映入人的眼帘,反倒以迹近"自然"的冲动成为善意的表像;它不以观念出现,而以自然显示其"无辜"。① 在恶显现为"自然"时,恶就以自然为其自欺的形式,致使自欺摆脱了意识对它的照亮,②恶将自身显现为自然,将自身透明化,不将自身置于反思之下,也不令自身被反思捉住。因此,"为恶而恶"将恶从意识的构造中解脱出来,不昭示为意识,不显示为善的反例,也就没有显示出它的存在。它潜伏在感受性领域,常为情绪或者血性所以为的精神性所欺骗。③ 它既没有显示其曾经到来的过往,

---

① 例如《忏悔录》第十卷第二十九节。

② 萨特对自欺与真诚的关系的分析,或者说自欺所借助的真诚的特质的分析,是颇能说明"为恶而恶"所借助的"真诚"原则的。萨特说,……真诚的目的和自欺的目的不是如此相异……那自欺目的何在? 是使我按"不是我所是"的样式是我所是,或按"是我所是"的样式不是我所是。我们在这里发现了同样[指与真诚同样]的镜子的游戏……自欺作为一个简单的谋划之所以是可能的,是因为当涉及到我的存在的时候,存在和不存在之间恰恰没有如此绝然的区别。自欺是可能的只是因为真诚意识到它根本上是没有目的的……为了使自欺成为可能的,真诚本身就应该是自欺的。自欺的可能性的条件是:人的实在在它的最直接的存在中,在反思前的我思的内在结构中,是其所不是又不是其所是。(萨特:《存在与虚无》,陈宣良等译,上海:三联书店,1997年,第103—105页)自欺以真诚的形式使自我意识通入到前反思状态,为恶而恶也是一种前反思状态的真诚样式。

③ 奥古斯丁在《忏悔录》第十卷分析的各种自然情绪或者感觉,都包含着对为恶而恶的分析,也可以说是对第二卷偷梨事件的回应。我们还可以说,第十卷所讨论的诸如性、味、视觉等主题都是成人版的偷梨事件。以第十卷第三十五节的兔子事件为例。奥古斯丁说,当他骑马在野地看见走狗猎兔子,便好奇地追踪着兔子的线索。通常情况下,我们都不会认为这是一种恶,因为好奇如亚里士多德而言是一种求知的自然,是一种天性。然而奥古斯丁以为这种天性已经离开了上帝,或者说这种天性其实已经不是人作为受造物的天性,不是作为"受造的自然"的天　　　(转下页)

也没有显示出它正在采取的行动。它不以任何被察觉的方式到来，而它降临的方式显示出反思之善之于它的无能为力。《忏悔录》、《独语录》和《上帝之城》三部著作的"为恶而恶"思想成为通往奥古斯丁神学的语词密码。

## 一、"为恶而恶"与虚无化

《忏悔录》第二卷第六节记载了奥古斯丁十六岁那年一群少年偷梨的故事。这群少年明知道梨不好吃，纯然出于乐趣而偷窃，乐趣则掩盖了行为的"偷"的特性，令活动的伦理属性得到遮盖。奥古斯丁借此说明：1．"偷"不是出于享用（梨）的乐趣，而是单纯出于快感，把快感造成自然；2．这是一群少年的作为，具有共同体的品性，而非单个个体的活动。"偷"既不指向偷的对象"梨"，也不指向"偷"这个行为本身的"不道德"，"偷"作为"意识"的活动被切实地遮盖了。"偷"不是映入这群少年眼帘的意识的部分，甚至根本没有映入他们的眼帘，"快感"占据了其意识的全部，活动的快乐成为映入当事者奥古斯丁及其同伴眼帘的唯一内容。当偷以其自身为目的时，它反倒呈现了某种真诚，成为一个真诚的乐趣。① 当"偷"的真诚成为意识的构成时，"偷"就成了无恶意的单

---

（上接注③）性。因为作为"受造的自然"的天性，人不是以兔子的奔跃为好奇，而是以对上帝的记忆为其好奇，因此人的好奇始终不会离开上帝。然而作为"自我创造的自然"的天性则会以追溯自我的激情为其天性，自我的激情主导着人的天性的时候，人以为对兔子的奔跃的路线的好奇是一种善，因为不会把这样的好奇作为善的反例进行讨论。"为恶而恶"正是隐藏"恶"作为"善"的反例的一种情绪。

① 我很欣赏萨特对真诚的分析，可以作为奥古斯丁对为恶而恶的精彩理解。它［真诚］要使我承认自己是我所是以最终让我与我的存在重合，总之，使我以自在存在的样式成为我按"不是我所是"的样所是的。它的公设实际上就是：我按自在的样式已经是我应该是的。（萨特：《存在与虚无》，第103页。）

纯活动,是一群少年间彼此真诚相待的友爱。这群少年没有以其行为为其"偷","偷"是一种真诚的活动。这样,因着"偷"的真诚,偷梨的"恶"被隐藏。而在常识观念下的偷梨活动中,恶是无法隐藏的,因为此时"梨"成为偷梨活动的切己性要素,成为自我的自然性构成。只有在"一个不属于自身"向着"一个属于自身"的过程显示时,才会把事情的"向着自身"显示的意识置于"恶"的把握;而当偷以其自身为目的时,偷显出的是群体间的真诚,恶也就不是意识活动的内容,因为并不存在所谓的"一个不属于它自身的"向着"一个属于它自身"的活动。"偷"的恶也就根本不曾有任何的痕迹向着意识显示,反倒成为强烈的快乐的制造者。这样的"偷"处在前反思状态,既没有任何观念向他们的活动输出,也没有所谓的不属于他们自身的外部状态成为他们意识的内容,他们享受那属于他们自身的真诚。"偷"这种恶正是他们自身所要享受的,反思的目的性不受意识活动的支撑。"为恶而恶"属于这样的一种真诚,既不见恶,也不显现恶。它是前反思的直观,"为恶而恶"显示了激情不受意识控制的方面。偷的行动完全显示为直观,也只显示为直观,而不显示为反思。奥古斯丁用"友爱"来描述这种偷梨事件的恶以及它的享受的身心经验,使真诚成为群体性直观形式的环绕。如果说柏拉图和亚里士多德把友爱列为德性,亚里士多德甚至认为友爱位于理智德性之后,是造成社群的力量,那么奥古斯丁显然对所谓的友爱持批评态度,他看到的是友爱的激情或者说俗世的血性。《忏悔录》用许多篇幅批评这种共同体的友爱或者说血性,它作为人的共同体的自然根源,正是把激情置于理性之上,遮盖了恶却享受恶,恶不再作为与自我相悖的意识而存在。①

――――――――――

① 《忏悔录》中的许多文本是很有意思的,表现出互文性。作为血性的自　(转下页)

　　"为恶而恶"之所以不显现为意识活动的恶,是因为它不经过"选择"的环节,它始终是直接的活动而为直观状态。直接活动就是省略了选择的环节,或者使活动不成为观念的呈现,因为直接活动令意愿或者意志晦暗不明,使意愿中透过观念构成的自我晦暗不明,而"选择"由于内含"慎思"、价值或者其他考虑构成其内容,呈现出价值排序,其透过观念得以把捉的形态就成为意愿呈现其自我的眼帘,因为所谓的价值排序,即选择 A 或者选择 B,就是在意识中使事物显示为"好"的观念等级,这就有原始的恶生成,因为次级的善相对于较高的善而言是"不好",然而"次好"就其自身而言,则仍然是"好"。因此选择使恶呈现为人们的意识,生成恶于意识活动之中。如果恶在意识中生成,那么人就会意识到选择的"恶"。因此,若经过选择的环节,直接活动就会呈现出其所隐藏的观念活动,意愿的自我就会呈现为自我的意愿,自我的客体性就现身为自我的主体性,"为恶而恶"就不能够隐藏其恶的踪迹。此时的人们虽然仍会以善的名义作恶,但"作恶"已经显现于意识活动。"为恶而恶"则没有落实在选择的环节,它在选择之前就存在。经由选择所作的恶已经是有形之恶,这恶的"形"就是"善"了,例如人们在选择是否把一件事告诉别人以及用什么样的方式告诉别人时,都会选择他们所以为的善意例如对别人的关心作恶。在这种情况下,自我在其意识层面规避了恶,然而实则使恶处在发动的状态。这是作恶的悖论,即在作恶中恶的意识的自我

_____

（上接注①）然的友爱在文本中有三个典型的例子,一是偷梨,二是未名朋友(第四卷第四节),三是迦太基的朋友圈子(第四卷第八节"这时最能恢复我的生气的,是其他朋友们给我的安慰,我和他们一起都爱着我当时奉为真神的一连串神话和荒渺之言,我们这颗痒痒的心,用这些邪僻的东西来搔爬着,让它们腐蚀我们的心灵。")。与此相对,作为肢体之爱的"友爱"即被称为"上帝之友"的友爱(例如第六卷第三节、第六卷第七节),却是上帝之爱。奥古斯丁似乎有意识地指出,只有在上帝之爱的视野下,那种血性之友爱的为恶而恶的特性才会清楚地显示出来。

规避。无疑,经由选择造成的"恶"一方面无法避开意识的检查,另一方面它以善为其表像,不属于"为恶而恶",因为选择的"恶"明显地有着一种关系意识,有着明显的指向他者的关联。然而"为恶而恶"是未经选择环节的直观,规避选择所要昭示的一切意识形式。偷梨的恶根本就是一种未经呈现的恶,因为表面上的未经选择是实际上的未经呈现,使恶与自然成为一体。它没有经过价值排序的意识选择,仿佛是群体活动的自然,是友爱和关怀的表达,是同气相求的自我宣称,不存在"向……呈现"的对象感。"为恶而恶"的非对象性活动隐藏了活动的对称性,隐藏了他者,透过隐藏他者的恶,把它自身的恶也隐藏了起来。①

　　由于"为恶而恶"隐藏了活动的主体性,它就并未向意识显明出来,不妨称之为"原恶"。"为恶而恶"更像是一个信手拈来的玩笑,就如奥古斯丁在另一个关于他生病的朋友的故事中所表现的,它被"玩笑"这样一种取乐的形式遮盖。② 这种取乐的形式就是以友爱之名,正如偷梨事件所显示的基于友爱的"取乐"。③ 古典希

---

① "为恶而恶"的这种情况颇类似于萨特所说的"自欺"。萨特称"对实行自欺的人而言,关键恰恰在于掩盖一个令人不快的真情或把令人愉快的错误表述为真情。因此自欺外表看来有说谎的结构。不过,根本不同的是,在自欺中,我正是对我自己掩盖真情,于是这里不存在欺骗者和被欺骗者的二元性,相反自欺本质上包含一个意识的单一性。"(萨特:《存在与虚无》,第 82 页)"为恶而恶"也是一元性的。不过两者也有基本的差别。自欺的一元性是可以透过反思的意识呈现表达为二元性的,为恶而恶的一元性则不可能透过反思造成这种二元性。

② 奥古斯丁描述自己在迦太基城教书时结识了一位意趣相投的朋友,他原先不是公教徒,但在他病重之时受洗,病势转好,"没有危险了。当我能和他讲话时——只要他能说话,我即能和他谈话,因为我日夜不离,我们两人真是相依为命——我想把他在昏迷中领受'洗礼'一事向他打趣,以为他也将自哂这回事的。"(《忏悔录》第四卷第四节。)

③ 奥古斯丁说,"这个不堪的我,从那些现在想起还使我面红耳赤的事件,特别从这次因爱偷窃而干的偷窃,得到什么果实呢?什么也得不到,因为偷窃本身就是虚无;这不过更显出我的可怜。但假如我是单独一人,我便不会如此——据我回忆,我当时的心情是如此——我单独一人,决不会干这勾当。可见我还欢　　(转下页)

腊哲学把友爱看成是结成社群性的重要的善，它甚至缔造出了另一种形式的公正。然而奥古斯丁却批评古典德性论所隐含的为恶而恶，就是说原恶乃是在德性的名义下显示恶作为意识的缺失，所以它其实并非真的是缺失意识，而是在自我反思中缺失呈现恶的意识。它其实呈现为社群性的需要，由于它看上去不像是个体的属性，它就缺乏指向他自身的意识，因为凡缺乏指向他自身的意识的，也就缺乏他指向个体的反思。因此像友爱这样的德性，它其实是以指向社群性而隐藏恶的为恶意识的，它用一种面向他者的意识使恶在呈现中缺席，从而能够以恶编织社群关系。恶就这样在友爱的名下成为社群的罗织者。对于为恶而恶的这种思索引导奥古斯丁形成对整个地上之城的批评和怀疑，因此任何基于地上之城的观念和想法都为包含为恶而恶的友爱所遮盖。奥古斯丁批评友爱，而代之以兄弟之爱，并不是单纯地基于基督教教义，而是基于爱的社群性的真正基础，即它不是基于希腊人所谓的思想和理性，也不是基于所谓的情感，而是基于透过上帝的关系所结成的共同体。友爱隐藏了为恶而恶的个体性；友爱也隐藏了为投身于对方的恶所造成的筹划本质，例如它可以用玩笑或者其他的取乐形式遮盖。奥古斯丁将"为恶而恶"看作社群冲突的根源，并以之作为批评地上之城的利器。由于"为恶而恶"造成所有关于恶的理解都是指向对别人的意识，它就必然导致冲突且无法规避冲突，因此地上的共同体肯定没有永久的和平。即使像西塞罗所推崇的共和政体，像罗马这么强大的共同体，为恶而恶都始终内在于其中并侵蚀了整个共和国的机体而使之最终倒塌。

---

（上接注③）喜伙伴们的狼狈为奸，因此说我只爱偷窃不爱其他，是不正确的，但也能说是正确的，因为狼狈为奸也不过是虚无。"（《忏悔录》第二卷第八节）奥古斯丁说他们是一群人，为着一种欢喜，而这种欢喜其实是一种虚无，然而虚无确实遮盖了为恶而恶，取乐的虚无是取乐，而不是恶的意识，它是恶的意识的缺席。

　　奥古斯丁注意到为恶而恶类似于虚无,或者是一种"甜蜜"的虚无的形式,这方面颇不同于现代哲学。希腊哲学已经形成定论,虚无本身是不能够讨论的,因为凡能言述的或者说能述谓的都已经具有形式,"无"或者说"非存在"是无法言述的,"无"这个字本身之所以能够加以言说,是因为它至少还是表达为"无"这个词,而完全的"非存在"是不能说的,因为一经说出就已经"有(存在/是)"了。"为恶而恶"表达的是非概念把握下的恶,或者说不经观念活动而表现的恶。就此而言,"为恶而恶"具有虚无的绝对性,具有不能够说的"不是",那种具有甜蜜含义的"无"正是对于这种绝对的"无"的可能性的接近,"为恶而恶"既然否定了任何经验状态下的"恶",也就接近了语词的"无"。"为恶而恶"何以成为语词的"无"呢? 这是因为奥古斯丁并非借助于希腊哲学自巴门尼德、柏拉图到亚里士多德以来的以思为人的基础性存在的探究方式。如果不能够使用"思",其存在就在语词之外,至少是在反思活动之外。而这之所以可能,是因为奥古斯丁不以"思"为最高实在,也不以思为最基本的活动。奥古斯丁以"意愿"为"所是"与"所不是"的基本活动,意愿却无法为观念所观察到,因为意愿在语词之中却不以语词的形式出现。当意愿以语词出现的时候,它已经是概念和思了,而任何的思必然是基于善好的装饰,或者说必是以善好为其自我的形式。意愿在语词中发动却不露出它自身的真容,以概念为其善好的辩护却是隐伏在善好之下的虚无。"为恶而恶"的虚无性使得思的善好始终处在"无"的威胁之下。人无法根除"为恶而恶"的虚无性,是因为人只能够借助思,由于思所涉及的概念无法把握到意愿,因为一旦使用思就使用概念,就离开了意愿的隐秘。"为恶而恶"既不能够为思掌握,也不能够现身于思中。人无法透过他自身、无法透过理性、无法透过所谓的知识的实存性来达成对恶的驱除。因此,人透过伦理道德和认知驱除恶

的反思性路径不能够实现驱除恶的可能。救赎不是哲学所能达到
的目标,它必须借助于宗教的路径。

## 二、"为恶而恶"与先验性

　　奥古斯丁所谓"为恶而恶"完全有别于柏拉图的"为善而恶",
颠覆了古典德性伦理基础。古典德性论以柏拉图所谓的"无人愿
意为恶"(*Protagoras*, 345d)的观念为基础,[①]因为柏拉图认为人是
理性的存在,理性的人以真理和智慧为对象,也就是以善为对象。
柏拉图认为人之为恶是因为把恶当作了善,只要人知道善,分辨善
与恶的界限,就不会为恶了。然而奥古斯丁认为,理性不能自动建
立面向善的追求,这使得德性伦理继希腊化之后在古代晚期进一
步衰落。虽然奥古斯丁和柏拉图都是一元论者,都坚持世界本源
于善,然而,奥古斯丁认为堕落的人类"为恶而恶",只不过由于人
所作的恶都以善为名,遮盖了恶的呈现而已。柏拉图从形而上学
立场出发,不仅论述了世界源起于好且显示为好,还认为世界持续
处在好的价值排序中,因而不会导致"好"的颠覆。在柏拉图看
来,恶并不真实地存在,而是由于在选择好的过程中,出现了价值
排序的错位,例如优先选择外在的善(财富)却忽视了内在的善
(公正),于是就造成了恶。柏拉图不仅认为恶不存在,还认为借
助于哲学这样的学问可以实现价值的重新排序以达到善。由于无
人意愿为恶,因此人靠着自身的德性修炼或者所谓的知识道路就
可以达到善。柏拉图用形而上学的善替代历史的恶,以形而上学
的存在替代历史的存在。奥古斯丁则是一个历史主义者,他批评

---

① 参见 Plato: *The Collected Dialogues of Plato*, edited by E. Hamilton and H. Cairns, Princeton: Princeton University Press, 1987。

柏拉图所谓的人自愿为善的不可能性,人之自愿为恶正是其行为的责任。作为柏拉图主义者的奥古斯丁却因其对基督教信念的深入理解,提出了反柏拉图的"为恶而恶"的观念。奥古斯丁接受保罗所谓的人虽然向往善却行不出善的观念,透过深入的哲学论述指出向善却行不出善是因为恶的经验已经深入所谓善的意识。人们所谓的善观念即作为一种语言的可把握形式其实只是善的修辞,而不能够达成善的主体性。在历史的处境下,"善"的这些语词已经浸淫了恶的经验,人所谓的善的自我把握已经生根于恶中,但是恶作为经验着的或者说意愿中的类似于味觉的回味和听觉的萦绕虽无法被观察到,却始终控制了善的面向。① "为恶而恶"的感觉内植于善的观念并成为它的属性,以致于善无法真正达成其自身,也无法透过理性的反思再造其自身之善。

由于"为恶而恶"不出现在意识之中,它也就不出现在反思之中,更不会呈现为感知的对象。意愿是理性的纹理,反思能够观察到理性的观念呈现网络,却无法把握它自身所隐含的纹理。"为恶而恶"则又是意愿的纹理。意愿作为观念出现时,就已经逃遁在理性之外而得不到观察。原始意愿始终不会将自身的真正活动呈现为观念,在它呈现为观念时,已经不再是原始意愿,而是合乎理性的意愿,具有好的表象。意愿作为理性之外的独立因素,其本身的属性却隐遁在理性之外,无法借助于理性进行反思性的观察。② 人不可能借助理性除去意愿的恶,因为意愿根本就不借助

---

① 奥古斯丁使用《诗篇》的说法,称之为"恶的隐匿":我的灵魂……已经败坏,请你加以修葺。它真是不堪入目……但谁能把它清除呢?除了向你外,我向谁呼号呢?"主啊,求你清除我的隐匿,不要由于我因他人而犯下的过恶加罪于你的仆人。"(《忏悔录》第一卷第五节)

② 在《独语录》中,奥古斯丁让理性起来说话,指出理性本身的限制性:我(理性)在心灵中的作用正如眼睛中的看之行动。有眼不等于看,看不等于看见。(奥古斯丁:《独语录》,见于《论自由意志》,成官泯译,第一卷第六章第十二节,　　(转下页)

理性呈现它自身的原始性，人也不可能借助理性治疗意愿，理性所谓的观念之辩证法不能够捉住意愿的踪迹。在理性领域所谓的善的实在性却无法作用于意愿领域的恶的原始性，因为这种原始的恶不进入理性的可把握网络，单靠理性无法实现善恶的分离，善恶的分离也就不是人的理性之所能事，"为恶而恶"则是意愿的隐晦，分离善恶是上帝的权柄。《上帝之城》第二十二卷专门谈论过善恶的分离。奥古斯丁谈到感觉和记忆的分离，他以为只有在天国之中才有感觉和记忆的彻底分离。一方面，生活在天国中的人们会记得他在地上之城所犯的种种过错；然而另一方面，天上之城的人们不再感受罪，既不会有内疚和沮丧的情感，也不会有恶意的快感以及挥之不去的恶的冲动。① 天国中的人们有对恶的记忆却已经没有对恶的感觉。② 天上之城的人们像是生活在先验的状态，恶作为单纯的观念已经不再深入到意愿中，恶伸向意愿的触觉已经完全被斩除，情感和经验不再是恶的概念式存在的一部分。恶只是一种观念，但不再是一种情感，不再具有任何支配人的力量。"为恶而恶"的特性则相反，"为恶而恶"是不呈现为观念的恶却在情感或者情绪上支配着人。可见，"为恶而恶"是一种基于情绪的指向，情绪造成了分辨的缺失，更造成了分辨的不可能性，使

---

（上接注②）上海：上海世纪出版集团，2010 年）

① 但在这次偷窃中，我究竟爱上什么？是否我在这件事上错误地、倒行逆施地模仿我的主呢？是否想违犯法律而无能为力，但自欺欺人想模仿囚徒们的虚假自由，荒谬地曲解你的全能，企图犯法而不受惩罚？瞧，这样一个逃避主人而追逐阴影的奴才！唉，真是奥腐！唉，真是离奇的生活，死亡的深渊！竟能只为犯法而犯法。（《忏悔录》第二卷第六节）

② 对坏事的认识也有两种：一种是心志的能力曾经经历的；前者是忘记了所学的，后者是丢弃曾受的悲惨。按照第二种遗忘（第二种是指靠感觉的体验经历的），在将来，圣徒们的记忆中已没有了先前的坏事；他们丧失了所有的体验，从感觉里把坏事清除，一点不剩。而他们的知识的能力将是巨大的，不仅知道自己以前的事，而且那受谴责者永恒的悲惨也不会瞒过他们。（奥古斯丁：《上帝之城》，吴飞译，第二十二卷第三十章第四节，上海：三联书店，2009 年）

"分辨"失效。① 在天国中,恶作为单纯观念的呈现与情感完全分离,记忆中不再发生混淆,也不会引向混淆,倒使得混淆的原因呈现了出来。进入天上之城后,作为单纯观念的恶犹如已经被清洁了的伤疤,表面上的伤疤已经不再有恶的意愿隐含其中,这些伤痕反倒都是赞美的隐喻。忏悔这个语词的含义之一就是那在恶中呈现出的赞美,恶的伤疤是赞美的语词,失去了情感的有关恶的概念的先验性呈现是面向上帝的语词,因为恶不再具有混淆的能力,一如奥古斯丁对天国的身体和看的描述,即在每一个造物身上所看到的都是上帝的成就,所看到的事物的善好都是上帝在其中的善好,而任何善好的先验形式都为上帝所披戴。② 情绪和记忆分离,情绪只是作为记忆存在于语词之中,天上之城不再有"为恶而恶"的隐身之所。

《忏悔录》第十卷承接第九卷继续讨论"情感"与"记忆"的关系。第九卷记述了奥古斯丁母亲莫尼加之死。奥古斯丁追问这样的一个问题:对去世的亲人的哭泣是不是对永生之人的好的记忆?③ 第十卷则扩大了情感或者情绪的主题,扩展为由眼耳口鼻

---

① 奥古斯丁称这种分辨的失效为"虚无化"的结果:一个灵魂向往这种虚幻,不是"离弃你而犯奸淫"吗? 不是在信任谎言,"饲喂狂风"吗? 因我虽不愿为我而举行淫祀,但我的迷信却天天在享祭魔鬼,魔鬼以我们的错误为乐趣,为嘲笑的目标,我们在饲喂魔鬼不就是在"饲喂狂风"吗?(《忏悔录》第四卷第二节)

② 奥古斯丁说,"非常可能,而且极为可信,我们将来会在世界中看到物质的新天和新地,我们会用肉眼看到上帝无处不在,掌管万物。凡是我们眼睛所指的,我们都看得极为清晰,不像现在这样,通过上帝所造的被造物来看不可见的上帝,好像在镜子里,如同猜谜,难窥全豹"(《上帝之城》第二十二卷第二十九章第六节)这种新天新地状态下的身体,已经不再妨碍灵性,或者他的身体不再是与灵性相对立的事物,由于不再是相对立的,在身体中就不再有导致混淆的情况:那时候我们知道和看到了上帝,我们中的每一个都用灵性,在每个人自己中看到了他,在相互之间看到了他,在他自己身上看到了他,在新天新地中看到了他,在那时候的所有被造物中看到了他。(《上帝之城》第二十二卷第二十九章第六节)

③ 因为我们认为对于这样的安逝,不宜哀伤恸哭;一般认为丧事中必须哀 (转下页)

舌身所引发的情绪,以及这些情绪所内含的不同面向。第九卷有
关奥古斯丁以对母亲之死的感受构成情绪的主题:是否应该为母
亲之死哭泣?虽然奥古斯丁最终为母亲之死哭出了声,并为自己
的哀恸作了辩护,指出它不过是对母子在世期间共同经验的纪
念,①然而第十卷又说人不当为去世的亲人哭泣。② 这似乎意味着
奥古斯丁的自相矛盾,虽然第九卷和第十卷写于不同时期却合在
同一本《忏悔录》之中。如何理解奥古斯丁的“自相矛盾”呢? 如
果结合第十卷和《上帝之城》第二十二卷,那么奥古斯丁更倾向于
不哭。③ 第九卷的奥古斯丁为哭辩护是他纪念慈母的爱,而不是
为天国的母亲哭泣。第十卷论证“不应哭泣”,论证情感本身作为
记忆的先验性而不是作为感觉呈现的质料,后一看法在《独语录》
和《上帝之城》的第二十二卷有进一步的表达,即强调应该区分感
觉和理智。④ 所谓“情感”的先验性是对“情感”的记忆,是只在记

---

(上接注③)哭,无非是为悼念死者的不幸,似乎死者已全部毁灭。但我母亲的死
亡并非不幸,且自有不死者在。以她的一生而论,我们对这一点抱有真诚的信念
和肯定的理由。(《忏悔录》第九卷第十二节)

① 《忏悔录》第九卷第十二节。

② 奥古斯丁认为这类情感是只作为概念的材料的对象,或者说这一类材料只是作为
概念的对象,而不是作为概念的属性的:如果一提忧愁或恐惧,就会感到忧惧,那末
谁再肯谈论这些事呢? 另一方面,如果在这记忆中除了符合感觉所留影像的字音
外,找不到情感的概念,我们也不可能谈论。这些概念,并不从肉体的门户进入我
心,而是心灵本身体验这些情感后,交给记忆,或由记忆自动记录下来。(《忏悔
录》第十卷第十四节)生活在天国中的人们能够把记忆和情感分开,也是基于类似
的形式。

③ 奥古斯丁第十卷从记忆来谈论情感,从不是从身体的方面来谈论对作为回忆对象
的情感的记忆:所有列判,都得之于记忆,取之于记忆,但我回想这些情感时,内心
绝不受情绪的冲动。(《忏悔录》第十卷第十四节)

④ 健康的眼睛是没有情欲的,健康的眼睛本身就是自然理性的,因此健康的眼睛与情
绪是分离的,即不具有情绪的特性。“在心灵除去肉体的每一点的玷污的时候,即
是说,当涤除掉对世俗事物的渴望的时候,它就象健康的眼睛”。(《独语录》第一
卷第六章第12节)所以视觉未必就一定低于理性,健康的眼睛本身就是除去非理
性的贪求的。

忆中去分析情感。在创造意义上的情感,乃是基于观念的对情感的合乎诫命的把握。若以此处理情感,就能够排除情感的不能遣散的罪性的潜伏。这岂非是在排斥情感作为经验的指向?奥古斯丁的辩护是,正确把握情感在于排除其经验的内容,情感诚然也是来自于上帝的好,然而它的好排除了质料的内容,情感就其本身来说也是以上帝以及上帝所造成的好为其归属对象的,排除了记忆的情绪才会使记忆始终贯注于上帝。[①] 而凡贯注在好里面的情感乃是记忆慈母身上得蒙上帝的恩典以及这种恩典在作为儿子的奥古斯丁身上的流转。情感的先验性即是对上帝的爱的记忆,是由上帝的好向着人的流转。当情感成为这样的记忆形式时,或者是以这样的形式记忆时,那因着忧伤或者隐伏在忧伤之下的为恶之恶则被驱逐,成全纯净的信仰。

《忏悔录》第十卷细致地处理了"为恶而恶"的主题。它一方面指出救赎乃是天父作为超越记忆(指具有经验属性的记忆)的记忆的降临,另一方面又指出忏悔因着面向上帝把"为恶而恶"的"恶"昭示为"忏悔意识",而"为恶而恶"原本隐伏其恶于意识之中,不为意识所觉知。[②] 奥古斯丁本人正是籍着天父的帮助使恶

---

[①] 奥古斯丁说,身体的所有肢体和内脏都会不朽……各部分……享受充盈的、确定的、安全的、永恒的幸福,用于赞美上帝……到了那时,身体之间数量的和谐就不再是潜藏的,无论是外观还是内脏,都在整个身体中和谐分布……上帝自身将是我们欲望的目的,观看起来没有终极,热爱起来没有限制,赞美起来没有疲乏。这赐予、这关爱、这行动真的是万物共有的,就像永生一样。(《上帝之城》第二十二卷第三十章第一节。)

[②] 奥古斯丁说,我周览[记忆]后,用心分析,对每一事物给予适当的评价;通过感觉的传达,我接纳了一部分,加以盘诘;我又亲身感觉到和我紧紧相联的一部分;接着我一一分析了传达的器官,最后又检查了记忆的丰富蕴藏,或舍或取。这一切不是我自己能够发现的,我在进行这工作时,或更可说我赖以进行这工作的能力也不是你。因为你是常燃不熄的光明,对于一切事物的存在、性质和价值,我都请示于你,听从你的教诲和命令……我遵照你的指示,周历已遍,可是除了在你怀中我为我的灵魂不能找到一个安稳的境地:只有在你的怀中,我能收摄放失的我,　　(转下页)

在自我意识中呈现，正因为有基督徒的信仰生活，"为恶而恶"不再像以前那样逃遁于意识之外。因着信仰和祷告，"为恶而恶"显示出它在场的细节，透过信仰奥古斯丁意识到"为恶而恶"就是他不再生活在对上帝专注的每一瞬间。人自己不在面对上帝的意识或者意向中时，就已经有为恶而恶隐伏其中，因着没有面向上帝的意识的参照，也就不可能有让为恶而恶呈现出来的意识活动。《忏悔录》第十卷从食欲、性欲、视欲和听欲等方面描述为恶之恶的发生。奥古斯丁叙说他观看狗猎野兔的经历。他于郊外看见野兔，眼光因着对野兔离开之道的好奇而离开对上帝的沉思。在这样的目欲中，为恶而恶令自我不再以呈现上帝于他的面向为其意识，此刻的他不再具有天父的意识，因为野兔代替天父成为他记忆的对象，他的记忆"自然"地失去了"父亲"的形象，这种丧失如此自然，并成为记忆的正常形态。① "为恶而恶"以"正常"或者"自然"的状态出现，不引起人的注目，就不引起记忆的缺席之感，恶仿佛是自然的到来成为记忆的快乐的荒芜。正因为如此，"为恶而恶"既不是作为"选择"的结果也不是作为选择的前提。奥古斯丁描述他在成为基督徒之后仍然受约束于种种如此的"自然状态"下的恶，即不是作为记忆对象的出现形式的恶，指出他自己还会暂时地离开上帝而不觉。只是由于皈依，天父成为他记忆的中心，因此纵然他有瞬间不记忆天父，忏悔则能够使他对天父的记忆复原。

---

（上接注②）使我丝毫不离开你。（《忏悔录》第十卷第四十节。）
① 我的生活中满是这种情形。我唯一的、最大的希望是你的慈爱。我的心收藏了如是一大堆的虚幻，因此我们的祈祷也往往受骚扰而中断；在你鉴临下，我们的心向你呼号时，不知从哪里来的空洞凌乱的思潮汹涌而至，打断了这一项重要功夫。（《忏悔录》第十卷第三十五节。）

## 三、"为恶而恶"与地上之城

由于"为恶而恶"乃是遁入前反思的意愿活动,不被意识所察觉,人们固然要避免"恶"却又使这种"恶"的规避不可能实现,"恶"由此成为作为共同体的地上之城的力量来源。正是"为恶而恶"使得地上之城的社群得以可能,同时由于"为恶而恶"必然显示为个体性自我的表像材料,地上之城就必然陷于冲突。因此"为恶而恶"并非限于个体并只发生在个体身上,它有着一种群体性的内容,并最终成为社群的性质。"为恶而恶"作为地上之城的社群性行为,表现为社群成员之间彼此积极介入相互间的共同欲望,即所谓的"臭味相投",地上之城的人因其"共同的臭味"而自以为展示了社群的团结。"臭味相投"使得介入的不正义成为当然,以所谓的玩笑、关心和团结实现其构成,从而使得"恶"被"遗忘"。在前反思状态下的"恶"或者社群性的"为恶而恶"就是这种类型的"遗忘",一种基于记忆的"遗忘"。它记忆了彼此的血性的爱,遗忘了爱自身不应具有任何恶的属性。他们彼此的记忆虽然是恶的记忆,却由于共同地积极地介入到彼此的恶中,又使他们遗忘恶,因此遗忘与前反思之间具有某种关系。《忏悔录》分析了这种"记忆的遗忘",指出前反思之中遗忘的发生。由于个体活动本身的社群性,他也就不能从地上之城的锁链中抽离出来,社群性的"为恶而恶"使得个体落入遗忘之中,对"遗忘"的"记忆"使得记忆活动与恶紧密相关。正是由于记忆的"遗忘",才造成柏拉图所谓的为善而恶,基于善而为恶。[①] 以友爱为例,人选择结成朋友,或

---

① 奥古斯丁用一段颇长的语言描述这种群体性的团结或者说友谊所造成的恶的阻止羞耻的发生。不羞耻是阻止恶作为意识对象呈现的重要环节,或者说不羞耻使得恶不呈现为恶,由此才造成为恶而恶,而友爱这样一种正面的强大力量　（转下页）

者友爱之所以成为人的自然要素,正在于它所造成的团结活动的价值感以及身份属性的表象的荣耀感。"为恶而恶"的人在遗忘中造成他们自身的身份属性,以地上之城的"团结"或者说友爱粉饰地上之城的正义诉求。地上之城的人在选择任何行为的时候都饱含着这种根植于身份之中的价值认同,由于地上之城的社群关系彻底的或者说绝对的虚无化,或者说由于在显现于意识之中的行为都是朝向绝对虚无活动的,主体性的反思活动得不到显示,"为恶而恶"驱使社群性把虚无感幻化为快乐及其团结的假象。凡呈现在意识中的这种活动的团体性都具有这种价值感。可见,"为恶而恶"也是共同体的前反思,是共同体的共同遗忘,地上之城同样不选择映入眼帘,绝对的虚无化成为地上之城的社群性的好。① 记忆遗忘本身虽

---

(上接注①)使得不羞耻真正成为可能。奥古斯丁这样描述偷梨的玩乐感,"偷"这种行为在单个人情况下会造成羞耻感,然而在群体活动中却让羞耻感无法成为自我意识得以开启的原因:想到我们能欺骗那些绝对料不到我们有此行径而且竭力反对我们如此做的人们,我的心好像忍俊不禁了。但为何我单独不会如此兴高采烈呢? 是否一个人不容易发笑? 的确一个人不容易笑;但即使是独自一人,没有其他人在侧,看到或想到太可笑的事情,也会破颜而笑的。可是如果我是单独一人,是不会做的,绝对不会做的……我单独一人不会干这一次只为爱偷窃而不贪脏物的偷窃勾当。我独自一人绝对不会喜欢这行径,绝对不会干的。唉,害人不浅的友谊,不可思议的思想诱惑,从游戏玩笑,进而产生了为自己一无所得,而且不出于报复之心的损害他人的欲望:只消别人说:"走,干一下!"便惭愧自己有羞耻之心。(《忏悔录》第二卷第八节。)

① 奥古斯丁批评罗马人在一种更广泛的群体活动中忘记恶的问题,即他们不记忆恶,也就是遗忘了恶,从而导致他们记忆遗忘。这种群体性的恶都是在恶的意识之外的活动。他认为罗马人的所谓宗教祭祀仪式就是以群体性行动的直接性遮盖住恶的呈现的活动,罗马人就在这样的群体性活动的制造中,造成以恶为中心意识的群体性团结(更广泛意义上的友爱):当我年轻的时候,我曾经常常前去看那渎神的场面和表演;我看到了那祭司的疯狂,听到了他们的音乐。那最卑劣的表演,本来是展示给男女神灵的,我们却借以取乐。诸神包括处女神凯勒斯提斯和众神之母伯希西亚,在这位伯希西亚沐浴之前,这么庄重的净化节目的仪式中,无比污秽的演员当众唱歌……这样猥亵的表演和场面,演员们都羞于在家中,在自己的母亲面前排练,却要当众表演给众神的母亲,每次都引来大量的男女人众观看和倾听,那些观众从四面八方带着好奇心被诱惑而来……(《上帝之城》第二卷第 (转下页)

然是一个悖论,因为凡遗忘的都不在记忆中,凡在记忆中的都必向着意识显示出来。而凡遗忘的,由于所遗忘的记忆确实存在,只不过是人不记得他所忘掉的。这种记忆遗忘的记忆虽然也是一种思的活动,然而并没有思入遗忘,因为虚无的片段化阻止思将其自身呈现出来。在社群性活动中,尤其是由所谓的友爱所结成的原始的社群活动中,意味着恶的纯粹遗忘的形式可能性。① 记忆"遗忘"是指记得不知道遗忘了何物,这种不知道的遗忘依然在支配记忆,凡所显示出来的记忆内容都是这种不知道为何物的遗忘形式的现身状态。偷梨事件所折射的友爱的社群性和罗马的宗教崇拜的狂欢性都包含这些内容。

遗忘显示出记忆的虚无化,奥古斯丁有关遗忘的讨论使得他对"为恶而恶"的呈现更进一步,把原始记忆活动的刻意的非主体化呈现了出来。遗忘并非不记得任何东西,它是一种特殊的记忆方式,既是要让记忆对象不成为所要呈现的对象,从而不显现为概念及任何形式的印象,使得记忆不具有任何质料,又是要使记忆活动的主体不成为显现者,是记忆的单纯的形式可能性。遗忘仍然是一种活跃的记忆活动,然而是单纯作为形式的记忆活动,从而使

---

(上接注①)四章)奥古斯丁以此指出那些受诱惑而来的人们,他们在演员、剧场气氛和观众的相互激励之间所造成的那种对羞耻的遗忘,而为一种污秽的快乐所激动,从而不知道恶已经在他们所激动的快乐中降临。奥古斯丁以此分析恶在罗马社会的呈现形式,就是不以他们所知的或者他们所自以为无恶的社群活动中成为一种现实。

① ……如果记忆保留了遗忘的影像,而不是遗忘本身,那末遗忘必先在场,然后能摄取影像,如果遗忘在场,怎能把影像留在记忆中? 因为遗忘一出场,便勾销了所认识的一切。但不论如何深奥难明,一点是确无可疑的,便是我记得这个破坏记忆的遗忘。(《忏悔录》第十卷第十六节)我记得这个破坏记忆的遗忘正是记忆中的遗忘形式的可能性,循此可以进入前反思之中,或者所谓的为恶而恶是循此逐渐成为地上之城的冲突之源。

得记忆所寄寓的意愿的直接性与选择脱离关系，直接作为活动本
身呈现。"为恶而恶"与"遗忘"之间透过既非为善而恶也非因恶
而为善的方式展开其活动，作为纯粹活动形式的遗忘操控了意愿
隐藏其恶的进程，使反思无法进入"为恶而恶"的主体的原始意
愿，意愿由于始终被遗忘控制而无法呈现其与概念的种种关联。
因此，"为恶而恶"具有遮盖意愿的概念化力量，单纯形式的记忆
活动就成了非主体的活动，使自我不成为自我而成为他物，不能够
区分自我和他者。① 然而奥古斯丁也意识到遗忘并非真的不具有
任何对象性，这种基于遗忘的"为恶而恶"实则是欲爱呈现意愿的
非主体化特性。欲爱是把自身完全地展示为对象中的直接性活
动，是投入在共同体中的活动，是尽量不展示个体性的记忆形式的
遗忘，友爱这种德性的内部就包含着这种基于欲爱投入的共同体
的团结活动，它并非如亚里士多德所说的是一种造成最好共同体
的德性，因为在那里理智放弃了其作为主体的自我存在方式。②

---

① 奥古斯丁批评意志所凭籍的"自然原则"里面的去意识化：意志的运动属于意志，
　　正如那下落运动属于石头，在这点上说二者是相像的。但在另一方面二者是不相
　　同的：石头无能力阻止其下落运动鞋，但意志只有在自己意愿如此时，才抛弃更爱
　　的而喜爱更低的事物。所以石头的运动是自然的，但灵魂的灵魂是志愿的。（《论
　　自由意志》第三卷第一章第二节，见于奥古斯丁，《独语录》，第 141 页。）

② 阿伦特这样论证欲爱的尘世及其虚无化的演进。世界被构成为一种尘世的世界，
　　然而它不是由上帝的工作构成，而是由世界的热爱者构成，即由人和他们热爱的人
　　构成。这种对世界的爱使得人们把天国和大地变成可变事物的世界。在这里面死
　　亡飞驰而来，对永久事物的渴求依附于这些事物注定又将丧失于死亡之中。这样
　　的爱面向的是错误的对象，人们终将持续地为他们所渴求的事物失望。正确的爱
　　在于正确的对象。……奥古斯丁称这种错误的爱为尘世之爱（mundane love），这
　　样的世界就是 cupiditas。正确的爱则寻求永恒和绝对的未来。奥古斯丁称这种正
　　确的爱为 caritas，"所有恶的根基是 cupiditas，所有善的根基是 caritas。"（Commen-
　　taries on the Psalms 90,1,8）然而无论是正确的还是错误的爱，它们的共同之处都在
　　于渴求欲望（appetitus/crave desire），因此奥古斯丁说，"爱，但要小心你的所爱。"
　　（Commentaries on the Psalms 31, 5），参见 H. Arendt: Love and Saint Augustine, p.
　　17.）

友爱对理智的放弃,或者对于理智中推理活动的主观形式的放弃,是"为恶而恶"所进行的操控友爱的所谓团结的意愿,对友爱内含的推理活动的分析,显见出为恶而恶的原初性是一种意愿与观念活动脱轨的直接性。在《独语录》中,奥古斯丁透过分析眼睛、看和看见这三者的关系呈现遗忘作为单纯形式的记忆活动的欲爱的属性,分析遗忘之于记忆的去主体化的自然性。① 古典希腊哲学把看(理智)和看见(德性)视为合一,奥古斯丁则对这三者进行区分,指出看乃是一种理智,看见则是引导理智的信望爱。如果理智得不到引导就不能够看见,概念也就不能把握善。理智并不必然地意味着主体的善的实现,唯有信望爱才能清除"为恶而恶"所造成的对反思的阻断。

　　对于记忆作为单纯形式的意识的分析,构成奥古斯丁对"为恶而恶"的把握的重要方面。"遗忘"作为单纯形式的意识,是隐藏了意向性投射活动的直接性,此时的"遗忘"甚至不导入任何形式的"记忆"形式,它也不把自身显示为"记忆"的对立面,正因为如此,意识活动的那种动力性在"为恶而恶"处失踪。"遗忘"甚至不呈现为对"遗忘"的寻找活动。因此"遗忘"是使意识失去其投射活动的失动的单纯形式,记忆不能恢复其动力去指向对象并形成对象。这是遗忘之于"为恶而恶"的吊诡,而"为恶而恶"正是遗忘不再具有意向性投射动力的原因,这也是为恶而恶之所以能够

---

① 奥古斯丁《独语录》以"理性"为对话者,理性这样自我述谓:我[理性]在心灵中的作用正如眼睛中的看之行动。有眼不等于看,看不等于看见。因此灵魂需要三个不同的东西,即能恰当使用的眼、看和看见。在心灵除去肉体的每一点玷污的时候,即是说,当涤除掉对世俗事物的渴望的时候,它就像健康的眼睛,而要达到这洁净,首先只能靠"信"。假如心灵不健康,被邪恶玷污,事物便不能向它显现(因为除非是健康的,它不能看见),而它也不会顾虑到自己的健康,除非它相信,否则便不能看见。但是如果它确实这样相信,而且如果能看,它就会看,然而却继绝了治愈的希望,难道它不会自暴自弃并拒绝医生的命令吗?(《独语录》第一卷第六章第十二节。)

阻止观念的原因。救赎则刚好相反,它是要从遗忘中找回天父的记忆,因此在救赎活动中,遗忘虽然被记忆所要遗忘的材料塑造,却使遗忘呈现为记忆的材料,造成了从其对立面去记忆,从被所有材料充满或者只为眼下的材料所充满的记忆去寻找其遗忘,其根本之处在于恢复遗忘的意向性投射活动,使遗忘承认它赖以成为遗忘的正是记忆的意向性投射。上帝的救赎之所以能够冲断"为恶而恶"阻断观念呈现的非意向性化,就在于"为恶而恶"并不能够造成"绝对遗忘",它迫使遗忘承认,正是由于记忆活动的在场,遗忘才成为可能,因此遗忘本身包含了对记忆的思念,救赎以这样的方式让意向性活动和观念重新在遗忘中出场,迫使遗忘作为其对立面的记忆及其观念成为其存在的前提。我们不妨仍以友爱为例。友爱之所以成为恶的助力,对食物、音乐、和奇景的观赏之所以成为恶的路径,都是由于记忆者投入所欲爱的对象,这就是说在欲爱里面存在着根本的遗忘,即它不是要去呈现作为主体的自我,也不是要去呈现欲爱的对象,它是要生活在直接活动中,而这就造成了记忆分辨善恶的先验性意向性活动的丧失,丧失了对所有看似非恶的事物或者说看似为善的事物的分辨力。救赎之所以成为天父的记忆,则在于恢复遗忘同样根源于意识的投射活动,重新找回善的先验性,使"为恶而恶"在信仰面前昭然若揭,恢复记忆本身的位格形像。

　　从遗忘作为单纯形式的意识中恢复记忆作为天父位格的先验性,令记忆成为面向上帝的实现活动,这是由地上之城向着上帝之城的历史羁旅,它构成羁旅中的上帝之城(教会)见证上帝荣耀的形像,而在地的时候就已经有永远和平的共同体的模样,显示出藉着上帝的恩典可以清除"为恶而恶"掌控记忆的所有方式。地上共同体的结成乃是出于人的种种同意(包括被强迫的同意以及被限制的同意,正因为它的被强迫和被限制,人类的在世共同体不可能避免冲突)方式,背后却都是人对其自身的意愿的纵容。只有天上之城的共同体形像才是人的真正形像,内含意愿的位格的完整性。单纯属人的共同体生活在其自身的历史的恶里面,他们固然也想避免人与人之间的相残以及自然与人的相残,避免恶的发生,但是由于"为恶而恶"牢牢地盘踞在其前反思活动之中,因此他们的活动总是违背他们自身的意愿。由于地上之城的共同体关系不能够消除为恶而恶,反而把"为恶而恶"伪装为正义的形像,以致于人生活在更大的恶中。只有重建共同体的位格形像,恢复共同体的整全性及其对于真位格(作为天父的上帝)的记忆指向,人才能够透过作为信仰的记忆结成相联于天父的共同体形像,并达到永久的和平。

# 参考文献

1. Arendt, H.: *Love and Saint Augustine*, edited by Scott, J. V. and Stark, J. C., Chicago: The University of Chicago Press, 1996.
2. O'Donnell, J. J.: *Augustine Confessions Vol. I, Introduction and Text*, Oxford: Oxford University Press, 1992.
3. Plato: *The Collected Dialogues of Plato*, edited by Hamilton, E. and Cairns, H., Princeton: Princeton University Press, 1987.
4. 萨特:《存在与虚无》,陈宣良等译,上海:三联书店,1997 年。
5. 奥古斯丁:《忏悔录》,周士良译,北京:商务印书馆,1989 年。
6. ——:《论自由意志》,成官泯译,上海:上海世纪出版集团,2010 年。
7. ——:《上帝之城》,吴飞译,上海:三联书店,2009 年。

# 人类的受造：奥古斯丁驳斥摩尼教①

花威(华侨大学哲学与社会发展学院)

**摘要：** 在皈依大公信仰之后，奥古斯丁开始驳斥摩尼教，其中论证说：第一，上帝的创造是善的，人类在受造的等级上高于植物、动物和无生命物；第二，《罗马书》8章的"一切受造之物"不是指草木山石，而是指人类受造在灵、魂和体上的三元统一；第三，恶起源于意志的自主转向，人类的肉体或身体不是恶的，而只是罪的被动的承载者，将会在上帝的救赎中复活，与灵魂一起得享永恒的生命。

**关键词：** 奥古斯丁　摩尼教　灵魂　肉体　意志

　　人是如何起源的？人由哪些部分组成？从创世神话到自然哲学，人类都在不断提出各种理论来解答对自身的好奇。在基督教的兴起中，教父们充分汲取古希腊罗马哲学的思想精华，在与罗马传统宗教和各种异端学说的论战中，逐渐建构起大公教会的正统教义。其中认定，宇宙和人类都是至善的上帝所创造的，人类由身体和灵魂组成，二者都是善的。

---

① 本文系 2013 年度教育部人文社会科学研究青年基金项目"奥古斯丁意志哲学研究"(项目编号 13YJC720016)、华侨大学高层次引进人才项目"奥古斯丁灵魂学说研究"(项目编号 13SKBS215)的阶段性成果。

在这一教义建构中，希波的奥古斯丁（Augustine of Hippo）发挥了重要作用，不仅自始至终都关注"上帝与灵魂"（*Deum et animam*）的主题，①还在人类的受造问题上与摩尼教（Manichaeism）进行了长久的论战。摩尼教源出多流，杂糅了基督教、灵知派、禁欲主义和秘传学说等，宣扬宇宙产生于善、恶两个物质大块的冲突，人类的受造就混合了作为善的光明元素和作为恶的黑暗元素，表现为灵魂与身体的对立。由于在青年时代曾经沉迷于摩尼教长达九年，在皈依大公信仰之后，奥古斯丁就开始集中驳斥摩尼教的异端教义，论证人类的受造高于其他任何受造物。

奥古斯丁驳斥摩尼教的著作卷帙浩繁，涉及议题众多。一般认为，在390年代中期密集注释保罗书信时，奥古斯丁的神哲学发生了重大变革，开始承认上帝的恩典先于人类的意志而开启了信仰皈依。有鉴于此，本文首先将简要介绍摩尼教的创造说，随后选取奥古斯丁思想变革时期的关键文本，梳理其对保罗书信特别是《罗马书》的释经，来考察他在人类的受造议题上如何反驳了摩尼教的错谬，论证人类是灵、魂和体的三元合一，身体并不与灵魂对立，人类的堕落在于其意志的自主转向。这不仅可以回应397年开始成书的《忏悔录》所追述的理论求索，还可以管窥基督教神哲学对古代灵肉观念的改造。

# 一、摩尼教的创造说

摩尼教自称为知识和光的宗教，是纯全的启示，即成全了其他宗教的所有启示，但在总体特征上是灵知主义的。作为一种"圣

---

① 参见奥古斯丁：《独语录》（*Soliloquia*）1.2.7. 在本文中，圣经引文主要使用和合本译文，奥古斯丁著作则译自其拉丁原文，不足处诚请批评。

书宗教"(a religion of the Book),不同于其他宗教的是,摩尼教宣称创教者摩尼(Mani,216–277 年)亲笔著述流传,并将六部著作和若干书信归于其名下,在敬拜中不断诵读和研习。①

摩尼教宣扬物质主义和善恶二元论,认为宇宙中存在着两个彼此对立的大块:善与恶、光明与黑暗、上帝与物质,二者是同等的,具有同样永恒的力量。其中,光明王国由至大之父或上帝统治,是平静而安宁的;黑暗王国由黑暗之子(Hyle)或物质统治,内部充满着混乱和争斗。两个王国起初彼此分离,互不干涉,但黑暗王国主动侵袭了光明王国,就造成了善、恶混杂的局面。为了抵抗黑暗之子,上帝才被动地创造出生命之母,生命之母创造出原人(Primal Man),使其以五种光明元素为灵魂而与黑暗之子征战。然而,原人最终被打败,光明元素被黑暗之子吞食,就形成了当前善恶混杂的宇宙。②

在宇宙的生成中,摩尼教认为,从太阳、月亮到众星,从植物、动物到无生命物,其中所包含的光明元素依次减损,直到完全的黑暗物质;为了继续把光明元素囚禁在物质中,黑暗之子就创造了始祖亚当和夏娃,其灵魂包含着较多的光明元素,但其肉体完全由黑暗物质构成,人类的繁衍不息就使得宇宙的救赎进程被无限期地延缓了。依照包含光明元素的多少,宇宙被严格地划分为从善到恶的不同等级,最高的是太阳和月亮,人类的灵魂绝对高于其肉体。对于这种宇宙论神话,约瑟夫·鲁索(Josef Lössl)批评说,"摩尼教的基本错误是,忽视了创造的动态统一,而将之划分为两个静

---

① 参见 Coyle, J.: Augustine's "De Moribus Eccesiae Catholicae": A Study of the Work, its Composition and its Sources, Fribourg Switzerland: The University Press, 1978, pp.20–22;亦参见奥古斯丁:《忏悔录》(Confessiones)5.3.6。

② 参见 Kirwan, C.: Augustine, London and New York: Routledge, 1989, p. 60;亦参见奥古斯丁,《忏悔录》3.6.11。

态的部分,一个被排除在救赎之外,而另一个已经得到了救赎。"①

由此可见,如果善恶判然而分,恶不主动侵袭善,那么宇宙的创造是不必要的,上帝也不是出于善的充盈才创造,而人类并没有按照上帝的形象和样式受造,更多地是出于恶的物质。在从善到恶的等级秩序中,要实现宇宙和灵魂的救赎,人类就必须更多摄入光明元素,排出黑暗元素,借助消化系统而使光明元素得以脱离物质的束缚,再经由月亮和太阳回到光明王国那里。在生活起居上,摩尼教的圣徒们(electi)就屈膝敬拜日月,秉承素食主义和独身主义,吃蔬菜和苹果以外的各种水果,如无花果,以释放树木果实中包含的大量光明元素,同时避免生育而使自己身体中的黑暗元素得到继承,以此来执行上帝的救赎计划。② 与之相对,听教者(auditores)可以结婚,但应该尽量避免生育孩子,使身体最终被彻底抛弃掉。

成长于大公信仰的家庭,奥古斯丁在童年时就听闻,上帝的创世是善的,人类是上帝所创造的。③ 在沉迷摩尼教期间,奥古斯丁不仅在理智上努力钻研其宇宙论神话,与同时代的异教哲学和星象学进行比较,试图找到使自己相信的理由;④还在日常生活中履行听教者的义务,积极供养圣徒,招揽多名朋友入教,⑤采取避孕措施,只在此前与情人生育一个儿子,还为自己沉溺于肉体的欢

---

① Lössl, J.: *Intellectus gratiae: die erkenntnistheoretishe und hermeneutishce Dimension der Gnadenlehre Augustinus von Hippo*, Leiden: Brill, 1997, p.420.

② 参见奥古斯丁:《忏悔录》3.10.18。

③ 奥古斯丁一直把自己的大公信仰追溯到童年时期,参见奥古斯丁:《驳学园派》(*Contra academicos*) 2.2.5、《论两个灵魂》(*De duabus animabus contra Manichaeos*) 1、《论信仰的益处》(*De utilitate credendi*) 1.2、《忏悔录》1.11.17;5.14.25。

④ 参见奥古斯丁:《忏悔录》5.7.12。

⑤ 至少包括阿利比(Alypius)、内布利提(Nebridius)、霍诺拉图(Hornoratus)、罗曼尼安(Romanianus)和家乡塔格斯特的无名朋友等,参见奥古斯丁:《忏悔录》3.12.21、4.4.7、6.10.17、7.2.3、《论信仰的益处》1.2、《论真宗教》(*De vera religione*) 7.12。

爱而深感罪责。①

　　在对星象的预测上，摩尼教的宇宙论神话显然敌不过基于数学计算的星象学，而其主教福斯图斯（Faustus）甚至对此拒绝解释，就使得奥古斯丁得以出离摩尼教的迷障。② 在短暂地认可新学园派的怀疑主义之后，奥古斯丁在米兰读到了新柏拉图主义的著作，最终摆脱了摩尼教的物质主义，开始认识到：上帝是精神实体，与所有受造的物质实体有着绝然的差异；恶不是实体，只是善的缺乏，人类受造的灵魂和肉体都是善的；在创造的等级上，人类有着上帝的形象和样式，其灵魂仅低于上帝，高过星辰、植物或动物，根本不需要借助后者来实现自己的救赎。在皈依大公信仰之后，奥古斯丁开始著述驳斥摩尼教的错谬，劝说朋友们同归大公信仰。

## 二、"一切受造之物"

　　在早期基督教的论战格局中，灵知派和摩尼教都极其倚重保罗书信，甚至可以被称为"保罗主义的异端"。③ 到了四世纪，保罗书信的地位不断上升，教父们开始集中注释，以驳斥异端释经，构建基督教的正统教义。④ 依循拉丁教会的思想传统，奥古斯丁也开始重新阅读和注释保罗书信，以释经论证的方式来驳斥摩尼教教义。

---

① 　参见奥古斯丁：《忏悔录》6.15.25、7.17.23、9.6.14。
② 　参见奥古斯丁：《忏悔录》5.3.3~5.6.10。
③ 　参见 Pagels, E.: *The Gnostic Paul: Gnostic Exegesis of the Pauline Letters*, Philadelphia: Fortress Press, 1992; Frend, W.: 'The Gnostic-Manichaean Tradition in Roman North Africa,' in *Journal of Ecclesiastical History*, vol.4, 1953, p.21。
④ 　参见 Brown, P.: *Augustine of Hippo: A Biography*, a new edition with and epilogue, Berkeley and Los Angeles: University of California Press, 2000, p. 144。

在前两次注释《创世记》前三章时,奥古斯丁就力图驳斥摩尼教的创造论。① 到了 390 年代中期,奥古斯丁集中注释保罗的《罗马书》和《加拉太书》。② 摩尼教认为,草木山石等包含着更多的光明元素,这些受造之物可以帮助我们实现自己的救赎。而奥古斯丁认为,摩尼教恰恰误读了《罗马书》8 章中的"受造之物"(creatura)概念,与保罗的救赎学说实际上背道而驰。在《〈罗马书〉章句》53 和《八十三个问题》67 中,他注释《罗马书》8:18-24,集中分析这一概念,阐述了人类的灵、魂、体的三元构造。

依据行文的逻辑顺序,可以推断出,《八十三个问题》67 应该写成于《〈罗马书〉章句》和《〈罗马书〉断评》之后。在解释"受造之物"时,《〈罗马书〉章句》53 论证简短,仅旨在驳斥摩尼教的错误释经,没有完全阐明己方的立场,而《八十三个问题》67 则论证细密,使用三元结构对创造进行了定义,重申并深度解读了其中所蕴含的神学人类学。首先,奥古斯丁认为,这里的"受造之物"既不是指植物、动物或无生命物,也不是指天使,而只能指人类。

　　这应该被理解为,我们既不可以猜测,悲伤和叹息之情生发自树木、菜蔬、石头或其他诸如此类的受造之物,这其实是摩尼教的谬见;也不可以臆断,圣天使顺服于虚空,或持有这样的看法,因为他们脱离了死的奴役,也将根本不会死;而要认为,一切受造之物(omnem creaturam)毫无疑问是指人自

---

① 这两部释经作品是《论〈创世记〉:驳摩尼教》(De Genesi contra manichaeos)和《〈创世记〉字解残篇》(De Genesi ad litteram liber imperfectus)。

② 其中包括《〈罗马书〉章句》(Expositio quarundam propositionum ex epistula ad Romanos)、《〈加拉太书〉评注》(Epistulae ad Galatas expositio)、《〈罗马书〉断评》(Epistulae ad Romanos inchota expositio)、《八十三个问题》(De diversis quaestionibus octoginta tribus)66、67、68 和《致辛普里西安:答不同问题》(De diversis quaestionibus ad Simplicianum)。

己。受造之物所指的不过是:属灵的(*spiritualis*),最佳展现在天使中;属魂的(*animalis*),充分显现在野兽的生命中;属体的(*corporalis*),可以被看见或触摸。然而,这一切都存在于人里面,因为人是由灵(*spiritu*)、魂(*anima*)和体(*corpore*)构成的。[1]

摩尼教认为,悲伤和叹息的受造之物是指树木和菜蔬等植物,因为比起其他受造物,它们包含着较多的光明元素,可以作为食物被人类消化吸收,从而加快人类灵魂完成自我救赎和宇宙救赎的进程;而有些大公教徒认为,这是指天使,因为天使不会死亡,是高于人类的受造之物,会以悲伤和叹息向上帝代为祈求,使我们最终得到救赎。

奥古斯丁承认这段经文的深奥难解,但对于这两种观点都不赞成。在早先对《创世记》的注释中,奥古斯丁就论证得出,上帝的创造是善的,人类在受造的等级上高于植物、动物和无生命物,后者对于人类的救赎没有任何帮助;天使处在较高的创造等级上,可以传达上帝的诫命,从而帮助我们顺服上帝,但他们不会悲伤和叹息,否则安息在亚伯拉罕怀里的拉撒路就应该被看作更为幸福了,而这显然是不可能的。此外,这里所说的"受造之物"还"顺服于虚空",只有将来才可能"脱离败坏的辖制",就不会是指"在天上过着至福生活"(*in caelis agunt uitam beatissimam*)的天使,而堕落的天使又显然不会为了我们而悲伤和叹息。[2] 由此,在整个创造等级的序列中,这里的"受造之物"就不会是指人类以外的任何

---

[1]　奥古斯丁:《〈罗马书〉章句》53.2-4。
[2]　参见奥古斯丁:《八十三个问题》67.7。

造物,而只会是指人类自身。①

　　在寻求自己的解释时,奥古斯丁遵循着信仰的原则,即对圣经的解释"不能诋毁或损害大公信仰"(ne violet aut vulneret catholicam fidem),宁可不断言结论,也不能违背信仰。② 而依据大公教会的创造论,上帝是创造的主动发起者,因着自己的善和爱而创造,包括天使、日月、众星、植物、动物、无生命物,最后依照自己的形象和样式创造了人类,从而完成整个创造,在第七日安息。在创造的等级上,奥古斯丁甚至认为,天使并不比人类更高,因为在上帝之下,人类的理性心灵(mentes rationales)最高,之上不再有任何受造物。③

　　上帝有三个位格,即圣父、圣子和圣灵,他的创造总是以这三个位格来展开的,即是"上帝圣父藉着他的独生子而在圣灵的合一中"(deus pater per unigenitum filium in unitate spiritus sancti)完成的。④ 在这一进程中,创造又是在三个向度上进行的,即灵(spiritus)、魂(anima)和体(corpus),其中灵就表现为天使,魂主要表现为动物,可以赋予体以生命,而体就表现为感官可以认知的事物。天使没有魂和体,动物没有灵,而各样没有生命的受造物没有灵和魂。在所有的受造物中,唯有人类才同时具有灵、魂和体三个向度,从而是最为整全的受造物。

———————————

① Gerald Bonner 认为,保罗使用"一切受造之物"旨在表达一种宇宙论上的苦难和对救赎的叹息呼求,正是这种宏阔的使命感才使得他成为外邦人的使徒。然而,奥古斯丁对它的独特解释显然是要驳斥摩尼教的宇宙论神话。参见 Bonner, G.: St Augustine of Hippo: Life and Controversies, Norwich: The Canterbury Press, 1986, p. 211。

② 参见奥古斯丁:《八十三个问题》67.7;亦参见奥古斯丁,《八十三个问题》59.4、《八十三个问题》64.1《致辛普里西安:答不同问题》2.3.3。这一原则最后被确立为基本的释经原则,参见奥古斯丁:《论基督教教导》(De doctrina christiana)3.10.14。

③ 参见奥古斯丁:《〈罗马书〉章句》58.9。

④ 参见奥古斯丁:《八十三个问题》67.1。

在《八十三个问题》67.5 中,奥古斯丁深化了《〈罗马书〉章句》中的三元创造说,而个体的人就依照这三元结构而生活。

> 一切受造之物(*omnis creatura*)都囊括在人里面,不是因为所有天使、至高的能力和权柄都在其中,或天、地、海及其间的一切都在其中,而是因为一切受造之物部分上是属灵的,部分上是属魂的,部分上是属体的。让我们从较低等级算起,属体的受造之物占据空间,属魂的受造之物赋予体以生命,而属灵的受造之物统治属魂的受造之物,当自己顺服于上帝的统治时,它就统治得很好;但当上帝的命令被僭越时,藉着那些它曾经能够统治的东西,它就被卷入到劳苦和重担中。①

"一切受造之物"是指创造中的灵、魂、体三元结构,天使、动植物或天、地、海等造物都不能完全占有这三个向度,而唯有人类才是由灵、魂和体构成的,即它只能指人类。在所有造物和个体的人中,这三元结构都表现为次第下降的创造等级,其中灵最高,可以统治魂和体,而魂赋予体以生命,可以统治体,但三者都在上帝的统治之下。如果灵不顺服上帝而转向了魂和体,那么它就顺服了更低等的需求,从而僭越了自然秩序,即上帝的命令,最终出于其自身意愿地犯了罪,陷入到上帝对罪的公义惩罚中。堕落起源于意志的自主转向,这不仅适用于天使的堕落,也适用于人类的堕落。在堕落之后,天使变成了魔鬼,其灵变成了恶灵或邪灵,甚至最低等的天使只能遵循魂活着,而人类也失去了上帝的形象和样式。②

---

① 奥古斯丁:《八十三个问题》67.5。
② 在《回顾篇》(*Retractationes*)1.26.2 中,奥古斯丁对此更正说,最低等级的天使遵循魂活着的说法没有经文和事实上的依据,而人类在堕落之后并没有完全失去上帝的形象和样式。

　　在这里,奥古斯丁考察了经文中的具体用词,《罗马书》8:22
说"一切受造之物"(*omnis creatura*),而不是说"全部受造之物"
(*tota creatura*),即不是指上帝创造的所有造物,而是指创造的全
部向度。较高等级的天使和较低等级的动植物都不会悲伤和叹
息,而只有包含灵、魂、体三元结构的人类才会。由此,虽然受造之
物可以指涉各种各样的受造物,但在《罗马书》8章的经文语境中,
它只会指人类。

　　奥古斯丁还看到,在《罗马书》8:21-23中,受造之物总是与
"我们"对举,以表示两种境况的对比。① 依据《罗马书》8:17,"我
们"现在以诸般德性忍耐盼望,将来就可以与基督同得荣耀,不是
变成别的受造之物,如摩尼教的光明元素,而是作为整全的人变得
更加荣美。② 与"我们"相反,同为人类的这些"受造之物"出于自
己的意愿而犯了罪,损害了自己受造的善性,虽然不意愿被定罪,
但因上帝的公义惩罚就顺服在虚空之下,受到败坏的辖制,不得成
为上帝的儿女。依据人类从堕落到信仰的四个阶段,③奥古斯丁
认为,这里的"受造之物"就是指还"在律法之下"、没有归信上帝
的人,与已经归信上帝、"在恩典之下"的"我们"形成对比,但不应
对他们绝望,因为他们仍有可能归信上帝,从而脱离败坏的辖制,
与"我们"一起成为上帝的儿女,在将来与基督同得荣耀。④

　　显然,尚未归信的"受造之物"会悲伤和叹息,是在盼望能够

---

① 参见奥古斯丁:《八十三个问题》67.1。
② 参见奥古斯丁:《八十三个问题》67.2。
③ 在《〈罗马书〉章句》13-18中,奥古斯丁遵循《罗马书》5-6章的说法,依据律法和
　　恩典的赐予先后,把人类历史和个体历史都划分为四个阶段,即在律法之前(*ante
　　legem*)、在律法之下(*sub lege*)、在恩典之下(*sub gratia*)和在平安之中(*in pace*)。
④ 参见奥古斯丁:《八十三个问题》67.3-4。

得到恩典，从而进入到"在恩典之下"的阶段；①而已经归信、"在恩典之下"的"我们"也在悲伤和叹息，是在盼望自己的身体最终得到救赎。

　　就是说，受造之物只是指着人说的，不仅那些还没有信、因此还没有被接纳为上帝的儿女的人在悲伤和叹息，就是我们这些已经信且有灵初结果子的人也在悲伤和叹息，因为我们藉着信以灵亲近上帝，就不再被称为受造之物，而被称为上帝的儿女，但我们"也是里面叹息，等候得着儿子的名分，乃是我们的身体得赎"（罗 8：23）。这儿子的名分已经赐给那些相信的人，但是在灵上，不是在身体上。因为身体还没有被变形，成为那属天的形状，而灵就会藉着归信的和好脱离了错谬，转向上帝。由此，这些相信的人也还在等候那明证，即显明为身体的复活，而这就进入到第四个阶段，将有完全的平安和永恒的安息，我们就会抵挡住任何败坏，没有烦恼侵扰。②

在人的三元结构中，灵、魂和体相互依赖，彼此勾连，共同组成了完整的人。当归信上帝时，"我们"以信仰回应了上帝的呼召，作为灵魂（ *nos animae* ）就把灵初结的果子献给了上帝，从而得以成为上帝的儿女。由于《罗马书》8：23 只使用了"灵"（ *spiritus* ），而不是"圣灵"（ *sancti spiritus* ），③奥古斯丁就认为，这里的灵不是指圣灵，

① 在《〈加拉太书〉评注》63.5-9 中，奥古斯丁注释了《加拉太书》6：15，认为其中"新的受造之物"（ *nova creatura* ）是指"藉着信仰而在耶稣基督里的新生活"（ *vitam novam per fidem Iesu Christi* ）。
② 奥古斯丁，《〈罗马书〉章句》53.18-21。
③ 在保罗书信中，单独使用的"灵"也经常指代"圣灵"，但有时在经文中无法确证其是否指代之。关于这一问题，参见 Dunn, J.: *The Theology of Paul the Apostle* , Grand Rapids: Wm. B. Eerdmans Publishing Company, 2006, pp. 76-78。

而是指人的灵,且可以等同于人的"心灵"(mens)。① 信仰使"我们"进入到"在恩典之下",但"儿子的名分"只标识了人在灵上面的变化,还没有改变人的身体,而要完成身体的变形,成为"属灵的身体"(corpus spiritale,林前15:44),还必须等到身体的复活,最后得以进入到"在平安之中"。

借助重新诠释"一切受造之物",奥古斯丁认为,人类的受造是灵、魂和体的三元合一,是最为整全的受造物,悲伤和叹息的主体是人类,以盼望进入信仰或身体得赎。由此,在创造论的议题上,奥古斯丁从人类的受造入手,驳斥摩尼教的物质主义的宇宙论神话,全面论证说,人类在创造等级上位居最高,其灵魂或心灵仅低于创造者上帝,灵、魂和体都高于草木山石等;人类的身体或肉体不是由黑暗元素组成,而是由上帝创造,在其自然上是善的,只是因为灵魂的堕落才被牵累犯罪,从而受到惩罚。

## 三、灵 魂 与 肉 体

基于善恶二元的创造论,摩尼教认为,在宇宙层面上,光明与黑暗不断征战,上帝首先遭受侵袭,也不能尽快地战胜黑暗之子;在我们自身中,这种征战表现为灵魂与肉体的争斗,其中灵魂是善的,肉体是恶的,与上帝相敌对,灵魂被囚禁在肉体中;而如果人类犯罪,这不是出于其善的灵魂,而是出于恶的肉体,就不需要为自己所犯的罪承负道德责任。对此,摩尼教引用保罗书信作为论据,例如《罗马书》7:23、《哥林多前书》15:50 和《加拉太书》5:17 等,其中都论及灵魂与肉体的冲突。

对于这种道德决定论,青年时期的奥古斯丁并不认可,虽然尚

---

① 　参奥古斯丁:《〈罗马书〉章句》53.16、《八十三个问题》67.6。

不能理解恶的自然与起源,也无法回答善的上帝如何与恶并存,但他很快发现,摩尼教维护了上帝的全善,但危害到上帝的全能,不同于自己童年时就认识的上帝。对于上帝与恶的关系,摩尼教力图维护上帝的全善,断言上帝没有创造恶,而恶的现实存在来源于黑暗王国,是后者的主动侵袭才造就了当前善、恶混杂的宇宙。无疑,这一论证方法达到了目的,但同时带来了严重的问题,即上帝被动地遭受侵袭,不能够打败黑暗王国,就威胁到他的全能,进而威胁着整个上帝观。在迦太基期间,奥古斯丁就认识到这一问题,可以称为"内布利提难题"(Nebridian conundrum)。① 但只有到了米兰之后,他才从安布罗斯的布道和新柏拉图主义的著作得知,恶在形而上学层面不是实体,只是善的缺乏,道德的恶起源于意志的自由决断(liberum voluntatis arbitrium),②由此我们应该承负道德责任,承负上帝的公义惩罚。

在具体考察奥古斯丁的反驳之前,我们先梳理他所使用的人类学概念。在早期著作中,这些概念主要包括 spiritus, mens, anima, animus, corpus 和 caro。在论述受造之物时,奥古斯丁认为,上帝的创造在灵、魂和体三个向度上进行,人类同时包含这三个向度,是最整全的受造物。然而,以上三组概念有彼此重合之处,人类的灵等同于天使的灵,是最高的受造物,仅处在上帝之下,③是人类在恩典之下时能顺服诚命和律法的基础;理性的心灵(mens)可以等同于人类的灵,④而理性的灵魂(rationalis anima)也可以是最高的受造物,仅处在上帝之下。⑤

① 参见奥古斯丁:《忏悔录》7.2.3。
② 同上,7.3.5。
③ 参见奥古斯丁:《论灵魂的宏量》(De animae quantitate)34.78。
④ 参见奥古斯丁:《〈罗马书〉章句》53.16、58.9;《八十三个问题》67.6。
⑤ 参见奥古斯丁:《论灵魂的不朽》(De immortalitate animae)13.22。

对于 *spiritus* 和 *anima* 的关系，奥古斯丁认为，*spiritus* 可以被看作是 *anima* 的"头"（caput）。① 对于 *anima* 和 *animus* 的关系，一般认为，*anima* 指各种自然生物和人类的生命力或自然性灵魂，而 *animus* 则专指人类的灵魂或心灵，*anima* 包含着 *animus*，*animus* 则包含着 *ratio*（理性）、*mens* 和 *spiritus*，有 *ratio* 则必然有 *mens*，*mens* 使用 *ratio*。② 在检索其出现频次后，可以发现，这两个概念很多时候是混同使用的，*anima* 占据主导地位，*animus* 也多次出现，特指人类的灵魂。③ 由于 *anima* 的含义更为广阔，在论述人类的灵魂时，奥古斯丁也经常使用 *anima*，而不是 *animus*，④这两个词不必严格区分，可以统合译为灵魂。

对应于古希腊词 *sōma* 和 *sarx*，*corpus* 和 *caro* 都表示人类受造的物质实体，是同一个实体的两个面向。摩尼教认为，这个物质实体是由恶的黑暗元素组成，是人类作恶的决定性原因。而与此相对，大公教会认为，它是上帝的善的创造，只是前者通常指其善好的一面，译为身体（body），是人类在堕落之前和得蒙救赎而复活之后的物质形态；而后者通常指其败坏的一面，译为肉体（flesh），是人类在堕落之后被罪所辖制的物质形态。⑤ 即使如此，按照受造的自然来说，肉体和身体是同一的，出于上帝的创造而是善的。

除了两次注释《创世记》前 3 章，奥古斯丁早期还借助论著、

---

① 参见奥古斯丁：《〈罗马书〉章句》71.4。
② 参见奥古斯丁：《论自由决断》（*De libero arbitrio*）1.9.19；亦参见张荣：《自由、心灵与时间：奥古斯丁心灵转向问题的文本学研究》，南京：江苏人民出版社，2010 年，第 119 页。
③ 关于 *animus* 的出现频次，《独语录》有 20 多次，《论灵魂的不朽》有 100 多次，《论灵魂的宏量》有 40 多次，而《论自由决断》有 60 多次。
④ 参见奥古斯丁：《论灵魂的宏量》33.70-76；《论自由决断》2、3 卷。
⑤ 参见花威："试论《罗马书》中的 *sarx* 和 *sōma*"，载于《圣经文学研究》，2012 年，第 6 辑，第 303-319 页。

书信和当面辩论与摩尼教论战,反驳其教义理论和生活实践。①
为了驳斥摩尼教的灵肉观,奥古斯丁先行反驳其"两个灵魂"(*du-
ae animae*)说,之后论证,道德的恶并非起源于恶的灵魂或肉体,
而是起源于灵魂中作为"中等善"(*medium bonum*)的意志的自主
转向。根据他的记叙,虽然也论及灵魂与肉体的冲突,但摩尼教主
要认为,宇宙中的光明与黑暗之间的争斗在人类之中表现为善的
灵魂与恶的灵魂之间的冲突,人类作恶是出于其恶的灵魂,与其善
的灵魂无关。②

　　在反驳"恶的灵魂"时,奥古斯丁引入了存在等级与认识等级
相互对应的原则,即在存在等级上越高的事物只能被在认识等级
上越高的官能所认识,比如物质性的光可以用眼睛来认识,而真理
只能用灵魂来认识。在古希腊哲学中,这一原则表现为巴门尼德
的"思维与存在同一"、恩培多克勒的"同类相知"和柏拉图对理念
与现象的划分等。对于柏拉图来说,感官可以认识现象,但只有灵
魂中的理性才能认识作为最高存在的理念,甚至可以借助理念的
不朽来论证灵魂的不朽。奥古斯丁认可并继承了以上原则,用之
反驳"恶的灵魂"的说法。按照对应原则,眼睛可以认识物质性的
光,灵魂只能被理智(*intellectus*)所理解,如果存在着恶的灵魂,那
么即使这一灵魂是恶的,它也只能被理智所理解,这样因为理智高

---

① 这些作品包括《论大公教会的生活之道与摩尼教的生活之道》(*De moribus ecclesiae
　　catholicae et de moribus manichaeorum*)、《论两个灵魂》、《与摩尼教徒福图纳图斯的
　　辩论》(*Acta contra Fortunatum manichaeum*)和《驳摩尼教徒阿迪玛图》(*Contra Adi-
　　mantum Manichaei discipulum*)。
② 当今学界认为,摩尼教没有"两个灵魂"说,这实际上是指灵魂与肉体的冲突或单
　　一灵魂自身的分裂,最终可以追溯到两种实体或两种自然,如同在《与摩尼教徒福
　　图纳图斯的辩论》14 中。参见 Coyle, J.: 'De duabus animabus', in Allan Fitzgerald
　　ed., *Augustine through the Ages: An Encyclopedia*, Grand Rapids: William B. Eerdmans
　　Publishing Company, 1999, pp. 287–288。然而,在《论两个灵魂》1.1、12.16 和《回
　　顾篇》1.15.1 中,奥古斯丁都明确肯定,摩尼教持有这种学说。

于眼睛,就推论出恶的灵魂高于光。但实际上,摩尼教徒敬拜日月之光,认定光高于恶的灵魂,由此"恶的灵魂"的说法就是自相矛盾的。① 这就反证出,按其受造的自然来说,灵魂是单一的,人类只有一个灵魂,灵魂是上帝的善的创造,人类能够忏悔罪也是因为只有一个灵魂。

　　摩尼教之所以引入黑暗元素,作为宇宙生成之前就存在的物质大块,就是要既维护上帝的全然善性,又要解决恶的起源难题。其教义不认为,上帝被动地受到黑暗王国的侵袭就威胁到了他的全能,这一全能其实表现为上帝主导着宇宙救赎的整个历程,人类参与其中就会加快这个过程。由此可见,在上帝观方面,摩尼教的良苦用心并没有得到奥古斯丁的认可,他一直以此来攻击摩尼教的教义论证,显明了二者之间的根本差异。②

　　摩尼教和新柏拉图主义都贬低肉体,根本不认可"道成肉身"的大公教义。在论证了灵魂受造的单一性和善性之后,要维护上帝的绝对全能和创造的全善,奥古斯丁还必须解释恶的来源,同时论证肉体受造的善性,恶不起源于肉体,从而维护灵魂与肉体的统一性。③

　　既然恶在形而上学层面只是善的缺乏,奥古斯丁就把道德的恶追溯到意志的自由决断。在借用并论证意志概念时,④人类灵魂被划分为高级部分和低级部分,前者包括理智、意志和记忆

---

① 参见奥古斯丁:《论两个灵魂》3.3。
② 参见奥古斯丁:《与摩尼教徒福图纳图斯的辩论》22-24;亦参见 BeDuhn, J.: "Did Augustine Win His Debate with Fortunatus," in Jacob Van Den Berg ed., *In Search of Truth: Augustine, Manichaeism and Other Gnosticism*, Linden: Brill, 2011, pp. 463-479。
③ 参见 Harrison, C.: *Augustine: Christian Truth and Fractured Humanity*, Oxford: Oxford University Press, 2000, pp. 33-35。
④ 参见花威:"论奥古斯丁意志概念的缘起",载于《汉语基督教学术论评》(*Sino-Christian Studies*),2013年,第15期,第111-130页。

(*memoria*),后者包括各种欲望、情感等;在其中,意志是人类行动的驱动力(driving force),其自由决断的方向或是上帝,或是低于上帝的所有受造之物;意志既能够依从其自由决断而朝向并顺服上帝,从而行善,也能够背离上帝而顺服肉体,从而作恶;①虽然意志出于上帝的创造,但意志作恶并不出于强迫的必然性,也就不能被归咎于上帝,恰恰是意志的自主决断才使得人类配享道德的尊严,承受上帝公义的赏善罚恶。②

在《〈罗马书〉章句》49.1-6 中,奥古斯丁继续论证灵魂的单一性和肉体的善性,肉体不是由恶的黑暗元素构成,而是因为灵魂的犯罪才陷入到罪的辖制之中,作为人类所承受的公义惩罚。

> 信上说,"肉体的智慧(*prudentia carnis*)与上帝为仇(*inimica*),不顺服上帝的律法,也是不能顺服"(罗 8:7)。其下会表明为仇是什么,以免有人(*quis*)认为,存在某种出于对立原则(*adverso principio*)的自然,不是上帝所造,却力主与上帝为仇。由此,与上帝为仇被说成,不遵行他的律法,却随从肉体的智慧,即追求属世的善,害怕属世的恶,因为智慧的定义通常被解释为追求善且逃避恶。保罗恰当地称之为肉体的智慧,即追求较低的、不能长存的善,却害怕失去这些终将要失去的善。这样的智慧不能遵行上帝的律法,但当它被除尽,以至为灵的智慧(*prudentia spiritus*)所胜过时,它就会遵行这些律法,因为我们的盼望不在于属世的善,我们的害怕也不在于属世的恶。灵魂的自然(*animae natura*)是单一的,在追求较低等级的东西时,它就有肉体的智慧,在选择较高等级的东西

---

① 参见奥古斯丁:《论两个灵魂》10.12–11.15,《与摩尼教徒福图纳图斯的辩论》15、《论自由决断》1.12.25–1.16.35。
② 参见奥古斯丁:《论自由决断》3.1.1–3.17.49。

时,它就有灵的智慧,像水的自然也是单一的,因冷而凝,因热
而融。由此信上说,肉体的智慧"不顺服上帝的律法,也是不
能顺服";同样可以说,雪不能受热,而一旦受热,雪就会消
融,水就会变热,没有人还能称它为雪。①

摩尼教经常引用《罗马书》的经文,以论证恩典与律法、灵魂
与肉体之间的绝然对立。在《罗马书》8:7 中,"肉体的智慧与上帝
为仇",这里的肉体(carno)是名词,指人类的活生生的物质实体,
"为仇"一词似乎把它与上帝完全对立起来,证明了摩尼教徒所宣
扬的善恶二元论。

在自己的释经中,奥古斯丁反驳说,肉体的确会具有某种消极
含义,但它不是与上帝对立且能分庭抗礼的恶的物质,反而是上帝
所创造的,原本是善的,是整全的人的组成部分。"为仇"并不表
明肉体在其自然上与上帝对立,只表示肉体的"智慧"背离了上
帝,而这一智慧的主体是灵魂。灵魂在其自然上是单一的,个体的
人只有一个灵魂,没有两个彼此冲突的灵魂,而个体的两种处境起
源于灵魂追求的两个方向,其具体执行者是意志。

在创造的等级序列中,意志如果一直追求最高的存在即上帝,
人类就会持守其原初受造的善,顺服上帝的律法,永远与之同在。
当意志追求自身或上帝的其他受造物时,灵魂就背离了上帝,以致
堕落犯罪而陷入到属世的智慧,使原本善好的身体受到罪的辖制
而不得解脱,因着欲念(libido)而生习惯(consuetudo),因着习惯而
继续作恶,就成为具有某种消极含义的肉体。② 要开启灵魂的救
赎,意志必须先行得到上帝的恩典的帮助,从而重新追求上帝,就

———————————

① 参见奥古斯丁:《〈罗马书〉章句》49.1-6。
② 参见奥古斯丁:《忏悔录》8.5.10。

有了灵的智慧,可以再次顺服上帝的律法,断绝肉体的习惯而使之恢复为善的身体。在这一过程中,灵魂的自然和身体的自然都是单一的,只是进入或出离不同的表现形态,如同水的凝、融总是水,只是在不同温度中冷而化为雪,热而复为水。在《八十三问题》66.6 中,奥古斯丁基本重复了以上论证,没有明显的拓展或深化。

通过把恶的起源追溯到灵魂中的意志,奥古斯丁维护了肉体的善性,肉体不是堕落的主动肇始者,只是其后果的被动承载者,在其后的犯罪和救赎过程中,肉体保持着这种被动性。然而,无论在律法之下,还是在恩典之下,无论在今生中,还是在得蒙救赎后的来生中,人类都只有一个肉体或身体,这是上帝的全善与全能的施展之地,是人类超越天使和魔鬼的优势所在,使得人类能够借助上帝的恩典而从死亡中复活。也就是说,在将来的复活中,肉体或身体不是要被抛弃掉,反而要变形为属灵的身体,再与灵魂一起构成整全的人,进入到不朽,最终获致与上帝同在的永恒生命。

# 结　　语

关于神学与人类学之间的紧密关联,布尔特曼(Rudolf Bultmann)明确说,"关于上帝的每一个观点都同时是关于人类的,反之亦然"。[1] 在三元结构的神学人类学中,奥古斯丁认为,*spiritus* 和 *mens* 最高,代表着人类受造的独特善性和尊严;*anima* 和 *animus* 次之,是人类在今生中回应上帝的呼召并进入其恩典之下的主体;而 *corpus* 和 *carno* 再次之,是人类在今生得生命和将来得复活与永生的具体载体。

---

[1]　Bultmann, R.: *Theology of the New Testament*, vol. 1, Kendrick Grobel trans., London: SCM Press Ltd., 1952, p. 191.

　　在古希腊罗马哲学的滋养下，奥古斯丁对人类学的各个概念进行了细致分疏。这不仅促成了他的信仰皈依和 390 年代中期的思想转变，也贯穿在他对同时代摩尼教、多纳图派（Donatists）和佩拉纠主义（Pelagianism）三大异端的批判中。在创造论上，奥古斯丁把人类的受造解释为灵、魂和体的三元统一，论证肉体或身体的善性，否定了摩尼教对之的极端拒斥和对日月星辰等物质实体的错误赞美，同时也显明了与贬低肉体的柏拉图主义传统的区别，使肉体或身体成为基督教神哲学中的重要论题，深刻影响了中世纪哲学的发展和现代人对自身的认识。

# 参考文献

1. BeDuhn, J.: "Did Augustine Win His Debate with Fortunatus", in Jacob Van Den Berg ed., *In Search of Truth: Augustine, Manichaeism and Other Gnosticism*, Linden: Brill, 2011, pp. 463–479.

2. Bonner, G.: *St Augustine of Hippo: Life and Controversies*, Norwich: The Canterbury Press, 1986.

3. Brown, P.: *Augustine of Hippo: A Biography*, a new edition with and epilogue, Berkeley and Los Angeles: University of California Press, 2000.

4. Bultmann, R.: *Theology of the New Testament*, vol. 1, Kendrick Grobel trans., London: SCM Press Ltd., 1952.

5. Coyle, J.: *Augustine's "De Moribus Eccesiae Catholicae": A Study of the Work, its Composition and its Sources*, Fribourg Switzerland: The University Press, 1978.

6. ——: "*De duabus animabus*", in Allan Fitzgerald ed., *Augustine through the Ages: An Encyclopedia*, Grand Rapids: William B. Eerdmans Publishing Company, 1999, pp. 287–288.

7. Dunn, J.: *The Theology of Paul the Apostle*, Grand Rapids: Wm. B. Eerdmans Publishing Company, 2006.

8. Harrison, C.: *Augustine: Christian Truth and Fractured Humanity*, Oxford: Oxford University Press, 2000.

9. Kirwan, C.: *Augustine*, London and New York: Routledge, 1989.

10. Lössl, J.: *Intellectus gratiae: die erkenntnistheoretishe und hermeneutishce Dimension der Gnadenlehre Augustinus von Hippo*, Leiden: Brill, 1997.

11. Pagels, E.: *The Gnostic Paul: Gnostic Exegesis of the Pauline Letters*, Philadelphia: Fortress Press, 1992.

12. Frend, W.: "The Gnostic-Manichaean Tradition in Roman North Africa", in *Journal of Ecclesiastical History*, vol.4, 1953.

13. 花威:"试论《罗马书》中的 *sarx* 和 *sōma*", 载于《圣经文学研究》, 2012 年, 第 6 辑, 第 303–319 页。

14. ——:"论奥古斯丁意志概念的缘起", 载于《汉语基督教学术论评》(*Sino-Christian Studies*), 2013 年, 第 15 期, 第 111–130 页。

15. 张荣:《自由、心灵与时间:奥古斯丁心灵转向问题的文本学研究》, 南京:江苏人民出版社, 2010 年。

书　评

# 《柏拉图的本原学说》(先刚 著)①

程炜(柏林洪堡大学古典系与古代哲学研究院)

## 一

先刚是汉语学界第一位系统介绍图宾根学派对于柏拉图未成文学说研究的学者。2004 年,他就在《哲学门》发表了《柏拉图未成文学说的几个基本问题》,介绍柏拉图的本原学说。② 然而,当读者看到十年后他又推出汉语学界第一部从这一理念出发整体研究柏拉图的专著《柏拉图的本原学说》(以下简称《本原》),或许依然会感到惊讶。

本书的宗旨,如先刚"前言"中已经强调的,并不是**忠实地转述或重述**图宾根学派的柏拉图研究,而是试图跟随图宾根学派的观念,结合未成文学说与书写著作,系统并且**独立地**研究柏拉图哲学。另一方面,作者也希望本书能够起到"柏拉图导论"的效用,

① 《柏拉图的本原学说》(2014 年,北京:生活·读书·新知三联书店)。感谢先刚慷慨地让我提前阅读本书手稿;陈冀帮我扫描了本书;赵雪锋、罗志达、展翼文、吴天岳、蒋如俊、林丽娟、詹文杰、陈玮诸君各方面的批评、建议、补充和修订。评论中的所有失误均由笔者负责。

② 参见先刚:《柏拉图未成文学说的几个基本问题》,《哲学门》,2004 年,第 5 卷,第 1-20 页。

带领对相关领域尚不熟悉的读者完成一个对于柏拉图哲学的宏观认识。可以说，这两个充满张力的意图建构了本书的核心特征，它们要求作者在学术建构与知识普及之间寻求某一平衡。至于《本原》是否以及在什么程度上完成了这一双面的任务，我将在下文详细讨论。①

作为三联哈佛燕京学术丛书的一种，《本原》除前言外，共有11章以及附录一篇，主题是关于图宾根学派的争论。本书同时附中英文双语目录，书后有参考文献②，但遗憾的是缺少主题、人名和引用索引。如果三联出版社——如其所言——试图通过这套丛书在汉语学界建立"有益的学术规范"和"保证学术品质"，那么它最好能够按照学术出版的通例编辑基本的索引信息。此外值得一提的是，本书的希腊文的编辑排印仍旧不令人满意，比如将 *sigma* (*Σ*) 与 *zeta* (*Z*) 混淆，而这类错误在作者打印稿中实际上并不存在。

关于本书的宏观结构，如作者所说，"前半部分（第 1-5 章）主要是一种以柏拉图哲学的'形式'为对象的方法论讨论，而后半部分（第 6-11 章）则是就柏拉图哲学的'内容'作出的提炼和分析"。抛开对于柏拉图生平的介绍（第 1 章），作者在本书的前半部分（第 2-5 章）试图从解释学上说明，为何柏拉图的研究必须将对话录和所谓的未成文学说结合起来。宏观上，作者的论证也从两个角度展开。一方面集中于书写的**限度**，另一方面集中于柏拉图写作的**动机**。就前者而言，《本原》一书主要诉诸于两个论证。首

---

① 在创作本书时，作者利用了部分自己已经发表的论文，但熟悉这些论文的读者可以发现，所有收入这一专著的内容都进行了一定程度的修改。遗憾的是，作者没有按照通例提供一个具体的目录，以便将发表论文和这一专著的相关部分对应。

② 本书的英文目录和参考文献部分均有少量错误，比如 Konrad Gaiser 的 *Gesammelte Schriften* 出版地不是 Berlin，而是 Sankt Augustin。

先,作者从文化史的角度试图说明,在经典时期的希腊城邦,写书并非唯一的,更不必统治性的学术活动的媒介。其次也更为重要的是,作者依据柏拉图在《斐德若》和"书简七"中的书写批判,试图证明这一批判适用于所有的书写作品,因此对话录并不能避免书写的弱点。而在对于柏拉图书写动机的说明中,作者从"竞赛"(agon)的角度说明柏拉图的写作很大程度上是为了在与诗人、智者与其他哲学家的竞争中,捍卫"道统"与争取传人。值得注意的是,作者尽管强调了书写批判的普世性,但并没有完全否定对话录形式的意义。与之相反,作者认可了这一写作方式与口传的密切关系,但否认这一形式可以逃离柏拉图本人对于媒介的批判,也否认集中于对话形式本身足以参透柏拉图哲学的实质。本书的后半部分(第6-11章)讨论柏拉图哲学的内容。由于作者借助本原学说来重读对话录,又因为本原学说的主体构架是关于一与多的形而上学,所以并不奇怪,《本原》一书的后半部分也集中于柏拉图的理论哲学,而实践哲学留给了最后一章。并不与作者的划分完全一致①,我们可以将这一部分划分为两大部分:第6-8章体现了一条上升之路,处理柏拉图哲学从理念学说到本原学说的推进;而第9-11章则与之相对,展现了一条下降之路,即本原学说在经验领域的运用(分别为,本体论的运用:混合;方法的运用:辩证法;政治哲学的运用:国家与民众)。这里作者同样有一个双重的任务,即一方面展示对话录如何暗示或提示本原理论;另一方面则说明本原学说反过来如何帮助我们阅读对话录。

除了借用图宾根学派结合间接与直接文献的研究方法之外,本书还有两个值得关注的特征。其一是方法论上的,在前言中,作者直言不讳地承认,本书对于柏拉图的解释的出发点之一在于对

---

① 作者将第7-8章称之为"走向本原的道路",而第9章为"从本原出发的道路"。

柏拉图学说的尽力认同。这一断言并不仅仅意味着作者的首要目标是理解，而非批判柏拉图的学说；而且从后文我们可以看出，作者显然试图将对于柏拉图学说（*dogma*）的捍卫转化为对于当代教条（*dogma*）的批判。于是并不奇怪，本书间或——尤其在最后一章对于柏拉图政治哲学的阐发中——将学理解释与尼采式的文化批判相互结合。其二，本书尤其重视德国古典哲学与柏拉图本原学说的相互阐发，作者倾向于认为二者之间具有精神与学理的高度一致性。由于作者主要用力于谢林，在某种意义上补充了图宾根学派的代表学者哈弗瓦森（J. Halfwassen）对黑格尔与柏拉图关联的阐发。从上述两个特点也可以看出，正如作者所强调的（见"前言"），本书尽管秉承了图宾根学派的诸多理念，却不应该被视为对于图宾根学派的忠实复述，而毋宁说作者从这一学派的解释学框架出发达成的独立成果。

依照《本原》一书的结构，笔者的评论结构如下：首先（本文第2节），我将主要评论本书对于柏拉图生平和著作基本状况的介绍；第3节则集中于本书的柏拉图解释学和方法论；第4节则考察具体的对话录解读；第5节，笔者试图从历史和文献的角度补充先刚对于谢林与柏拉图本原哲学关联的考察。第6节则是对全书的总括性小结。而本文的论述将主要包含三个面向：（1）总结《本原》一书的基本方法与内容；（2）批评本书中的部分立场与论证；（3）评论本书间接引发的一些议题。与（2）不同，在（3）中，我并不与先刚的论题进行直接的交锋，而是试图补充、发展或者提示由《本原》一书间接引发的一些值得关注或讨论的议题。相比于称颂作者的某些洞察，笔者更愿意批判性地审视全书的具体论述；而相比于提供相反的论证，笔者更关心也更愿意展示相关事态本身的复杂性，以便为未来的讨论开辟一些可能的空间。

# 二

同作者的谢林专著一致,《本原》一书以柏拉图的生平和著作开端。在对于柏拉图生平的论述中,作者并没有提供一个批判性的历史叙述,而更多地以第欧根尼·拉尔修的传记为基础,描画了一个在轶闻传统中的柏拉图形象。除了这一来源,作者另一主要倚重的材料则是归于柏拉图名下的书信,特别是书简二、书简五和著名的书简七。与多数柏拉图传记类似,作者将叙述的重点放在了柏拉图在西西里的政治实践上①,特别是这一实践与其哲学思想之间的关系。另一方面,作者也没有忘记柏拉图作为苏格拉底弟子的特别身份,尤其注重柏拉图与苏格拉底其他弟子之间的互动和竞争。②

作者在书尾批评了来自阿里斯托克塞努斯(Aristoxenus)的柏拉图传说,认为其中反映了学园派与漫步派之间的斗争,并且也提及,之前的论述包含"各种记载和传说";甚至在第 8 章,作者也明确注意到古代传记材料并非完全可信。但在全书的多数行文中,作者似乎对各种古代传记,尤其对来自第欧根尼·拉尔修的材料缺乏足够的批判性考察。而相比于对晚期传记材料的使用,可能更让人疑虑的是作者对于书简二③和书简五的使用。这里的问题不仅仅在于,这些书简往往被学者视为伪书④,而且更为微妙的是,在书简二中所展示的书写批判的内涵与《斐德若》和书简七所

---

① 关于柏拉图与西西里这一问题,参见 von Fritz(1968)。

② 关于这一主题,参见 Kahn (1996)。

③ 书信二在本书第 2 章再次被引用。

④ 关于"书信二"和"书信五",多数学者的意见为伪(关于书信真伪的学界意见,参见 Guthrie (1978),p.401。

记叙的并非完全一致。埃尔勒(Erler 2007:311)认为这一文本的
书写批判是毕达哥拉斯式的,而斯勒扎克(Szlezák)在《柏拉图与
哲学的书写性》的附录部分认为,书简二的作者误读了柏拉图的
书写批判(参 Szlezák 1985:386)。换句话说,鉴于先刚在本书中是
认同斯勒扎克对于书写批判的解读,那么引用书简二实际会威胁
到自己的论证。书简二甚至提到柏拉图希望自己的哲学在叙拉古
得到普及(311e-f),这一精神与先刚所强调的柏拉图的精英主义
也略有偏差。

即使不考虑作者后文中的理论陈述,仅仅集中于《本原》一书
的柏拉图生平概述,我们也可以看到作者对于柏拉图的偏爱。但
这一偏好却可能影响了本书历史叙述的可靠性,因为作者往往直
接接受了柏拉图制造的苏格拉底与智者(或许包括学园与伊索克
拉底)的对立,甚至间或提供了比柏拉图的叙述更为强化的版
本①。于是,我们可能会疑虑本书柏拉图主义的历史叙述与实际
历史之间的张力。例如当作者比较伊索克拉底与柏拉图的学园
时,称前者仅仅"为了迎合'市场需要',完全以盈利为目的",而后
者"只是仿效毕达哥拉斯学派的朋友团体,目标是把一些志同道
合的人聚在一起研究学问,同时传授知识"。这一判断或许一方
面简化了伊索克拉底以实践为核心的哲学(*philosophia*)理念②,另

---

① 对于智者历史叙述的类似问题也出现在第 5 章,比如作者提到:"对于古希腊的职
业智者们来说,口传才是王道,但写作也是一项必要的副业"(第 5 章)。这一断言
一方面似乎削弱了柏拉图书写批判的特殊性,另一方面则忽视了书写与口传的冲
突在智者传统中也是有争议的论题。因为虽然早期智者并没有明确论及他们对于
口传和书写的态度,但柏拉图的《斐德若》的书写批判,也是在与后来的修辞家阿
基达马(Alcidamas)与伊索克拉底(Isocrates)的论争中展开的。如果我们将后两者
作为智者传统的某种继续,他们却对于书写和口传持有完全相反的立场:阿基达马
偏好口传,伊索克拉底则倚重书写,参 Erler (1987), pp. 38-59。
② 关于伊索克拉底的哲学概念,以及他和同代人之间的关联,参 Eucken (1983);
Usener (1994);Wilms (1995)。

一方面则有稀释毕达哥拉斯派的宗教面相的嫌疑。

　　在对柏拉图著作的介绍中,作者简略介绍了对话录的流传、版本(尤其是德语学界的译注)、真伪问题、编年和分类。无疑这些内容是服务于柏拉图导论的目的,但另一方面,这一部分内容显然已经试图为后文中的柏拉图解释学进行铺垫,这尤其体现在作者最后对于柏拉图不同研究路径的介绍中。作者并没有列举所有的柏拉图读法,而是主要讨论了被他称为"整体规划说"、"思想发展说"和"机缘说"的三种研究进路。粗略来看,第一种读法,顾名思义,认为柏拉图的写作服务于一个整体的计划。与之相对,第二种读法认为对话创作顺序同时也体现了柏拉图思想的发展。而第三种读法则既否定柏拉图有固定的写作计划,也反对柏拉图的作品足以体现其思想的发展。先刚重点讨论了前两者。这一选择是明智的,因为两者及其不同的变体仍旧统治着当代的柏拉图研究。在对发展说的解释中,先刚结合了对于文风分析的讨论,展示了发展说与文风分析之间的互动。在另一方面,作为整体说的支持者,先刚批评了发展论诸种薄弱的理论预设,特别是这种理论默认柏拉图总是写出他所知道的一切知识。与之相对,先刚提出了一个强的整体论读法。① 尤其独特的是,他认为柏拉图从 40 岁以后,也即学园成立后才开始写作。利用这一论述,他试图将所谓的"早期对话"与"不成熟"的特质隔离,从而加强整体论的柏拉图阅读进路的合理性。

　　这是一个有趣的想法。尽管今天少有学者持这样的意见,但它却与尼采在巴塞尔柏拉图讲义中反复强调的观点一致。② 而与

---

① 　这里不仅相对于 Kahn 的弱的整体论读法,也相对于图宾根学派内部的主流看法,他们一般认为本原学说尽管可能更早,但至少在《政制》时期已经形成。

② 　关于尼采的讲义的具体讨论,参见我的论文《尼采的柏拉图》,载于《中国学术》,北京:商务印书馆,第三十四辑,第 45–96 页。

之相对,根据当代研究界的主流意见,柏拉图在苏格拉底去世后不久就开始了写作生涯,一些学者,特别是几位 19 世纪著名的柏拉图研究者甚至试图论证少量对话在苏格拉底去世之前已经写就。[①] 这里我并不完全同意先刚和尼采的意见,即将所有对话的写作年代定在学园成立之后。但就学园对于多数对话录所具有的重要意义而言,笔者也不想掩饰对于他们立场宏观上的同情。然而首先值得说明的是,关于柏拉图写作生涯开端的讨论,正反双方实际上都无法拿出过硬的证据。换句话说,与作品的相对订年(relative chronology)相比,我们关于柏拉图作品的绝对订年(absolute chronology)其实所知甚少。多数古代的证言完全不可信赖[②],而除了少量对于历史时间的影射之外,所有的想法仅仅建立在对于作品各方面性质综合的或然性考量之中。这里,我当然不可能深入这个问题,但试图利用这个机会补充一些意见,通过复杂化相关的历史情境以使我们意识到这个问题的复杂性。

与不少学者一样,先刚对于柏拉图作品订年的讨论注意到了希腊以口传作为特征的文化语境,但是他似乎没有注意到**写作**与**出版**概念自身的复杂性。假设我们认为《申辩》是柏拉图的第一部作品,这是说柏拉图第一部**出版**作品,还是说柏拉图第一部**写成的**作品,还是说柏拉图第一部**开始写**的作品? 我们不仅需要考虑到柏拉图可能同时写作几部作品,并且要考虑到这些作品,尤其是

---

① 我们并不知道柏拉图何时开始写作,Guthrie(1975:pp.54-56)讨论了柏拉图是否可能在苏格拉底死前开始写作双方面的证据,但他似乎根本没有考虑过柏拉图甚至更晚开始写作的可能。Heitsch(2002, 2004)在近期的一系列文章试图重新复活这一观念,认为柏拉图的 *Ion* 和 *Hippias Minor* 是苏格拉底生前所作(蒋如俊提醒我 Heitsch 的这一研究)。

② 比如 Diogenes Laertius 认为将 *Phaedrus* 视为柏拉图早年的第一部作品(3.38)。

长篇作品,可能经过了漫长的修订过程。① 其次,与创作过程相系,由于古代并没有正式的出版机构,在什么意义上一部作品算是出版并没有一个清晰的答案。悲剧的**出版**或许是它的第一次上演;而一些演讲辞的出版至少有两个含义,一个是实际情境中在法庭或公民大会被演述,一个则是演说家经过修订原稿后以书面形式再发表,二者的内容并不完全一致。那么我们如何在历史的语境下评估柏拉图的对话录? 或许(1)他一开始只是在朋友间通过会饮或其他私人聚会的方式"朗诵"他的作品②;(2)或许在演述后不久——但也可能经过很长时间——朗诵过的初稿经过修订被一些朋友传抄,仅仅在小圈子流传;(3)最后,这部作品又以某种方式流通到市面,成为公众的阅读对象。首先,我们不知道对话录的发表是否经过这些步骤。即使柏拉图对话的出版经过了上述全部三个步骤,也并不好确认到底是(1)、(2)还是(3),甚至其他选项可以作为我们理解的"出版"。设想一个更复杂的情景:假设柏拉图自己朗诵了,甚至跟朋友表演了一个苏格拉底与特拉叙马库斯(Trachymachos)等人关于正义的论战。然而后来,流通在市面的是我们今天看到的《政制》(Politeia)。但我们可以问,是什么时候他开始"写作"或者"出版"他的《政制》的呢? 而如果我们相信阿里斯托芬的《公民大会妇女》(Ecclesiazusae,前391年上演)暗示了一个原初版本的《政制》(Urpoliteia)的存在的话,那么这里的订年问题就更为复杂了。③

---

① 关于柏拉图修订 Politeia 开端的传说,参 Halicarnassus 的 Dionysios 的 De Compositione Verborum 25. 207–218。

② 虽然可能,但并没有坚实的历史证据证明柏拉图在会饮或学园中演述其对话录。Ryle(1966)认可这一选项,并且认为柏拉图总是本人扮演苏格拉底或其他对话引导者。

③ 所谓 Urpoliteia 指包含第2与3卷和第5卷开端的作品。支持这一观点早期有德国学者 Hermann 等,新近对之比较全面的论证以及研究综述,参见 Thesleff (2009),pp. 519–539。

当先刚说,柏拉图在学园之后才"**开始**著书立说"(我的强调),他的断言的证据可能来自所谓早期对话中对于中晚期学说的暗示。但即使我们认可对于对话录的这种理解,这个推论也似乎过强了。而结合刚才讨论的历史背景,我们或许可以提出一个更为谦逊的假说,即柏拉图或许在学园成立之前就开始写作,特别是他的《苏格拉底的申辩》作为一个象征,较早时应该已经在苏格拉底后学中流传。但是很可能是学园的成立,才促使他修订并且向一个更为广泛的公众群体发表他的多部对话作品。这一假说可以比较好地协调所谓中早期文本中的劝勉元素(protreptikos)。图宾根学派的学者在这方面做出了很大贡献,他们告诉我们中早期对话录中的"劝勉"发挥了"广告"功能,从而吸引学生就学。而如果脱离了"学园体制"作为背景,这一元素的频繁出现是难以理解的。①

需要承认,先刚关于柏拉图订年的论述是简化的且容易引发争议,尤其是他没有提供任何证据说明,为何柏拉图所有对话订年在柏拉图40岁之后。但是对于受到发展史论述过强影响的汉语学界而言,这一论述可以看作一个有益的反动,至少它有利于学界反思各种阅读柏拉图的不同策略,而不是过快地拥抱任何一种独断论的叙述。尽管先刚没有讨论弗拉斯托斯(Vlastos)这一战后发展论最具代表性的捍卫者②,他对于发展论的宏观批评有很多仍是值得严肃对待的。我的异议主要在于他对"发展论"和"文风分析"③二者关系的理解。当然众所周知,风格分析的出现晚于"发

---

① 先刚在第5章提及了对话录的"劝勉"色彩,但是没有强调这一元素与学园作为 in-stitution 之间的关联。

② 其总结性的作品参见 Vlastos(1991)。

③ 这一方法起源于19世纪 Campbell, Dittenberger 与 Ritte 等人的研究,新近则包括 Brandwood 和 Ledger 等人,一个比较好的讨论参 Young(1994)。

展论"的柏拉图读法,并且风格分析的结果是有利于这一读法的。然而,我的疑虑在于先刚显得**过强地**建立了这一方法与"发展论"的关联。尤其介绍风格分析的结尾,他指出

> 斯达尔鲍姆提出的"思想发展说"是文体风格分析和统计方法的最大受惠者。后来的德国学者维拉莫维茨(Ulrich von Wilamowitz-Moellendorf)、弗里德兰德(Paul Friedländer)、耶格尔(Werner Jaeger)不仅用这个方法来阐释柏拉图,甚至把它运用到亚里士多德研究上面。

他的这一表述可能会如下误解:(1)维拉莫维茨等人对于柏拉图发展论的解释建立在文体风格分析的基础上;(2)亚里士多德的发展论解释利用了同样的方法,并且这一方法是从柏拉图研究中借来的。然而这两个论题并不准确。首先,文体风格分析方法的确有利于"发展说"的理论,但是二者却不是在学理上绑定的,我可以认可前者,而否定后者;[①]也可以否认前者,而同情后者。其次,文风分析的结论与标准的发展说并不完全一致,比如一些根据文风被放入早期作品的对话录(比如《美诺》《克拉底鲁》等)常常被很多研究者视为中期或转型期对话。此外,更为重要的是,"发展说"往往在文风分析之外,还使用史源考证(Quellenforschung)、论证重构、主题研究(Motivforschung)等多种方法。其支持者甚至更多地依赖于风格之外的证据,特别是文本的内容(是否拥有理念论)、文学形式(比如以戏剧为主导或者以演讲为主导等)和间接记载等(比如亚里士多德对于柏拉图与克拉底鲁(Kratylos)的知名论述(*Met.* 987a32-b1);或亚里士多德区分苏格拉底与柏拉图

① 参见 Kahn(2003)。作者是一位温和的**统一论者**,但同时也是文风分析的捍卫者。

的苏格拉底）。其四，事实上，维拉莫维茨等人对于柏拉图的发展史的论述，正如传统的古典语文学研究对于希罗多德或者修昔底德作品层次和成书的追问，主要依赖于文本和历史考证。而文体风格往往作为辅助性的证据，它既不是唯一，也不是决定性的证据。其五，耶格尔（Jaeger）的亚里士多德研究同样并没有主要依赖文体风格的考辨，更不是从柏拉图研究中借来的方法。①

## 三

本书的第 2–5 章可以视为作者解读柏拉图的文献学②和解释学原则的展开。其主要面对的解释学难题是，如果柏拉图对于书写的批判是彻底的，为什么他仍旧决定进行书写，并且以对话录来写作。这里，作者似乎力图找到一条介于施莱尔玛赫主义和主流分析哲学研究（作者称之为"义理派"）之间的中间道路。他承认

---

① 这一部分文本还有一些细节的失误。比如将色诺芬（Xenophon）、伊索克拉底称为柏拉图的师兄。然而事实上前者与苏格拉底的交往颇为可疑，其苏格拉底作品一般认为依赖于其他苏格拉底对话录作者，尤其是柏拉图。而伊索克拉底一般被视为高尔吉亚的弟子，与苏格拉底并无师承。再者，作者认为"直到文艺复兴时期，人们对于流传下来的柏拉图著作的真实性都是深信不疑的"，直到近代，由于历史考据方法的影响，流传在柏拉图名下的作品才受到怀疑。但事实上，古代不仅已经明确 *Epinomis* 出自柏拉图的学生菲利普（Philip of Opus），更重要的是，部分归于柏拉图的作品当时已经明确被视为伪作，比如《西西弗斯》（*Sisyphos*）和《论德性》（*De virtute*）等。此外，书中还有少量的拼写错误，比如将萨提尔戏拼写为 *Chytrois*（正确的写法当为 *Satyrikon* 或 *Satyroi*）。

② 作者详细介绍了 Gaiser 在《柏拉图的未成文学说》中的所附的《柏拉图学述》（*Testimonia Platonica*），并且提及了 Gaiser 在上世纪七十年代启动的《柏拉图文献补遗》（*Supplementum Platonicum*）项目。这一计划共包含九大卷，处理柏拉图和学园相关的间接文献，和由 Gaiser 整理和注释的《斐罗德姆的学园记述》（*Philodems Academica*）。然而值得补充的是，据笔者所知，在 Gaiser 去世之后，由于经费问题这一计划目前已经搁置，并且迄今 Szlezák 讲席的接替人也并无重启这一计划的表示。而 Philodem 的 *Academica* 的标准文本，如今可以参看 Dorandi：*Filodemo: Storia dei filosofi: Collezione di testi ercolanesi*，Napoli：Bibliopolis，1991。

前者对话录"形式与内容"的统一原则,但反对形式对于内容的压倒;他赞许后者以柏拉图的义理或者说哲学为主要关注对象,而没有陷入到文学分析的游戏之中。正如赫斯勒(Vittorio Hösle)的进路①,作者对图宾根学派与施莱尔玛赫(Schleiermacher)的调和在于他首先承认柏拉图不是为个别人,而是为所有人写作,尽管不同的对话针对不同读者。其次,作者也承认就对话录相比于论文更好地模仿了口头对话而言,这一文体在柏拉图那里具有某种优先性。作者主要反对夸大对话录的独特性以至于其足以超越柏拉图本人的书写批判。因为一方面,先刚强调,书写对话录并非柏拉图的独创,他的前人与后人,如亚里士多德,都进行这一文体的写作;另一方面,按照作者的看法,对话录由于谈话伙伴学力和柏拉图戏剧意图的限制,也没有记载理想的对话。他进一步推想,如果对话录实录学园辩论的实况,那么其价值会高于柏拉图虚构的内容(页69)。这种对于对话录书写的限制让作者看到了图宾根学派与主流分析哲学研究结合的希望②,至少他表示二者应该结合起来以反对从"文学性"出发而引发的"怀疑主义和不可知论"的柏拉图解释(页158)。③

下面,我将简略讨论作者的几个具体论述。其一关系到作者的苏格拉底论述与作者支持立场的张力。具体而言,作者认为苏格拉底不加选择地与任何人进行辩证交谈导致其遭到政治迫害。而柏拉图吸取了苏格拉底的教训,从精英主义立场出发,不再随意

---

① 参见 Hösle(2004)。
② 尽管这里表达了对于主流分析哲学界的同情,但是在后文中似乎更多批判的意味。
③ 笔者同情作者的宏观立场,但是略微怀疑这里的表述。因为怀疑主义的柏拉图解读并不是与文学的柏拉图解读相互绑定,另一方面也不是与主流分析哲学就截然二分。从第一方面看,例如作者所批评的施特劳斯派并不是"怀疑主义者",而是极端的"本质主义者"。另一方面,怀疑主义的柏拉图解读在主流分析哲学内部并不罕见,比如新近的一本专著 Vogt(2012)。

地传播自身的学说。如其文本所言:

> 柏拉图的哲学拒绝群众参与,自然也不会把他最重要的学说书写下来拿给群众亵渎(更何况在一个连言论都要获罪的时代与社会,书写著作这样的"铁证"自然更为危险),而是只有少数学生才能够聆听它们。(《本原》页68)

> 柏拉图与苏格拉底在实践上的巨大差别在于,苏格拉底整日在大街小巷中逡巡,随便拉上一个人就可以进行辩证交谈,而柏拉图却明确地宣布:"我从来不和普通民众进行辩证法的交谈。(*Gorg.* 474a-b)(《本原》页66)

我们至少有如下六个理由对于这一解释表示忧虑。(1)既然作者支持未成文学说等于本原学说的说法,因为这一学说本质上是一个形而上学的论述,并且普通人难以理解,那么其传播在什么意义上会导致因言获罪并不清晰。尤其是根据古代的记载,柏拉图做过本原学说的公开演讲(即《论善》,参 Aristoxenus, *Elementa Harmonica* II 30-31),他并没有激怒听众,而是大部分听众对其内容表示不解和失望。(2)柏拉图在书写著作中多次表达的对民主制和民众的批评似乎比他的本原学说更可能引发"因言获罪"。如果说柏拉图出于逃避迫害的动机在书写中有所保留,那么他为何单单保留本原学说似乎是难以理解的。(3)作者在讨论书写批判的动机时,提及柏拉图时代,"绝大多数希腊人都是文盲,或至多只能识别少数文字,读懂一些简单的信息",而"要想让思想发生影响,言谈是比书写有效得多的一种方式"(页60)。按照这一说法,柏拉图选择口传又似乎为了**更有效**地传播思想。这一看法与作者认为柏拉图出于"精英主义"立场而保留书写相互矛盾,也与作者认为柏拉图将关键学说托付口传,而仅仅选择性地书写以逃避迫害的说法相互矛盾。(4)正如图宾根学派对柏拉图的内传主义与毕达哥拉斯派的守密学说(Geheimhaltung)的区分,柏拉图对于书写的保留出于知识与获知的本性,而非后者一般出于外部或内部的权力运作的考虑。这导致如果作者支持前者(参页157)①,则不应该支持后者。(5)作者明确对施特劳斯派的柏拉图解读持批评态度(参页154–155),但作者勾勒的苏格拉底对柏拉图的教训与施特劳斯派对于隐微书写(esotericism)与政治迫害的揭示本质相差无几。(6)第二段引文中归于柏拉图的断言(即 *Gorg*. 474a-b)实则出自柏拉图笔下的苏格拉底。既然作者在全书中多次明确区分苏格拉底与柏拉图,而此处在没有讨论如何**在对话录**,尤其是所谓的早期对话中区分历史苏格拉底与柏拉图的前提下,又直接将苏格拉底的陈述称为柏拉图的宣言,可能略显仓促。②

　　我的第二个忧虑涉及到历史、对话和辩证法之间的关系。让我先总结一下先刚的立场,首先他认为,亚里士多德对于柏拉图的记载在历史学的意义上是可靠,正如他所言:

　　　　[T1] 就思想表达而言,柏拉图的文字是(故意)不完整的,而亚里士多德的文字是完整的,后者站在"旁观者清"的

---

① 在第5章,作者强调了"柏拉图的口传学说与毕达哥拉斯学派的那种'秘传学说'(Geheimlehre)的根本差异"。

② 此外值得一提,本文的原文为τοῖς δὲ πολλοῖς οὐδὲ διαλέγομα,或许翻译为"我不与多数人进行交谈",或者"我不与多数人进行辩证交谈"更为合宜。先刚的译法"进行辩证法的交谈"容易让人误解为交谈的对象是辩证法,何况这里柏拉图未必使用了διαλέγομα的特殊用法,即指向辩证谈话,而仅仅在非术语的意义上使用。此外,文本的语境是苏格拉底试图说服波鲁斯(Polos)与他**一对一,以事实为导向**进行讨论,而不要牵扯其他人和其他标准。因此这里的τοῖς πολλοῖς可能视为多数人,而非人民大众。

立场，以一种简单朴素的做法把他的老师的学说记录下来，知道什么就记下什么，想起什么就记下什么，就像他对于历史上其他哲学家的思想的记载一样。(《本原》第 3 章，页 91)

其次，他认为柏拉图的对话扭曲了真实的学院对话，因为学园的学生，尤其是高阶的研究者，不会是英文中所谓的 yes man：

> [T2] 试问，柏拉图的学生们（斯波斯普、塞诺克拉底、亚里士多德）在和柏拉图进行真正的辩证交谈的时候，会笨到像对话录中的那些傀儡一样，被一路牵着鼻子走，不住地说"完全正确"、"正是这样"、"我完全同意"之类?!(《本原》第 2 章，页 69)

最后，他认为：鉴于对话录的这种扭曲，如果柏拉图记载了他与高阶学生之间的真实交谈内容，那么其价值自然高于目前对话录中所记录的哲学讨论和学说。

> [T3] 夸张点说（当然也只是夸张地说），假若柏拉图真的打算在书写著作中完全传达他的根本学说，那么只需记录下他和学生（比如亚里士多德）的真实的交谈的内容，其价值恐怕都要超过现存全部对话录的总和（页 69）。

就[T1]而言，作者将亚里士多德看作一个历史学家，严格来说，甚至不是一个历史学家，就像波菲利(Porphyrios)笔下的亚美利(Amelios)，一个朴素的记录者（参《普罗丁传》，*Vita Plotini*）。但这个形象是误导性的。尽管在亚里士多德，或者早期漫步派那里，"历史"的地位何在，他们的学述记录是否服务于历史兴趣等问题可谓迄今依然争议重重①。但可以确认的是，无论是亚里士多德的，还是泰奥弗拉斯特（Theophrastus）的记载都并不"简单朴素"。② 换句话说，他们的记载，从意图上说，主要服务于自己的哲学目的；从方法上说，则所有材料都或多或少通过漫步派的辩证法有所整合和增删。漫步派对于早期希腊思想的分类整理决定性地影响了我们当代对于早期希腊思想的把握，这一点已经有曼斯菲尔德（Mansfeld）和卢尼亚（Runia）等引导的研究在近年得到了广泛的承认和重视。③ 先刚似乎由于忧虑切尔尼斯（Cherniss）等学者对于亚里士多德记载的过度不信任态度，从而转而拥抱一个对立立场。然而很清楚，这里并不存在两个非此即彼的极端选项。我们根本不必或者**完全信任**亚里士多德的论述，或者**完全**将其抛弃。换句话说，即使对于亚里士多德记载持乐观态度的学者，也有必要批判性地对待他的论述，并且综合判断其历史价值。

　　关于[T2]，即对话录中的"yes man"的问题需要从三个方面来评估。第一，"yes man"并非柏拉图对话中的一个普遍现象。谈话伙伴不仅常常对于谈话引导者的立场表示质疑，而且也会表示有限度或疑虑的肯定。因此不应该一概而论地将谈话伙伴视为"傀儡"。第二，在中早期对话中散落的对于交谈方法的讨论中，苏格拉底都更倾向于温和的追随者，而非自主的批评者。当谈话伙伴更具有批判精神时，苏格拉底往往使用 *elenchos* 的方法，而谈话往往以 *aporia* 终结，这也是所谓早期对话的典型特征；而当谈话伙伴或多或少地更接近于"yes man"的角色时，*elenchos* 则极少出现，同时谈话的过程与结果多为建构的，而非解构的。《政制》的

---

① 参见 Mansfeld & Runia（1997，2009，2010）。对二者观点的质疑，参 Zhmud（2001），pp. 219-243。

② 关于泰奥弗拉斯特的"历史"方法，参 Baltussen（2000）。

③ 特别参见 Mansfeld & Runia（1997，2009，2010）。

卷一和余下各卷在某种意义上体现了这一转化。当格劳孔和阿德曼托斯兄弟从智者特拉叙马库斯(Trachymachos)接过谈话后,柏拉图的积极学说才得以展现。因此并不奇怪,"yes man"的现象在中晚期作品中远比在早期作品中显著,比如《巴门尼德》一文可谓代表。但几乎所有人都承认,柏拉图在晚期对话比早期对话展示了更为精深或者至少更为繁复的哲学。换句话说,与直觉相反,似乎谈话伙伴越不自主,对话录反倒更容易进入哲学的困难或核心议题。甚至在《蒂迈欧》的主体部分中,柏拉图直接去掉了谈话伙伴,而选取独白的方式。或许不是偶然,正如柏拉图通过**演讲**来说明善作为一的原则,而苏格拉底仅仅在**对话**中以比喻的方式谈论善的子女。如果我们用一个更为直白的道理来看这一现象,那就是谈话伙伴越顺从,反倒越有利于谈话引导者**正面地**展开他的学说。第三,与我们对于[T1]的评论相关,正如作者没有注意到亚里士多德的辩证法在重构柏拉图的学说中所发挥的功用,他也没有足够严肃地评估学园的辩证法及其在柏拉图那里的反映。我们知道,在亚里士多德《论题篇》,尤其是卷八中,记载了学园辩证谈话的种种规则。这些规则规定了对话引导者和对话伙伴应该怎样寻找辩证话题,并且怎样发问,怎样回答。这里我们无法进入探讨这些规则的细节①。但是我们至少可以确认,在一个辩证谈话中,提问者应该以一般疑问句的方式构造问题,而回答者需要以 yes 或 no 的方式对应这一问题。双方只有达成一致才能继续前行,而不一致或者意味着一方的失败,或者意味着双方需要回溯到其他论题重新开始。无疑,柏拉图的对话在很多层面上反映了这一规则。谈话伙伴有时被"牵着鼻子走"并非仅仅因为他们的无能,而

---

① 关于柏拉图的对话规则,特别是论辩双方"达成一致"(Homologie)在对话中的作用,参 Geiger(2006)。

有时是由于柏拉图的宣教意图,有时则是论辩规则使然。

[T3]是一个有趣也大胆的假说。如果我们想检验其是否有理,其实完全不用进行任何"思想实验",而只需要以亚里士多德的部分文本和柏拉图的对话录进行比较就可以得到答案,因为前者的文本中就包含或折射了部分学园内部的讨论。比如在《尼各马可伦理学》第十卷(*EN. X*)中他记载了自己与欧多克索斯(Eudoxus)和斯彪西普斯(Speusippus)对于愉悦的争论,在《形而上学》的 M、N 两卷中则有他和斯彪西普斯及色诺克拉底(Xenokrates)关于数的争论。没有人否认这些讨论的巨大价值。但如果我们相信[T3],我们可能会说,这些段落中所表达的哲学的价值超过柏拉图对话录的总和。或许一个漫步派的哲学家会这样看,但一定并非出自和先刚同样的理由。但无论是古代的柏拉图主义哲学家,还是当代的亚里士多德或者柏拉图学者估计都很难认同这一过于推崇亚里士多德讲稿,而贬低柏拉图出版著作的判断。不是因为他们迷信对话,而是,例如,我们很难找到一个标准来让人信服亚里士多德和斯彪西普斯关于愉悦的论战一定比《菲勒布》(*Philebus*)中苏格拉底和普罗塔尔库斯(Protarchus)的更精彩。

## 四

第 6-11 章是《本原》一书尝试结合未成文学和对话录重述柏拉图哲学的部分。先刚以柏拉图"哲学"概念①开始自己的论述。他在开篇概述了 *philosophia* 作为柏拉图的术语和其他类似概念的

---

① 关于柏拉图的"哲学"概念,新近有两本德文专著值得关注,分别为 Schur(2013);Schwartz(2013)。

区别( 比如 *historia, sophia* 等)①,尤其是与智者的智慧概念的区别。他正确地强调了这个概念的发生在某种意义上与柏拉图本人的哲学深刻地绑定在一起。与上述历史探究相对,本章一个更为重要的工作,对于先刚而言,是将柏拉图的 *philo-sophia* 与浪漫派的 philo-sophia 概念相互区别。如他指出,后者的无限主义深刻地影响了当代的柏拉图解读,以至于与智者的智慧相对,柏拉图的哲学乃是一种无法达到目的的悲剧性追求似乎成为共识。追随克雷默( Krämer)的研究,先刚回溯了无限主义在德国古典哲学和浪漫派那里的起源;接续阿尔伯特( Karl Albert)的研究②,先刚展示哲学更应该理解为"智慧之友",而非"对于智慧无法得到的追寻";哲学家乃是有识者,而非无知者。

　　在对于柏拉图的哲学概念进行宏观勾勒之后,作者开始展示柏拉图哲学的上升之路。在第 7 章,他将研究聚焦于理念论。尽管先刚并不认可柏拉图对话录展示了柏拉图的哲学**发展**,但是他在这里试图展现一个理念论从无到有的历史发现。他将这一发现与《斐多》中苏格拉底著名的"第二远航"联系起来。显然,他并不认为这一"传记"记载了苏格拉底的"心路历程"。相反,他认为这是柏拉图的夫子自道。根据这一解读,"第二远航"一方面是柏拉图对于经验论和相对主义的批评,另一方面开辟了走向本原学说的道路。当然将第二远航与"理念"( *eidos* 或 *idea*)的发现联系起来是毫无争议的,但另一方面将视为对于"经验论和相对主义"的批评,甚至认为其**已经**走向或暗示"本原学说"则显然会引发争论。

　　由于篇幅的限制,这里当然不可能对于先刚的论述展开具体

---

① 关于 *sophia* 一词的起源,特别参见 Burkert (1960)以及一个争锋相对的论述 Riedweg (2004)。早期希腊的诸中"知识"概念的概念史研究,参见 Snell (1924)。

② 见 Albert (1989)。

的讨论。笔者不得不满足于两个评注：

首先，与雷亚利（G. Reale）一致，先刚坚持将Δεύτερος Πλοῦς
解释为"第二**次**的航行"，而非希腊俗语中"第二**好**的航行"，因为
他将"第一次航行"视为物理学的与物质主义的，而相应将"第二
次航行"视为"后物理学的"、"形而上学的"。如果他坚持这一解
读，那么他应该统一《政治家》与《法》中的解释。然而在对于后两
篇对话的解释中，他又将Δεύτερος Πλοῦς称为"**次佳方案**"，①这似
乎暗示柏拉图对这一术语的使用相当不一致。其次，苏格拉底这
里所反对的观点，简而言之，是将各种物质视为万物运动的"原
因"或者说"根据"。他批评多数自然哲学家不知道其他类型的因
果解释，而批评阿纳克萨哥拉（Anaxagoras）似乎引入了目的因，但
却完全没有运用②。那么显而易见，这里所批评的是物质主义的
一个特殊面相，或许我们可以称之为物质的还原主义，而不是普遍
意义上的"经验主义"或者"相对主义"，也不是"物质主义"的经
验主义或者相对主义面相。

当然潜藏在这一琐碎问题背后的是一个更深的困难，这里既
涉及先刚对于柏拉图的历史定位，也涉及到一个由威廉斯（Ber-
nard Williams）挑起，而由伯恩耶特（M. Burnyeat）发展的有关希腊

---

① 参《本原》（页411）：只有当哲学王或"具有真知的国王"暂时不在位的时候，法律
的重要性和意义才凸显出来。因此相比于哲学王的"人治"，目前的"法治"终究只
能算是一个"**次佳方案**"（δεύτερος πλοῦς, *Polit.* 300c；τὸ δεύτερον, *Leg.* 875d）。"

② 《本原》一书将苏格拉底对阿纳克萨哥拉的不满解读为："理性（νοῦς）本身是个好
答案，但**单一**的理性不足以解释千差万别的事物"（第7章，页237）。这似乎是不
准确的，因为苏格拉底对阿纳克萨哥拉的批评之要义并**不在于** nous 的能力不足，
而是阿纳克萨哥拉不仅没有真正地运用 nous，而且从后门又偷偷引入了各种质料
作为运动或行为的根据（*aitia*）。在《法》中，雅典人将无神论定义为不认为世界由
神或者 nous 统治（参 *Leg.* 899c）。

哲学特性的宏观论题。① 简而言之,先刚始终将柏拉图视为一个坚定的唯心主义者(Idealist),而将他的对手,特别是多数自然哲学家与智者视为怀疑论者、相对主义者、经验主义者与不可知论者等。这一定位值得引发讨论不仅在于怀疑论、相对主义、经验主义与不可知论并非可以互相替换的同义词,也不仅在于经验主义甚至是一个当时并不存在的概念,而且在于不少研究者认为希腊哲学——就其整体而言——缺乏一个健全的唯心主义的概念。换句话说,根据威廉斯和伯恩耶特,早期希腊哲学一直到晚期的怀疑论者,**所有**希腊哲学家,无论是早期的巴门尼德(Parmenides),还是晚期塞克斯都(Sextus),都没有关于外部世界实存的焦虑。伯恩耶特因此将实在论视为希腊形而上学的主要特征之一,其知识论的后果就是希腊哲学中缺乏主观性的真理概念。这一论述得到了英语世界大量学者的认同(尽管有所修订)②,但同时也自然让所有熟悉德国哲学的人感到困惑,因为无论是康德、黑格尔,还是叔本华都在某种意义上将柏拉图等人视为自身唯心主义的先驱。黑格尔专家哈弗瓦森(J. Halfwassen)甚至宣称他不知道伯恩耶特对哲学史有多么无知才会做出这样荒谬的全称判断。③ 那么我们面临一个窘境,似乎或者知名的哲学史家伯恩耶特根本性地误会了整个希腊传统,或者德国的哲学家们误解了古代包括柏拉图在内的哲学。

尽管这里涉及的问题远比上文所勾勒的情景复杂,但是即使

---

① Williams 的文章"The Legacy of Greek Philosophy"发表在 *The Legacy of Greece: A New Appraisal*, ed. Finley, Oxford: Oxford University Press, 1981(上海人民版中译《希腊的遗产》),Burnyeat 的讨论参"Idealism and greek philosophy: What Descartes saw and Berkeley missed," *Philosophical Review* 91 (1), 1982, pp.3–40。
② 例如参 Everson (1991);Tsouna (1992);Hankinson (1995)。英语世界对于这一观点的有力批评主要来自 Fine (2003)。
③ 这是笔者在 2012 年 2 月在 Heiligkreuztal 的柏拉图《会饮》的研讨班上听到的。

在这一简化的视域下,考察《本原》一书对于柏拉图的定位也颇为有趣,特别考虑到作者将柏拉图的理念论(Ideenlehre)与德国唯心论建立了直接的思想史联系。在这一背景下,作者同时捍卫ἰδέα的传统译法"理念",而批评陈康等人建议的"相"或在英语世界流行的 Form。与之相系,作者反对将德文的 Idealismus 译为"观念论",而捍卫传统译法"唯心论"。而这一争议的根源在于,正如作者指出,柏拉图的 *eidos* 或 *idea*,接近黑格尔的 Idee,而不同于经验论传统的 *idea*。① 于是,英国传统的 idealism 与康德之后的 Idealismus 看似同源,但含义却差之千里。而回到我们之前勾勒的背景,当 Burnyeat 认为希腊没有健全的唯心论时,正如他的论文标题所暗示的,他心中的主要对象无疑是贝克莱;②而当《本原》一书坚持柏拉图的唯心主义时,作者心中的理想显然是经过先验唯心论洗礼之后的德国哲学家。这样一个术语使用的差异或许可以让我们协调之前提到的矛盾,而分别给予双方断言一定的认可。

然而,这里涉及的问题并不仅仅通过翻译术语语义的澄清就足以解决,因为我们并非首要关心概念的历史变迁,我们同时更希望搞清楚希腊哲人究竟事实上是如何认识自我与世界,他们的世界与我们的世界在什么意义上是连续的,在什么意义上是断裂的。一方面,有很强的声音宣称"实在论"与"唯心主义"的对峙是笛卡尔之后的故事,而希腊是一个异己的存在。而另一方面,也有声音告诉我们所谓的"意识"、"表征"、"意向性"等近代心灵的特征,

---

① 参见《本原》原文:"德语的'Idee'就没有这么强烈的主观意味,它不但意指一种一般意义上的'精神性存在',更重要的是指一种**完全不依赖于感觉和经验**的'超越性存在'"(第 7 章,页 243)。

② Burnyeat 没有引证德国唯心主义,只有一次正面引用了黑格尔的笛卡尔解读,但并不具有系统性,参见 Burnyeat(1982),p.38。

无一不能在希腊哲学中寻得。①《本原》一书大概属于强调连续性，而反对断裂说的阵营。而在这一阵营内部，作者显然必定会抗议威廉斯等人将柏拉图传统与实在论划上等号的观念。如果说作者的概念分析完成了论证的第一步，它的彻底澄清还需要对于柏拉图和柏拉图主义的"心灵哲学"有一个更为彻底的梳理。先刚可能没有注意的是加布里埃尔(Markus Gabriel)于 2009 年他的教职论文《古代的怀疑论与唯心论》②已经试图接续黑格尔的哲学史解读，反对伯恩耶特对于希腊哲学的宏观诊断。作为先刚某种意义上的同盟，加布里埃尔相信，在希腊哲学中我们不仅可以找到对于外部世界实存的忧虑，并且希腊哲学内部的唯心论正是对于这一忧虑的有力回应。这里不拟介绍加布里埃尔的具体论述，有趣的是，加布里埃尔论述视域主要集中于后经典时期的希腊哲学，也就是斯多亚、怀疑论与新柏拉图主义的哲学。对于加布里埃尔而言，怀疑论和唯心论对持的问题，似乎并不是柏拉图或者亚里士多德哲学的核心关切，而是寄生在斯多亚的心灵表征主义的模式中(mentaler Repräsentationalismus)③。正是因为世界仅仅通过表象(Vorstellung)才进入到我们的心灵，正是因为我们没有对于世界的**直接**体认，外部世界的实在性以及我们对之认识的可靠性才成为一个问题。如果这一哲学史的描述是正确的，加布里埃尔尽管肯定了希腊的唯心论传统，但是这一传统在他论述里是晚生的，或者说最多只是在巴门尼德、柏拉图与亚里士多德那里拥有部分萌

---

① 关于"意识"，参见 Caston (2002)的一个经典讨论。注释 2 提及了围绕意识问题论争的文献。关于"意向性"，参见 Caston (2008)。而对于"表征主义"，尽管大量学者怀疑经典时期有这样的思想模式，但仍旧将其运用在讨论柏拉图与亚里士多德的心灵哲学中。

② *Skeptizismus und Idealismus in der Antike*. Suhrkamp, Frankfurt a. M. 2009。

③ 这一立场也为 Schmitt 及其弟子所持。比较集中的论述可参其综述性专著 Schmitt (2008)。

芽。那么是否如先刚那样坚持,在柏拉图和巴门尼德那里已经拥有健全的严格的唯心论学说,这似乎仍旧是一个值得继续探讨的问题。

# 五

上文略有提及,相比于主流论述希腊哲学的专著,《本原》一书的特色还在于用了相当篇幅论述论述了德国唯心论与柏拉图本原学说的近似性,并且在文本多处做出区分和比较。鉴于这部分论述相对独立于柏拉图研究本身,但也构成了本书重要特色。笔者将这一部分独立出来,进行单独的论述。

既然先刚是谢林研究出身,那么他对谢林哲学与柏拉图本原学说之间亲缘性的关注并不让人惊讶。从谢林研究的角度出发,主流学界尽管对于"谢林与柏拉图"多有论述,但少有谈及谢林与柏拉图的本原学说。① 尽管本书的论述尚缺乏系统性,但某种程度上填补了部分相关空白。而另一方面,与图宾根学派内部的论述相比,《本原》一书的谢林论述有两点值得注意:(1)尽管黑格尔明确拒绝柏拉图的内传学说,但图宾根学派对于本原学说的历史效应论述中尤其重视黑格尔哲学与这一学说的近似,特别是哈弗瓦森的研究试图系统地确立了黑格尔与柏拉图传统的深远联系。与之相对,他们对于康德、费希特、谢林等其他角色着墨甚少。(2)图宾根学派之父汉斯·克雷默(Hans Krämer)甚至将谢林放入浪漫派传统,认为施莱尔玛赫对柏拉图未成文学说的忽视和拒

---

① 参 Asmuth(2006),pp. 47–124。本书在近百页对于谢林与柏拉图的论述中完全对于本原学说保持沉默,即使是谈论 *peras* 与 *apeiron* 的段落,他也仅仅满足于对柏拉图《菲勒布》的论述。而注意到本原学说对于谢林决定性影响的研究,主要参见 Franz(1996, 2012),但他的论述相对更集中于谢林的早期文本。

绝在两个方面受到谢林的影响:其一,因为同一哲学(Philosophie der Identität)而排斥二元论;其二,因为艺术与哲学一体的有机整体思想,重视对话录而排斥其他流传。① 在本书中,先刚没有与这一立场进行直接的论战,但我们可以期待,或许在后续更为系统的研究中,他不会忽视这些有趣的对立。

从方法论上看,《本原》对于德国唯心主义与柏拉图本原学说关系的讨论主要是一种平行研究。作者或许希望,但并没有**从历史和文献的角度**,将这一相似性视为柏拉图本原学说直接的**效应史**。在这里我们需要注意,二者学说的这种高度相似性既不应该理解为某种巧合,也不应该将其视为某种历史理性统御下目的论式的必然。相反,其中大部分都可以从理论的,当然也可以从历史的角度获得解释。这一点由于近年对于德意志唯心论史前史的研究,尤其是图宾根神学院教育史方面研究的推进,得到了更好的揭示②。由于黑格尔、荷尔德林与柏拉图的关系相对而言已经得到了比较充分的讨论③,这里我将主要补充部分关于谢林的相关信息。通过这一论述,我试图为先刚的论述增加一个历史的和实证的维度。尤其值得商榷的是,他的一些表述似乎暗示谢林并没有对于柏拉图本原学说的明确知识,例如"虽然谢林自己并没有清楚意识到他现在的哲学已经与柏拉图的未成文学说接通,但他在事实上却是走上了后者的路线"(《本原》第4章,页133)。

首先,众所周知,在1790年代的图宾根,柏拉图和康德逐渐成为学者与学生关注的中心。黑格尔和荷尔德林组织了读书小组,主要阅读对象包括柏拉图、康德和雅可比,而柏拉图又是重中之重。几乎同时谢林也开始了对于柏拉图的独立阅读。但需要注意

① 参见 Krämer (1990),pp.19-26。
② 特别是 Franz (2004-2007)。
③ 特别是 Halfwassen (1999)。

的是,当时的柏拉图阅读习惯与我们今天并非完全一致。首先,尽管新兴的哲学史研究通常对所谓的普罗丁-普罗克洛(Plotinus-Proklos)系的新柏拉图主义持很强的怀疑态度,但柏拉图主义传统(包括所谓的中期柏拉图主义和文艺复兴柏拉图主义)与柏拉图之间的关系仍旧不若今天一般截然二分。如果说今天的柏拉图读者一般集中并且首要阅读柏拉图原文,与之相对,带有柏拉图主义烙印的古注传统仍旧在谢林时代的柏拉图阅读中发挥着极大的影响,比如普罗克洛(Proklos)或者斐奇诺(Ficino)的注解。① 其次,柏拉图的中晚期文本,尤其是其中的形而上学和宇宙论,在当时的教学与研究中起着更为重要的作用,而早期文本和伦理学则相对受到漠视。无疑,谢林的柏拉图理解受到上述两个条件的限定,在某种意义上也是时代精神的产物。而这一历史条件也告诉我们二者接触并且重视柏拉图的本原学说并不奇怪。笔者这里当然不拟对所有史源进行介绍②,而仅举部分例证说明二者与本原学说的早期接触。

在谢林与荷尔德林的图宾根老师中,有一位名为菲德(Christoph Friedrich Pfeiderer)的欧几里德专家。③ 这位学者从 1782 年到 1821 年一直在图宾根任教,主要负责物理和数学方面的课程。他不仅是一位数学上的保守主义者④,而且更是一位欧几里德专

---

① 当代的柏拉图全集通常都是柏拉图的原文,而当时不少通行的柏拉图文本中往往附有柏拉图主义的注解,比如谢林与荷尔德林使用的双桥版附 Ficino 注。

② 谢林早年的柏拉图史源可以参 Franz (2004), pp. 601-614;以及 Gloyna (2002), pp. 80-143。

③ 关于 Pfeiderer 的传记主要参 Ziche (1994), pp. 9-23。他的图宾根物理学课程已经由 Ziche 整理出版,参上书。由 Pfeiderer 命题的图宾根硕士数学试题库,同样由 Ziche 整理、翻译并附解读出版,参 Franz (2004-2007) 卷 2, pp. 316-366。

④ 他追随希腊的,特别是柏拉图主义的数学哲学,反对新兴的"无限代数"。认为像"无限大""无限小"(*infinite magni et parvi*)这样的概念都应该从数学中驱逐出去。这里主要参 Franz (2012), pp.112-113;更为详细的论述,参 Ziche (1994) 前揭。

家。菲德对谢林等人产生影响主要是由于他负责神学院所有硕士生毕业考中的数学考试。而迥异于当下的数学测验,这项考试的主要内容就出自欧几里德的《几何原理》。值得注意的是,考试的中心不仅仅是通过这一文本中的定理来解决具体的数学问题,而且包含大量历史文本校勘,以及数学基础相关问题(数学对象的本性、定义和公理的关系等)。换句话说,这门数学学科也同时为语文学、知识论和形而上学所充斥。于是就不难理解,在菲德负责的考试中,不仅《几何原理》,而且新柏拉图主义哲学家普罗克洛(Proklos)的《几何原理注》等均成为当时图宾根硕士生的必读文献。普罗克洛的这一注本不仅是理解新柏拉图主义数学的重要文献,同时也记载了柏拉图主义的本原学说的部分内容,包括其在数学上的运用。他特别从这一学说出发解释了点、线、面、体等数学对象的本体论根源,甚至从"一"和"不定之二"的互动出发,解释不同"曲线"如何从代表"一"的圆和代表"二"的直线中构造而出。因此这部著作是"图宾根三杰"接触柏拉图所谓的本原学说最初的重要来源之一。

根据齐舍(Paul Ziche)研究,谢林在很多方面受到菲德及其所代表的古代数学的传统的影响。不仅他早期作品就充斥着利用数学术语的类比①,而且在 1801 年《对我的哲学体系的介绍》以及论文《论构造》("Ueber die Construktion")中将借自《几何原理》的定义、定理、公设和命题等构成的体系视为科学的基本特征②。而更为有趣的是,早期谢林哲学的公设(Postulate)概念,正如他自己也强调的,更接近古代数学的理念,而完全不同于康德主义著名的实

① 比如 Strahlen, unendliche Sphäre, Unendlichkeit 等,具体的段落参 Ziche (2004),p. 616,注释 2。
② 参见 Ziche (2005), p. 385。

践理性的公设①。因为尽管两者均将公设视为一种必然的要求，但是后者设定的是某种不可达成的理念(上帝或灵魂不朽)，而前者设定的是完全可以在现实中实现的基本对象或者说现实的原初构造。② 因此一点儿也不意外，我们在谢林的藏书中可以看到图宾根 1820 年出版的菲德的学生昊博(Hauber)③的《几何英华》(*Chrestomathia Geometrica*)。这部作品立足于菲德在图宾根的授课，包含欧几里德《原本》的原文，普罗克洛的注解、对于数学史和数学课程的反思等内容，并且附录包含菲德的论文以及练习材料，对于谢林时期图宾根神学院的数学教学情况是重要的史料。④

当然，相比于这些间接的关联，谢林早期对于柏拉图本原学说的利用尤其体现在他对《蒂迈欧》(*Timaeus*)的解读中，尤其他引入 peras 与 apeiron 来重构柏拉图的思想，并且将前者称为形式，后者视为质料。无疑，这都是在柏拉图文本，甚至在《菲勒布》(*Philebus*)中也无法找到的内容。而他在注解这一文本时反复参考的二手文献，特别是布鲁克(Brucker)和普莱辛(Plessing)记载了大量古代注解的相关内容，比如普罗克洛将 apeiron 与质料相提并论，他的这一接受显然受到这些注解传统的影响。比起上面的想法更让人费解的是，谢林在这一文本中还将 peras 称为量(Quantität)，apeiron 称为成为质(Qualiät)。因为如果 apeiron 也被

---

① 谢林对于 Postulate 的理解参上引 Ziche (2004)；关于谢林和黑格尔对于数学概念运用，特别是"无限性"、"绝对性"和"环节"(Moment)等最为系统的研究，参 Ziche (1996)。

② 比如欧几里德的公设："两点之间可以连接一条直线"或"有限的直线可以被无限延长"等。

③ Hauber (1775–1851) 曾在图宾根学习，后来也是古代数学文本的编订者，其涉及的文本包括阿基米德，欧几里德的《原理》以及 Proklos 的注解。黑格尔与谢林也都与其有私交。参 Ziche (1994)，p. 17，注释 28。

④ 参见 Müller-Bergen and Ziche (2007)，编号 950。

称为 *more or less*，似乎是某种量，而质则似乎代表了某种确定之物，更接近 *peras*。但谢林的这一想法也并非完全不能理解，因为在本原学说内部，不定之物也可以被"冷-热"、"较大-较小"等表达所指称，它们似乎可以被视为某种不断变化的"质"。而另一方面，确定之物的和谐与比例，就其本质，无非是数，因此也被谢林称为"量"。由于这些思想与《蒂迈欧》的张力，或许并不奇怪，谢林在 1804 年之后甚至认为这一对话录为伪书，而将柏拉图主义传统中的二元论视为真实的柏拉图学说(die wahre Lehre)，强化了第二本原(质料=非存在=恶)在其哲学构造中的地位①或许，我们可以猜想，黑格尔在《哲学史讲演录》中对所谓柏拉图未成文学说的拒绝也暗含了一个对于谢林的批评。

# 六

　　总体而言，《本原》一书是近年来在汉语学界值得重视的柏拉图研究。作为导读，它的语言平实清晰，并且在相对简短的篇幅内包含了丰富的内容，涉及到柏拉图的生平、著作、解释史和哲学的方方面面。尤其难得的是，相对于汉语学界接受的主流研究，它复杂化了柏拉图阅读的解释学情境，适当地强调了口传与书写的张力作为阅读柏拉图的重要背景。当然，从导论的角度看，他也并非没有弱点：首先，全书在历史叙述上仍旧不够精确，这部分是因为作者对于不同的史料缺乏足够的批判，部分是因为作者常常过于依赖柏拉图本人提供的历史叙述框架。其次，尽管作者已经力图涵盖柏拉图哲学的整体，但是显而易见，这部作品基本错过了柏拉图的早期对话和伦理学。鉴于二者对于理解柏拉图哲学的重要意

---

① Asmuth (2006), pp.116-122。

义,以之为导论的初学者可能得到不太完整的柏拉图形象。

而从研究专著的角度来说,本书以图宾根学派的范式为出发点对柏拉图进行了独立研究,其在汉语学界的开创之功是毋庸置疑的。但另一方面,导读的设定或许在某种意义上妨碍了本书作为专著的论述,使得作者在众多主题上未能深入,这尤其体现在作者的论述未能完全反映近年研究的推进。除此之外,这本书可能引发争议的论述并不少于图宾根学派的,尽管它们之间自然并不完全一致。正如之前所揭示的,首先,作者尽管有力地揭示了部分发展论的弱点,但他所支持的强统一论论述尚没有得到充分的说明。其次,作者在解释学的讨论中,力图达成某种"文学分析"和"论证重构"的平衡,但这一方法的宣称似乎在后文的对话录讨论中被悬置,甚至被明确放弃。最后,作者的确展示了在对话录中我们可以找到本原学说的痕迹,但是似乎还没有充分清晰地展示,本原学说的引入如何帮助我们**更好地**理解一些或许晦涩、或许本来被错误理解的段落。当然,毫无疑问,我们有理由相信,这部作品对汉语研究界而言将会是一个长期的刺激和挑战,我们也期待作者后续的作品能够更好地回应本文所提出的疑问。

# 参考文献

1. Albert, K.: *Über Platons Begriff der Philosophie*. Sankt Augustin: Academia Verl. Richarz, 1989.

2. Asmuth, C.: *Interpretation — Transformation: Das Platonbild bei Fichte, Schelling, Hegel, Schleiermacher und Schopenhauer und das Legitimationsproblem der Philosophiegeschichte*. Göttingen: Vandenhoeck & Ruprecht, 2006.

3. Baltussen, H.: *Theophrastus against the Presocratics and Plato: Peripatetic dialectic in the De sensibus*, Leiden: Brill, 2000.

4. Burkert, W.: "Platon oder Pythagoras? Zum Ursprung des Wortes Philosoph-

ie", *Hermes*,88., 1960, pp. 159–177.

5. Burnyeat, M. F.: "Idealism and Greek philosophy: What Descartes saw and Berkeley missed," *Philosophical Review* 91 (1), 1982, pp.3–40.

6. Caston, V.: "Aristotle on Consciousness", *Mind*, 111 (444), 2002, pp. 751–815.

7. ——: "Intentionality in Ancient Philosophy", *The Stanford Encyclopedia of Philosophy* (Fall 2008 Edition), Edward N. Zalta (ed.), URL = <http://plato.stanford.edu/archives/fall2008/entries/intentionality-ancient/>.

8. Dorandi, T.: *Filodemo: Storia dei filosofi: Collezione di testi ercolanesi*, Napoli: Bibliopolis, 1991.

9. Erler, M.: *Der Sinn der Aporien in den Dialogen Platons: Übungsstücke zur Anleitung im philosophischen Denken*, Berlin: W. de Gruyter, 1987.

10. ——: *Platon*, in: H. Flashar (Hg.), *Grundriss der Geschichte der Philosophie*. Begründet von Friedrich Ueberweg. Völlig neu bearbeitete Ausgabe. *Die Philosophie der Antike*, 2/2, Basel, 2007.

11. Eucken, C.: *Isokrates: Seine Positionen in der Auseinandersetzung mit den zeitgenössischen Philosophen*, Berlin: W. de Gruyter, 1983.

12. Everson, S.: "The Objective Appearance of Pyrrhonism", in S. Everson ed.: *Psychology (Companions to Ancient Thought, 2)*, Cambridge: Cambridge University Press, 1991, pp. 121–147.

13. Fine, G.: "Subjectivity, Ancient and Modern: The Cyrenaics, Sextus, and Descartes," in *Hellenistic and Early Modern Philosophy*, eds. J. Miller and B. Inwood, Cambridge: Cambridge University Press, 2003, pp. 192–231.

14. Franz, M.: *Schellings Tübinger Platon-Studien*, Göttingen: Vandenhoeck & Ruprecht, 1996.

15. ——: "Patristische Philosophie in Tübingen um 1790. C.F. Rößler und seine Bewertung des Neuplatonismus", in Rainer Adolphi/Jörg Jantzen (Hrsg.), *Das antike Denken in der Philosophie Schellings*, (Schellingiana; 11) Stuttgart-Bad Cannstadt 2004, S. 601–614.

16. ——: *Materialien zum bildungsgeschichtlichen Hintergrund von Hölderlin, Hegel und Schelling*, Eggingen: Edition Isele, 2004–2007.

17. ——: *Tübinger Platonismus: Die gemeinsamen philosophischen Anfangsgründe von Hölderlin, Schelling und Hegel*, Tübingen: Francke Verlag, 2012.

18. Fritz, K.: *Platon in Sizilien und das Problem der Philosophenherrschaft*, Berlin: De Gruyter, 1968.

19. Gabriel, M.: *Skeptizismus und Idealismus in der Antike*, Suhrkamp, Frankfurt a. M., 2009.

20. Geiger, R.: *Dialektische Tugenden: Untersuchungen zur Gesprächsform in den Platonischen Dialogen*, Paderborn: Mentis Verlag, 2006.

21. Gloyna, T.: *Kosmos und System: Schellings Weg in die Philosophie*, Stuttgart-Bad Cannstatt: Frommann-Holzboog, 2002.

22. Guthrie, W. K. C.: *Plato: The man and his dialogues: earlier period*, Cambridge: Cambridge University Press, 1975.

23. ——: *The later Plato and the Academy*, Cambridge: Cambridge University Press, 1978.

24. Hankinson, R. J.: *The Sceptics*, London and New York: Routledge, 1995.

25. Heitsch, E.: *Dialoge Platons vor 399 v. Chr.?*. Göttingen: Vandenhoeck & Ruprecht, 2002.

26. ——: *Platon, Apologie des Sokrates: Übersetzung und Kommentar*, Göttingen: Vandenhoeck & Ruprecht, 2004.

27. Hösle, V.: *Platon interpretieren*, Paderborn: Schöningh, 2004.

28. Kahn, C. H.: *Plato and the Socratic Dialogue: The philosophical use of a literary form*, Cambridge: Cambridge University Press, 1996.

29. ——: "On Platonic Chronology", in J. Annas and C. Rowe, eds.: *New Perspectives on Plato: Modern and Ancient*, Cambridge, MA: Harvard University Press, 2003, chapter 4.

30. Krämer, H. J.: *Plato and the foundations of metaphysics: A work on the theory of the principles and unwritten doctrines of Plato with a collection of the fundamental documents*, Albany: State University of New York Press, 1990.

31. Mansfeld, J., and Runia, D.T.: *Aëtiana: The Method and Intellectual Context of a Doxographer* (Volume I: *The Sources*, Philosophia Antiqua 73), Leiden: E. J. Brill, 1997.

32. ——: *Aëtiana: The Method and Intellectual Context of a Doxographer* (Volume II: *The Compendium*, Philosophia Antiqua 114), Leiden: E. J. Brill, 2009.

33. ——: *Aëtiana: The Method and Intellectual Context of a Doxographer* (Volume III: *Studies in the Doxographical Traditions of Greek Philosophy*, Philosophia Antiqua 118), Leiden: E.J. Brill, 2010.

34. Müller-Bergen, A.-L., and Ziche, P.: *Schellings Bibliothek: Das Verzeichnis von Schellings nachgelassener Bibliothek*, Stuttgart-Bad Cannstadt: Frommann-

Holzboog, 2007.

35. Riedweg, Ch.: "Zum Ursprung des Wortes 'Philosophie' oder Pythagoras von Samos als Wortschöpfer", in A. Bierl, A. Schmitt, A. Willi (Hg.), *Antike Literatur in neuer Deutung*, *Festschrift für J. Latacz*, München: Saur, 2004, pp.147-181.

36. Ryle, G.: *Plato's Progress*, Cambridge: Cambridge University Press, 1966.

37. Schur, B. T.: *"Von hier nach dort": Der Philosophiebegriff bei Platon*, Göttingen: V & R Unipress, 2013.

38. Schwartz, M.: *Der philosophische bios bei Platon: Zur Einheit von philosophischem und gutem Leben*, Freiburg : Verlag Karl Alber, 2013.

39. Schmitt, A.: Die Moderne und Platon: Zwei Grundformen europäischer Rationalität, Stuttgart: Metzler, 2008.(中译:[德]施米特:《现代与柏拉图》,郑辟瑞、朱清华译, 上海:上海书店出版社, 2009 年。)

40. Snell, B.: *Die Ausdrücke für den Begriff des Wissens in der vorplatonischen Philosophie: (sophia, gnōmē, synesis, historia, mathēma, epistēmē)*, Berlin: Weidmann, 1924.

41. Szlezaák, T. A.: *Platon und die Schriftlichkeit der Philosophie*, Berlin: W. de Gruyter, 1985.

42. Thesleff, H.: *Platonic Patterns: A collection of studies.* Las Vegas: Parmenides Pub., 2009.

43. Tsouna, V.: *The Epistemology of the Cyrenaic School*, Cambridge: Cambridge University Press, 1992.

44. Usener, S.: *Isokrates, Platon und ihr Publikum: Hörer und Leser von Literatur im 4. Jahrhundert v. Chr.* Tübingen: G. Narr Verlag, 1994.

45. Vlastos, G.: *Socrates: ironist and moral philosopher*, Ithaca, N.Y: Cornell University Press, 1991.

46. Vogt, K. M.: *Belief and truth: A skeptic reading of Plato*, New York: Oxford University Press, 2012.

47. Wilms, H.: *Techne und Paideia bei Xenophon und Isokrates*, Stuttgart: B.G. Teubner, 1995.

48. Wiliams, B.: "The Legacy of Greek Philosophy", in *The Legacy of Greece: A New Appraisal*, ed. Finley, Oxford: Oxford University Press, 1981.

49. Young, Charles M.: "Plato and Computer Dating", *Oxford Studies in Ancient Philosophy*, 1994, pp.227-250.

50. Zhmud, L.: "Revising Doxography: Hermann Diels and his Critics", *Philo-*

*logus*, 2001: pp.219-243.

51. Ziche, P., and Pfleiderer, C. F.: *Christoph Friedrich von Pfleiderer: Physik: Naturlehre nach Klügel: Nachschrift einer Tübinger Vorlesung von 1804*, Stuttgart-Bad Cannstatt: Frommann-Holzboog, 1994.

52. ——: *Mathematische und naturwissenschaftliche Modelle in der Philosophie Schellings und Hegels*, Stuttgart-Bad Cannstatt: Frommann-Holzboog, 1996.

53. ——: "Systemkonzepte der antiken Mathematik bei Schelling. Zur Interpretation des Postulate-Begriffs in Schellings Frühphilosophie. ", Jörg Jantzen ( Hg.): *Das antike Denken in der Philosophie Schellings*, Stuttgart-Bad Cannstatt, 2004.

54. ——: "Mathematik und Physik als philologisch-geschichtliche Wissenschaften. Christoph Friedrich Pfleiderers Inauguralthesen in den Fächern Mathematik und Physik ( 1790 – 1792 )", in Michael Franz, ed.: *"… im Reiche des Wissens cavalieremente"? Hölderlins, Hegels und Schellings Philosophiestudium an der Universität Tübingen*, Tübingen: Hölderlin-Gesellschaft, 2005, pp. 372-404 ( Schriften der Hölderlin-Gesellschaft. Vol. 23/2 = *Materialien zum bildungsgeschichtlichen Hintergrund von Hölderlin, Hegel und Schelling*. Vol. 2 ).

# 《跨文化视野下的希腊形上学反思》(王晓朝 著)

苏峻(都柏林圣三一学院)

王晓朝教授在该书中精彩地为读者呈现了希腊语εἰμί一词在跨文化传播中所带来的理解和翻译上的困难。其论述角度独到,材料详实,持论精确,可以为读者理解希腊形而上学传统提供一把非常有益的钥匙。全书共分九章,第一章为导论;第二至六章主要围绕怎么理解和翻译εἰμί一词展开;在第七到八章中,作者将对εἰμί一词的讨论扩展至对其相关词οὐσία一词以及希腊哲学主题的历史梳理;在最后一章中,作者介绍了希腊哲学的传播和吸收的情况,以及为我国学术所带来的契机。以下笔者将分章节介绍王晓朝教授的论述。

在第一章中,作者凝练地介绍当前我国古希腊研究事业所取得的丰硕成果以及仍然存在的不足。作者认为我国古希腊研究事业未来发展方向为"通过注疏的方式,吸收欧美学者已有的研究成果,坚持中国学者独立的视野"(页9)。而作者认为本书是以"以跨文化比较的方法研究古希腊哲学"。具体来说,作者通过研究我国以及西方学者对于εἰμί一词的翻译和理解,旨在展现希腊哲学在跨文化传播过程中所呈现的种种理解上的困难和由此带来的对各自文化和语言重新审视的契机。

在第二章中,作者首先追溯了古希腊语的历史脉络和印欧语系的基本文法特点。在此基础上,通过引用国内(陈村富、杨适、王子嵩、王太庆)和国外(卡恩、古德温、利德尔与斯科特)古希腊学者们对于εἰμί一词的"语法意义"(grammatical meaning)(作者另称之为"语法功能")和"词汇意义"(lexical meaning)的研究成果,作者重新厘定εἰμί一词的语法功能及其词汇意义。通过在这两方面的重新厘定,作者着重强调:"印欧语词根 es 和 bhu 对希腊语εἰμί的词汇意义有着直接的影响,希腊语εἰμί并非只有'是'(系动词)这一种含义"(页15)。"εἰμί是系动词只道出了它的一部分语法功能,而没有指出它的词汇意义"(页16)。我们将会看到,作者对εἰμί一词的"语法功能"和"词汇意义"的区分对于他将要论述的主题非常重要,即εἰμί及其分词形式ὄν作为哲学概念不能仅仅理解为εἰμί一词所具有的"语法功能",即作为"系词"的功能;而应当理解为其"词汇意义",即"存在"。

接下来,作者追溯了εἰμί一词被用作哲学概念的历史以及它所具有的哲学内涵。通过回顾历史,作者将研究的重点锁定在亚里士多德哲学之上。因为"在希腊众多哲学家中,唯有亚里士多德对εἰμί这个词的语法功能、词汇意义和哲学内涵作过较多的、较为系统的揭示"(页20)。通过对亚里士多德所论述εἰμί以及其分词形式ὄν的多重含义的考察,作者引入了我国学者关于τὸ ὄν的解释和翻译的"是派"与"存在派"之争。一派学者(例如:王路和吴寿彭)将τὸ ὄν理解为系动词"是";而另一派学者(例如:苗力田以及王晓朝教授本人)主张应该将τὸ ὄν翻译并理解为"存在"。在作者看来,"亚里士多德在这里既不是解释这个词的语法功能,也不是在解释它的词汇意义,而是在阐发这个哲学概念的内涵。所以将它译为'存在'、'存在者'、'在者'更为接近原文的意思"(页22)。除此之外,作者还通过回顾εἰμί一词其"语法功能"和"词汇意义"之间的差别,认为主张"是派"的学者恰恰是混淆了这一区分。

在第三章中,本书对卡恩的研究成果作了再度审视。作者认为卡恩(Kahn)在其专著《古希腊语中的"be"动词》(*The Verb 'be' in Ancient Greek*)中对εἰμί一词三种用法的并列分类,即εἰμί一词的"系动词"、"存在"和"断真"(veridical)的三重功能,存在极大的误导性。作者认为卡恩的这种分类方法,非常容易导致对εἰμί一词的"语法功能"和"词汇意义"的混淆。

第二,作者对于卡恩所论述的εἰμί的系动词结构是原始的这一说法提出了质疑。因为卡恩用来论证这一观点的方法是通过对荷马《伊利亚特》前十二卷中εἶναι(εἰμί的不定式)一词的统计得出的(系动词结构使用比例最多)。但是这样的统计存在方法论上的问题。因为,正如作者所质疑的,荷马对系动词结构的高频使用并不能够证明其本原性。对于其是否是本原的问题,只能采用发生学的研究办法,而非统计。

第三,作者认为卡恩对于印欧语系中的 es 词根研究不够深入。这一维度的缺乏使得卡恩的研究显得不够有力。因为在作者看来,只有对 es 意象的深入研究才能使我们比较确切知道 es 一词其原始含义究竟为"表存在",还是表示"系词"。除此以外,作者还指出,卡恩的研究中有用英语语法去曲解希腊语语法的不妥之处。

完成了对卡恩结论的质疑,作者将笔锋转向中国。在他看来,我国学者中主张"是派"的学者(以王路教授为代表),在传播和推介卡恩的研究成果时质疑和批判的态度不够。致使国内学者将卡恩的研究中那些还不是定论的结论当作预设来支持自己的观点。同时,作者也指出了一些国内学界对卡恩的研究介绍不准确的现象。

在第四章中，作者将视野从古希腊语拓展到了多种西语（拉丁语、英语、德语和法语）的广阔视域之下。书中系统地梳理了与εἰμί一词相对应的 esse（拉丁语）、be（英语）、sein（德语）以及 être（法语）等词的语法特征，并且指出了我们应当从εἰμί一词在这些民族语言的置换中更好地发现其语法功能和词汇意义。

在讨论与εἰμί一词相对应的拉丁词汇 esse 时，作者通过引用西塞罗的著作(《图斯库兰讨论集》)，意在指出 esse 一词及其变位应该根据具体语境翻译为系动词"是"，或者实义动词"在"。而不能够像我国"是派"学者所主张的，将 esse 及其变位一律翻译为"是"。

其次，作者提到，波埃修斯用拉丁实义动词 exsisto 来翻译εἰμί一词也是因为 exsisto 一词虽然与εἰμί一词没有词源上的关系，却可以在具体语境之下能够更精确地把握εἰμί一词所蕴含的"存在"之意。

第五章讨论εἰμί一词在汉语中的置换。这一章着重对汉语的文法特点，及汉字"是"和"在"作出了详细的辨析。作者认为，当εἰμί一词表示其语法功能从而在具体语境中起系动词作用时，汉语的"是"字作为汉语唯一的系动词，可以精准地置换εἰμί一词。但是在其他具体情境中，当εἰμί的词汇意义是实义动词"存在"时，汉语的"在"字则是更为恰当的置换。

在第六章中，作者对我国希腊学者(陈康、吴寿彭、汪子嵩、苗力田、陈村富、杨适、余纪元、王路等)对εἰμί一词的翻译做了详细梳理。在作者看来，εἰμί的多重含义包括：系动词"是"；"在、存在"；"真"；以及"其他意思"（页74）。至于其含义到底是什么，需要在具体的语境中处理。但是，在现代汉语中，"是"字只有系动词的"语法功能"，而没有"存在"的"词汇意义"。由此，作者认为"是派"的观点，即把εἰμί及其变位都翻译为"是"，是行不通的。

　　为了进一步论证这一观点,书中以王路《读不懂的西方哲学》为例,详细分析了将所有εἰμί及其变位都翻译成"是"的灾难性后果。而作者认为,更加合理的办法是对εἰμί一词作语境化的处理。

　　在第七章中,作者将话题拓展至与εἰμί一词相关的οὐσία一词(εἰμί的阴性分词用作名词)。因为在作者看来,οὐσία的问题比ὄν(εἰμί的中性分词用作名词)的问题更加复杂。在此过程中,作者指出了οὐσία和ὄν之间一些容易被忽略的区别。主要的区别就在于οὐσία并不直接来自于εἰμί的阴性分词(οὖσα),而是"一个按照希腊语的构词法构造出来的新名词"(页89)。

　　之后,作者将视线转向了亚里士多德对οὐσία和ὄν的论述,因为亚里士多德对于οὐσία的论述最为系统,"是οὐσία这个重要哲学概念的打造者"(页91)。在此过程中,作者还探讨了与οὐσία一词密切关联的τὸ τί ἦν εἶναι一词。作者认为在对τὸ τί ἦν εἶναι一词的翻译中如果使用中文系动词"是"(比如,将其翻译为"是其所是"),则会遮蔽其中的εἶναι一词的其他含义。接着,作者还对比了οὐσία的多个拉丁译名(queentia、essentia、substantia、entitas)和英文译名(substance 和 essence)之间利弊得失。

　　在讨论完了οὐσία的拉丁和英文译名之后,作者将视线再次转到了οὐσία一词的中文译名之上。作者介绍了我国学者对οὐσία一词的译名:"本是"(余纪元)、"终极是者"(萧诗美)、"实体"(苗力田)、"所是者"(王路)、"本体"(吴寿彭、汪子嵩、王太庆、杨适)、"本质"(陈康)。而在这些译名中,作者认为"本体"是对οὐσία更为合理的翻译。

　　第八章论述古希腊思维方式的演进。通过对希腊哲学历史的梳理,作者认为希腊思想经历了由追求本原(ἀρχή)到追求"存在"和由研究自然(φύσις)到研究"本体论"的转变。于此相关的是在认识论方面,作者认为早期思想家的主要问题是"真"(ἀλήθεια)

的概念,而与"真"概念直接相关的就是λόγος的概念。作者认为,古希腊哲学经历了从在巴门尼德那里从对世界本真状态的追问到对"存在"的探寻的转变(其典型代表为柏拉图的"相论"和亚里士多德的"范畴"学说)。

在第九章中,作者介绍了希腊哲学中的本体论、逻辑学和形而上学这三种学问在我国当代学术研究的传播以及吸收的过程;以及希腊哲学在地中海世界的传播。在此书的结尾处,作者还介绍了学者以及哲学家们对于"哲学的希腊性问题"的看法,并认为希腊哲学的传播会带来各种文明重新获得活力的契机。

在简述完该书的主要观点之后,笔者试图就自己的理解和体会为王晓朝教授内容丰富、取材谨严的著作做三点发挥和补充。

第一,非常值得注意的是王晓朝教授将亚里士多德对οὐσία这一概念的探讨放置在非常广阔的哲学史背景之下。这使得我们能够看到οὐσία这一主题的历史线索。特别是,作者在第七章中详细地指出了作为οὐσία译名的拉丁文 essentia 和 substantia 以及相应的英文 essence 和 substance 之间的巨大差别。笔者想在这里强调的是这种差别对于我们准确理解亚里士多德《形而上学》的意义。在笔者看来,把亚里士多德《形而上学》中的οὐσία概念一并翻译并理解为 substance(比如说罗斯)是不恰当的。因为 substance 这一概念作为对希腊词ὑποκείμενον的翻译具有浓重的亚里士多德烙印(它预设了亚里士多德范畴学说)。如果把οὐσία直接理解为范畴意义上的 substance,那么我们就不能理解为什么亚里士多德认为对于οὐσία的追寻并不是他自己的哲学事业,而是包括那些在谈自然哲学和辩证法的哲学家们一起追问的主题。这一点明显地体现在《形而上学》第七卷第二章中。在这一章中,亚里士多德尽可能地罗列了οὐσία的候选项,而不仅仅将οὐσία理解为范畴意义上的 substance。

第二,正如我们上文中已经着重强调的,王晓朝教授通过区分"语法功能"和"词汇意义"来论证自己对εἰμί的翻译。在他看来,对εἰμί的翻译应该由其"词汇意义"来决定。在这个意义上,εἰμί一词应当在具体语境中翻译为"存在"而非"是"。但是,在笔者看来,王晓朝教授对"存在派"的支持和对"是派"的驳斥仍然似乎没有脱离卡恩所谓的"系词—存在二分"的窠臼(the copula-existence dichotomy)(这一点尤其体现在王晓朝教授在七章中对柏拉图《泰阿泰德篇》的解释当中)。因为,在他看来,"是派"的错误就在于只谈"系词"而不谈"存在"。但是这一建基于"系词—存在二分"之上的理解本身是有待商榷的。

卡恩在其 2009 年的出版的《关于"存在"的论文集》(*Essays on Being*)中凝练地总结了他自己的观点。在该书的序言里,卡恩声称我们应该抛弃"系词—存在"这一二分。而应该从语义(semantic)的角度去解释εἶναι(εἰμί的不定式)一词的"断真"(veridical)用法。这一"断真用法"包括了"存在"(existence)、"例示"(instantiation)和"真"(truth)三重概念。在该书的第五章,《返回到"Be"和"Being"这一概念》("A Return to 'Be' and the Concept of Being")一文中,卡恩对此三重概念作了详细的论述。卡恩认为这三种内涵,即"存在"(existence)、"例示"(instantiation)和"真"(truth),是紧密联系在一起的(essentially interconnected)(页 3;参考页 140)。也就是说,εἶναι一词所蕴含的"存在"和"真"这两重内涵是同时存在不可分割的。

所以,尽管笔者同意王晓朝教授将εἰμί一词在具体语境中翻译为"存在"的做法,但是笔者同时也认为,"是派"的解释也有其合理之处。因为,按照笔者的理解,正是在"是派"的解释当中,"真"的概念是首要的。正如卡恩在其 1976 的论文《为什么希腊哲学中没有单独的"存在"概念》("Why Existence Does Not Emerge as a

Distinct Concept in Greek Philosophy" ) 中所论述的, 对于早期希腊哲学来说, 首要的考虑是"断真", "真"的概念决定了"存在"的概念(页 72-73)。

所以, 在笔者看来, 对 εἰμί 翻译的"是派"与"存在派"之间的分歧就在于对 εἰμί 一词作为系词到底是"断真"还是"表存在"之间的争论, 而不是在"系词"和"表存在"(即"系词—存在二分")之间的争论。

而且, 如果正如卡恩所表明的, εἰμί 一词所内涵的"真"和"存在"的概念是同时存在不可分割的。那么, 这是否意味着"是派"和"存在派"都有其合理之处, 在理解上我们都应该兼顾呢?

最后, 作者在第八章中强调了希腊哲学家所关注的焦点经历了由"本原"到"存在"的转变。在他看来, "苏格拉底以前的哲学家回答了'什么是万物的本原', 而亚里士多德回答了'什么是本原'。"的问题(页 104)。但是, 在笔者看来, 这一论点是值得商榷的。因为, 亚里士多德《形而上学》一书似乎不能简单对应于这种二分。笔者认为亚里士多德在该书中的终极目标仍然是对"本原"的寻求(例如: 1003b17 - 19; 1028a3 - 4; 1042a4 - 6; 1069a18 - 19), 在这一点上亚里士多德同样地是在追寻"什么是万物的本原"的问题。只不过亚里士多德追寻"本原"的道路更加复杂, 远远超过了前苏格拉底时代的"自然哲学"。

# 英文摘要

(Abstracts)

## Two Treatments of ἀρχή by Pre-Socratic Philosophers: Some Issues on the Chinese Translation of φύσις and ἀρχή

XIE Wenyu & XIE Yipin

**Abstract**: In translating Empedocles' fragment 8, scholars found difficulty in dealing with φύσις, and gave two different translations: birth and essence. This essay finds that this difficulty has an inner conceptual connection with another term, namely, ἀρχή; and therefore traces three Chinese translations of ἀρχή so as to provide a context in which Empedocles' employment of φύσις can be analyzed. We have to categorize two kinds of thinking when understanding the term ἀρχή in Pre-Socratic philosophy. The first refers to a being which existed a priori in cosmos' chronology, while the second refers to a being prior to yet as the foundation of all things in structure. Empedocles rejected the first understanding, and began the second. This transition resulted in a new understanding of φύσις and caused the difficulty in translating Empedocles' φύσις.

**Keywords**: ἀρχή; φύσις; Empedocles

# "Why Is Suicide Not Allowed?":
# The Issue of Suicide and the Myth in Plato's *Phaedo*

**SHENG Chuanjie**

**Abstract**: The suicide issue seems not to be the main topic in Plato's *Phaedo*. This article will argue that the discussion about suicide is actually throughout the whole dialogue. In the *Phaedo*, Socrates offers three answers to the question "Why is suicide not allowed". These answers respectively come from the argument that "we cannot commit suicide without God's permission", the cyclical argument and the myth of death, which altogether reflect Socrates' comprehensive idea about suicide.

**Keywords**: *Phaedo*; suicide; myth

# Householder and King:
# A Contradiction in Aristotle's Theory of Monarchy

**WU Fei**

**Abstract**: How to interpret properly Aristotle's view about monarchy is among the difficulties in studying his *Politics*. The crux of the problem is that in Book 1 Aristotle articulates that the civilized cities are not of monarchy, whereas in Book 3 he not only regards it as a legal regime but also claims that monarchy is the best regime. Scholars have been devoting themselves to interpreting these texts in a coherent way to remove the apparent contradiction, rather than attributing it to Aristotle's changing views in his development of thought. This paper attempts to show that this problem is so critical that no serious study of Aristotle's politics can afford to avoid it, not only because it is concerned with Aristotle's comments on different regimes and his understanding of human nature and politics, but because it also makes a difference to the place of monarchy in the tradition of western political thought taken as whole.

**Keywords:** Aristotle; *Politics*; monarchy

# Aristotle's "Best Regime"

## LIU Wei

**Abstract:** "Best regime" is the ultimate task of Aristotle's political philosophy, but he does not investigate this question from a single aspect, but distinguishes the best regime into the best form of government under certain hypothesis, the best regime for certain people, the best regime for most cities, the best regime according to prayer without any external constraint, and the best regime dependent on supreme virtue. This paper analyzes these five levels of "best regime" and articulates Aristotle's kinship to Plato on the idea of philosopher-king.

**Keywords:** Aristotle; best regime; middle regime; regime according to prayer; philosopher-king

# Aristotle's Four Causes and the Second Voyage of Philosophy

## WANG Yufeng

**Abstract**: Aristotle's "Four Causes" turned Greek earlier natural philosophy's basic understanding to nature. Form, instead of matter, becomes the nature in primary sense. A series of important theoretical consequences arise from this turn.

**Keywords**: Four Causes; matter; form; underlying subject

# Compatibility or Conflict: Aristotle's Theory of Soul and Contemporary Functionalism

## CAO Qingyun

**Abstract**: Aristotle has been deemed to be the forerunner of functionalists in the contemporary philosophy of mind. Since he advocated neither Plato's dualism of soul and body, nor Democritus' idea of material reduction, he has been regarded to share some deep assumptions with the contemporary functionalism. This paper focuses on three major themes the functionalists hold when they interpret Aristotle's theories: anti material reduction, compositional plasticity and the supervenient relation between mind and body, arguing that each of these themes fails Aristotle. On a more general level than the well-known anti-functionalist interpretation, this paper uncovers that Aristotle's ideas of essentialism, natural teleology and ontological priority of form are incompatible with functionalism. It is more appropriate to call his theory of soul "hylomorphism".

**Keywords**: Aristotle; functionalism; soul; body; mind; hylomorphism

# David the Invincible and his Interpretation of Aristotle

## HE Bochao

**Abstract**: David the Invincible is a renowned erudite of ancient Armenia, Christian theologian, and Neo-platonist, who commented on the logical work of Aristotle. These volumes were rendered into classical Armenian which are preserved up to now. *A Commentary on Prior Analytics* in Armenian is one of the most pivotal paraphrases attributed to David, but its original Greek codex has been lost. David brings the logical theory of Aristotle home in this opus, or rather, lecture, by the precious messages with which we can fully fathom the philosophical and logical work of Aristotle and appreciate the degree to which ancient Greek philosophy was promulgated outwards in antiquity.

**Keywords**: David the Invincible; Aristotle; *Prior Analytics*; New-Platonism; Classical Armenia; being

# Aristotle's *Phronēsis* and its Role
# in the Activities of Reason

## ZHU Qinghua

**Abstract**: *Phronēsis* is one of the most important concepts in Aristotle's practical philosophy. First, this paper argues that Plato's use of *phronēsis* is different from Aristotle's in such way that *phronēsis'* special sense in Aristotle is protruded. In order to delineate Aristotle's *phronēsis* further, this paper distinguishes *phronēsis* from *technē* in their usage and implication, and rejects the explanation of *phronēsis* as an instrumental reason. In the third part of the paper *phronēsis* and *sophia* are demarcated. It is demonstrated that *phronēsis* is neither subjected to *sophia*, nor a lower level to the latter. Finally, it is shown on the basis of the above argument that what kind of role *phronēsis* plays and how it performs its function in *eudaimonia*.

**Keywords**: *phronēsis*; *sophia*; *eudaimonia*

# Reason and Transcendental Reduction of Behavioral Psychology: A Tentative Reading of Epictetus

**WANG Wenhua**

**Abstract**: As one of the representatives of late Stoic thinkers, Epictetus puts most of his emphasis on ethics which features, above everything else, his unique and subtle psychological analysis of human actions. His entire philosophical framework is centered on his distinctive understanding of the core of human *physis*, i.e. the conception of *logos*. In his eyes, the fundamental nature of *logos* is its ability to contemplate itself, which, as an a priori psychological retrospective action in essence, ensures that man is capable of knowing himself and return to his true self in his moral behavior. Such an ability serves as the basis of his right use of *phantasia* (impression), avoidance of desire (*orexis*) that are not *ephēmin* (up to us), right *sunkatathesis* (assent) and *hormē* (impulse), thus his nobility and ultimate freedom. Therefore, in Epictetus' mind, *logos* is a both a practical and cognitive concept.

**Keywords**: *logos*; action-related psychological reduction; *orexis*; *phantasia*; *ephēmin*

# *Technē* as a Way of Life:
# On the Stoic Concept of *Technē*

YU Jiangxia

**Abstract**: The important Stoic effort of transforming Plato's and Aristotle's concept of '*technē*' is that it defines both *epistēmē* and *aretē* as a kind of *technē*. In so doing, *technē* becomes more intellectual and ethical, and in a sense the unity of the accessibility of *technē* and its application is realized as well. For the Stoics, a *technē* arises out of the necessities of life, comes from the experience, develops through training, and serves the whole of life. Thus as an animal of *technē*, man can obtain the *technē* of *technai* — *aretē* in life as the material of training while making the other *technai* 'like virtues', and finally lead an artful life.

**Keywords**: *technē*; *epistēmē*; virtue; art of living

# Paradox and Inconsistency
# in the View of Friendship in the Late Roman Republic

YANG Yan

**Abstract**: Friendship (*amicitia*) is an important interpersonal mode

in Roman Society. In 64 B.C.E., when M. T. Cicero, the most impor-
tant thinker and politician in the late Roman Republic, ran for the
consul, his brother Q. T. Cicero demonstrated how to make friends
with different people in *commentariolum petitionis*. However, this de-
scription of friendship is quite different from M. T. Cicero's *Laelius de
amicitia*. With *commentariolum petitionis* as the main text, this article
compares it with *Laelius de amicitia* and presents the paradox and in-
consistency in the friendship of Late Republic. On the basis of it, con-
sidering the flourishing of the patronage in the late Roman Republic,
this paper points out that such paradox and inconsistency is probably
ascribed to the penetration of the patronage into the friendship.

**Keywords**: M. T. Cicero; Q. T. Cicero; friendship; paradox; incon-
sistency; patronage; late Roman Republic

# Law, Convention and Roman Politics:
## *Contra Celsum* and Religious-Political
## Revolution in Early Christianity

### WU Gongqing

**Abstract**: Origen's *Contra Celsum*, as a classic on a par with
Augustine's *City of God*, criticizes the tradition of ancient paganism
that Celsus represents, and thus is of critical importance in the history
of Christian thought. From the standpoint of law-convention and
through analyzing Origen's text, this article attempts to describe
Origen's own perspective on religion and politics, which he adopted
when confronted with pagan culture, in order to arrive at a further un-

derstanding of some revolutionary ideas in early Christianity.

**Keywords**: Origen; *Contra Celsum*; law; convention; politics

# On Augustine's Conception of "Doing Evil for Evil's Sake"

## ZHANG Xuefu

**Abstract**: Comparing with the concept of sin, scholars have underestimated the importance of Augustine's discussion about "evil", let alone the detailed interpretation of "doing evil for evil's sake". As a matter of fact, in his *Confessions, Soliloquies* and *The City of God*, Augustine discusses the concept of "doing evil for evil's sake" at length, and shows the awareness of self-deception and pre-reflection. In the context of metaphysics, Augustine overturns Platonic rationalism of "doing evil for the good", and points out the love (such as friendship) which is based on spirits is hidden in the Earthy City (the community); he further argues that the Earthy City is a kind of community which cannot avoid conflicts. This article analyses the various implications of "doing evil for evil's sake" in Augustine, including the reflection, pre-reflection and self-deception, as well as the relationship between "doing evil for evil's sake" and the Earthy City.

**Keywords**: Augustine; evil; "doing evil for evil's sake"; Earthy City

# Creation of Human Being:
# Augustine's Refutation of Manichaeism

## HUA Wei

**Abstract**: After his conversion to the Catholic Faith, Augustine begins to refute Manichaeism and argues that (1) God's creation is good, human beings are higher than any plants, animals or inanimate objects in the grades of creation; (2) in *Romans* 8, "*omnem creaturam*" does not refer to trees, vegetables or stones, but the creation of human beings including *spiritus, anima*, and *corpus*; (3) evil originates in the turning of *voluntas*, and the human *corpus* is not evil by itself, but only a passive carrier of sin, and it will resurrect in God's redemption and then enjoy an eternal life with *anima*.

**Keywords**: Augustine; Manichaeism; *anima; corpus; voluntas*

# 2014 年古希腊罗马哲学研究动态

### （按时间顺序）

## 出版信息·专著

1. 《〈理想国〉的诗学研究》(修订版)(王柯平著,北京:北京大学出版社)

2. 《柏拉图的本原学说——基于未成文学说和对话录的研究》(先刚著,北京:生活·读书·新知三联书店)

3. 《希腊哲学史》(修订版)全四卷(汪子嵩、陈村富等著,北京:人民出版社)

4. 《跨文化视野中的奥古斯丁:拉丁教父的新柏拉图主义源流》(陈越骅著,杭州:浙江大学出版社)

5. 《跨文化视野下的希腊形上学反思》(王晓朝著,北京:人民出版社)

6. 《流变与持存:亚里士多德质料学说研究》(曹青云著,北京:北京大学出版社)

## 出版信息·译著与评注

1. 《至善与快乐：柏拉图〈斐勒布〉义疏》（［意］斐奇诺著，赵精兵译，上海：华东师范大学出版社）

2. 《〈吕西斯〉译疏》（［古希腊］柏拉图著，陈郑双译，北京：华夏出版社）

3. 《羞耻与必然性》（［英］伯纳德·威廉斯著，吴天岳译，北京：北京大学出版社）

4. 《柏拉图的蒂迈欧：宇宙论、理性与政治》（［德］多罗西娅·弗雷德著，刘佳琪译，北京：北京大学出版社）

5. 《〈范畴篇〉笺释：以晚期希腊评注为线索》（［古希腊］亚里士多德著，溥林译，上海：华东师范大学出版社）

6. 《柏拉图〈治邦者〉中的哲人》（［美］M.米勒著，张爽/陈明珠译，上海：华东师范大学出版社）

7. 《洞穴中的德性：柏拉图〈美诺〉中的道德探究》（［美］R.维斯著，郭振华译，上海：华东师范大学出版社）

8. 《前苏格拉底哲学家：原文精选的批评史》（［英］G.S.基尔克/［英］J.E.拉文/［英］M.斯科菲尔德著，聂敏里译，上海：华东师范大学出版社）

9. 《品格的技艺：亚里士多德的〈修辞术〉》（［美］E.加佛著，马勇译，北京：华夏出版社）

10. 《色诺芬与苏格拉底》（［法］纳尔茨/［法］托尔德西拉斯编，冬一/慈熙译，上海：华东师范大学出版社）

11. 《苏格拉底或政治哲学的诞生》（［德］特拉夫尼著，张振华译，上海：华东师范大学出版社）

12. 《柏拉图的次优城邦》（［加］托马斯·罗宾逊著，张新刚译，北

京:北京大学出版社)

13. 《古希腊的智术师修辞》([美]波拉克斯著,胥瑾译,长春:吉林出版集团)

14. 《情敌》([古希腊]柏拉图著,吴明波译,北京:华夏出版社)

15. 《高尔吉亚与新智术师修辞》([美]布鲁斯·麦科米斯基著,张如贵译,长春:吉林出版集团)

16. 《布莱克维尔〈尼各马可伦理学〉指南》([美]理查德·克劳特编,刘玮/陈玮译,北京:北京大学出版社)

17. 《普罗塔戈拉与逻各斯》([美]爱德华·夏帕著,卓新贤译,长春:吉林出版集团)

18. 《亚里士多德哲学的基本概念》([德]马丁·海德格尔著,黄瑞成译,北京:华夏出版社)

## 学术会议简报

**2014 年杭州全国希腊哲学会议**于 2014 年 4 月 12 至 13 日在浙江大学召开。本届大会由中华全国外国哲学史学会古希腊罗马哲学专业委员会与浙江大学哲学系共同主办,来自海内外各高校、科研机构的 60 余位学者参会,共收到论文 60 余篇,计 700 余页,讨论主题涵盖了自早期希腊至早期基督教哲学中的形而上学、知识论、逻辑学、伦理学、政治学、神学等多个领域的重要问题,体现了中国学者在西方古代哲学研究方面的最新成果与动态。一方面,柏拉图和亚里士多德的哲学思想依然作为研究重点而获得了更加系统和深入的讨论与分析;另一方面,希腊化时期哲学的发展、早期基督教哲学与希腊哲学的关系等问题也得到了更多的关注,对这一时段的哲学思想的梳理与研究已成规模;并日渐成熟。

　与此同时,古希腊罗马哲学专业委员会召开了第一届年会,与会学者商讨了若干议题,包括推举代表组成专业委员会秘书组,计划创办专业学术刊物《古希腊罗马哲学研究》,并决定下一次全国古希腊罗马哲学会议将于 2016 年在北京大学举办。(供稿/浙江大学哲学系)

　　《前苏格拉底哲学家——原文精选的批评史》中译出版座谈会于 2014 年 5 月 10 日在中国人民大学召开。来自中国社会科学院、中共中央党校哲学部、北京大学、清华大学、北京师范大学和中国人民大学的多位古代西方哲学领域的专家学者就该书中译本的出版价值和古典哲学文献的译介和研究等问题展开了讨论。在充分肯定和高度评价这部由聂敏里教授历时五年译成、希英中三语对照的重要学术著作的基础上,各位专家特别指出,我国对于古代西方哲学的研究亟需进一步加强早期希腊哲学以及晚期希腊、罗马哲学这两个时段的译介与研究,以期在这两个方向上取得更丰厚的成果。

　　北京—莱顿亚里士多德德性伦理学国际学术研讨会于 2014年 5 月 27 至 28 日在北京师范大学举行。本届研讨会由北京师范大学哲学与社会学学院与莱顿大学哲学系共同举办。David Charles（牛津大学）、F. A. J. de Haas（莱顿大学）,Teun Tieleman（乌得勒支大学）、廖申白（北京师范大学）、谢文郁（山东大学）、吴天岳（北京大学）、刘玮（中国人民大学）、陈玮（浙江大学）八位学者参会,分别就亚里士多德的行动理论、德性的统一性、习惯化理论以及亚里士多德与儒家德性概念的比较研究等议题进行了热烈的讨论与交流。本次会议对于促进我国古希腊罗马哲学(尤其是亚里士多德德性伦理学)研究,以及推进东西方古代哲学之间的对话和融通具有重要意义。

本次会议是北京师范大学哲学与社会学学院和莱顿大学哲学系长期合作项目的首次成果,下次会议计划于 2016 年在莱顿大学举行。(供稿/北京师范大学哲学与社会学学院)

**"古典学在中国"座谈会暨北京大学出版社《西方古典学研究》第一辑(13 种)新书发布座谈会**于 2014 年 7 月 26 日在北京大学出版社举行。会议由北京大学出版社、北京大学古典学研究中心与《东方历史评论》共同举办,来自北京大学历史系的彭小瑜,哲学系吴飞、吴天岳,英语系高峰枫,首都师范大学历史系晏绍祥、岳秀坤,清华大学历史系刘北成,美国德堡大学古典学系刘津瑜、浙江大学哲学系徐向东以及首都博物馆馆长郭小凌等专家学者齐聚一堂,分享了各自对于西方古典学的认识与研究体会。《西方古典学研究》主编之一、复旦大学历史系教授黄洋担任主持,北京大学出版社副总编张凤珠作为出版社代表出席并致欢迎辞。会议就近年来国内古典学和古典历史研究的发展与变迁、相关领域工作者的个人治学经历与体会、古典学研究的重点所在以及亟待解决的问题和亟需引进并发展的学术资源为主题,在回顾和展望的基础上,希望能够通过更多专家学者的努力和出版机构的支持,通过继续丰富这套丛书的书目,构建一个尽管存在差异却彼此能够交流互动的空间,在一些重要的问题意识上形成良性的学术争论,以此为国内的古典学研究者以及对古典学感兴趣的读者创造一个沟通交流的平台。(供稿/北京大学出版社)

**第七届古希腊哲学论坛**于 2014 年 9 月 13 日在中国人民大学召开。本届论坛的主题是:"图宾根学派与柏拉图哲学研究——先刚《柏拉图的本原学说》新书座谈会",专门针对先刚的新著进行讨论。北京大学哲学系、清华大学人文学院、中国人民大学哲学院、中国社会科学院、北京市社会科学院、首都师范大学哲学系、国际关系学院、天津外国语大学、《世界哲学》、三联书店及《中国社会科学报》等单位的三十多位学者与编辑参加了座谈，并结合不同的研究背景、从不同的角度对这本新著提出了看法与建议。作者随后针对相关问题和建议分别给出了应答。柏拉图研究的不同路径与方法在这个提问、应答与讨论的过程中得到了呈现、碰撞、促进与融合。

　　**"柏拉图诗学"国际学术研讨会**于 2014 年 9 月 21 至 27 日在北京第二外国语学院召开。本次研讨会由北京第二外国语学院主办，二外跨文化研究院与澳大利亚悉尼大学哲学系承办，来自纽约大学、剑桥大学、牛津大学、苏格兰圣安德鲁斯大学、纽卡斯尔大学、悉尼大学、多伦多大学、渥太华大学、中国社会科学院以及中国人民大学等众多国内外高校和科研院所的专家学者参加了研讨。会议围绕"柏拉图诗学与阐释"、"柏拉图与古希腊悲剧"、"柏拉图与荷马"、"柏拉图与技艺"等主题，结合专题演讲与讨论的形式，对柏拉图诗学与哲学、柏拉图思想与中西古典文学及文化的关系等议题进行了探讨。最后，由 Thomas Robinson（多伦多大学）创作、跨文化研究院 2013 级研究生演出的哲学戏剧《苏格拉底之后》作为特别节目在闭幕式上呈现，研讨会在这样一种新颖且颇具反思意味的形式中落下了帷幕。（供稿/北京第二外国语学院跨文化研究院）

　　**第十九届中国现象学年会会议**于 10 月 25 至 26 日在四川大学召开。本届年会由中国现象学学会主办、四川大学公共管理学院哲学系承办，主题为"现象学与古希腊哲学"，来自中国现象学专业委员会及国内外的七十余位现象学专家学者参加了会议。各位学者就胡塞尔、海德格尔与柏拉图、亚里士多德哲学的关系,新近整理出版的海德格尔著作"黑皮书"中的各种问题,现象学中的各个关键古希腊概念以及现象学与科学、美学等的关系等话题,进行了广泛交流与深入对话。(供稿/四川大学哲学系)

(编辑整理/陈玮　葛天勤)

# 《古希腊罗马哲学研究》征稿启事

　　《古希腊罗马哲学研究》(*Journal of Ancient Greek and Roman Philosophy*)是中华全国外国哲学史学会古希腊罗马哲学专业委员会主办的专业学术辑刊。本刊的学术指导和编辑职责由编辑委员会承担。本刊秉持专业性、前沿性和开放性的原则，旨在为国内外研究者提供一个学术交流的专业平台，以促进学科发展和学术繁荣。

　　《古希腊罗马哲学研究》现面向国内外学术界征求古希腊罗马哲学研究领域的学术论文、译文、书评、书讯、访谈和会议简讯等稿件。论文、译文和书评等学术稿件需接受同行专家匿名评审。一般而言，学术稿件需包括题名、作者姓名、工作单位、中英文摘要、关键词、正文、注释及参考文献。中文摘要一般为 200 字左右，关键词 3-6 个。本刊不接受纸质稿件，请将电子版发送至本刊编辑部电子邮箱 jagrp_editor@163.com，邮件标题请写明作者姓名及论文名称，并注明"投稿"字样。投稿者三个月未接到用稿通知，稿件可自行处理。

　　欢迎投稿！

《古希腊罗马哲学研究》编辑部

2015 年 11 月

**图书在版编目（CIP）数据**

古希腊罗马哲学研究（第一辑）/《古希腊罗马哲学研究》编辑委员会主编.
--上海：华东师范大学出版社，2016.1
（古希腊罗马哲学研究·第一辑）
ISBN 978-7-5675-4429-1

Ⅰ.①古… Ⅱ.①古… Ⅲ.①古希腊罗马哲学–文集 Ⅳ.①B502-53

中国版本图书馆 CIP 数据核字（2015）第 296514 号

---

**VI HORAE**

华东师范大学出版社六点分社

企划人　倪为国

---

本书著作权、版式和装帧设计受世界版权公约和中华人民共和国著作权法保护

**古希腊罗马哲学研究（第一辑）**

主　　编　《古希腊罗马哲学研究》编辑委员会
主　　办　中国古希腊罗马哲学学会
责任编辑　彭文曼
封面设计　吴正亚

出版发行　华东师范大学出版社
社　　址　上海市中山北路 3663 号　邮编　200062
网　　址　www.ecnupress.com.cn
电　　话　021-60821666　　行政传真　021-62572105
客服电话　021-62865537　　门市（邮购）电话 021-62869887
地　　址　上海市中山北路 3663 号华东师范大学校内先锋路口
网　　店　http://hdsdcbs.tmall.com

印 刷 者　上海盛隆印务有限公司
开　　本　890×1240 1/32
插　　页　1
印　　张　13
字　　数　295 千字
版　　次　2016 年 1 月第 1 版
印　　次　2016 年 1 月第 1 次
书　　号　ISBN 978-7-5675-4429-1/B.989
定　　价　50.00 元

出 版 人　王　焰

---

（如发现本版图书有印订质量问题，请寄回本社客服中心调换或电话 021-62865537 联系）